金融企业会计丛书

保险公司会计实务

王保平　孙　娜　程六满　著

中国财经出版传媒集团
中国财政经济出版社

图书在版编目（CIP）数据

保险公司会计实务/王保平，孙娜，程六满著
. --北京：中国财政经济出版社，2020.6
（金融企业会计丛书）
ISBN 978－7－5095－6978－8

Ⅰ.①保… Ⅱ.①王… ②孙… ③程… Ⅲ.①保险公司－会计 Ⅳ.①F840.4

中国版本图书馆CIP数据核字（2016）第226558号

责任编辑：李　磊　　　　责任校对：李　丽
封面设计：耕　者

中国财政经济出版社 出版
URL：http：//www.cfeph.cn
E－mail：cfeph@cfeph.cn

社址：北京市海淀区阜成路甲28号　邮政编码：100142
营销中心电话：010－88191537
天猫网店：中国财政经济出版社旗舰店
网址：https：//zgczjjcbs.tmall.com
北京密兴印刷有限公司印刷　各地新华书店经销
710×1000毫米　16开　31印张　493 000字
2020年6月第1版　2020年6月北京第1次印刷
定价：110.00元
ISBN 978－7－5095－6978－8
（图书出现印装问题，本社负责调换）
本社质量投诉电话：010－88190744
打击盗版举报热线：010－88191661　QQ：2242791300

金融企业会计丛书专家组

组　长：

王君彩　中央财经大学　　教授、博士生导师

成　员：

余应敏	中央财经大学会计学院	博士、教授、博导
罗　乐	中央财经大学会计学院	博士、副教授、博导
朱莲美	中国矿业大学管理学院	博士、教授、博导
金　鑫	中国银行总行	博士
赵会军	工银资本管理有限公司	博士、副总经理
程六满	中国银河金融控股有限责任公司	博士、总监级经理
潘前进	中粮信托有限责任公司	博士后、高级经理

总 序

好像就是一晃功夫，金融业就大摇大摆地走进了我们的生活。从改革开放初期只有一家银行，到如今商业银行、保险公司、证券公司、基金公司、期货公司、信托公司、租赁公司和财务公司等各类金融机构五彩缤纷、各显其能，金融监管机构也经历了“一行”裂变出“三会”，再由“三会”整合成“两会”了。可以说，过去三十多年的中国金融业，由“一枝独秀”到“八仙过海”的演绎进程历历在目，处处都彰显着金融业的无穷魅力，金融网络的影响力正越来越强地辐射到经济发展和社会生活的方方面面。

几乎与此同时，中国会计业也发生了翻天覆地的变化，从传统的会计制度已经进化为全新的会计准则，实现了会计准则的国际化趋同，并逐步实现等效。进一步地，伴随着经济的演进，包括金融会计准则在内的众多准则也在持续的嬗变之中。

就在我们承接历史积蓄、凭借内在驱动力持续前行之时，十年前的美国金融危机在将美国长期积蓄的金融帝国面纱撕得粉碎的同时，也给世界许多国家带来了致命的冲击。金融会计也未能独善其身。尽管由于中国金融业有序开放的“防火墙”使其还不至于对我们形成致命的伤害，但是，影响不可谓不大、教训不可谓不深。不容置疑，此次金融危机也将改变世界金融格局、洗刷金融理念、重建金融体系。十年轮回，制度涅槃。面对这样一种新的金融环境，对金融风险的认识与控制、对金融产品的创新与监管、对金融公司的营运与管控，甚至于金融业务的分业与混业，都需要进行理性认知和规范操作。从这个意义上说，我们又将面临一个全新的金融时代。

过去三十多年来的沉浸，让我们感受了中国金融的发展与会计的进步，经历了金融行业的发展高潮与艰辛低谷，我们还体会了金融产品的日新月异与管理核算的相对滞后。随着商品市场、资本市场、金融市场的纵横交流和内外一体，我们也越来越认识到，会计作为一种商业语言，既存在着国家之间交流沟通的必要性，也存在着国内企业统一遵循的现实基础，对于任何一个企业，都需要在商业活动中忠实地执行，这对处于全球互动时代的中国金融企业来说，显得更为重要。

本套丛书立足于整体统一框架下，视其内容的信息含量多少分为五个分册：将商业银行、保险公司各自独立成书；将证券公司与基金公司这两个存在紧密关系的行业组合一书；将期货公司与信托公司划为一组，构成一个分册；将租赁公司和财务公司也结合为一体。这样，在2009版《商业银行会计实务》《保险公司会计实务》《证券公司与基金会计实务》《期货公司与信托公司会计实务》《租赁公司与财务公司会计实务》的基础上，根据实践养份和2017年新金融会计准则的变革，新一版的金融企业会计丛书就诞生了。

从感知新准则、传播新准则，感悟新金融、传导新金融的使命出发，本系列专著的作者们以严谨、认真的专业眼光和执着、奉献的职业修炼，承担了本套丛书的创新性修缮活动。他们的目标是选其精华，择其要点，通过精心打造，使之能融合先导和现实，兼容理论与实战，真正演绎为一个个金融企业的会计宝典，为读者提供按图索骥、内容规范、形式新颖的专业会计读本。

书卷多情似故人，晨昏忧乐每相亲。没有食物和水，人们的物质生活将难以为继；而没有读书和领悟，我们也将失去诸多智慧和策略！在各种各样的金融机构遍布大街、时时刻刻可能发生的风险需要我们随时预防的金融时代，希望这套金融企业会计丛书能够像一盏正在燃烧的知识明灯，陪伴你走过新的金融岁月，使你在轻松的阅读中找到准则的神采，在联动的管理中悟出金融会计核算与精算文化的真谛。

中央财经大学 教授、博士生导师 王君彩
2019 年 4 月

再版说明

从本丛书上一次出版到现在算起来已经过去差不多八年的时光了。本次再版是对相关内容的调整修缮。再版意念衍生久远，真正动手则前后两年有余。

金融与经济鱼水相依，会计与经济血肉相连。回首过去十余载，加入WTO、国企改革、银行股改上市、培育房地产市场等等，这一个个市场热点先后激发了中国改革开放以来持续时间最长的一个经济增长周期，到2007年达到了周期高点，随后在2008年因美国次贷危机而陡然回落，而随后的“4万亿”刺激政策带来V型反转，不过，刺激力度逐步减弱、经济增长逐级回落探底，中国经济进入了新常态。这是一个经济结构转换时期，也是经济增长新动力形成和旧动力逐渐弱化这两股力量双重交织的过渡时期。在经济政策重心转向供给侧改革，去产能、去库存、去杠杆、降成本、补短板等成为必然趋势之时，特别需要关注金融与经济的联动。此外，不论是互联网技术在金融领域的嫁接神速，还是资产管理与财富管理的市场效应，都将金融行业置身于整体经济、社会的热点话题中，如何持续创新？如何管理风险？如何在既有基础上实现行业的精耕细作？等等。这些都无疑是一个个全新的时代使命，也给各个金融企业的会计核算与财务管理提出了相应的探索主题。

因此，在金融宏观调控和金融监管不断加强、金融市场功能显著增强、金融改革取得突破性进展的背景下，金融企业会计也自然而然地担当着相应的核算与管理使命。在规范核算、科学管理的同时，进一步探索行业创新发展的财务机制、提升内部风险管理能力，这是本丛书作者们持续追求的专业境界。经过近两年的具体动手打磨之后，修正与完善的手稿已经成型并付梓，也就是您面前的这套金融企业会计丛书。期待您手中这散发着金融企业会计时代气息的书卷，能够带给您新的知识营养。

这次修订，主要在四个方面推进：一是会计确认、计量和报告进一步体现近年来国内金融行业持续的强化监管理念；二是全面适应金融会计理论建设的突飞猛进，对原书部分章节和内容进行了必要的修改，其中，最重要、最核心的指导性文献，就是根据2017年4月财政部重新修订的《企业会计准则第22号——金融工具确认和计量》等金融准则以及2018年7月陆续编写的应用指南；三是根据近年来相关财税政策的持续调整，对案例作了相应更新，保持与此书出版时最新政策的一致；四是对近年来金融创新活动所带来的会计新业务，如面广量大的企业都可能参与的新兴业务核算进行了必要阐述，从而尽可能保持与金融行业会计现实的全面对接。

《保险公司会计实务》一书的本次修订工作，由王保平（浙江东方金融控股集团股份有限公司会计学博士、教授级高级会计师），孙娜（北京国家会计学院会计学博士、副教授），程六满（中国银河金融控股有限责任公司会计学博士、高级会计师）等同志负责完成。由于作者水平有限、加之时间比较仓促，书中错谬之处敬请读者批评指正。

作者

2020年6月

目录
Contents

第一篇　基础会计篇　/ 1

第三篇 专项业务篇 / 255

第五篇 相关管理篇 / 429

第一篇

基础会计篇

开篇有益

与中国保险行业的快速发展相匹配，中国保险会计制度在过去20年间走过了由统到分、由分到统，从收付实现制到权责发生制的演进。本篇是进入新准则"指挥棒"下保险公司会计领域的开门篇，将在融合各类保险公司会计个性的基础上，简要阐述其普遍的会计基本理论与会计准则精华的框架，并将准则新的专业营养滋润到保险公司的会计天地，对保险公司会计的常规性、共同性时代主题进行必要的阐述。学习本章，务必在掌握其与往昔的区别和对比中，充分吸收相关的新视点，比如会计目标、会计假设、会计信息质量特征、会计要素、会计科目和会计确认、计量与报告等貌似抽象苦涩，实为高度概括总结、深度抽象思维的科学理论，并利用这些"会计理论"来为具体会计业务提供导航性的知识；当然，作为本篇的主体内容，需要"传神"地分章来演绎保险公司的"资产"、"负债"、"损益"和"股东权益"等四大主题，一题一个构筑要件，一章一片会计天地，由"会计环境"、"会计概述"及"四大主题"共六章所组成的本篇内容将构成保险会计的常规性基础框架，是任何一个保险公司始终需要认知与掌握的会计密码。

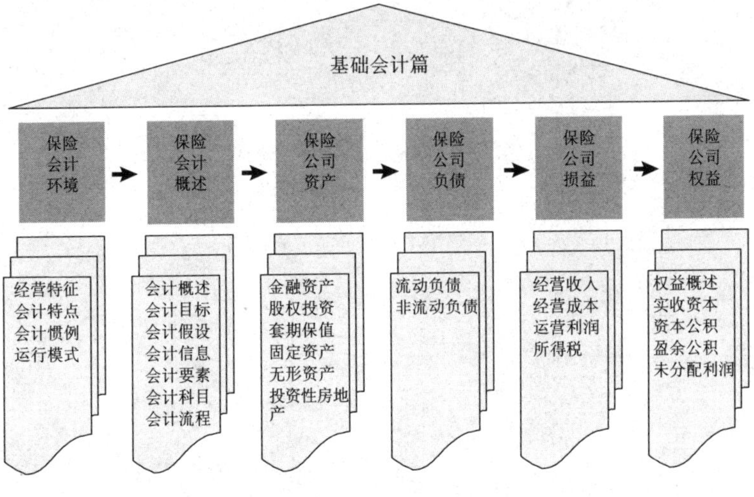

第一章 保险公司会计运营环境

本章精要

保险公司完全不同于一般产业，甚至也有别于一般金融企业。保险业是一个集合经济补偿、资金融通和社会管理三种职能于一身的行业，就单一的保险合同而言，是一个“射幸”合同，具有普遍的不确定性，而就集合以后的保险业来说，则是以“大数法则”为基础的产业，即保险公司先收缴投保人的保险费，“聚沙成塔”，再形成承担投保人未来保险风险的保障基金，“雪中送炭”。

这种业务运营的规律，直接决定和影响着保险公司会计的实质性特点。在保险业务随着“保单”销售而先流入现金、“赔付”发生而后流出现金的过程中，显然存在着不同于一般企业运行情况的特点。因此，本章关于保险公司的运营态势，将从四个方面探讨。首先，需要对保险业经营特征进行必要的探讨，如目标锁定风险性、资金运动的逆向性、业务触角的社会性和大数定理的普遍性。这些行业规律自然决定了保险公司会计的特点有别于一般企业会计，尤其在实施非寿险与寿险的分类核算、关注保险资金的阶段性使用、计提四类责任准备金、注意保险损益计算特殊性等方面值得关注；其次是关于保险业会计特征的探讨，多年来保险行业惯例已经深刻地影响着保险公司会计实务操作的行为节奏；再次是保险业偿付能力的考核机制诱导着保险统计、保险精算对保险公司会计的巨大影响力，这种影响力下的“会计统计并行制”与“会计精算互辅制”现象值得关注；最后是基于以偿付能力为核心的监管机制诱导，形成了保险行业会计准则“双重规范、双重报告”的模式选择课题，在基本定位一般公认会计并合理兼顾法定监管会计的基础上，掌握两者的联系，并需要在借鉴国际保险公司会计主流模式的基础上，作出理性的选择。这四个主题就构成了本章内容。

所有这些，都要在CAS25、CAS26号之具体条款约束下进行新理念的演绎成章。

第一节 保险公司经营主要特征

保险公司（Insurance Corporation）是经营保险业务和投资业务的经济组织，其主营业务是出售保单、定损理赔和资产管理，其中，资产管理业务是指保险公司在组织经济补偿或给付保险金的经营过程中，将收取的保险费积聚起来形成保险资金，并按规定用于投资使之得到价值增值的业务活动。保险公司的保险业务具体包括财险业务、寿险业务和再保险业务。保险公司必须取得中国保险业监督管理委员会核发的《保险业经营许可证》。

从保险业在整个社会分工的配置架构来看，保险公司是专门从事风险管理并为客户提供风险保障服务的企业，它通过向投保客户收取保险费来建立保险基金，履行其根据保险合同支付给客户相应的赔偿或给付责任。保险公司正是通过这些保险产品（即保险合同，简称保单）的销售和保险事件的赔款与给付活动，在向社会提供风险保障服务的同时，力争实现自身的经营利润，以不断壮大其自身偿付实力，持续稳定地得到发展，并从中给保险公司的利益相关主体带来报酬。

从保险业与其他行业的业务流程模式看，工商企业的业务活动流程与会计处理常常是分离的。从会计视角看，伴随其制造过程、购销业务的渐次推进，就相应生成了必要的原始凭证和单证，这些企业的会计部门则主要是以货币形式来综合、集中反映和核算这些业务活动。但是，保险公司却完全不同，由于保险公司本身就是风险经营业务，其唯一的载体就是货币形态。保险公司的各项业务活动引起的资金运动就是货币资金本身的增减变动，所以，保险公司在处理其业务活动的同时，也自然会引起资金的直接联动，必须通过会计进行记录、计算、反映和监督，这种业务处理和会计处理的同步一体性是由其行业特点所决定的。

具体而言，不论是与工商企业相比，还是与其他金融企业相比，保险业具有十分明显的行业特征，从财务与会计视角来看，主要体现为以下几点：

一、保险经营的目标是无形物质——风险性

保险业经营以特定风险的存在为前提，保险公司以集合尽可能多的单位和个人风险为条件，以"大数法则"为数理基础进行经济补偿与给付。理论上看，保险公司只是充当风险集散的中介。由于其经营对象比较抽象，经营产品本身就是风险，因此，保险公司自身风险显得较为突出。也就是说，保险业所承担的风险具有强烈的偶然性，以个别风险而言，很难预测发生的规律，但对同类的事物经过长期的观察，就可以找出接近准确无误的危险发生频率。

二、保险资金的流向区别于常态——逆向性

保险业是先收到保费（取得收入），再支出各项赔偿与给付（发生成本），其发生顺序正好与一般行业相反。因此，在计算保险业准备基金、成本费用、经营利润时，始终存在着较大的预计性，需要使用特殊的程序、方法和假设去测度经营成果。因此，如何科学地选择使用这些假设要素也自然形成了一系列敏感因素。另外，对于寿险业而言，在收入补偿与发生成本之间存在着很长的时间差，使得这个问题更加突出。

三、保险经营的触角关系着公众——社会性

保险企业经营涉及社会生产和经济生活的广泛领域，一旦经营失败，丧失其偿付能力，势必影响到全体保单持有人的切身利益，甚至可能会严重、深刻地危及整个社会生活的安定。为防范和化解可能发生的此类金融风险，政府不得不对保险业采取相对特殊的监管措施。这种特殊监管措施体现出保险业与一般企业所不具备的社会关联性机能。

四、保险机能的定位化解不确定——分散性

对于保险业务活动的各个环节来说，某一保单是不是将会出险并发生赔偿事件，具有不确定性，即使出现赔偿情形，其发生时间、损失金额在保单

订立时也都是不可知的。但是，集合条件下情况就完全变化了。保险人需要通过与大量保户订立保险合同来分散风险，并且，希望收取保费和投资回报可以充分地应付赔款和给付支出，同时为自身赚取相应的利润。因此，保险公司的定位就是要化解这种不确定性，把保险事故发生的不确定性通过大量承保来转化为可以预期的事件，实现分散风险的目的。

正因为保险业具有上述这些显著的特征，保险公司会计相应地显现出较强的特点，比如，在负债金额难以从现有合同中直接取得的前提下，只能通过专业的保险精算方法来计算确定；当期经营收入与经营成本无法实现直接的相互配比；此外，也存在着有别于一般公认会计原则的保险业监管会计专门体系，等等。

第二节　保险业在中国的历程与趋势

一、中国保险业发展的历史脚步

中国保险业是在民众与社会的需求中产生的，并随着国家的兴旺与经济的强盛而发展起来的。

（一）中国民族保险业的初期发端

鸦片战争后的洋务运动时期，一系列工业的兴办揭开了中国近代工业的序幕，同时也为民族保险业的产生和发展开辟了市场。1865 年 5 月，中国第一家华商企业——上海华商义和公司保险行成立；1875 年，李鸿章委托唐廷枢、徐润筹办中国首家船舶保险公司——保险招商局；1876 年 7 月，唐廷枢、徐润等人开始筹资设立仁和保险公司。寿险在中国的起步，比水险大约晚了三四十年。1846 年，英国永福和大东方在中国南方城市初办寿险业务，但被保险人几乎都是外国人，业务规模也很小。随后英商永明人寿和永年人寿业相继拓展市场。

（二）中国保险市场的区域性发育

随着保险市场的发育，有两个特点值得一提：一是中国保险中心向沪转移。1843 年 11 月 17 日，上海正式开埠。上海优越的地理位置，周边较发达的商品经济环境受到外商的青睐。从此，上海成为外国资本拓展中国市场的桥头堡。中国保险业中心由广州移向上海，19世纪末，上海保险市场水险最为发达；二是天津保险市场的形成。第二次鸦片战争后，英商最先登上被列入五口通商的天津口岸。伴随着英商贸易在天津的发展，保险业在天津萌生。最早在天津专营保险业务的是英国于仁洋面保安行，它于1845年在天津设立分支机构。1900年，八国联军攻陷天津，天津租界增至九国，各国商人蜂拥而至。从1907年开始组织保险会、防险会和保险公司。上海华商也纷纷来天津设立分公司或代理处。

（三）中国现代保险业的兴起

新中国成立初期，人民政府接管各地的官僚资本保险公司，同时整顿改造私营保险公司，为新中国保险事业的诞生和发展创造了条件。中国人民保险公司的成立，标志着中国的保险事业进入一个新的历史发展时期。

1. 改造旧中国保险业

为建立起新的适应社会主义建设需要的保险业，1949年人民政府对旧中国保险业进行了全面的清理、整顿和改造。首先是接管官僚资本保险企业。从1949年5月开始至10月底基本由政府接管，其次是改造私营保险企业，最后是外国保险公司退出中国保险市场。

2. 中国人民保险公司的诞生

1949年8月，为尽快恢复和发展受连年战争破坏的国民经济，中央人民政府在上海举行了第一次全国财经会议。会上，中国人民银行建议成立“中国人民保险公司”，并在会后立即组织筹备。中国人民保险公司成立后，迅速在全国建立分支机构，并以各地人民银行为依托，建立起广泛的保险代理网。

（四）国内保险业务停办

一是保险业务的挫折。20世纪50年代初，中国人民保险公司各地机构在执行政策和具体做法上出现很多问题，主要表现为依靠行政命令开展业务，内部管理比较混乱。从1953年开始，国家对城市强制保险业务进行调整：停办国家机关财产强制保险和基本建设工地强制保险；国营企业（包括合作社）的强制保险仍继续办理；其他业务按对生产有无积极作用、群众是否需要和自愿、自己有无条件、是否符合经济核算四项原则，分为巩固、收缩、停办三类进行清理。

二是国内保险业务的停办。1958年10月，西安全国财贸工作会议提出：人民公社化后，保险工作的作用已经消失，除国外保险业务必须继续办理外，国内保险业务应立即停办。1959年后，部分城市国内保险业务并没有完全停办，其中有上海、哈尔滨、广州、天津等地。从1966年到1976年的十年“文革”期间，中国国内保险业务彻底停办。

（五）国内保险业务全面恢复

1978年12月，党的十一届三中全会确立改革开放政策，决定把工作重心转移到以经济建设为中心的社会主义现代化建设上来。中国人民银行在1979年2月召开的全国分行行长会议上提出恢复国内保险业务。1979年11月，全国保险工作会议对1980年恢复国内保险业务的工作进行具体部署。会后国内保险业务的恢复工作迅速在全国铺开，到1980年年底，除西藏外，中国人民保险公司在全国各地都已恢复了分支机构，各级机构总数达810个，专职保险干部3 423人，全年共收保费4.6亿元。从1984年1月开始，其分支机构脱离中国人民银行，改由总公司领导，实行系统管理。

（六）保险市场逐步多元化

国内保险业务恢复后，中国保险市场仍然由中国人民保险公司统一领导。1986年2月，中国人民银行批准设立“新疆生产建设兵团农牧业保险公司”，专门经营新疆生产建设兵团农场内部的种养两业保险。1992年该公司更名为“新疆兵团保险公司”，并相应扩大业务范围。新疆生产建设兵团农牧业保险公司的成立，打破了中国人民保险公司独家垄断保险市场的局面。1987年，中国人民银行批准交通银行及其分支机构设立保险部。1988年5月，平安保险公司在深圳蛇口成立。1991年，中国人民银行要求保险业与银行业分业经营、分业管理，批准交通银行在其保险部的基础上组建中国太平洋保险公司，成为继中国人民保险公司之后成立的第二家全国综合性保险公司。1992年9月，平安保险公司更名为“中国平安保险公司”，成为第三家全国综合性保险公司。从1988年起，中国人民银行批准在四川省、大连市、沈阳市、长沙市和厦门市设立5家股份制人寿保险公司，开始探索寿险与财产险分业经营的路子。1991年后，中国人民银行又先后批准在珠海、本溪、湘潭、丹东、广州、太原、天津、福州、哈尔滨、南京、昆明等地组建股份制人寿保险公司。新建立的寿险公司除了办理商业保险外，还接受地方政府的委托，代办社会保险业务。

同时，许多外国保险公司看好中国保险市场的巨大发展潜力，希望早日进入中国保险市场。从1980年开始，外国保险公司纷纷到中国设立代表处。

到1999年底，共有17个国家和地区的外国保险机构在我国设立196个代表处。1992年，我国开始在上海进行保险市场对外开放的试点。美国友邦保险有限公司经批准在上海设立分公司，经营人寿保险业务和财产保险业务。友邦上海分公司引进寿险代理人制度，对中国保险市场的营销体制产生了巨大的冲击，激活了潜力可观的寿险市场。

二、近期的保险业务增长形势

中国自1980年恢复国内保险业务以来，保险业得到了迅速发展，最显著的特点表现为：一是保费收入规模迅速扩大，持续增长，但财、寿险增长不同。保费收入持续高速增长，并且已经进入稳步增长时期，其中，人身保险保费收入的增长快于财产保险保费收入的增长、险种结构发生显著变化、保险深度和保险密度明显提高。二是保险公司数量明显增加，但仍然属于垄断型市场。总体而言，保险业在国民经济行业中的表现是比较抢眼的，可以说，我国保险业已经成为全球重要的新兴保险大国。就数据而言，中国保险业经过近十多年的快速发展，目前已经拥有比较强大的法人主体和市场规模，在市场保险法人主体方面，全国共有保险集团公司8家、财产保险公司58家（其中，中资共享财产保险公司37家、合资财产保险公司21家）、寿险保险公司47家（其中，中资寿险保险公司22家、合资寿险保险公司25家），保险资产管理公司5家。年报显示，业务增速方面，2014年全国保费收入突破2万亿元大关，增速达到17.5%，是国际金融危机以来最高的一年。其中，财产险保费收入7 203.5亿元，同比增长16%；人身险保费收入1.3万亿元，同比增长18.4%。业务结构方面，结构调整走向深入，与实体经济联系紧密的保证保险同比增长66.1%，与民生保障关系密切的年金保险同比增长77.2%，保障性较强的健康保险同比增长41.9%。经营效益方面，保险公司实现利润总额1 934.2亿元，同比增长91.4%，保险资金运用实现收益5 358.8亿元，同比增长46.5%，创历史新高。保险资金投资收益率达6.3%，同比提高1.3个百分点，创5年来最好水平。不过，随着中国经济进入新常态，保险业粗放经营所孕育的风险日益引起监管层的重视，以“偿二代”为风险管控标尺，引导价值导向和精细化管理，出重拳打击行业违法违规行为，整治市场乱象，推动整个行业转型升级。这些都表明，中国保险业已经站在新的起点上，迎接未来的市场挑战与发展机会。经过改革30多年的发展，我国保险法制和监管逐步健全、保险监管不断加强，已经呈现出全新的保险业态势。

第三节 保险公司会计基本特点

与一般企业相同，保险公司经营活动的主要目的也是尽可能谋求利润。当然，保险公司的经营活动也必然通过会计记录来进行反映与监督，比如，资金收付、资产增减、业务盈亏等，均需要保险公司会计来核算。

保险公司会计是以货币为主要计量单位，采用专门的方法，对保险公司经营过程及其经营结果进行连续、系统、全面、综合、准确的核算和监督，并向公司投资者及其他相关利益人提供会计信息的一门专业会计。保险公司会计是会计学的一个分支，是一种特殊行业会计。所以，需要在掌握一般会计共性的基础上，具体分析保险公司会计的独特之处。保险公司会计的这些特点，需要专门进行阐述。

一、必须按照保险业务实施分类核算

在国际上，按照寿险和非寿险实行分险经营是保险界的惯例。在保险财务会计工作中，各国亦普遍强调按照保险业务分类核算。《中华人民共和国保险法》第92条规定："同一保险人不得兼营财产保险和人寿保险业务；但是经营财产保险业务的公司经保险监督管理机构核定，可以经营短期健康保险业务和意外伤害保险业务。保险公司的业务范围由保险监督管理机构依法核定。保险公司只能在被核定的业务范围内从事保险经营活动。保险公司不得兼营本法及其他法律、行政法规规定以外的业务。"根据这一法律条款规定，财政部在2006年颁布实施CAS25号原保险合同准则、CAS26号再保险合同准则时，对保险业务类别明确区分了寿险和非寿险业务，并分别建账、分别核算损益。

财产保险公司是主要从事非寿险业务的公司，其保险业务分为：财产损失险、责任保险等，同时包括保险期限在1年或1年以下的人身意外伤害保险和短期健康保险。

人寿保险公司是主要从事寿险业务的公司，其保险业务分为：普通人寿

保险、年金保险、长期意外伤害保险和长期健康保险等。

再保险公司是专门面向保险人（财险公司、寿险公司），承接其对外保险合同的一部分风险责任的专业保险公司，是对原保险人的保险，也就是说，再保险是保险人将其已经对外承保的风险责任的一部分或全部向一个或多个保险人再投保的行为。在再保险业务中，通常将分出自己承保业务的保险人称作原保险人或分出人，接受分保业务的保险人称作再保险人或分入人，相应的业务就是分入保险业务和分出保险业务。

很显然，保险公司的业务不同，势必会引起其管理上的差异，如根据保险监管部门的要求，寿险公司可以发生手续费和佣金支出，而财险公司只能发生手续费支出，再保险业务则不能发生上述手续费和佣金支出。保险公司可以根据具体情况和有关要求，对保险业务实行进一步的分类核算，这样有利于公司管理者准确了解各类保险业务的经营业绩，把握保险业务的发展方向和增长点，从而为公司的长远发展和战略实现奠定基础。

二、必须确保资金运用占据重要地位

保险公司在经常性地收取保险费、支付赔款或保险金的过程中，会不断地积累起来数额相对较多的货币资金。随着保险业务的持续发展，其拥有的货币资金量也会越来越多。事实表明，安全、合理、有效地运用这些保险收入所积聚的资金，既是确保其未来偿付能力的前提，也已经成为保险公司提高其经营业绩的关键所在。国际上，许多保险公司的资金运用规模要占到总资产的70%以上，在激烈的市场竞争中，大多数保险公司就是通过保险资金的营运收益来弥补保险业务的经营亏损，并赚取公司利润的。所以，保险资金的运用是保险公司经常性的经营业务，其收益是保险损益的重要构成部分，它的经营好坏决定了一个公司的兴衰成败，这就决定了资金运用在保险公司会计中的重要地位。

三、必须科学计提各种保险责任准备

鉴于保险责任期限与会计年度的非一致性，按照权责发生制理念的要求，事先计提保险赔付准备金自然是合理的选择。保险公司会计年度为每年1月1日到12月31日，在12月31日的资产负债表日，会计需要进行年度决算，而保险单的签发及有效期除了少数一年期以内的超短期业务外，均要延续到以后会计年度。因此，每年年末总有一部分未到期的保单，即保险公司所承担的保险责任还没有了结，考虑到权责发生制与谨慎性的会计原则，保险公司会计就应从保费收入中计提相应的责任准备金。根据 CAS25 号原保险合同准则规定，保险公司需要针对原保险合同计提四项准备，即：未到期责任准备金、未决赔款准备金、寿险责任准备金、长期健康险责任准备金。尽管保险责任准备金具有不确定性、未来性和估计性，但是，依然需要分别采用不同的技术方法来提取四种责任准备金，并定期对责任准备金进行充足性测试。

四、必须正确对待损益计算特殊规律

与一般行业比较，保险行业利润带有明显的预计性。因为数额不菲的业务准备金的计提与转回，将对保险公司的损益高低产生十分巨大的影响。与一般企业正好相反，保险行业收取保费在前，成本支出在后，“预测”在保险行业利润中扮演着举足轻重的角色，以至于保险精算师成为保险公司的“Watch Dog ”。所以，需要专门的方法与大量的职业判断进行确认和计量。责任准备金的计量需要运用大量的假设、经验数据和贴现率，由于估计方法的局限性与保险监管当局谨慎性要求的影响，无论是财险还是寿险，责任准备金的估计值与实际值常有较大偏差。如何保证保险公司精算结果的准确性和损益不受任意操纵，是一个重要课题；不仅如此，保险公司利润的全面实现还有较强的滞后性，尤其是寿险业务，绝大部分是期限达 10 年、20 年甚至 30 年以上的长期性负债，在收入补偿与发生成本之间存在较长的时间差，利润的实现具有较强的滞后性。原则上，在一份寿险保单终止效力以前，保险公司是无法计算这份保单所带来的真实利润。如果利润考核仅限于一个会计年度或承保年度是不能真实充分地评价保险行业的经营绩效的。只有在历史时期分析的基础上把握利润变动的周期规律，才能准确分析保险行业的承保业绩和利润趋势；此外，保险行业利润有一定的射幸性。特别是财险业，主要经营自然灾害和意外事故所致风险，而灾害事故的发生存在偶然性和不确定性，它脱离于整个经济系统之外，更多受到自然或人为因素影响，故承保物质生产部门的保险项目，其利润或亏损的波动也脱离宏观经济周期的变化；即使有大数法则在起作用，保险利润的高低仍然有一定的射幸性，巨灾和重大责任对保险经营稳定性起决定性作用，导致保险行业利润周期的振幅很大，远远超过其他行业的波动程度，有时一个巨灾的发生，使保险公司追求利润的不懈努力全部化为乌有，最后有可能因巨额亏损而导致破产。这就是人们常说的“保险业靠天吃饭”的注脚。

也正因如此，我国原《保险公司会计制度》规定，保险业务实行按会计年度结算损益和按业务年度结算损益两种方法。按会计年度结算损益，即实行1年期损益结算，保险业务的各项收支，不分业务年度，均按照权责发生制原则确认为当期的收入和费用，并确认当期损益。按业务年度结算损益，即实行多年期损益结算，年限根据业务性质由保险公司自行确定，非结算年度的收支差额，全额作为长期责任准备金提存，不确认利润，并于次年转回滚存到结算年度终了时结算损益。这样，保险公司就存在着在确认当期损益方面的“弹性空间”，客观上给了公司调控盈利的巨大余地。所以，在新企业会计准则中，取消了按业务年度结算损益的备选方法，统一采用了按照会计年度结算损益的方法，这样可以使会计信息更真实可靠。

第四节　保险行业会计通常惯例

行业惯例是指长期形成的行业特征对于会计实务操作的影响。与其他行业会计相比，保险公司会计有两点显得特别突出，即保险统计与保险精算对保险会计的巨大影响力，这种影响力可以用“会计统计并行制”与“会计精算互辅制”来归纳。

一、会计统计并行制

由于保险业务纷繁复杂，保险公司会计受成本约束，不可能面面俱到地设置详尽的明细账来进行系统记录，这样，就需要通过以业务台账方式提供更加详尽的分类信息，这种保险统计信息可以与保险会计信息相互验证核对，充分保证保险公司会计信息的可靠性；同时，保险公司会计有相当部分的确认、计量、披露，也不能完全离开保险统计，如保险准备金的计提就必须以保险统计资料为基础，这样，造就了保险公司的会计与统计同时并行的格局。

二、会计精算互辅制

基于对未来事件预测的高标准、严要求，保险公司会计必须与保险精算密切配合，才能科学地履行其职责。因为，不论是资产负债表项目中的负债金额，还是损益表列示的准备金提转差金额，都直接产生了保险精算。如果保险精算所运用的假设与方法不科学，导致准备金偏低，保险公司就可能会陷入前期过度乐观所引发的后期困境；如果保险精算计算出的准备金数额偏高，保险公司则可能会由于估计过于悲观，引发各种外界负面效应。由于保险精算专业性极强，保险公司会计最具技术性也最为关键的部分完全受制于保险精算，保险精算直接制约着保险公司会计业务的独立运行。可以说，保险公司会计要想实现其目标，离不开保险精算部门的密切配合与紧密合作，也必须强化保险精算师在会计信息系统运行中所担负的责任。当然，保险公司会计也不仅仅是单纯地利用保险精算的结果，它还需要对保险精算的结果进行进一步的加工和处理。同时保险公司会计的结果对修正保险精算所要运用的假设也有很大的参考价值，反过来也影响到了保险精算。因此，保险公司会计与保险精算相辅相成、互为补充，都是保险企业管理系统不可缺少的组成部分。

第五节　保险公司会计运行模式

一、保险公司会计的两种模式

前已述及，保险承担着社会“稳定器”的作用，为了维护“保单持有人”这一相对弱势群体的利益，政府监管机构对保险公司实施以偿付能力为核心的监管机制，所以，这就形成了保险行业会计准则应采取双重规范、双重报告的模式。

（一）两种会计的基本定位

1. 一般公认会计

简单地说，一般公认会计就是适用于各个不同行业的企业，包括从会计的基本概念、基本假设等基本原理到具体的会计记录和编制财务报表的程序和方法，其主要目的在于向一般非特定会计信息使用者提供真实、公允的信息。保险公司也不例外，保险公司提供的财务信息应与其他行业保持可比性，但作为特殊企业的保险公司，其财务报告的编制还同时需要遵循法定监管会计的要求。

2. 法定监管会计

如前所述，保险公司是经营风险的特殊行业，它本身属于一种面对未来的负债式经营，对经济社会背负着巨额负债，其业务对象具有广泛的社会性，承担着对整个社会的安全保障责任，这决定了保险公司会计具有鲜明的法定特点，必须接受严密的监督。保险行业经营的特殊性，造成了会计核算与一般行业存在着明显的差异，保险公司和保单持有人双方信息不对称等原因，也决定保险监管的另一个重要目的是为了维护相对弱势的群体——“保单持有人”的利益。一般来讲，保险监管是政府机关经法律授权依法执行的。保险监管部门对保险公司监管的核心是偿付能力。因此，监管会计主要服务于保险监管部门，主要为保证“保单持有人”利益而监控保险公司偿付能力的动态过程。

（二）两种会计的区别

1. 会计信息的针对目标不同

一般公认会计的信息使用者偏重于公司股东、投资者和一般债权人；而监管会计的信息使用者则偏重于代表投保大众利益的监管机构或社会公估机构。

2. 信息提供的侧重内容不同

一般公认会计强调获利能力，为兼顾不同会计信息使用者各方面的要求，它只能在资产负债表、利润表、现金流量表之间取得一个平衡，任何一张报表都不能偏废；而监管会计则始终强调偿付能力，它侧重于资产负债表的动态结构，并十分关注现金流量表所体现的现金态势。

3. 信息覆盖的时间假设不同

一般公认会计采用持续经营假设；而监管会计则排除持续经营理念，虚拟停业清算，经常采用准清算概念，可见其对风险与危机的极端敏感性。

4. 资产评价的基础口径不同

一般公认会计资产评价基础为全部资产，监管会计资产评价基础仅为认可资产。所谓认可资产，也称为可接受资产，即监管机构接受的、具有高度流动性和可确定性，如果出现赔付时可在短期内变现、可以在法定资产负债表列示的资产。认可资产必须符合流动性与确定性两个标准。

5. 公司盈余的确认方法不同

一般公认会计按一般实现原则来确认收入、费用、利润；监管会计则采用更为保守、更加稳固的确认方法，计算的盈余要比前者低。

（三）两种会计的联系

1. 一般公认会计是监管会计的基础

通常，监管会计并不是一种完全意义上的会计原则，它只是对在一般公认会计原则下形成的会计结果，按监管会计的要求进一步补充、修正和加工，形成监管会计报告所采用的原则。基于这样的制度安排，在实际工作中，保险公司的日常核算必须采用一般公认会计原则，只是在向保险监管部门呈报法定报表时，再按监管会计要求对一般公认会计报表的结果进行相应调整后报送。

2. 一般公认会计与监管会计互为补充

对于保险公司而言，如果单纯以一般公认会计原则来确认利润，并分配利润，则可能会由于收入补偿在前、成本发生在后的特殊性，在赔偿和给付严重偏离事前损失期望的情况下，造成高估收益，引发超额分配，从而危及保险公司的偿付能力与持续经营能力。监管会计因为其稳健程度高于一般公认会计，在监管会计下计算出来的保险利润常常会低于一般公认会计原则计算的利润，可以保证保险公司的充足偿付能力。当然，如果仅以监管会计原则计算的结果看待保险公司的经营成果，则会产生过分悲观的印象。如何保持对保险公司经营成果与财务状况作出公正评价？理智的选择是，以具有可比性的一般公认会计原则确认、计量和报告的结果为主，同时兼顾监管会计的相关要求。可见，一般公认会计与监管会计是互为补充的关系。

二、保险公司会计模式的路径及其选择

虽然各国保险公司会计都存在一般公认会计和监管会计两种规范，但对这两种规范的运行模式各有不同，大致分为以下三类：

（一）主辅相成方式

该种模式要求会计核算在日常按一般公认会计原则运行，只是在会计期末按监管会计要求对一般公认的会计结果作相应的调整，然后以调整后得出的结果编制特定的监管报表。采用此种运行模式的国家有：英国、德国、美国、澳大利亚、意大利、荷兰、瑞士、瑞典、西班牙等。

（二）合二为一方式

该种模式要求按照一般公认会计和监管会计的要求制定一套不同于非保

险企业所采用的会计政策，形成特有的会计规则。日本等国家采取这种模式。这种模式虽然具有运行成本低、节省人力资源等优点，但由于一般公认会计和法定会计在服务对象、主流目的、侧重目标、会计假设和风险界定等方面存在很大的区别，若强行把两者揉进一套体系中，势必加大了操作难度，而且难以兼顾一般公认会计和法定会计使用者各自的主要目标，最终运行结果必然是在两者之中有所偏废，严重时会造成保险监管失败，保险公司破产。

（三）一般公认会计与监管会计互为补充

对于保险业而言，如果保险公司仅以一般公认会计原则运行的结果确认利润、确认收益、分配利润，则由于保险业收入补偿在前、成本发生在后的特殊性，在赔偿和给付偏离损失期望的情况下就会造成高估收益，引发超额分配，危及保险公司的偿付能力与持续经营能力。监管会计因为其稳健程度高于一般公认会计，在监管会计下计算出来的保险利润低于以一般公认会计原则计算的利润，要求保险公司按照监管会计原则计算的利润进行分配，可防止超额利润分配，使保险公司具有充足的偿付能力，实现保险监管目标。当然，仅以监管会计原则计算的结果看待保险公司的经营成果，则会由于监管会计原则过度稳健、计算的收益过低而产生悲观的印象。若要对保险公司的经营成果与财务状况有一个公正的评价，并把它正确地与其他行业进行比较，仍要以具有可比性的一般公认会计原则确认、计量和报告的结果为主。可见，一般公认会计与监管会计构成互为补充的关系。

虽然各国保险公司会计都存在一般公认会计和监管会计两种规范，但对这两种规范的运行模式各有不同。

结合中国保险业发展进程，综合上述三种模式，各有其不同的效应，值得注意：第二种方式合二为一模式显然并不足取。

第三种方式要求公司在实际操作与运行会计系统时将一般公认会计和法定会计两套规则同时进行。这种模式运行成本较高，不利于成本效益的提高，故该种模式也不属于理想的模式。

第一种主辅相成模式则可以较好地解决一般公认会计和法定会计的不同要求与运行成本之间的矛盾，在实现一般公认会计与法定会计不同要求的同时，又使得运行成本和操作难度不高，因此，成为大多数国家的理想选择。

过去，监管部门只要求保险公司提供与其他行业具有可比性的一般性财务报告，定期披露、提供某些偿付能力指标，因此，难以对保险公司的偿付能力、资产质量进行有效的监管。随着我国保险业的蓬勃发展，上市保险公司的增多，制定保险业法定会计原则，定期向监管部门提供监管会计报告已经刻不容缓。在目前，我国保险监管部门在要求保险公司提供会计财务报告的同时，逐步开始提供专门的以偿付能力为核心的专项报告。因此，在未来我国保险公司会计体系健全完善后，我们可以依照保险行业一般公认会计准则先行编制财务报表，然后再根据保险行业法定会计准则调整为监管会计报表。

三、保险公司会计制度的演化

伴随着中国保险业的发展，行业会计制度也经历了多次演化。从 1993 年《保险企业会计制度》亮相开始，经过 5 年洗礼，财政部于 1998 年出台《保险公司会计制度》，到 2001 年保险业也跨入了统一的《金融企业会计制度》时代。随着会计准则渐进式替代会计制度的步伐加快，2006 年，财政部在对前期相关制度进行脱胎换骨式的修改后，出台了《企业会计准则第 25 号——原保险合同》、《企业会计准则第 26 号——再保险合同》，从此，保险公司会计便开始了在 CAS25 号原保险合同准则及 CAS26 号再保险合同准则框架下的运行。可以说，该准则全新界定了两类保险合同的边界。原保险合同是指保险人向投保人收取保费，对约定的可能发生的事故因其发生所造成的财产损失承担赔偿保险金责任，或者当被保险人死亡、伤残、疾病或者达到约定的年龄、期限时承担给付保险金责任的保险合同；而再保险合同则是指一个保险人（再保险分出人）分出一定的保费给另一个保险人（再保险接受人），再保险接受人对再保险分出人由原保险合同所引起的赔付成本及其他相关费用进行补偿的保险合同。准则规定：财产保险公司原保险合同的准备金包括未到期责任准备金、未决赔款准备金；寿险原保险合同准备金包括寿险责任准备金、长期健康险准备金。准则还规定对责任准备金的计提进行充足性测试。2008 年财政部《企业会计准则解释第 2 号》、2009 年财政部《保险合同相关会计规定》先后明确和细化了保险混合合同的分析、重大保险风险测试和保险合同准备金计量等问题。

第二章
保险公司会计核算概论

本章精要

思路决定出路。置身于日益激烈的商业竞争环境中，不论规模巨大的保险公司，还是规模较小的保险公司，除了与整个宏观经济潮流相依为命、相伴而生，又与企业自身运行水平相映成趣，相得益彰。在这种风险与收益“一半是火焰，一半是海水”的情景下，每一家保险公司所面临的风险和不确定性对会计的敏感度大大增强，会计环境和会计处理对象也日趋复杂。但是，高楼万丈，根基为先。保险公司会计便是从本章开始的。

保险公司会计在何种现实态势下运行的，本书主要针对和可能涵盖的企业有哪些？这是本章值得首先一提的主题。我们知道，目标是一个导向，会计目标能够诱导会计的价值倾向，所以，必须对会计目标进行适当的探讨；当然，对会计确认、计量与报告所赖以存在的基本前提与假设进行适当的解读，自然也是情理之中的事。这种表面多少有些枯燥的内容其实是会计大师们高度提炼过的精神食粮。围绕着会计信息保真度的问题，会计“产品质量”一直关系到方方面面的利益，如何通过原则规范与质量标准来确保所生成的会计信息能够真实可信，也是一个基础性的革命工程，值得分析。结合保险公司会计，将会计对象归结为哪几类，同样需要关注。保险公司的会计核算都采用哪些会计科目？共同的、个性的，这要给读者一个初始阶段的见面礼；从理论上看，会计确认、会计计量和会计报告的日常流程是如何布局的？这同样也是本章的重要构成内容之一。

本章是对保险公司会计领域的初始印象，需要在共同理论的基础上衍生出新的“火花”。

第一节 保险公司会计概述

一、保险公司的地位特征

中国保险公司最早可以追溯到1949年，不过，直到1979年中国人民保险公司正式独立，期间的30年主要专营国外业务，国内保险业务几乎为零。改革开放后，中国人民保险公司才真正得到重生与起步。经过近二十多年的改革与发展，中国保险业走过了独家经营、局部竞争、市场主体多区域活动、先民族资本保险公司踏足保险领域后外资保险公司陆续进入的发展历程。经过20多年的努力，中国保险业在发展中国家处于落后地位的状况得到了改变，与改革开放对保险发展内在要求的差距日益缩小，在经营上已开始向国际技术标准看齐，保险业已成为越来越受到社会关注的成长较快的产业。总资产的比例为3.1%，远远低于发达国家20%的平均水平。同时，随着未来我国经济的持续发展，整个社会对保险的内在需求进一步扩大，保险市场的总体规模也将进一步增长，必然形成巨大的保险业发展空间。

目前，我国的金融机构具体包括商业银行、保险公司、证券公司、基金公司、期货公司、信托公司、租赁公司、财务公司8类，如图2-1所示。

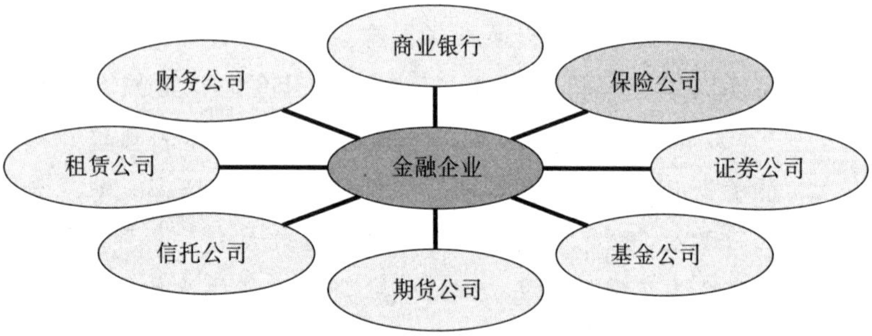

图2-1 中国金融业主要类别构成图

二、保险公司会计的体系

探析我国保险公司的发展步伐，需要寻着历史的脚印来解析。保险公司会计所赖以遵循的标准始终随着我国金融改革的步伐而渐进式推向现代的金融会计体系。粗略地看，在过去的二十几年里，我国保险公司会计制度的变迁经过了5个基本阶段：

第一阶段（1984~1993年），属于《中国人民保险公司会计制度》时期。当中国人民银行“一统天下”的格局被经济改革的春风吹拂之时，1982年衍生出新中国第一家保险公司——中国人民保险公司之后，1984年2月就相应颁布了《中国人民保险公司会计制度》，此后，于1989年又进行了修订完善。这一时期的会计制度，总体上是初期的，带有计划经济的浓烈味道。一是财务管理实行计划管理原则，财务统收统支，盈亏双轨运行，资金专款专用；二是会计制度实行“统一领导，分级管理”；三是分类细化核算体制；四是会计恒等式采用“资金平衡理论”，即“资金占用总额=资金来源总额”；五是记账方法允许从资金收付记账法、借贷记账法中任选一种。

第二阶段（1993~1998年），属于《保险企业会计制度》时期。在明确“我国经济体制改革的目标是建立社会主义市场经济”之后，1993年2月24日，财政部结合保险行业经营特点及管理要求，在《企业会计准则》的基础上颁布了《保险企业会计制度》。这是一次深刻的制度变革，首次确立了资产、负债、权益、收入、费用和利润的会计要素体系，在核算体制上将非人身险业务与人身险业务分别进行会计核算，建立了公司资本金制度，实行资本保全原则，将“资金来源总额=资金占用总额”的平衡公式，采用了“资产=负债+所有者权益”的会计恒等式，相应将会计科目分为资产类、负债类、所有者权益和损益类，并采用了国际通用的借贷记账法和国际通行的会计报表体系，也渐进体现了会计稳健原则，如计提坏账准备、贷款呆账准备、一般风险准备，允许企业采用加速折旧法。

第三阶段（1998~2001年），属于《保险公司会计制度》时期。从“企业”到“公司”，似乎差异不大，实为天壤之别。93年版制度对于促进保险企业的发展，促进企业间有序竞争，起到了积极的作用。但是，几年间，国内保险市场不断发展和壮大，保险行业发生了许多新变化，尤其是1995年10月颁布实施了《保险法》，并于1998年成立了中国保险监督管理委员会之后，形势变化很快。因此，1998年12月8日，财政部颁布了《保险公司会计制度》，重新确定了保险业务的分类，并实行按险种分类核算，完善了保险业务损益结算办法，增加了确认保费收入的原则以及存出资本保证金、提取保险保障基金的会计处理，调整了贷款、股权投资业务的会计处理。同时，增加了抵债物资的会计处理，修改了长期待摊费用的会计处理，规范了会计报表体系。

第四阶段（2001～2006 年），属于《金融企业会计制度》时期。2001 年 11 月 27 日，财政部颁布了《金融企业会计制度》，集银行、证券、保险等会计制度于一体，分别对 6 个会计要素以及有关金融业务和财务会计报告作出全面系统的规定。这次改革是提高会计信息质量的又一重大举措，实现了会计要素的重新界定以及相关的确认和计量，在某些会计原则和会计处理方法上实现了与国际会计惯例相协调，谨慎性原则体现更充分，增加了对外提供的会计报表，完善了会计信息披露，明确了会计政策的审批权限。

第五阶段（2007 年至今），属于《企业会计准则》时期。根据财政部统一要求，所有保险公司分期分批地执行企业会计准则。从此，中国企业会计制度在各行业之间实现了基本准则的统一与具体准则的分工配合。

上述五个阶段如图 2－2 所示。

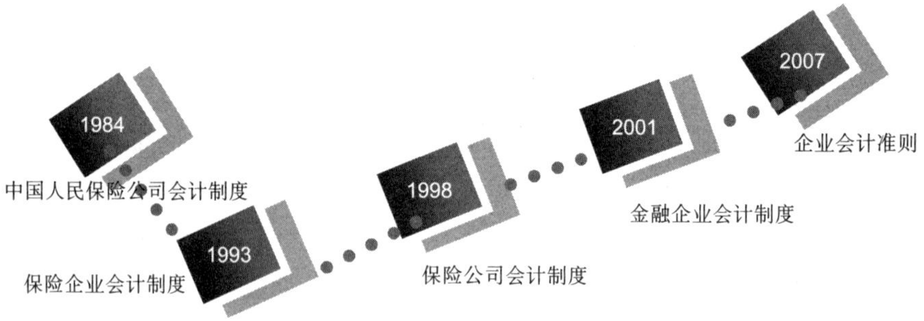

图 2－2　保险公司会计制度演变轨迹图

温故而知新，在新的会计准则时代，会计制度的痕迹将渐渐地淡化，会计制度相应地退出其曾经的“席位”。由准则条款、准则应用指南和陆续推出的公告将组成新时期完整的企业会计准则体系。

显然，会计首先要解决会计目标的问题，究竟会计目标是什么？这是一个现实的选择。会计作为现实条件下确认、计量与报告经济交易与事项的专业技术，是建立在什么假设基础之上？同时，会计信息作为一种会计产品，必须确保其哪些基本信息质量特征是“合格”产品，去满足信息使用者的需要；在这样一些学科的理论基础上，会计需要界定其对象的类别，包括主要类别和各类具体项目，这是日常账务处理的依据；同时，还需要应用规范、专业的名称来概括这些对象，从而形成了会计科目体系；在经历此阶段后，就能够正式开始每一个保险公司的会计流程了。如图2－3所示的保险公司会计入门理论框架图值得关注，六个支柱、环环紧扣，六个步骤、步步为营，这便是进入保险公司会计知识殿堂的“金钥匙”。

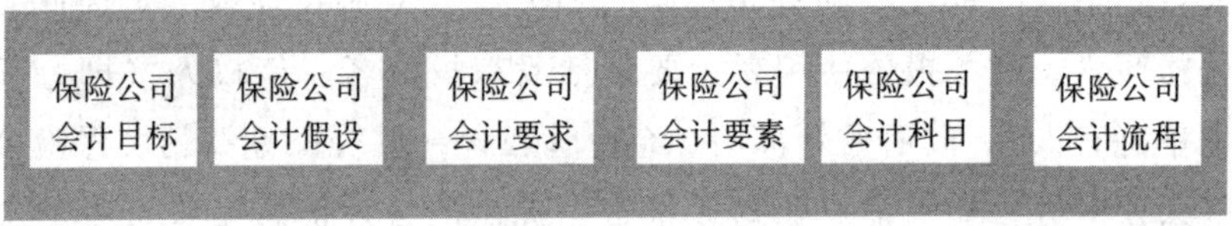

图2－3　保险公司会计入门理论框架图

第二节　保险公司会计目标

保险公司会计是将会计学的基本原理、专业方法和处理流程应用于保险公司业务和财务活动的过程，以货币为主要计量形式，采用特定方法，对保险公司的经营活动内容、过程和结果进行核算与监督的行业会计，是保险公司管理活动的重要组成部分。

保险公司会计的目标定位是什么？会计目标是财务会计工作总体的目的性要求，它是会计职能的具体化，往往作为会计研究的逻辑起点。由于会计目标和会计职能的内在联系，西方会计学界强调会计目标，我国会计学界过去经常是注重分析会计职能，现在也开始强调会计目标了。职能与目标，是基于不同的视角来观察会计运行目的所形成的，即是期望达到主观要求还是发挥客观功能的侧重点区别而已。目前会计界普遍接受会计目标的概念，但不同学派对会计目标的理解也有不同。如决策有用性学派，认为会计目标是向信息使用者提供有用的信息，而经济责任学派则认为会计目标是反映和报告受托经济责任及其履行情况。

关于我国企业会计目标，根据与国际趋同的准则理念，就是向财务报告使用者提供与企业财务状况、经营成果和现金流量等有关的会计信息，并反映企业管理层受托责任履行情况，从而有助于财务报告使用者作出经济决策。

结合我国经济环境与会计改革的持续性进步，保险公司会计的目标定位，已经越来越趋于统一，具体内涵分别是：

一、提供报表使用者决策有用的会计信息

由于保险公司运营规律是收取保费在先，发生赔款或给付在后，即保单持有人在整个保险责任期间都是保险公司的主要或潜在债权人。因此，对于保险公司而言，财务报告使用者主要包括股东投资者、债权人（即一般债权人和保单持有人）、政府监管部门、企业管理者、政府税务部门、保险公司员工和社会公众等。如果企业在财务报告中提供的会计信息与投资者的决策无关，那么财务报告就失去了其向投资者报送的真正价值与内在意义。根据投资者决策有用性目标，财务报告所提供的信息应当如实反映企业所拥有或者控制的经济资源、对经济资源的要求权以及经济资源及其要求权的变化情况；如实反映企业活动的各项收入、费用、利得和损失的金额及其变动情况；如实反映企业各项经营活动、投资活动和筹资活动等所形成的现金流入和现金流出情况等。凭借这些能够体现企业经营过程与成果的会计信息，有助于现在的或者潜在的投资者正确、合理地评价企业的资产质量、偿债能力、盈利能力和营运效率等；有助于投资者根据相关会计信息作出理性的投资决策；有助于投资者评估与投资有关的未来现金流量的金额、时间和风险等。

除了投资者之外，企业财务报告的使用者还包括债权人、政府监管机构及有关部门、社会公众等。财务报告中提供有关企业发展前景及其能力、经营效益及其效率等方面的信息，可以满足社会公众的信息需要。可以说，这些使用者的许多信息需求是共同的。投资者是企业资本的主要提供者与最终利害关系人，通常情况下，如果财务报告能够满足这一群体的会计信息需求，那么便可以满足其他使用者的大部分信息需求。

二、反映企业经营者受托责任的履行情况

现代企业制度强调所有权和经营权相分离，企业管理层是受委托人之托经营管理企业所有的资产，负有受托责任。即企业管理层所经营管理的企业各项资产基本上均为投资者投入的资本（包括留存收益作为再投资）或者向债权人借入的资金所形成的，企业管理层有责任妥善保管并合理、有效运用这些资产。企业投资者和债权人等相关利益者需要及时或者经常性地了解企

业管理层保管、使用资产的情况，以便于评价企业管理层的责任情况和业绩情况，并决定是否需要调整投资和信贷政策、是否需要加强企业内部控制和其他制度建设、是否需要加强和更换管理层，等等。因此，作为会计最终产品的财务报告，应当反映企业管理层受托责任的履行情况，以有助于外部投资者和债权人等相关利益者评价企业的经营管理责任和资源使用的有效性。

第三节　保险公司会计假设

保险公司会计面对的是变化不定的社会经济环境，必须对所依附主体的交易或事项作出基于特定理念下的专业判断，即规定保险公司会计确认、计量和报告所依赖的一系列基本的前提条件，才能使会计确认、计量与报告工作正常进行。这种前提是基于一种专业的科学性判断，又称为会计假设。会计假设的科学、全面、完整，决定着会计理论框架的科学、全面、完整，决定着会计确认、计量和报告的整体水准和对会计实践的指导能力。概括而言，会计假设包括四个方面：

一、会计主体假设

保险公司要对其本身发生的交易或者事项进行会计确认、计量和报告，就要明确边界线，即会计主体假设。主体假设是指会计确认、计量和报告是用来说明特定企业个体所发生的交易或事项的，对该特定个体的各项经营活动的记录和反映应当与其他相关主体的活动严格分开，包括与所有者的活动、债权人的活动以及交易对方的活动相分离。只有这样，才能明确特定会计主体的发展趋势。保险公司通常是以独立法人主体为会计主体的企业，而对在同一法人主体之下的分支机构则不作为完全独立核算的会计主体，即如保险总公司下属的省级分公司、市级公司等基层营业网点，作为内部报账的核算单位与考核主体，不独立对外提供会计报告。

二、持续经营假设

保险公司会计确认、计量和报告应当以持续经营为前提，即持续经营假设。其基本含义是指会计主体的经营活动将按照现在的形式和既定的目标无限期地继续下去，在可以预见的将来，会计主体不会进行清算，它所持有的资产将按照预定的目的在正常经营过程中被耗用、出售或转让，它所承担的债务也将如期偿还。

持续经营假设是整个权责发生制会计大厦所赖以建立的基础。例如，资产的计量属性有历史成本、重置成本、现行市价、变现价值等多种形式。在一份财务报表中究竟采用哪一种计量尺度，就与企业是否能够持续经营下去这个前提有密切的关系。

三、会计分期假设

保险公司应当划分会计期间，分期结算账目和编制会计报告。会计期间分为年度和中期。中期是指短于一个完整会计年度的报告期间。会计期间假设的基本含义是：连续不断的经营过程可以被划分为特定、相等的时间单位，以便对企业的经营状况进行及时、连续的反映。这种为了会计核算的需要而人为划分的相等时间单位，就称为会计期间。

四、货币计量假设

保险公司会计应当以货币进行计量。货币之所以成为会计信息的计量工具，是因为其具有下列功能：一是货币的价值尺度，无论实物、劳动还是其他财富形式，大多可以用货币来表示；二是货币的交易媒介功能，是对经济交易从价值方面进行记录的最通用的单位；三是货币可以作为信用的衡量尺度和延期支付的标准，因此，它是借贷合同或者其他契约赖以产生和顺利履行的基础；四是货币作为财富的一种标志，是企业组织投入与产出的最终表现形式。

第四节　保险公司会计信息

提起保险公司的会计信息问题，不能不考虑到会计最为基础的权责发生制与收付实现制概念。可以说，保险会计领域最为经典的话题就是在确认保费收入时，在保险合同生效日（俗称保单销售日）以实际收到保费收入的口径为标准确认保费收入，即实行收付实现制的会计基础；在其后的资产负债表日，通过提取当期未到期责任准备金、冲回未到期保险责任准备金，就自然调整成为权责发生制口径下的保费收入，即实行权责发生制的会计基础。

前面已经提到，会计信息就是一个企业会计经过科学的流程、专业的加工、严格的审查、精心的编制之后，奉献给会计报表使用者的“产品”。这个“产品”的质量显然是众目睽睽的焦点问题。正因为会计信息的相当复杂、相当敏感，促成了从会计理论到会计实践，都极为关注会计信息的质量问题，这也是会计准则总是将这些主题作为基本准则条款的现实理由。根据决策有用理论，会计的首要目标是提供信息使用者决策有用的会计信息，而有用的会计信息必须具备可靠性和相关性两个特点；相关性和可靠性是使会计信息对决策有用的两个主要质量。我国2006年颁布的《企业会计准则——基本准则》（CAS基本准则[①]）经过修改完善，将权责发生制作为会计处理基础，将“实际成本计价”作为计量属性，并取消了配比原则[②]、划分收益性支出和资本性支出原则，同时将“一贯性”和“可比性”统一为“可比性”。由此产生了8项关于会计信息质量的要求：即客观性、相关性、明晰性、可比性、实质重于形式、重要性、谨慎性和及时性。这8项会计信息质量标准的基本内涵主要表现为：

一、客观性

客观性要求企业应当以实际发生的交易或者事项为依据进行会计确认、计量和报告，如实反映符合确认和计量要求的各项会计要素及其他相关信息，保证会计信息真实可靠，内容完整。在会计核算中坚持客观性原则，就应当在会计核算时客观地反映企业的财务状况、经营成果和现金流量，保证会计信息的真实性；会计提供的信息应具有可验证性，经得起检验。

二、可比性

可比性要求企业提供的会计信息应当具有可比性。可比性包括两个方面：同一企业不同时期发生的相同或者相似的交易或者事项，应当采用一致的会

---

① 为陈述简便，本书将以企业会计准则之英文（Chinese Accounting Standards）缩写CAS与准则编号来表示具体准则，如《企业会计准则第1号——存货》简写为CAS1号存货准则，以此类推。

② 取消配比原则主要是基于强调资产负债观，淡化了利润观的考虑，由此也导致了原制度体制下长期存在的待摊费用和预提费用两个科目的寿终正寝。

计政策，不得随意变更；不同企业发生的相同或者相似的交易或者事项，应当采用规定的会计政策，确保会计信息口径一致、相互可比。

三、相关性

相关性要求企业提供的会计信息应当与财务报告使用者的经济决策需要相关，有助于财务会计报告使用者对企业过去、现在或者未来的情况作出评价或者预测。信息的价值在于其与决策相关，有助于决策时参考。会计信息需要通过释放其效力，帮助会计信息使用者评价过去的决策，证实或修正某些预测，从而具有反馈价值；有助于会计信息使用者作出预测和决策，从而具有预测价值。在会计核算中坚持相关性原则，就要求在收集、加工、处理和提供会计信息过程中，充分考虑使用者的信息需求，面向用户、注重实效。

四、及时性

及时性要求企业对于已经发生的经济交易或相关事项，应当及时进行会计确认、计量和报告，不得提前或者延后。在会计确认、计量和报告过程中坚持及时性原则，一是要求及时收集会计信息，即在经济业务发生后，及时收集整理各种原始单据，缩短会计与业务的时间距离与空间跨度；二是及时处理会计信息，编制出财务报告，使会计专业处理流程能够敏捷高效；三是及时传递会计信息，防范会计信息过时，始终保持财务报告编制者与财务报告使用者的有效沟通。

五、明晰性

明晰性要求企业提供的会计信息应当清晰明了，便于财务报告使用者理解和使用。在会计确认、计量过程中，坚持明晰性原则，就是要求会计记录准确、清晰，填制会计凭证、登记会计账簿必须做到依据合法、账户对应关系清楚、文字摘要完整；在编制会计报表时，就是要求项目勾稽关系清楚、项目完整、数字准确。

六、谨慎性

谨慎性要求企业对交易或者事项进行会计确认、计量和报告应当保持应有的谨慎，不应高估资产或者收益、低估负债或者费用。企业的经营活动充满着风险和不确定性，在会计确认、计量和报告中坚持谨慎性原则，要求企业会计人员在面临不确定性因素需要作出职业判断时，应当保持必要的谨慎，充分估计各种风险和损失，做到既不高估资产或收益，也不低估负债或费用。需要注意的是，谨慎性原则并不意味着企业可以任意设置各种秘密准备，否则，就属于滥用谨慎性原则，将被作为重大会计差错进行处理。

七、重要性

重要性要求企业提供的会计信息应当反映与企业财务状况、经营成果和现金流量等有关的所有重要交易或者事项。凡对资产、负债、损益等有较大影响，并进而影响使用者作出合理判断的重要会计事项，必须按规定的会计方法和程序进行处理，并在财务报告中单独予以充分披露；而对于次要的会计事项，在不影响会计信息真实性和不至于误导使用者作出正确判断的前提下，可适当合并、简化处理。重要性原则与会计信息的成本效益直接相关。

八、实质重于形式

实质重于形式要求企业应当按照交易或者事项的经济实质进行会计确认、计量和报告，不应仅以交易或者事项的法律形式为依据。在实际工作中，交易或事项的外在法律形式或人为形式并不总能完全反映其实质内容。所以，会计信息要想更真实地反映交易或事项，就必须根据交易或事项的实质和经济现实，而不能仅仅根据其法律形式进行核算和反映。

上述8项会计信息质量特征，都是在理性总结、不断反思的基础上，基于长期众多会计信息领域真与假、善与恶的对抗抽象而来的精华，需要结合会计实战来深刻理解和准确执行。

第五节　保险公司会计要素

会计要素是以会计前提为基础而对会计对象的基本分类，是会计用于反映会计主体财务状况、确定经营成果的基本单位。对保险公司会计来说，其核算对象是经济资源的来龙去脉，而财务状况就是某一时点的各种资源（保费收入等等）的占用、运用和来源情况。要正确反映保险公司的财务状况，就需要按一定标准对各种经济资源的占用和来源进行分类，并体现到会计报表。因此，会计要素也称为会计报表要素，是会计报表的基本构件。

保险公司应当按照交易或者事项的经济特征确定会计要素。会计要素有两大类：第一类是资产、负债、权益，是反映一定时点（如资产负债表日）财务状况的会计要素，即处于这一时点的资本运动的相对静止状态；第二类包括收入、费用和利润，是反映一定时期（如一个会计年度）经营成果的会计要素，即这一时期的资金运动变化状态。保险公司会计也就是这样的循环往复，才使得企业持续、恒定地向前发展。现对图2－4所示6类会计要素进行具体阐述。

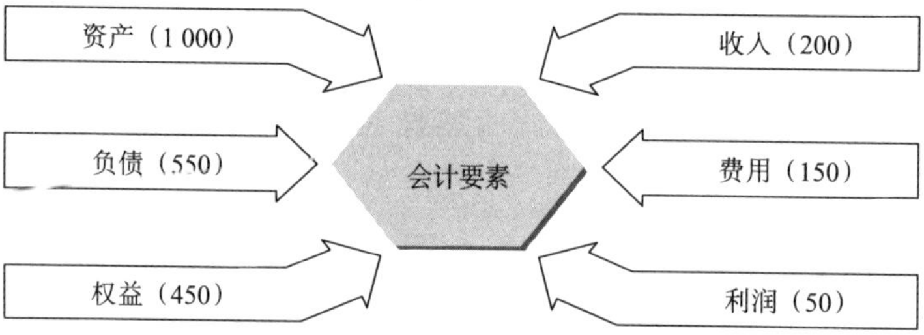

图2－4 保险公司会计要素

一、资产

对任何一个保险公司来说，资产都是指企业过去的交易或者事项形成的、由企业拥有或者控制的、预期会给企业带来经济利益的资源。符合资产定义的资源，在同时满足以下条件时，确认为资产：一是与该资源有关的经济利益很可能流入企业，即该资源有较大的可能直接或者间接导致现金和现金等价物流入企业；二是该资源的成本或者价值能够可靠地计量。

对比分析，与普通企业流动资产项目中，在产品、产成品、原材料、购进商品等存货占了很大比重的情况完全不同，保险公司因保险产品只有法律责任的载体，而不是有形资产，故几乎没有什么存货项目，而当保险公司收到保费款项后，绝大部分资金要运用于投资方面，故金融资产（包括上市股票与各种债券）、保单抵押贷款等投资资产所占比重较大。保险公司的资产，按其流动性特征可分为流动资产和非流动资产。

1. 流动资产

流动资产是指可以在1年内（含1年）变现或耗用的资产。保险公司的流动资产，种类繁多、表现各异，比如，保险公司持有的交易性金融资产、特有的应收保费、应收代位追偿费、应收分保账款、应收各项分保准备金、保户质押贷款等流动资产项目。

2. 非流动资产

保险公司的非流动资产包括依照规定持有的以摊余成本计量的金融资产、以公允价值计量且其变动计入其他综合收益的金融资产、以公允价值计量且其变动计入当期损益的金融资产、长期股权投资、固定资产、无形资产、递延所得税资产、其他资产等，以及保险公司的存出资本保证金、独立账户资产等，也都是具有行业特色的非流动资产项目。

二、负债

保险公司的负债是指企业过去的交易或者事项形成的、预期会导致经济利益流出企业的现时义务。现时义务是指企业在现行条件下已承担的义务。未来发生的交易或者事项形成的义务，不属于现时义务，不应当确认为负债。符合负债定义的义务，在同时满足以下条件时，确认为负债：一是与该义务有关的经济利益很可能流出企业；二是未来流出的经济利益的金额能够可靠地计量。

我们知道，在一般企业的经营资产中，自有资本所占比重较大。正如前述，保险公司的负债占总资产的比例较高，且主要由保险负债构成。负债占保险公司总资产的比例一般在70%以上，资产负债率较高；而且寿险公司的资产负债率通常超过非寿险公司，有些公司高达90%以上。保险经营的资产主要来自投保人按照保险合同向保险企业所缴纳的保险费。投保人与保险公司订立保险合同并缴纳保费，一方面使保险公司资产增加，另一方面也使保险公司对投保人负有的赔付责任即负债随之增加。随着保险业务的扩大，保单负债的数量也不断地增长，保险负债通常要占负债总额的绝对比例较高。

同时，保险负债的最大特色在于其不确定性，需要估算得出。由于在保险期限内的任何时刻，无法预知保险事件是否发生以及可能造成的损失大小，故保险业务的负债具有或有性和数量上的不确定性。在人寿保险中，健康保险与寿险中的定期死亡保险业务的负债具有较大的不确定性；年金保险与寿险中生存保险业务和两全保险由于带有储蓄性质，故保险人必然会发生负债，而且在数量上具有较大的确定性；分红寿险保单或变额寿险保单，在负债的数量上则有一定的不确定性。

由于未来损失的不确定性和存在一些难以预知但却对保险赔付有影响的社会、司法及自身的承保、理赔等变化因素，保险负债需要进行估算，并且所有的估算都是基于一定的人为假设而作出的，如未到期保险责任准备金在各年度内的分摊是假设风险责任在保险期限内均匀分布，与时间成正比；未决赔款准备金的数字是根据过去的统计资料、理赔经验或对未来的趋势进行预计。依照个案法或由统计模型估算得出；寿险责任准备金则需由专门的精算师进行精算。

从会计核算项目上看，保险公司的负债按其流动性可以划分为流动负债和非流动负债两大类：

1. 流动负债

流动负债是指将在1年（含1年）内偿还的债务。保险公司流动负债，既有共同性项目，如应付职工薪酬、应交税费、应付利息等；也有特定项目，如保险公司特有的预收保费、应付分保账款、应付赔付款、应付保单红利、保户储金及投资款、未到期责任准备金、未决赔款准备金、寿险责任准备金等项目。

2. 非流动负债

保险公司的非流动负债包括各类长期准备金、递延所得税负债、其他负债等。

三、所有者权益

保险公司的所有者权益是所有者在企业资产中享有的经济利益，其金额是资产减去负债后的余额，即所有者享有的企业净资产。对于企业来说，使用负债往往以支付利息为代价，而所有者权益的使用不需要支付利息；企业清算时，所有者权益只有在清偿所有的负债之后才返还给所有者。

保险公司的所有者权益包括投入资本和留存收益两大部分，具体又分为实收资本、资本公积、盈余公积和未分配利润等项目。在实际运行中，针对不同保险公司的情况，也存在着具有特色的权益项目，如保险公司的一般准备、保险公司的总准备金也都是其所有者权益的组成部分。为强调所有者权益在保证保险公司偿付能力中的重要性，保险企业成立时，其所需资本主要用于预防风险变动，在持续不断的经营中，风险准备金的提取则是董事会作为防范偿付能力不足的保证资金。

四、收入

收入是指企业在日常活动中形成的、会导致所有者权益增加的、与所有者投入资本无关的经济利益的总流入。需要强调的是，收入是日常活动中产生的，而产生于非日常经济活动的经济利益流入就不能作为收入，而应该作为利得，如营业外收入；收入的增加有多种表现形式，既可能表现为资产的增加，也可能表现为负债的减少。收入增加的结果是会引起所有者权益的增加。保险公司对于收入的确认，只有在经济利益很可能流入从而导致企业资产增加或者负债减少、且经济利益的流入额能够可靠计量时才能进行。

收入包括主营业务收入和其他业务收入。保险公司的主营业务收入主要来源于两个部分，即保费收入与投资收入。其中，保费收入是保险公司为履行保险合同规定的义务向投保人收取的对价收入，是保险公司最主要的收入来源。由于保险人收取保费收入所依赖的保险费是对未来保险成本的一种预见，因此，保费收入具有很强的预计性特点。同时，保险人在获取保费收入后，意味着将随时履行保险责任，从一定意义上看，收入是引起负债的主要原因。投资收入是保险公司通过资金运用获取的收益，对于人寿保险业务而言，由于保费采用均衡收取方式，造成前期实收保费大于实际所需保费，形成了预收成分的收入。因此，投资收益在扣除相关的投资费用外，尚需扣除预计返还利息，才能计算出净投资收入。

从会计核算项目上看，保险公司提供金融商品服务所取得的营业收入，主要包括：利息收入、手续费及佣金收入、保费收入、投资收益、公允价值变动损益、汇兑收益和其他业务收入。

五、费用

保险公司的费用是企业在销售保险商品、提供服务等日常经济活动中发生的经济利益的流出。费用是日常活动中发生的经济利益流出，不属于日常活动发生的经济利益流出则不属于费用，而归属于损失，如营业外支出。费用发生也有多种表现形式，可以是资产的减少，也可以是负债的增加。费用将引起所有者权益的减少。

费用只有在经济利益很可能流出从而导致企业资产减少或者负债增加、且经济利益的流出额能够可靠计量时才能予以确认。

保险公司的费用包括营业成本和期间费用两大类：

营业成本，主要是指保险公司在其业务经营过程中发生的与业务经营直接相关的支出。包括在日常活动中发生的与保险业务有关的支出，主要包括赔款支出、手续费支出、死伤医疗给付、满期给付、年金给付、退保金、佣金支出、未决赔款准备金提转差、未到期责任准备金提转差、长期责任准备金提转差以及税金及附加等。

期间费用，是指保险公司在业务经营及管理工作中发生的各项费用，包括：固定资产折旧、业务宣传费、业务招待费、电子设备运转费、安全防卫费、邮电费、劳动保护费、外事费、印刷费、公杂费、低值易耗品摊销、理赔勘察费、职工工资、差旅费、水电费、租赁费、职工福利费、职工教育经费、工会经费、税金、会议费、诉讼费、公证费、咨询费、无形资产摊销、长期待摊费用摊销、待业保险费、劳动保险费、取暖费、审计费、技术转让费、研究开发费、绿化费、董事会费、上交管理费、银行结算费等。

六、利润

通常，利润是指企业在一定会计期间的经营成果。保险公司利润是企业在经营过程中各种收入减去费用后的净额并加上各种利得，减去各种损失后的余额。我们需要注意：

其一，利润由承保利润与投资利润组成。承保利润由承保业务产生，而投资利润是资金运用的结果。国外保险企业在通常情况下，不仅投资利润大于承保利润，而且比较稳定。

其二，利润计算具有预见性和估算性。保险公司业务的收支顺序和一般的公司相反，收入在前，主要成本支出在后。在会计年末时，保险公司的一个完整的营业周期尚未结束，此时其成本往往难以准确计算，不能根据实际成本决定，有赖于通过精算假设和方法予以确定。由于各种准备金的估计与调整难以客观准确，其估计的变动会对年度利润产生较大影响。

其三，保险公司利润并不全部属于股东权益。通过利源分析，寿险盈余可以分为利差益（损）、死差益（损）和费差益（损）。另外，投保人中途退保也会带给保险公司一些盈余。就本质而言，这些盈余都是由于寿险产品定价不实形成的，其放大部分应作为保户多交的保费并以保户红利的形式返还给保户。寿险盈余分配中保户利益重于股东利益乃寿险的一大特点。

其四，非寿险保险业务与寿险业务利润特性具有差异。一般而言，非寿险保险业务利润较低，且不稳定，主要原因如下：一是非寿险保险事故的发生颇不规则，预期损失与实际损失常有较大的出入，若出现巨灾或长尾巴索赔（Long—Tail Llability），利润的不确定程度更大；二是非寿险保险资会运用要求有较高的流动性，资金大部分需投资于证券市场，票据的持有期限较短，收益不高，且易受证券市场短期渡动的影响。

寿险公司利润的独特之处在于其新增业务负担，指当保险公司在一年中接受很多新的寿险保单时，当年的利润反而减少甚至出现亏损的现象。这是因为寿险新业务以各种佣金为主的展业成本通常比较高且需在 1 年支付。若当年仍按通常标准提取责任准备金，就可能导致亏损出现，而普通企业在成本费用率基本稳定的情况下，一般是业务增加，利润也随着增加。

从会计核算项目看，保险公司的利润包括收入减去费用后的净额、直接计入当期利润的利得和损失等。直接计入当期利润的利得和损失，是指应当计入当期损益、会导致所有者权益发生增减变动的、与所有者投入资本或者向所有者分配利润无关的利得或者损失，如营业外收入、营业外支出等。从基本原理所体现的宽泛意义来看，与此相关的会计逻辑等式为：

资产 - 负债 = 所有者权益

收入 - 费用 = 利润

这两者逻辑关系组合在一起，就形成了保险公司会计报表的完整体系。

第六节　保险公司会计科目

保险公司会计科目是对金融会计对象具体内容所作的科学分类，也就是对保险公司资产、负债、权益和保险公司的财务收支所进行的分类。同时，必须注意，对不同类型的保险公司，其会计科目的设置，既有普遍适用的相同科目，也有各自不同的特殊科目。为了方便各类保险公司的会计读者分类快捷地查找使用，我们根据 CAS 应用指南（2006）对会计科目的规定，进行了系统的分类整理，现列示如下：

一、各类企业通用类科目

这是基本部分，属于各种企业（包括保险公司与非保险公司）普遍适用的会计科目，包括 77 个，其具体情况为：

资产类：现金、银行存款、其他货币资金、交易性金融资产、指定为公允价值计量的金融资产、应收票据、应收账款、预付账款、应收股利、应收利息、其他应收款、坏账准备、代理业务资产、债权投资、债权投资减值准备、其他债权投资、其他权益工具投资、长期股权投资、长期股权投资减值准备、投资性房地产、长期应收款、未实现融资收益、固定资产、累计折旧、在建工程、工程物资、固定资产清理、无形资产、累计摊销、无形资产减值准备、商誉、长期待摊费用、递延所得税资产、待处理财产损溢，共 35 个科目。

负债类：短期借款、交易性金融负债、指定为公允价值计量的金融负债、应付票据、应付账款、预收账款、应付职工薪酬、应交税费、应付股利、应付利息、其他应付款、代理业务负债、预计负债、递延收益、长期借款、应付债券、长期应付款、未确认融资费用、专项应付款、递延所得税负债，共 20 个科目。

共同类：衍生工具、套期工具、被套期项目，共 3 个科目。

权益类：实收资本、资本公积、盈余公积、本年利润、利润分配、库存股，共 6 个科目。

损益类：主营业务收入、其他业务收入、公允价值变动损益、投资收益、营业外收入、主营业务成本、其他业务成本、资产减值损失、信用减值损失、税金及附加、销售费用、管理费用、利息支出，共 13 个科目。

二、金融企业共用会计科目

资产类：存出保证金、拆出资金、买入返售金融资产、抵债资产；

负债类：存入保证金、拆入资金、卖出回购金融资产款；

共同类：货币兑换；

权益类：一般风险准备；

损益类：利息收入、手续费及佣金收入、汇兑损益、利息支出、手续费及佣金支出。

此外，还有银行与保险共同使用的科目，即资产类的贷款、贷款损失准备。

三、保险公司专用会计科目

《企业会计准则应用指南》对保险公司的财务报表格式和附注给予了专门规定。同时，基于保险公司会计业务的特殊性，《企业会计准则应用指南》之附录所列会计科目和主要账务处理，也对保险公司会计核算活动中所需要的基本性会计科目设置进行了统一的规定，这些会计科目，基本能够适应整个保险公司会计核算工作的总括性需要。现将保险公司经常使用的主导性会计科目整理如表2-1所示：

表2-1　　保险公司主要业务核算专用会计科目表

类别	名称	主要核算内容
资产类（7个）	应收保费	按原保险合同约定应向投保人收取的保费
	应收代位追偿款	按照原保险合同约定承担赔付保险金责任后确认的代位追偿款
	应收分保账款	从事再保险业务应收取的款项
	应收分保合同准备金	再保分出人确认的应收分保未到期准备金和应向再保接受人摊回的保险责任准备金
	损余物资	按照原保险合同约定承担赔偿保险金责任后取得的损余物资成本
	独立账户资产	分拆核算的投资连结产品不属于风险保障部分确认的独立账户资产价值
	存出资本保证金	按《保险法》规定，缴存注册资本20%存入指定银行的资本保证金
负债类（6个）	应付保单红利	按原保险合同约定应付未付投保人的红利
	应付分保账款	核算再保分出人按原保险合同确认的分出保费、再保分入人的分保费用
	未到期责任准备金	提取非寿险原保险合同未到期责任准备金
	保险责任准备金	提取原保险合同责任准备金，即未决赔款、寿险责任、长期健康险等三项
	保户储金	核算投保人以储金本金增值作为保费收入的储金
	独立账户负债	对分拆核算的投资连结产品不属于风险保障部分确认的独立账户负债

续表

类别	名称	主要核算内容
损益类（12个）	保费收入	核算公司确认的各种保费收入
	摊回保险责任准备金	分出人向分入人摊回的责任准备金，即未决赔款、寿险责任和长期健康险三项
	摊回赔付支出	再保险分出人向再保险接受人摊回的赔付成本
	摊回分保费用	再保险分出人向再保险接受人摊回的分保费用
	提取未到期责任准备金	提取非寿险原保险合同未到期责任准备金和再保险合同分保未到期责任准备金
	提取保险责任准备金	提取原保险合同保险责任准备金，即提取的未决赔款、寿险责任、长期健康险三项
	赔付支出	支付的原保险合同赔付款项和再保险合同赔付款项
	保单红利支出	按原保险合同约定支付给投保人的红利
	退保金	寿险原保险合同提前解除时按照约定应当退还投保人的保单现金价值
	分出保费	再保险分出人向再保险接受人分出的保费收入
	分保费用	再保险接受人向再保险分出人支付的保活动支出的补偿性分保费用

保险公司也可以根据其业务情况的需要，对以下科目实施细化拆分单列：

将表 2 - 1 中资产类科目“应收分保合同准备金”拆分为 4 个科目，即“应收分保未到期责任准备金”“应收分保未决赔款准备金”“应收分保寿险责任准备金”“应收分保长期健康险责任准备金”；

将表 2 - 1 中负债类科目“保险责任准备金”拆分为 3 个科目，即“未决赔款准备金”“寿险责任准备金”“长期健康险责任准备金”；

将表 2 - 1 中损益类“摊回保险责任准备金”科目拆分为 3 个科目，即“摊回未决赔款准备金”“摊回寿险责任准备金”“摊回长期健康险责任准备金”；

将表 2 - 1 中损益类“提取保险责任准备金”拆分为 3 个科目，即“提取未决赔款准备金” “提取寿险责任准备金” “提取长期健康险责任准备金”等。

以上几个科目的合并与拆分设置，只是科目“粗细”程度差异，其核算原理是相同的，故书中不再一一详述。

由于保险公司的会计科目，通常只有在特定环节使用特定科目，并且科目数量相对较多，因此，我们将在各个具体核算环节相应解读其所适用的相关的重点性会计科目。

第七节　保险公司会计流程

会计流程按照其内在关系，科学、高效地组织起来，使得保险公司会计能够有条不紊地推进的系统工程。也就是说，流程是在会计凭证、会计账簿、会计报告3个载体之间，通过设置会计科目、采用复式记账、登记会计账簿、计算成本费用、进行财产清查，编制会计报表等方法构成有机的处理系统。会计流程，就是会计这一系统工程正常运行所依赖的诸个主体骨架，即会计确认、计量与报告三步曲。从确认到计量，最后形成报告，会计三步曲必须环环紧扣，缺一不可，其关系如图2－5所示。

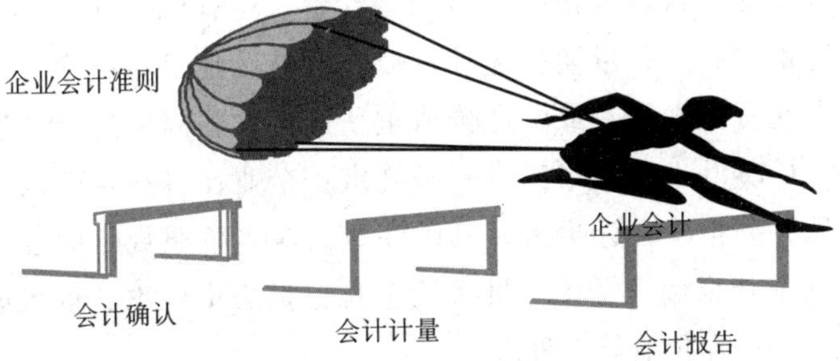

图2－5　会计确认、计量、报告之逻辑关系图

一、会计确认

作为会计流程的第一项重要程序，确认是指依照准则规范来确定某一项目、交易或事项应否、应在何时以及如何列作一项会计要素（如资产、负债、所有者权益、收入、费用或利润），正式地记入会计账内、列入会计报表的过程。广义的会计确认包括在记录中的初始确认与在报表中的最终确认两个方面，而通常意义上的会计确认仅指会计报表的确认，因会计记录最终是为会

计报表披露有用信息服务的。显然，会计确认要解决的问题是“应否确认”、“何时确认”以及“如何确认”三个问题。美国财务会计准则委员会（FASB）指出：确认一个项目和有关的信息要符合四个标准：一是符合要素定义；二是可计量性；三是相关性；四是可靠性。只要符合这些标准就应在成本效益与重要性前提下予以确认。国际会计准则委员会（IASC）提出的确认标准是三条。即：一要满足要素定义；二要与该项目有关的任何未来经济利益可能流入或流出企业；三要确保该项目具有能够可靠计量的成本或价值。综合两者，我们自然可以获得确认的一般标准为“符合要素定义与能够可靠计量”，两者缺一不可。

二、会计计量

会计计量是指用数量尤其是用金额对应该列入报表的各项会计要素加以描述的基本方式。会计计量通常被认为是会计的核心问题①。基于已经拥有了货币计量的会计假设，会计计量则主要意味着会计计量属性的选择问题。计量属性是指会计要素可用货币计量的各种特征。会计计量实际上也是一个动态过程，往往不能一次性完成，除了初始计量，还有后续计量。在多数情况下，随着业务的进行，计量属性随计量模式会持续地发生改变。如期末资产价值的减损、物资盘盈盘亏或资产价值重估等，这些因素均会导致会计计量模式的调整。CAS 基本准则第四十一条规定：企业在将符合确认条件的会计要素登记入账并列报于会计报表及其附注时，应当按照规定的会计计量属性进行计量，确定其金额。会计计量属性主要包括历史成本、重置成本、可变现净值、现值、公允价值等五种属性。

1. 历史成本

在历史成本计量模式下，资产按照购买时支付的现金或者现金等价物的金额，或者按照购置资产时所付出对价的公允价值计量；负债按照因承担现时义务而实际收到的款项或者资产的金额，或者承担现时义务的合同金额或者按照日常活动中为偿还负债预期需要支付的现金或者现金等价物的金额计量。

2. 重置成本

---

① 汤云为等：《会计理论》，上海财经大学出版社 1997 年版。

在重置成本计量模式下，资产按照现在购买相同或者相似资产所需支付的现金或者现金等价物的金额计量；负债按照现在偿付该项债务所需支付的现金或者现金等价物的金额计量。

3. 可变现净值

在可变现净值计量模式下，资产按照其正常对外销售所能收到现金或者现金等价物的金额扣减该资产至完工时估计将要发生的成本、估计的销售费用以及相关税费后的金额计量。

4. 现值

在现值计量模式下，资产按照预计从其持续使用和最终处理中所产生的未来净现金流入量的折现金额计量。负债按照预计期限内需要偿还的未来净现金流出量的折现金额计量。

5. 公允价值

在公允价值计量模式下，资产和负债按照在公平交易中，熟悉情况的交易双方自愿进行资产交换或者债务清偿的金额计量。

企业在对会计要素进行计量时，一般应当采用历史成本。需要采用重置成本、可变现净值、现值、公允价值计量的，应当保证所确定的会计要素金额能够取得并可靠计量。因此，历史成本依然是通常情况下的主流计量模式，其可检验性决定了这是一种最为可靠、最为方便的计量模式，而确实需要采用其他计量模式时，则需要确保相应的配套环境，以保证其计量产生的会计信息具备必要的可靠性。

三、会计报告

保险公司会计确认、计量的最终目的是编制会计报告（会计报告，通常也可称为财务报告，有时又被等同于会计报表）。会计报告是保险公司对外提供的反映企业某一特定日期的财务状况和某一会计期间的经营成果、现金流量等会计信息的文件。投资者、债权人等使用者主要是通过会计报告来了解企业当前的财务状况、经营成果和现金流量等情况，从而预测未来的发展趋势。因此，会计报告是向各类会计报告使用者提供决策有用信息的媒介和渠道，是沟通投资者、债权人等会计报告使用者与企业管理层之间信息的桥梁和纽带。随着我国改革开放的深入和市场经济体制的完善，编制和使用会计报告的作用也越来越突出。国家通过《会计法》《公司法》《证券法》等相关法律，出于保护投资者、债权人等利益的需要，明确规定了企业应当定期编报会计报告的法定义务。

会计报告包括会计报表和其他应当在会计报告中披露的相关信息和资料。而会计报表又由报表本身及其附注两部分构成，附注是财务报表的有机组成部分，而报表至少应当包括资产负债表、利润表、现金流量表和所有者权益变动表等报表。因此，我们通常可以将会计报表简称为“四表一注”：

1. 资产负债表

这是企业会计报表的总表，反映企业在某一特定日期的财务状况的会计报表。企业编制资产负债表的目的是通过如实反映企业的资产、负债和所有者权益金额及其结构情况，从而有助于使用者评价企业资产的质量以及短期偿债能力、长期偿债能力、利润分配能力等。

2. 利润表

这是反映企业在一定会计期间的经营成果的会计报表。企业编制利润表的目的是通过如实反映企业实现的收入、发生的费用以及应当计入当期利润的利得和损失等金额及其结构情况，从而有助于使用者分析评价企业的盈利能力及其构成与质量。

3. 现金流量表

这是反映企业在一定会计期间的现金和现金等价物流入和流出的会计报表。企业编制现金流量表的目的是通过如实反映企业各项活动的现金流入、流出情况，从而有助于使用者评价企业的现金流和资金周转情况。

4. 所有者权益变动表

这是反映构成所有者权益的各组成部分在一定会计期间的增减变动情况的报表。对影响所有者权益的当期损益、直接计入所有者权益的利得和损失以及与所有者的资本交易导致的所有者权益的变动，应当分别列示。

5. 会计报表附注

这是对在会计报表中列示项目所作的进一步说明，以及对未能在这些报表中列示项目的说明等。企业编制附注的目的是通过对财务报表本身作补充说明，以更加全面、系统地反映企业财务状况、经营成果和现金流量的全貌，从而有助于向使用者提供更为决策有用的信息，作出更加科学合理的决策。

财务报表是会计报告的核心内容，但是除了财务报表之外，会计报告还应当包括其他相关信息，具体可以根据有关法律法规的规定和外部使用者的信息需求而定。如企业可以在会计报告中披露其承担的社会责任、对社区的贡献、可持续发展能力等信息，这些信息对于使用者的决策也是相关的。尽管属于非财务信息，无法包括在财务报表中，但是如果有规定或者使用者有需求的，企业应当在财务报告中予以披露，有时企业也可以自愿在财务报告中披露相关信息。

第三章
保险公司资产要素核算

本章精要

对于保险公司来说，其资产规模与质量直接与其市场拓展和赔偿能力相关，这是考验一个保险公司自身生命力强弱的核心项目。保险公司的资产从会计角度看，主要为依照保险业监管规定所形成的业务性资产，主体部分包括金融资产投资、长期股权投资、套期保值和衍生金融工具等各类金融投资，也包括固定资产、无形资产和投资性房地产等多种财产。

从金融资产类投资来看，尽管各家企业会有差异，但是总体上则是最为普遍、最为主导，也是最为复杂的一种。除了细分为以摊余成本计量的金融资产、以公允价值计量且其变动计入其他综合收益的金融资产、以公允价值计量且其变动计入当期损益的金融资产等三类金融工具之外，还包括长期股权投资、套期保值、衍生金融工具等。因此，本章首先阐述金融资产的核算，即三类基本金融资产的核算；其次是长期股权类投资。要在全面理解新准则所指定的四类股权投资环境下，根据金融企业的具体情况，探析通过合并、非合并方式取得长期股权投资的初始计量，并掌握持有期间的成本法和权益法核算方法；其三是套期保值，需要理解公允价值套期、现金流量套期和境外经营净投资套期等三种方式下的处理；最后是关于金融资产转移。

固定资产的确认与计量，需要在对比度中掌握固定资产的精华与要点，无形资产需要在明确通常概念和特征的前提下，对不同类型的无形资产关注，尤其是针对土地使用权的核算需要进行新准则下的解读。极为重要的是判断投资性房地产的范围。并掌握投资性房地产初始成本的计量、投资性房地产的后续计量，分别掌握在采用成本模式和公允价值模式下核算投资性房地产的具体方法。

保险公司的资产可以分为金融类投资与常规财产两大类别。

投资是一个相对复杂、多样化的问题。随着我国市场经济机制逐步完善，保险公司作为一个特殊企业群体，其投资范围也渐生变化、监管政策正逐步配套。对于保险公司会计而言，资本要素核算主要关注基本金融工具、长期股权投资、套期保值、衍生金融工具、金融资产转移等金融业务项目的核算，还要关注自身有的固定资产、无形资产和投资性房地产等资产项目。

本章将分别对这些投资项目和财产项目进行分门别类的阐述。

第一节　金融资产投资核算

关于金融资产投资，目前存在着多种解释，而且金融资产是一种高级形态的资产，也是一种认知、处理和监管都比较复杂的项目。

一、金融工具准则的基本解读

学习金融资产的会计核算，应该从金融资产的基础概念出发，简单认知其准则的内容。

（一）金融工具、金融资产与金融负债的基本概念

在金融会计领域，经常会碰到“金融工具”这一术语，其实，金融工具是指形成一方的金融资产并形成其他方的金融负债或权益工具的合同。“金融工具”“权益工具”“债务工具”以及“金融资产”“金融负债”等概念精彩纷呈。简单而言，金融工具就是一份合同，是一份体现着交易双方之间权益与义务关系的合同。这种合同主要是约定双方各种显性与隐含权责的条款。这是因为金融产品并不像其他实物产品一样通过其实物形态而体现其存在感的，它更加关注其高度抽象、高度概括的主体间权属对应关系即资产负债关系的存在，通常是通过合同来鉴定彼此连载的双方（资产方或负债方）利益所在，即同时存在着互为伙伴的资产一方与负债一方。在金融工具框架下，将金融资产进一步区分为债务工具和权益工具两类，权益工具是指从发行人

角度满足"权益"定义的工具，其最简单明了的一个例证就是股权、股票、认股权证。债务工具是指形成债权债务关系，约定到期后可清结或滚动循环发行，其最简单明了的一个例证就是债券。

金融资产，是指企业持有的现金、其他方的权益工具以及符合下列条件之一的资产：一是从其他方收取现金或其他金融资产的合同权利；二是在潜在有利条件下，与其他方交换金融资产或金融负债的合同权利；三是将来须用或可用企业自身权益工具进行结算的非衍生工具合同，且企业根据该合同将收到可变数量的自身权益工具；四是将来须用或可用企业自身权益工具进行结算的衍生工具合同，但以固定数量的自身权益工具交换固定金额的现金或其他金融资产的衍生工具合同除外。其中，企业自身权益工具不包括应当按照《企业会计准则第 37 号——金融工具列报》分类为权益工具的可回售工具或发行方仅在清算时才有义务向另一方按比例交付其净资产的金融工具，也不包括本身就要求在未来收取或交付企业自身权益工具的合同。

金融负债，是指企业符合下列条件之一的负债：一是向其他方交付现金或其他金融资产的合同义务；二是在潜在不利条件下，与其他方交换金融资产或金融负债的合同义务；三是将来须用或可用企业自身权益工具进行结算的非衍生工具合同，且企业根据该合同将交付可变数量的自身权益工具；四是将来须用或可用企业自身权益工具进行结算的衍生工具合同，但以固定数量的自身权益工具交换固定金额的现金或其他金融资产的衍生工具合同除外。企业对全部现有同类别非衍生自身权益工具的持有方同比例发行配股权、期权或认股权证，使之有权按比例以固定金额的任何货币换取固定数量的该企业自身权益工具的，该类配股权、期权或认股权证应当分类为权益工具。其中，企业自身权益工具不包括应当按照《企业会计准则第 37 号——金融工具列报》分类为权益工具的可回售工具或发行方仅在清算时才有义务向另一方按比例交付其净资产的金融工具，也不包括本身就要求在未来收取或交付企业自身权益工具的合同。

衍生工具，是指属于《企业会计准则第 22 号——金融工具确认和计量》范围并同时具备下列特征的金融工具或其他合同：一是其价值随特定利率、金融工具价格、商品价格、汇率、价格指数、费率指数、信用等级、信用指数或其他变量的变动而变动，变量为非金融变量的，该变量不应与合同的任何一方存在特定关系；二是不要求初始净投资，或者与对市场因素变化预期有类似反应的其他合同相比，要求较少的初始净投资；三是在未来某一日期结算。常见的衍生工具包括远期合同、期货合同、互换合同和期权合同等。

本节为阐述方便，主要讲金融资产的核算，而将金融负债并入后面内容讲解。

（二）金融工具会计准则的价值观与变化点

在2006年，财政部发布《企业会计准则第22号——金融工具确认和计量》、《企业会计准则第23号——金融资产转移》和《企业会计准则第24号——套期保值》等金融工具会计准则，实现了与国际会计准则的趋同之后，市场的变革之声渐渐响起。2008年的美国次贷危机又一次点燃了金融市场对会计准则的痛点之辩，国内多层次资本市场的建设、金融创新的发展和对外开放的深化，原有金融准则也衍生一些新情况和新问题。当国际会计准则理事会于2014年7月发布了《国际财务报告准则第9号——金融工具》之后，我国新金融工具相关会计准则也开始酝酿着改进，并已经于2017年公布了上述三个准则的修改版本了（2017年版）。

对比分析，2017年版金融工具准则的管理价值观出现新态势：一是金融资产分类标准变化，新的分类标准强化资产负债管理意识，突出了企业持有金融资产的“业务模式”和金融资产的“合同现金流量特征”，将原“四类”再造为“三类”；二是强化风险管理意识，为有效防范和化解金融风险，要求要求基于过去、现在和前瞻性信息，按照“预期损失法”计提金融资产减值准备，将推动企业建立以信用数据和评价为基础的信用风险管理体系，提升应对信用风险事件和信用损失的能力；三是促进企业战略、业务、风控和会计管理的有机结合，全面提升企业管理水平和效率。

概括而言，2017版金融工具准则的修订，涉及内容较多，其主要变化点就是金融资产分类由原来“四分类”改为“三分类”。即将“以公允价值计量且其变动计入当期损益的金融资产”“持有至到期投资”“贷款和应收款项”和“可供出售金融资产”的四分类，按照持有金融资产的“业务模式”和“金融资产合同现金流量特征”的标杆转成“以摊余成本计量的金融资产”“以公允价值计量且其变动计入其他综合收益的金融资产”“以公允价值计量且其变动计入当期损益的金融资产”的三分类。

当然，另一个变化点，就是金融资产减值会计由“已发生损失法”改为“预期损失法”。2006年版准则对于金融资产减值的会计处理采用“已发生损失法”，即只有在客观证据表明金融资产已经发生损失时，才对相关金融资产计提减值准备。2017 年版准则将金融资产减值会计处理由“已发生损失法”修改为“预期损失法”，要求考虑金融资产未来预期信用损失情况，从而更加及时、足额地计提金融资产减值准备，便于揭示和防控金融资产信用风险。

二、金融资产的基本分类

（一）金融资产的分类

基于上述标准，并结合实际应用的方便性，可以将金融资产投资划分为以摊余成本计量的金融资产、以公允价值计量且其变动计入其他综合收益的金融资产、以公允价值计量且其变动计入当期损益的金融资产、长期股权投资、套期保值、衍生金融工具等六个大类。如图 3－1 所示。

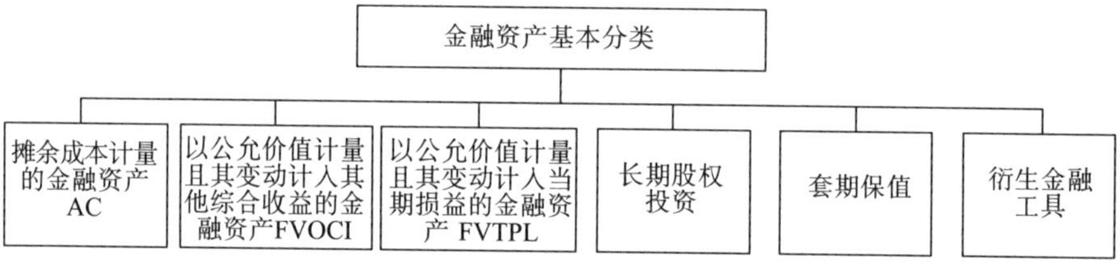

图 3－1　金融资产基本分类示意图

其中，前三类是按新准则的狭义分类，而后三类则是基于实际方便的一般分类。

基于“主体管理金融资产的业务模式”和“金融资产合同现金流量特征（SPPI）”可以分成三类：

1. 以摊余成本计量的金融资产（英文为 Amortized cost，英文缩写为“AC”）

2. 以公允价值计量且其变动计入其他综合收益的金融资产（英文为 Fair value through other comprehensive income，英文缩写为“FVOCI”）

3. 以公允价值计量且其变动计入当期损益的金融资产（英文为 Fair value through profit and loss，英文缩写“FVTPL”）

除了上述基本金融资产的三类之外，还有其他一些金融资产项目。本书整理分成如下长期股权投资、套期保值和衍生工具等分别阐述。

4. 长期股权投资

长期股权投资是指持有时间准备超过一年（不含一年）的各种股权性质的投资，包括长期股票投资和其他长期股权投资。这种投资主要是为了达到控制其他单位或对其他单位实施重大影响，或出于其他长期性质的目的而进行的投资。

5. 套期保值

套期保值，是指保险公司为规避外汇风险、利率风险、商品价格风险、股票价格风险、信用风险等，指定一项或一项以上套期工具，是套期工具的公允价值或现金流量变动，预期抵消被套期项目全部或部分公允价值或现金流量变动。

6. 衍生工具

衍生工具（即衍生金融工具）是指同时具有下列特征的金融工具或其他合同：其一，其价值随相关参数变动而变动；其二，不要求初始净投资或要求很少初始净投资；其三，在未来某一日期结算。

鉴于金融资产的具体内容十分复杂，下面分别进行阐述。

（二）金融资产主要类别的具体阐述

对于金融资产如何列入上述三类资产，可以说存在“自选动作”和“规定动作”两类情形。所谓“自选动作”，就是指企业管理层依照准则规定的条件行使自主指定权，即在某金融资产初始确认时，直接指定为以公允价值计量且其变动计入当期损益的金融资产；而所谓“规定动作”，则是指除上述“自选动作”之外，都需要照章归入三类中的特定某一类别。也就是说，除非在某金融资产初始确认时，就将其直接指定为以公允价值计量且其变动计入当期损益的金融资产，否则，根据该管理金融资产的业务模式和金融资产的合同现金流量特征，将金融资产划分归类。现就具体的归类分别“自选动作”和“规定动作”进行阐述。

1. 直接指定的情形

企业可以在初始确认某金融资产时，就将其直接指定为以公允价值计量且其变动计入当期损益的金融资产。但直接指定须符合某些条件，具体而言，在初始确认时，如果能够消除或显著减少会计错配，就可以将该金融资产“指定”为以公允价值计量且其变动计入当期损益的金融资产。该指定一经作出，不得撤销。此处所指的“会计错配”，是指当企业以不同的会计确认方法和计量属性对在经济上相关的资产或负债进行确认或计量由此产生的利得或损失时，可能导致的会计确认和计量上的不一致。设立此项条件，目的在于通过直接指定为以公允价值计量并将其变动计入当期损益，以消除或减少会计上可能存在的错配现象。

需要注意的是，按照金融工具会计准则的规定，还有一些不是为解决会计错配而进行的直接指定。比如，对于包括一项或多项嵌入衍生工具的混合工具，如果主合同不是金融工具会计准则规范的资产，且不是以下两种情况，那么就可以将其直接指定为以公允价值计量且其变动计入当期损益的金融资产或金融负债：(1) 嵌入衍生工具对混合工具的现金流量没有产生重大改变；(2) 在初次确定类似的混合合同是否需要分拆时，几乎不需分析就能明确其包含的嵌入衍生工具不分拆。如嵌入贷款的提前偿还选择权，允许持有人以接近摊余成本的金额提前偿还贷款，该提前偿还选择权不需要分拆。此外，依照准则将某嵌入衍生工具从混合工具中分拆，但分拆时或后续的资产负债表无法对其进行单独计量的，将整个混合工具直接指定为以公允价值计量且其变动计入当期损益的金融资产或金融负债。

2. 直接指定之外的情形

除上述“自选动作”之外，则需要具体根据准则规定来判断分类了。对于某金融资产在初始确认时不是直接指定为以公允价值计量且其变动计入当期损益的，则通过两个维度的分析作出对其分类的判断：

第一个维度，是管理金融资产的业务模式（即业务模式测试）。业务模式是指企业如何管理其金融资产以产生现金流量。业务模式决定企业所管理金融资产现金流量的来源是收取合同现金流量、出售金融资产还是两者兼有。企业管理金融资产的业务模式，以企业关键管理人员决定的对金融资产进行管理的特定业务目标为基础确定。企业确定管理金融资产的业务模式，应当以客观事实为依据，不得以按照合理预期不会发生的情形为基础确定。

第二个维度，是金融资产的合同现金流量特征（即合同现金流量特征测试）。这是指金融工具合同约定的、反映相关金融资产经济特征的现金流量属性。企业将某金融资产分为以摊余成本计量类或以公允价值计量且其变动计入其他综合收益类的，其合同现金流量特征，与基本借贷安排（比如，保险公司与企业之间的一般借贷合同）相一致。即，相关金融资产在特定日期产生的合同现金流量仅为对本金和以未偿付本金金额为基础的利息的支付。

其中，本金是指金融资产在初始确认时的公允价值，本金金额可能因提前偿付等原因在金融资产的存续期内发生变动；利息包括对货币时间价值、与特定时期未偿付本金金额相关的信用风险以及其他基本借贷风险、成本和利润的对价。此处，货币时间价值是利息要素中仅因为时间流逝而提供对价的部分，不包括为所持有金融资产的其他风险或成本提供的对价，但货币时间价值要素有时可能存在修正。在货币时间价值要素存在修正的情况下，企业对相关修正进行评估，以确定其是否满足上述合同现金流量特征的要求。此外，金融资产包含可能导致其合同现金流量的时间分布或金额发生变更的合同条款（如包含提前偿付特征）的，企业对相关条款进行评估（如评估提前偿付特征的公允价值是否非常小），以确定其是否满足上述合同现金流量特征的要求。

按照上述两个维度，可以作进一步的分析判断：

情形1：金融资产同时符合下列条件的，分类为以摊余成本计量的金融资产：一是企业管理该金融资产的业务模式是以收取合同现金流量为目标；二是该金融资产的合同条款规定，在特定日期产生的现金流量，仅为对本金和以未偿付本金金额为基础的利息的支付。

企业在具体评估业务模式时，首先，要注重收取金融资产合同的现金流量而不是在合同到期前通过处置该金融资产实现其公允价值；其次，这种评估不以企业对单个工具的意图或在单个工具层面为基础，而是适用于较高的汇总水平（如组合层面）；再次，评估结果取决于企业关键管理人员确定的业务模式目标，而该类目标有客观性和长时期保持稳定的特点，其可通过企业的经营策略、经营计划、预算和操作实践等观察得到。

情形2：金融资产同时符合下列条件的，分类为以公允价值计量且其变动计入其他综合收益的金融资产：一是企业管理该金融资产的业务模式既以收取合同现金流量为目标又以出售该金融资产为目标；二是该金融资产的合同条款规定，在特定日期产生的现金流量，仅为对本金和以未偿付本金金额为基础的利息的支付。

情形3：对于分类为以摊余成本计量的金融资产和分类为以公允价值计量且其变动计入其他综合收益的金融资产之外的金融资产，企业将其分类为以公允价值计量且其变动计入当期损益的金融资产。也就是说，这是一种前两类不能包括的剩余归类。

需要注意的是：第一，在初始确认时，企业可以将非交易性权益工具投资直接指定为以公允价值计量且其变动计入其他综合收益的金融资产，但该权益工具形成的股利收入仍确认为当期损益。该指定一经作出，不得撤销；第二，企业在非同一控制下的企业合并中确认的或有对价构成金融资产的，该金融资产分类为以公允价值计量且其变动计入当期损益的金融资产，不得指定为以公允价值计量且其变动计入其他综合收益的金融资产。

综上，金融资产分类可用图3－2的流程图简示。

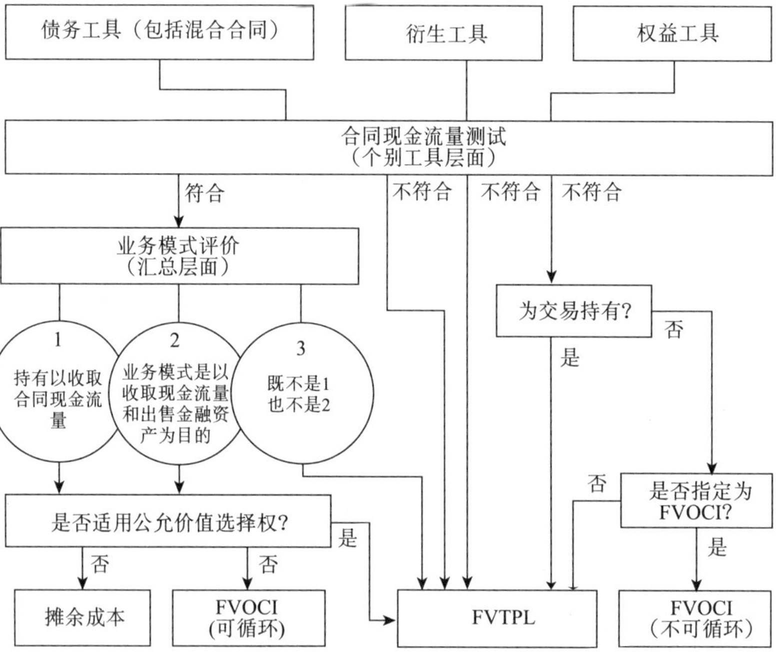

图3－2 金融资产分类之判断与推理流程图

（三）金融资产初始归类后的重分类

企业初始确认金融资产的类别划分后，是否允许对其进行重分类，按照金融工具会计准则的规定，重分类是允许的，但须符合严格的条件。主要规定如下：

1. 企业改变其管理金融资产的业务模式时，应当按照金融工具会计准则相关规定对所有受影响的相关金融资产进行重分类。

2. 企业对金融资产进行重分类，当自重分类日起采用未来适用法进行相关会计处理，不得对以前已经确认的利得、损失（包括减值损失或利得）或利息进行追溯调整。重分类日，是指导致企业对金融资产进行重分类的业务模式发生变更后的首个报告期间的第一天。

3. 金融资产重分类的具体规定。如果将三类金融资产分别命名为 A、B、C，其重分类就逻辑而言，则包括 A—B、A—C、B—A、B—C、C—A、C—B 等六种情形。

情形之一是 A—B：将一项以摊余成本计量的金融资产重分类为以公允价值计量且其变动计入其他综合收益的金融资产的，应当按照该金融资产在重分类日的公允价值进行计量。原账面价值与公允价值之间的差额计入其他综合收益。该金融资产重分类不影响其实际利率和预期信用损失的计量。

情形之二是 A—C：将一项以摊余成本计量的金融资产重分类为以公允价值计量且其变动计入当期损益的金融资产的，应当按照该资产在重分类日的公允价值进行计量。原账面价值与公允价值之间的差额计入当期损益。

情形之三是 B—A：将一项以公允价值计量且其变动计入其他综合收益的金融资产重分类为以摊余成本计量的金融资产的，应当将之前计入其他综合收益的累计利得或损失转出，调整该金融资产在重分类日的公允价值，并以调整后的金额作为新的账面价值，即视同该金融资产一直以摊余成本计量。该金融资产重分类不影响其实际利率和预期信用损失的计量。

情形之四是 B—C：将一项以公允价值计量且其变动计入其他综合收益的金融资产重分类为以公允价值计量且其变动计入当期损益的金融资产的，应当继续以公允价值计量该金融资产。同时，企业应当将之前计入其他综合收益的累计利得或损失从其他综合收益转入当期损益。

情形之五是 C—A：企业将一项以公允价值计量且其变动计入当期损益的金融资产重分类为以摊余成本计量的金融资产的，应当以其在重分类日的公允价值作为新的账面余额。

情形之六是 C—B：企业将一项以公允价值计量且其变动计入当期损益的金融资产重分类为以公允价值计量且其变动计入其他综合收益的金融资产的，应当继续以公允价值计量该金融资产。

按照上述要求对金融资产重分类进行处理的，企业应当根据该金融资产在重分类日的公允价值确定其实际利率。同时，企业应当自重分类日起对该金融资产适用关于金融资产减值的相关规定，并将重分类日视为初始确认日。

三、摊余成本计量的金融资产的核算

（一）以摊余成本计量的金融资产之基本特征

金融资产（或金融负债，系同一事物的彼此对应角度，下同。不再具体解释，直接并列显示）的摊余成本，是指该金融资产或金融负债的初始确认金额经下列调整后的结果：（1）扣除已偿还的本金；（2）加上或减去采用实际利率法将该初始确认金额与到期日金额之间的差额进行摊销形成的累计摊销额；（3）扣除已发生的减值损失（仅适用于金融资产）。

（二）摊余成本法体系下的实际利率法要点

实际利率法，是指按照金融资产或金融负债（含一组金融资产或金融负债）的实际利率计算其摊余成本及各期利息收入或利息费用的方法。实际利率，是指将金融资产或金融负债在预期存续期间或适用的更短期间内的未来现金流量，折现为该金融资产或金融负债当前账面价值所使用的利率。在确定实际利率时，应当在考虑金融资产或金融负债所有合同条款（包括提前还款权、看涨期权、类似期权等）的基础上预计未来现金流量，但不应当考虑未来信用损失。

金融资产或金融负债合同各方之间支付或收取的、属于实际利率组成部分的各项收费、交易费用及溢价或折价等，应当在确定实际利率时予以考虑。金融资产或金融负债的未来现金流量或存续期间无法可靠预计时，应当采用该金融资产或金融负债在整个合同内的合同现金流量。

因此，实际利率法在设定计算公式时，需要注意：

第一点，以摊余成本计量的金融资产之摊余成本

=期初摊余成本+到期收益率计算的利息收益－票面利率计算的票面利息－已发生的减值准备

=期初摊余成本+前期摊余成本×实际利率－面值×票面利率－已发生的减值准备

第二点，溢价摊销额=票面利率计算的票面利息－到期收益率计算的利息收益

第三点，折价摊销额=到期收益率计算的利息收益－票面利率计算的票面利息

第四点，债券的溢价是投资者为了以后获得高于市场利率的利息而在购

买时必须预先付出的代价，有溢价的债券实际利率低于票面利率；债券的折价则是投资人为了以后弥补低于市场利率的利息而在购买时必须预先获得的补偿，有折价的债券实际利率高于票面利率。

此外，原有债券的溢折价在新准则中全部放入“以摊余成本计量的金融资产——利息调整”科目内，这是一项显著的进步。新准则中存在溢价以正数、借方发生额和余额的形式在此科目内核算，存在折价以负数、贷方发生额和余额的形式在此科目内核算。其实质是调整债券的票面利率与实际利率的差额。

（三）以摊余成本计量的金融资产的确认与计量

1. 以摊余成本计量的金融资产的初始计量

CAS22 号准则规定：以摊余成本计量的金融资产应当按取得时的公允价值和相关交易费用之和作为初始确认金额。支付的价款中包含的已到付息期但尚未领取的债券利息，应单独确认为应收项目。

为了核算保险公司以摊余成本计量的金融资产的价值，应设置“债权投资”科目。该科目属于资产类科目。借方登记以摊余成本计量的金融资产的面值、溢价金额、到期一次还本付息债券投资按票面利率计算的应收未收利息以及折价的摊销；贷方登记以摊余成本计量的金融资产的折价金额、溢价的摊销金额，以及处置以摊余成本计量的金融资产时转出的账面余额；期末余额在借方，反映保险公司以摊余成本计量的金融资产的摊余成本。本科目应当按照以摊余成本计量的金融资产的类别和品种，分别“成本”“利息调整”“应计利息”进行明细核算。

保险公司取得的以摊余成本计量的金融资产，应按该投资的面值，借记“债权投资——成本”科目，按支付的价款中包含的已到付息期但尚未领取的利息，借记“应收利息”科目，按实际支付的金额，贷记“存放中央银行款项”等科目，按其差额借记或贷记“债权投资——利息调整”科目。

【例 3－1】 2022 年 1 月 3 日，富通保险公司购买了乙公司 2021 年 1 月 1 日发行的债券 800 张，该债券剩余年限 5 年，划分为以摊余成本计量的金融资产，该债券的面值每张为 100 元，票面利率为 12%，按年付息，付息日为每年的 1 月 10 日。成交价为每张 114 元，其中 12 元为已到付息期但尚未收取的利息。交易费用共为 2 400 元。

2022 年 1 月 3 日，取得该以摊余成本计量的金融资产时，应作如下会计分录：

借：债权投资——成本　80 000
　　应收利息　9 600
　　债权投资——利息调整　4 000
　　贷：存放中央银行款项　93 600

2022 年 1 月 10 日，收到债券利息时，应作如下会计分录：

借：存放中央银行款项　9 600
　　贷：应收利息　9 600

2. 以摊余成本计量的金融资产的后续计量

通常，以摊余成本计量的金融资产，其后续计量在实际利率法框架下将计算各个会计期间的摊余成本，并将利息收入、利息费用分摊计入各个会计期间。

【例 3－2】 承接上述【例 3－1】资料，在初始确认时，计算实际利率如下：

$9\ 600\ (1+r)^{-1}+9\ 600\ (1+r)^{-2}+9\ 600\ (1+r)^{-3}+9\ 600\ (1+r)^{-4}+89\ 600\ (1+r)^{-5}=84\ 000$（元）

采用内插法，计算出本例资料中的实际利率为 10.66%。

各年的摊余成本、利息收益以及应收利息的计算如表 3－1 所示：

表 3－1　债券存续期各年摊余成本、利息收益以及应收利息计算表

年度	各年期初的摊余成本(1)	利息收益(2) =(1)×10.66%	应收利息(3) = 面值×12%	各年期末的摊余成本(4) =(1)+(2)-(3)
2022－12	84 000	8 954	9 600	83 354
2023－12	83 354	8 886	9 600	82 640
2024－12	82 640	8 809	9 600	81 849
2025－12	81 849	8 725	9 600	80 974
2026－12	80 974	8 626	9 600	80 000

注：按照上述公式计算的金额应为 8 632 元（80 974×10.66%），差额 6 元（8 632－8 626），这是由于计算时小数点保留位数造成的，在最后一年调整。

根据表 3－1 的计算结果，各年的会计分录如下：

2022 年 12 月 31 日，核算利息收入时，作如下会计分录：

借：应收利息　9 600

贷：投资收益　　8 954

　　债权投资——利息调整　　646

2023 年 1 月 10 日，收到利息时，作如下会计分录：

借：银行存款　　9 600

　　贷：应收利息　　9 600

2023 年 12 月 31 日，核算利息收入时，作如下会计分录：

借：应收利息　　9 600

　　贷：投资收益　　8 886

　　　　债权投资——利息调整　　714

2024 年 1 月 10 日，收到利息时，作如下会计分录：

借：银行存款　　9 600

　　贷：应收利息　　9 600

2024 年 12 月 31 日，核算利息收入时，作如下会计分录：

借：应收利息　　9 600

　　贷：投资收益　　8 809

　　　　债权投资——利息调整　　791

2025 年 1 月 10 日，收到利息时，作如下会计分录：

借：银行存款　　9 600

　　贷：应收利息　　9 600

2025 年 12 月 31 日，核算利息收入时，作如下会计分录：

借：应收利息　　9 600

　　贷：投资收益　　8 725

　　　　债权投资——利息调整　　875

2026 年 1 月 10 日收到利息时，作如下会计分录：

借：银行存款　　9 600

　　贷：应收利息　　9 600

2026 年 12 月 31 日，核算利息收入时，作如下会计分录：

借：应收利息　　9 600

　　贷：投资收益　　8 626

　　　　债权投资——利息调整　　974

2027 年 1 月 10 日收到利息时，作如下会计分录：

借：银行存款　　9 600

　贷：应收利息　　9 600

3. 以摊余成本计量的金融资产处置的核算

出售以摊余成本计量的金融资产时或到期时，应按收到的金额，借记“存放中央银行款项”等科目，已计提减值准备的，贷记“债权投资减值准备”科目，按其账面余额，贷记“债权投资（成本、利息调整、应计利息）”科目，按其差额，贷记或借记“投资收益”科目。

保险公司根据金融工具确认和计量准则将以摊余成本计量的金融资产重分类为可供出售金融资产的，应在重分类日按该项以摊余成本计量的金融资产的公允价值，借记“可供出售金融资产”科目，已计提减值准备的，借记“债权投资减值准备”科目，按其账面余额，贷记“债权投资（成本、利息调整、应计利息）”科目，按其差额，贷记或借记“资本公积——其他资本公积”科目。

值得注意的是，保险公司将尚未到期的某项以摊余成本计量的金融资产在本会计年度内出售或重分类为可供出售金融资产的金额，相对于该类投资在出售或重分类前的总额较大时，应当将该类投资的剩余部分重分类为可供出售金融资产，且在本会计年度及以后两个完整的会计年度内不得再将该金融资产划分为以摊余成本计量的金融资产。但是，下列情况除外：

（1）出售日或重分类日距离该项投资到期日或赎回日较近（如到期前三个月内），市场利率变化对该项投资的公允价值没有显著影响；

（2）根据合同约定的定期偿付或提前还款方式收回该投资几乎所有初始本金后，将剩余部分予以出售或重分类；

（3）出售或重分类是由于保险公司无法控制、预期不会重复发生且难以合理预计的独立事项所引起。此种情况主要包括：一是因被投资单位信用状况严重恶化，将以摊余成本计量的金融资产予以出售；二是因相关税收法规取消了以摊余成本计量的金融资产的利息税前可抵扣政策，或显著减少了税前可抵扣金额，将以摊余成本计量的金融资产予以出售；三是因发生重大保险公司合并或重大处置，为保持现行利率风险头寸或维持现行信用风险政策，将以摊余成本计量的金融资产予以出售；四是因法律、行政法规对允许投资的范围或特定投资品种的投资限额作出重大调整，将以摊余成本计量的金融资产予以出售；五是因监管部门要求大幅度提高资产流动性，或大幅度提高以摊余成本计量的金融资产在计算资本充足率时的风险权重，将以摊余成本计量的金融资产予以出售。

【例3-3】假设因被投资单位信用严重恶化，A银行将其拥有的以摊余成本计量的金融资产B公司债券出售，实际得到价款140 000元，已存入银行。在出售前该以摊余成本计量的金融资产的账面余额为140 500元：其中“以摊余成本计量的金融资产——成本”为100 000元，“以摊余成本计量的金融资产——应计利息”为50 000元，“以摊余成本计量的金融资产——利息调整”为贷方余额9 500元。根据以上资料应作会计分录如下：

借：银行存款 140 000

投资收益 500

债权投资——利息调整 9 500

贷：债权投资——成本 100 000

——应计利息 50 000

【例3-4】2020年1月1日富通保险公司购买剩余期限为5年期债券，票面利率6%，分期付息，购入2亿元，购入价格为102.1（单位净价）+0（单位利息）=102.1（全价），到期收益率5.515%，溢价购入债券；204 200 000（净价）+0（应计利息）=204 200 000（元）（结算金额）；实际利率法溢价摊销表如表3-2所示。

表3-2 债券存续期溢价摊销表（实际利率法） 单位：万元

年度	年初摊余成本	利息收入	现金流量	年末摊余成本	年摊销额
		摊余成本×实际利率	面值×票面利率	年初摊余成本+利息收入-现金流量	现金流量-利息收入
2020	20 420.00	1 126.16	1 200.00	20 346.16	73.84
2021	20 346.16	1 122.09	1 200.00	20 268.25	77.91
2022	20 268.04	1 117.79	1 200.00	20 186.04	82.21
2023	20 186.04	1 113.26	1 200.00	20 099.30	86.74
2024	20 099.30	1 100.69	1 200.00	0.00	99.30
合计			21 200.00		420.00

1. 2020年1月1日，购入时会计分录：

借：债权投资——成本 200 000 000

——利息调整 4 200 000

贷：银行存款 204 200 000

显然，年初摊余成本 + 购入成本净价

当溢价发行时， = 面值 + 购入的溢价

当折价发行时， = 面值 − 购入的折价

2. 2020 年 12 月 31 日，溢价摊销时会计分录：

借：投资收益 738 400

贷：债权投资——利息调整 738 400

同时计提当年利息收入，会计分录如下：

借：应收利息——债权投资应收利息 12 000 000

贷：投资收益 12 000 000

每年实际收到利息收入（现金或银行存款）冲销已计提的应收利息。

3. 2021 年 1 月 1 日收到利息（现金或银行存款），以后每年收到利息都作此分录：

借：银行存款 12 000 000

贷：应收利息——债权投资应收利息 12 000 000

2021 年 12 月 31 日溢价摊销，其会计分录如下：

借：投资收益 779 100

贷：债权投资——利息调整 779 100

同时计提当年利息收入，会计分录如下：

借：应收利息——债权投资应收利息 12 000 000

贷：投资收益 12 000 000

4. 2022 年 12 月 31 日，溢价摊销会计分录如下：

借：投资收益 822 100

贷：债权投资——利息调整 822 100

同时计提当年利息收入，会计分录如下：

借：应收利息——债权投资应收利息 12 000 000

贷：投资收益 12 000 000

5. 2023 年 12 月 31 日，溢价摊销如下：

借：投资收益 867 400

贷：债权投资——利息调整 867 400

同时计提当年利息收入：

借：应收利息——债权投资应收利息　　12 000 000
　　贷：投资收益　　12 000 000

6. 2024年12月31日，溢价摊销并到期收回本金的会计分录如下：

借：应收利息——债权投资应收利息　　12 000 000
　　贷：投资收益　　12 000 000
借：投资收益　　993 000
　　贷：债权投资——利息调整　　993 000
借：银行存款　　200 000 000
　　贷：债权投资——成本　　200 000 000

【例3-5】2020年1月1日甲保险公司购买剩余期限为5年的债券，票面利率5%，分期付息，购入5 000万元，购入价格为：88.02（单位净价）+0（单位利息）=88.02（全价），到期收益率8%，折价购入债券；44 010 000（净价）+0（应计利息）=44 010 000（元）（结算金额）；实际利率法折价摊销表如表3-3所示。

1. 购入时的会计分录：

借：债权投资——成本　　50 000 000
　　贷：银行存款　　44 010 000
　　　　债权投资——利息调整　　5 990 000

表3-3　　债券存续期折价摊销表（实际利率法）　　单位：元

年度	年初摊余成本	利息收入	现金流量	年末摊余成本	年摊销额
		摊余成本×实际利率	面值×票面利率	年初摊余成本+利息收入-现金流量	现金流量-利息收入
2020	44 010 000	3 520 800	2 500 000	45 030 800	1 020 800
2021	45 030 800	3 602 464	2 500 000	46 133 264	1 102 464
2022	45 133 300	3 690 661	2 500 000	47 323 925	1 190 661
2023	47 324 999	3 785 914	2 500 000	48 609 839	1 285 914
2024	48 609 900	3 890 161	2 500 000	0	1 390 161
合计					5 990 000

2. 2020年12月31日，折价摊销会计分录如下：

借：债权投资——利息调整　　1 020 800

　　贷：投资收益　　1 020 800

同时计提当年利息收入，会计分录如下：

借：应收利息——债权投资应收利息　　2 500 000

　　贷：投资收益　　2 500 000

折价摊销增加利润 1 020 800 元。

3. 2021 年 12 月 31 日折价摊销，2008 年 1 月 1 日收到利息（现金或银行存款）：

借：银行存款　　2 500 000

　　贷：应收利息——债权投资应收利息　　2 500 000

每年收到实际的利息收入冲销已计提的应收利息，以后每年收到利息都做此分录。

借：债权投资——利息调整　　1 102 464

　　贷：投资收益　　1 102 464

同时计提当年利息收入，会计分录如下：

借：应收利息——债权投资应收利息　　2 500 000

　　贷：投资收益　　2 500 000

4. 2022 年 12 月 31 日折价摊销：

借：债权投资——利息调整　　1 190 661

　　贷：投资收益　　1 190 661

同时计提当年利息收入，会计分录如下：

借：应收利息——债权投资应收利息　　2 500 000

　　贷：投资收益　　2 500 000

5. 2023 年 12 月 31 日折价摊销：

借：债权投资——利息调整　　1 285 914

　　贷：投资收益　　1 285 914

同时计提当年利息收入，会计分录如下：

借：应收利息——债权投资应收利息　　2 500 000

　　贷：投资收益　　2 500 000

6. 2024 年 12 月 31 日折价摊销，会计分录如下：

借：债权投资——利息调整　　1 390 161

　　贷：投资收益　　1 390 161

同时计提当年利息收入，会计分录如下：

借：应收利息——债权投资应收利息　　2 500 000

　　贷：投资收益　　2 500 000

到期收回本金，会计分录如下：

借：银行存款　　50 000 000

　　贷：债权投资——成本　　50 000 000

四、以公允价值计量且其变动计入其他综合收益的金融资产的核算

(一) 以公允价值计量且其变动计入其他综合收益的金融资产之基本特征

根据2017年版金融工具准则的规定，金融资产同时符合下列条件的，分类为以公允价值计量且其变动计入其他综合收益的金融资产：一是业务模式既以收取合同现金流量为目标又以出售该金融资产为目标；二是约定在特定日期产生的现金流量，仅为对本金和以未偿付本金金额为基础的利息的支付。

据此分析，在目前比较活跃的金融市场上，就股票、债券、基金等大类投资而言，简单分析如下：

股票投资方面，只有非交易性权益才可以被特殊指定为以公允价值计量且其变动计入其他综合收益的金融资产，基于其限制和信息披露要求高，且持续期间浮盈和卖出收益均无法体现在损益中，将成为减少使用的分类，越来越多地划入第三类（FVTPL）的股票显著增加。

基金投资方面，也无法通过SPPI测试，多数基金将可供出售资产划入以公允价值计量且其变动计入当期损益的金融资产；保本基金、封闭式基金可能被分类为以公允价值计量且其变动计入其他综合收益的金融资产。

在另类投资方面，不保本不保息的理财产品、债权计划、资管产品等非标产品也将无法通过SPPI测试，而划入到以公允价值计量且其变动计入当期损益的金融资产核算。

比如，公司持有金融资产的目的是为了满足每日流动性需要，在实际操作时，因应市场变化，导致频繁的金融资产出售且相关金额较大。此外，由于很少能够准确地预测每日流动性需求，预期此类业务操作会持续下去。公司业务模式的目标是满足每日流动性需求，其通过既收取合同现金流量又出售金融资产来实现这些目标。这表明收取合同现金流量及出售金融资产这两

者对于实现业务模式的目标而言，都是不可或缺的。基于此，如果该金融资产的合同条款还规定在特定日期产生的现金流量仅为对本金和以未偿付本金金额为基础的利息支付，那么该金融资产满足分类为以公允价值计量且其变动计入其他综合收益的条件。

（二）以公允价值计量且其变动计入其他综合收益的金融资产之管理办法

针对上述基本原则，结合保险公司实际情况，许多银行对此类资产的管理也拟定出相应的办法，主要规范如下方面：

第一，划分为以公允价值计量且其变动计入其他综合收益的金融资产的债券必须符合以公允价值计量且其变动计入其他综合收益的金融资产的定义。金融机构划分为以公允价值计量且其变动计入其他综合收益的金融资产的债券必须具有收益率高、流动性好、有活跃市场并能找出相应的公允价值的债券。金融机构的目的是为了赚取差价，近期出售、回购、用于做市、做买断式回购交易、为增加交易量、为衍生金融产品交易而持有的债券应划分为以公允价值计量且其变动计入其他综合收益的金融资产。

第二，为解决“会计不匹配”的问题，并且是基于金融机构风险管理的需要消除或明显减少由于采用不同的计量基础所造成的损益计量方式不一致的情况（比如：交易性负债不能对应持有至到期投资），应将该金融资产在初始确认时直接指定为以公允价值计量且其变动计入当期损益的金融资产。

第三，混合工具（如可转债、混合债）可以指定为以公允价值计量且其变动计入当期损益的金融资产或金融负债，下列除外：一是嵌入衍生工具对混合工具的现金流量没有重大改变；二是类似混合工具所嵌入的衍生工具，明显不应当从相关混合工具中分拆。

第四，金融机构划入以公允价值计量且其变动计入其他综合收益的金融资产的债券总额不得超过规定金额（比如 85 亿元人民币），或以公允价值计量且其变动计入其他综合收益的金融资产总额不得高于表内、表外总资产的规定比例（比如 10%，因其计入市场风险资本，否则会大幅度增加资本充足率的分母，降低资本充足率）。

第五，金融机构风险管理报告书和债券运作部门的投资策略报告书的正式书面文件已载明，该金融资产组合、金融负债组合、金融资产和金融负债组合，拟以公允价值为基础进行管理、计量和评价，形成每月金融资产风险资产管理衡量表（即浮动盈亏表）及相关报表，并向董事会及高级管理层报告，可以将该债券在初始确认时直接指定为以公允价值计量且其变动计入当期损益的金融资产。

第六，金融机构对划分为以公允价值计量且其变动计入其他综合收益的金融资产的债券按照中央国债登记结算有限责任公司信息部提供的公允价值净价每日至少重估一次价值，当市场出现政策调整、资金紧张、回购利率上升、大盘股的IPO、突发事件等重大事项时，应在1天内2次进行估值。

第七，每日日终中台须作出以公允价值计量且其变动计入其他综合收益的金融资产的风险管理衡量表，估值由与前台交易相独立的中台负责（不得由前台交易员自行评估），并保证前台、中台、后台和计划财务部记账所用的估值均一致。

第八，对以公允价值计量且其变动计入其他综合收益的金融资产以购入净价（指首次购入的成本）的+10%为止盈点，以购入净价的-5%为止损点，止盈点和止损点的价格在“以公允价值计量且其变动计入其他综合收益的金融资产盈亏止损点管理表”反映。当以公允价值计量且其变动计入其他综合收益的金融资产债券价格达到止盈点或止损点时，立即按照审批程序予以卖出（这是保证金融机构控制主观风险最直接、最有效的措施）。

第九，金融机构还应设定“止损限额”指标，逐日监控限额执行情况，金融机构同一债券每次最低止损限额为该债券持债量的30%（例：即当达到止损点价格时最低止损限额=持债量1亿元×30%=3 000万元，最低也需出售3 000万元债券，或者全部卖出）。

第十，全国银行间债券市场中没有成交与报价、公允价值不能可靠计量、中央国债登记结算有限责任公司信息部也没有对其以模型进行估值的债券，三项条件不能达到其中之一的不得划分为以公允价值计量且其变动计入其他综合收益的金融资产。

（三）以公允价值计量且其变动计入其他综合收益的金融资产的核算实例

【例3-6】 2020年8月29日甲保险公司从乙上市公司购入债券，债券名称为20澜沧江CP01，债券代码为2081171，期限为1年，票面利率为4.85%，发行价格为100元/百元面值，起息日2020年3月5日，到期日2021年3月5日。

该笔交易在全国银行间债券市场形成的成交单如表3-4所示。

表 3-4　　债券买卖买入成交通知单

成交日期：2020 年 8 月 29 日

买入方	甲保险公司		
卖出方	乙上市公司		
债券名称	20ABCCP01	债券代码	2081171
净价（元/百元面值）	100.2944	应计利息（元/百元面值）	0.01329
全价（元/百元面值）	100.3077	券面总额（万元）	3 000.00
净价金额（元）	30 088 320.00	应计利息总额（元）	3 986.30
全金额（元）	30 092 306.30	手续费（元）	75
交割日	2021 年 8 月 29 日	结算方式	券款对付

1. 2020 年 8 月 29 日甲保险公司买入债券时会计分录：

100.2944（单位净价）+0.01329（单位应计利息）=100.3077（单位全价）；30 000 000 元（面值）+88 320（溢价）+3 986.30（应计利息）=30 092 306.30（全价金额）

借：其他债权投资——成本　　30 088 320

　　应收利息——其他债权投资应收利息　　3 986.30

　　贷：银行存款　　30 092 306.30

2. 交易手续费的会计处理

目前，全国银行间债券市场债券的交易手续费在成交单上显示，但当天不支付，按季向中央国债登记结算有限责任公司、全国银行间同业拆借中心实际缴纳手续费。因此，将债券交易手续费先挂账在其他应付款科目，待季末实际支付时再予以冲销。

初始确认金融资产或金融负债，应当按照公允价值计量。对于以公允价值计量且其变动计入当期损益的金融资产或金融负债，相关交易费用应当直接计入当期损益；对于其他类别的金融资产或金融负债，相关交易费用应当计入初始确认金额。

一笔现券买卖或回购成交单发生的手续费 75 元，以公允价值计量且其变动计入其他综合收益的金融资产的手续费会计分录为：

借：投资收益　　75

　　贷：其他应付款　　75

假设在一个季度内发生了 1 万笔交易，一个季度的手续费共计 75 万元，按季向中央国债登记结算有限责任公司实际缴纳时会计分录为：

借：其他应付款　　750 000

　　贷：银行存款　　750 000

3. 2020 年 8 月 31 日公允价值为 100.2944 元/百元面值，即公允价值与成本相同，会计分录为：

借：其他债权投资——公允价值变动　　0

　　贷：公允价值变动损益　　0

4. 在资产负债表日按分期付息、一次还本债券投资的票面利率计算应收利息，本实例中以当月买入于次月开始计提应收利息（在此因实际工作中一个月内的债券买卖相当频繁，因此，为保证余额准确，故次月开始计提，无论当月计提还是次月计提，方法一经确定不应再改变）。

应收利息 = 30 000 000 × 4.85% × 1 个月/12 个月 = 121 250（元）

2020 年 9 月 30 日计提应收利息会计分录为：

借：应收利息——其他债权投资应收利息　　121 250

　　贷：投资收益　　121 250

假设本例中所采用的公允价值为中央国债登记结算有限责任公司信息部所提供的按照全国银行间债券市场的成交价、报价以及利用估值模型按照收益率曲线提供的公允价值（净价，元/百元面值），如表 3－5 所示。

表 3－5　　单位：元

日期	2020－8－29	2020－8－31	2020－9－31	2020－10－25
公允价值（净价）	100.2944（成本）	100.2944	101	102（卖出）

5. 2020 年 9 月 30 日公允价值为 101 元/百元面值，公允价值较成本上涨。

公允价值变动正变动 = 101 × 30 000 000/100 － 30 000 000 － 88 320 = 211 680（元）

或 = （101 － 100.2944）× 30 000 000/100 = 211 680（元）

借：其他债权投资——公允价值变动　　211 680

　　贷：公允价值变动损益　　211 680

2020 年 9 月 30 日账面价值 = 30 088 320 + 211 680 = 30 300 000（元）

单位账面价值：30 300 000/300 000 000 × 100 = 101（元/百元面值）

若跌价了作相反会计分录：

借：公允价值变动损益

贷：其他债权投资——公允价值变动

6. 2020 年 10 月 25 日卖出，卖出净价为 102 元/百元面值，获资金30 831 205.48 元，102（单位净价）+0.77068493（单位计利息）=102.77068493（单位全价）；30 600 000（净价）+231 205.48（应计利息）=30 831 205.48（元）（全价）。

借：银行存款　　30 831 205.48

　贷：其他债权投资——成本　　30 088 320

　　应收利息——其他债权投资应收利息　　125 236.30

　　其他债权投资——公允价值变动　　211 680

　　投资收益　　405 969.18

7. 卖出后将“公允价值变动损益”转入“投资收益”科目内，会计分录为：

借：公允价值变动损益　　211 680

　贷：投资收益　　211 680

8. 2020 年 12 月 31 日资产负债表日，结转本年利润，会计分录为：

借：投资收益　　738 899.18

　贷：本年利润　　738 899.18

　验证：利润 =（卖出净价 - 买入净价）× 券面额/100 + 利息收入

　=（102 - 100.2944）× 30 000 000/100 + 227 219.18

　= 511 680（溢价）+ 227 219.18（利息收入）

　= 738 899.18（元）（利润）

9. 2081171 债券划分为以公允价值计量且其变动计入其他综合收益的金融资产，从买入之日起到债券完全卖出，各科目余额如表 3 - 6 所示。

五、以公允价值计量且其变动计入当期损益的金融资产的核算

根据 2017 年版金融工具准则的规定，对于分类为以摊余成本计量的金融资产和分类为以公允价值计量且其变动计入其他综合收益的金融资产之外的金融资产，企业将其分类为以公允价值计量且其变动计入当期损益的金融资产。也就是说，面对金融资产的归类，除了依照准则前述条款应该归入第一类（AC）、第二类（FVOCL）的之外，统统归入第三类（FVTPL），即第三类成为了“剩余”类别了。

表 3-6　以公允价值计量且其变动计入其他综合收益的金融资产各科目余额表

单位：元

日期	摘要	投资收益	公允价值变动损益	以公允价值计量且其变动计入其他综合收益的金融资产——成本余额	以公允价值计量且其变动计入其他综合收益的金融资产——公允价值变动损益	应收利息余额	结算金额余额
2020-8-29	买入债券			30 088 320		3 986.30	30 092 306.30
2020-9-30	计提、摊销	121 250.00	211 680.00	30 088 320	211 680.00	125 236.30	30 425 236.30
2020-10-25	卖出债券	405 969.00					结清
	合计	527 219.18	211 680.00				738 899.18

在实际金融资产归类方面，比较有代表性的是，下列投资产品通常应当分类为以公允价值计量且其变动计入当期损益的金融资产：

（1）股票。股票的合同现金流量源自收取被投资企业未来股利分配以及其清算时获得剩余收益的权利。由于股利及获得剩余收益的权利均不符合本准则关于本金和利息的定义，因此股票的合同现金流量不符合本金加利息的合同现金流量特征。在不考虑本准则第十九条特殊指定的情况下，企业持有的股票应当分类为以公允价值计量且其变动计入当期损益的金融资产。

（2）基金。常见的股票型基金、债券型基金、货币基金或混合基金，通常投资于动态管理的资产组合，投资者从该类投资中所取得的现金流量既包括投资期间基础资产产生的合同现金流量，也包括处置基础资产的现金流量。因此，基金的合同现金流量一般情况下不符合本金加利息的合同现金流量特征。企业持有的基金应当分类为以公允价值计量且其变动计入当期损益的金融资产。

（3）可转换债券。可转换债券除按一般债权类投资的特性到期收回本金、获取约定利息或收益外，还嵌入了一项转股权。可转债等不能通过 SPPI 测试的含权债券将划入以公允价值计量且其变动计入当期损益的金融资产。比如，保险公司从市场上购入某公司发行的可转换债券，约定其可以在特定日期之后以固定价格转换为发行方的股权。保险公司对该可转换债券整体进行分析，判断该可转换债券的合同现金流量不是本金及未付本金利息的付款额，因为利率体现的并不只是货币的时间和信用风险债务工具（包括混合合同）的对价，相关回报还与发行方的权益的价值相关联。因此，企业应当将该可转换债券分类为以公允价值计量且其变动计入当期损益的金融资产。

为了总括地核算和监督企业以公允价值计量且其变动计入当期损益的金融资产的增减变动和结存情况，企业应设置“交易性金融资产”账户。该账户属于资产类账户，其借方登记企业以公允价值计量且其变动计入当期损益的金融资产的增加数；贷方登记以公允价值计量且其变动计入当期损益的金融资产的减少数；期末借方余额反映企业持有的以公允价值计量且其变动计入当期损益的金融资产的本息和未摊销的溢折价金额。企业应在“交易性金融资产”账户下，分别按照类别和品种设置“成本”和“公允价值变动”等明细账进行明细核算。

同时，对于直接指定为以公允价值计量且其变动计入当期损益的金融资产，应当专门设置“1102 指定为以公允价值计量的金融资产”这样一个科目进行核算。

（一）可转换债券取得的核算

企业购入长期持有的债券时，有的按债券面值购入，有的按高于债券面值的价格（即溢价）购入，有的按低于债券面值的价格（即折价）购入。溢价或折价购入是由于债券的票面利率（名义利率）与市场利率（实际利率）不同而引起的。当债券票面利率等于市场利率时，因债券发行单位每期按与市场利率相等的票面利率支付债券利息，所以可以按债券面值发行债券，即平价发行，投资者按面值购入。当债券票面利率高于市场利率，因债券发行单位每期要以比市场利率为高的票面利率支付债券利息，所以可以高于债券面值的价格发行债券，即溢价发行，对投资者而言是溢价购入。当债券的票面利率低于市场利率，因债券发行单位每期要以比市场利率为低的票面利率支付债券利息，所以必须以低于债券面值的价格发行债券，即折价发行，对投资者而言是折价购入。

长期债券投资的溢价或折价可按下列公式计算：

长期债券投资的溢价或折价 =（债券初始投资成本 - 包含在投资成本中的相关费用 - 应收利息） - 债券面值

这里的“相关费用”是指取得债券投资时构成债券初始投资成本的费用；这里的“应收利息”是指构成债券初始投资成本的债券利息。

企业购入长期债券时，应按债券的票面价值，借记“以公允价值计量且其变动计入当期损益的金融资产——债券投资（面值）”账户；支付的税金、手续费等各项附加费用，如果金额较大，借记“以公允价值计量且其变动计入当期损益的金融资产——债券投资（债券费用）”账户，如果金额较小，借记“投资收益”账户；实际支付价款中包含的利息，应分别不同情况进行处理：对于到期一次还本付息的债券，由于其利息不能在一年内收回，应计入投资成本，借记“以公允价值计量且其变动计入当期损益的金融资产——债券投资（应计利息）”账户；对于分期付息的债券，其利息一般在一年内能够收回，可以视为短期债权，借记“应收利息”账户，不计入投资成本；按实际支付的价款，贷记“银行存款”账户；按借贷方差额借记或贷记“以公允价值计量且其变动计入当期损益的金融资产——债券投资（溢折价）”账户。

现举例说明可转债取得的核算如下：

【例3-7】 针对可转债项目，发生了如下业务：

1. A公司于2023年7月1日购入甲公司同年1月1日发行的、三年期、到期一次还本付息的债券一批，进行长期投资，该批债券面值为1 000 000元，年利率6%，支付有关税金和手续费12 000元（因数额较大，计入初始投资成本），以银行存款支付全部价款1 042 000元。应作会计分录如下：

借：交易性金融资产——债券投资（面值）	1 000 000	
——债券投资（债券费用）	12 000	
——债券投资（应计利息）	30 000	
贷：银行存款		1 042 000

2. B公司于2023年1月1日购入乙公司同年1月1日发行的五年期债券一批，票面利率为12%，债券面值为100 000元，企业按107 579.6元的价格购入，另支付有关税费400元（因数额较小，计入当期损益），该债券每年付息一次，每年年初付息。购入债券进行投资时，应作会计分录如下：

借：交易性金融资产——债券投资（面值）	100 000	
——债券投资（溢价）	7 579.60	

投资收益　　400

贷：银行存款　　107 979.60

3. C公司于2023年1月1日购入丙公司同年1月1日发行的五年期债券一批，票面利率为9%，债券面值为100 000元，企业按96 207.2元的价格购入，另支付有关税费400元（因数额较小，计入当期损益），该债券每年付息一次。应作会计分录如下：

借：交易性金融资产——债券投资（面值）　　100 000

投资收益　　400

贷：交易性金融资产——债券投资（折价）　　3 792.80

银行存款　　96 607.20

（二）可转换债券溢（折）价的摊销及利息的会计处理

1. 长期债券投资溢（折）价的性质与摊销。如前所述，当债券的票面利率大于市场利率时，投资者溢价购入债券。但溢价金额并不是投资者购入当期的损失，而是投资者对发行债券的公司每期多付利息的一种补偿。相反，当债券的票面利率小于市场利率时，投资者折价购入债券。但折价金额并不是投资者购入当期的收益，而是发行债券的公司对每期少付利息给投资者的一种补偿。正是由于这种性质，长期债券投资的溢（折）价应在债券购入后至到期前的期间内予以摊销。长期债券投资溢（折价）的摊销通常与确认相关债券利息收入同时进行，并调整各期的投资收益。长期债券投资溢（折）价的摊销方法主要采用实际利率法计算。

实际利率法是指根据各期期初债券投资的账面价值和实际利率（或市场利率）计算的实际利息收入，与按债券面值和票面利率计算的利息之间的差额，来确定各期溢价或折价摊销额的一种方法。由于债券投资的账面价值随着债券溢价或折价的摊销而减少或增加，所计算出的实际利息收入也随之逐期减少或增加，因此各期的溢价或折价摊销额也不相等。用公式表示为：

当期债券投资实得利息 = 该期期初债券投资账面价值 × 实际利率（市场利率）

溢价摊销额 = 当期票面利息 - 当期债券实得利息

折价摊销额 = 当期债券实得利息 - 当期票面利息

2. 长期债券投资利息的处理。长期债券投资利息，应根据不同情况分别处理：

（1）长期债券投资应当按期计提利息，计提的利息按债券面值以及适用的利率计算，并计入当期的投资收益（假如不考虑溢价或折价）。

（2）持有的一次还本付息的债券投资，应计未收利息于确认投资收益时增加投资的账面价值；分期付息的债券投资，应计未收利息于确认投资收益时作为应收利息单独核算，不增加投资的账面价值。

（3）实际收到的分期付息长期债券投资利息，冲减已计的应收利息，实际收到的一次还本付息债券利息，冲减长期债券投资的账面价值。

长期债券投资溢价或折价的摊销，应与确认的相关债券利息收入同时进行，调整各期的投资收益。当期按债券面值和票面利率计算的应收利息扣除当期摊销的溢价和债券费用，或当期按债券面值和票面利率计算利息与摊销的折价的合计扣除摊销的债券费用，确认为当期投资收益。

（三）长期债券投资到期收回本息的核算

无论是到期一次还本付息债券还是分期付息债券，长期债券投资到期时，债券溢（折）价和债券投资费用已摊销完毕。长期债券投资到期时，只需按实际收到的本息，借记“银行存款”科目，按长期债券投资的面值，贷记其明细科目“面值”，按已计未收利息，贷记其明细科目“应收利息”科目或“应收利息”科目。

当上述可转债满足一定条件时，可以转作对发行可转债公司的相应股权，会计上可以根据折算股份数进行相应的转股处理，即借记“长期股权投资”科目，而贷记“长期债券投资”科目。

第二节　长期股权投资核算

一、长期股权投资的概念和类型

保险公司的长期股权投资是指通过投资取得被投资单位的股权，作为被投资单位的股东，投资者按所持股份比例享有权利并承担责任。长期股权投资的期限一般较长，不准备随时出售。长期股权投资可以通过在证券市场上以货币资金购买其他单位的股票的方式获得，也可以直接以资产（包括货币资金、无形资产和其他实物资产）投资于其他单位获得。

按照 CAS2 号长期股权投资准则的规定，保险公司的长期股权投资分为以下四种类型：

（一）保险公司持有的能够对被投资单位实施控制的权益性投资，即对子公司的投资

能够对被投资单位实施控制的投资是指投资企业有权确定被投资企业的财务和经营政策，并能据此从该被投资企业的经营活动中获取利益。这里的控制包括：

1. 投资企业直接拥有被投资企业 50% 以上（不含 50%）的表决权资本。

2. 投资企业虽然直接拥有被投资企业 50% 或 50% 以下的表决权资本，但具有实质控制权的。

投资企业对被投资企业是否具有实质性控制权，可以通过以下一项或若干项情况判断：（1）通过与其他投资者的协议，投资企业拥有被投资企业 50% 以上表决权资本的控制权；（2）根据章程或协议，投资企业有权控制被投资企业的财务和经营政策；（3）投资企业有权任免被投资企业董事会等类似权力机构的多数成员；（4）投资企业在董事会或类似权力机构会议上有半数以上投票权。

（二）保险公司持有的能够与其他合营方一同对被投资单位实施共同控制的权益性投资，即对合营企业投资

共同控制，是指按照合同约定对某项经济活动所共有的控制，仅在与该项经济活动相关的重要财务和经营决策需要分享控制权的投资方一致同意时存在。投资企业与其他方对被投资单位实施共同控制的，被投资单位为其合营企业。

（三）保险公司持有的能够对被投资单位施加重大影响的权益性投资，即对联营企业投资

重大影响，是指对一企业的财务和经营政策有参与决策的权力，但并不能够控制或者与其他方一起共同控制这些政策的制定。投资企业能够对被投资单位施加重大影响的，被投资单位为其联营企业。

当投资企业直接拥有被投资企业 20% 或以上至 50% 表决权资本时，一般认为对被投资企业有重大影响。此外，尽管投资企业直接拥有被投资企业 20% 以下的表决权资本，但符合准则规定情况之一的，实质上对被投资企业的财务和经营政策的决策有重大影响，也应确认为对被投资企业有重大影响的投资：如在被投资企业的董事会或类似权力机构中派有代表、参与被投资企业的政策的制定过程、向被投资企业派出管理人员、依赖投资企业的技术资料以及其他能足以证明投资企业对被投资企业有重大影响的情形。

（四）保险公司对被投资单位不具有控制、共同控制或重大影响、在活跃市场中没有报价、公允价值不能可靠计量的权益性投资

对被投资企业无控制、无共同控制且无重大影响的投资是指除上述三种类型以外的投资。具体表现为：

1. 投资企业直接拥有被投资企业20%以下的表决权资本，且不存在对被投资企业实施其他重大影响的途径。

2. 投资企业直接拥有被投资企业20%或以上的表决权资本，但实质上对被投资保险公司不具有控制、共同控制和重大影响。

对长期股权投资的类型我们总结如图3-3所示：

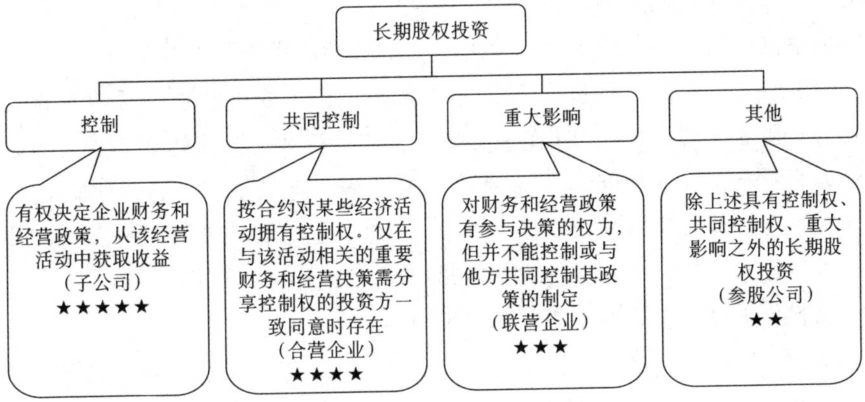

图3-3 长期股权投资类型示意图

二、企业合并取得的长期股权投资的确认与初始计量

在企业合并形成的长期股权投资中，还可进一步分为同一控制下的企业合并和非同一控制下的企业合并。

1. 同一控制下的企业合并取得的长期股权投资

（1）初始成本的确认。同一控制下的企业合并是指参与合并的企业在合并前后均受同一方或相同的多方最终控制且该控制并非暂时性的。

根据CAS2长期股权投资准则的规定，同一控制下的企业合并，合并方以支付现金、转让非现金资产或承担债务方式作为合并对价的，应当在合并日按照取得被合并方所有者权益账面价值的份额作为长期股权投资的初始投资成本。长期股权投资初始投资成本与支付的现金、转让的非现金资产以及所承担债务账面价值之间的差额，应当调整资本公积；资本公积不足冲减的，调整留存收益。

（2）账务处理。同一控制下企业合并形成的长期股权投资，应在合并日按取得被合并方所有者权益账面价值的份额，借记“长期股权投资（成本）”科目，按享有被投资单位已宣告但尚未收取的现金股利或利润，借记“应收股利”科目，按支付的合并对价的账面价值，贷记有关资产或借记有关负债科目，按其差额的，贷记“资本公积——资本溢价或股本溢价”科目；如果为借方差额，则借记“资本公积——资本溢价或股本溢价”科目，“资本公积（资本溢价或股本溢价）”科目不足冲减的，应依次借记“盈余公积”“利润分配——未分配利润”科目。

现举例说明同一控制下企业合并取得的长期股权投资的核算。

【例3-8】 乙寿险股份有限公司和丙财产保险股份有限公司为甲保险金融集团控制的子公司，2×19年1月2日，乙公司和丙公司达成合并协议，乙公司以银行存款5 000万元作为对价，取得同一集团内丙公司60%的股权。合并日丙公司的账面所有者权益总额为8 000万元。假定乙公司合并时“资本公积——股本溢价”科目的余额为500万元。

根据以上资料，乙公司应作如下会计分录：

借：长期股权投资——丙公司（成本）	48 000 000	
资本公积——股本溢价	2 000 000	
贷：银行存款		50 000 000

【例3-9】 承上例，如果乙公司以每股面值为1元的普通股1 000万股作为合并对价，则在取得长期股权投资时乙公司应作如下会计分录：

借：长期股权投资——丙公司（成本）	48 000 000	
贷：股本		10 000 000
资本公积——股本溢价		38 000 000

2. 非同一控制下的企业合并形成的长期股权投资

（1）初始投资成本的确定。非同一控制下的企业合并是指参与合并的各方在合并前后不属于同一方或相同的多方最终控制的情况下进行的合并。非同一控制下的合并一般以市价为基础，交易作价相对公平合理，因此，非同一控制下企业合并取得的长期股权投资以公允价值为基础计价。

根据CAS2号长期股权投资准则的规定，非同一控制下的企业合并，购买方在购买日应当按照CAS20号企业合并准则确定的合并成本作为长期股权投资的初始投资成本。即购买方应当区别下列情况确定合并成本：一次交换交易实现的企业合并，合并成本为购买方在购买日为取得对被购买方的控制权而付出的资产、发生或承担的负债以及发行的权益性证券的公允价值；通过多次交换交易分步实现的企业合并，合并成本为每一单项交易成本之和；购买方为进行企业合并发生的各项直接相关费用也应当计入企业合并成本；在合并合同或协议中对可能影响合并成本的未来事项作出约定的，购买日如果估计未来事项很可能发生并且对合并成本的影响金额能够可靠计量的，购买方应当将其计入合并成本。

购买方在购买日对作为企业合并对价付出的资产、发生或承担的负债应当按照公允价值计量，公允价值与其账面价值的差额，计入当期损益。

（2）账务处理。非同一控制下企业合并形成的长期股权投资，应在购买日按企业合并成本（不含应向被投资单位收取的现金股利或利润），借记“长期股权投资——成本”科目，按享有被投资单位已宣告但尚未发放的现金股利或利润，借记“应收股利”科目，按支付合并对价的账面价值，贷记有关资产或借记有关负债科目，按发生的直接相关费用，贷记“银行存款”等科目，按其差额，贷记“营业外收入”或借记“营业外支出”等科目。

【例3-10】 2×19年8月1日，甲保险公司与乙公司达成合并协议，约定甲保险公司以一项专利权向乙公司投资，占乙公司股份总额的60%。该专利权的账面原价为1 000万元，已累计摊销200万元，已计提无形资产减值准备50万元，公允价值为900万元，转让该专利权的营业税税率为5%。假定甲保险公司和乙公司在此之前不存在任何投资关系。根据以上资料，甲保险公司应作如下会计分录：

借：长期股权投资——乙公司（成本）	9 450 000
累计摊销——专利权	2 000 000
资产减值准备——无形资产减值准备	500 000

贷：无形资产——专利权	10 000 000
应交税费——应交营业税	450 000
营业外收入	1 500 000

三、其他方式取得的长期股权投资的确认和初始计量

除企业合并形成的长期股权投资以外，保险公司其他方式取得的长期股权投资，应当按照下列规定确定其初始投资成本：

（1）以支付现金取得的长期股权投资，应当按照实际支付的购买价款作为初始投资成本。初始投资成本包括与取得长期股权投资直接相关的费用、税金及其他必要支出。

（2）以发行权益性证券取得的长期股权投资，应当按照发行权益性证券的公允价值作为初始投资成本。

（3）投资者投入的长期股权投资，应当按照投资合同或协议约定的价值作为初始投资成本，但合同或协议约定价值不公允的除外。

（4）通过非货币性资产交换取得的长期股权投资，其初始投资成本应当按照 CAS7 号非货币性资产交换准则确定。

（5）通过债务重组取得的长期股权投资，其初始投资成本应当按照 CAS12 号债务重组准则确定。

四、长期股权投资的后续计量

保险公司对外进行的长期股权投资，应当根据不同的情况采用成本法和权益法核算。

（一）长期股权投资核算的成本法

1. 成本法的含义

成本法是指长期股权投资按投资成本计价核算的方法。在成本法下，长期股权投资以取得股权时的初始投资成本计价，之后，除了投资企业追加投资，收到被投资单位分派的属于投资前累积盈余的分配额或收回投资外，长期股权投资的账面价值一般应当保持不变，即长期股权投资的价值一经入账，无论被投资单位的生产经营情况如何，是实现利润还是发生亏损，净资产是增加还是减少，投资企业均不改变其长期股权投资的账面价值，仍以初始投资成本反映企业的长期股权投资。

2. 成本法的适用范围

根据 CAS2 号长期股权投资准则的规定，保险公司持有的长期股权投资，在下列情况下应采用成本法核算：（1）投资企业能够对被投资单位实施控制的长期股权投资；（2）投资企业对被投资单位不具有共同控制或重大影响，并且在活跃市场中没有报价、公允价值不能可靠计量的长期股权投资。

（二）成本法的核算方法

采用成本法核算长期股权投资的一般程序如下：

（1）保险公司初始投资或追加投资时，按照初始投资或追加投资时的初始投资成本增加长期股权投资的账面价值。

（2）被投资企业宣告分派的利润或现金股利，投资企业按应享有的部分，确认为当期投资收益，但投资企业确认的投资收益，仅限于所获得的被投资企业在接受投资后产生的累积净利润的分配额，所获得的被投资企业宣告分派的利润或现金股利超过被投资企业在接受投资后产生的累积净利润的部分，作为清算股利，冲减投资的账面价值。在具体处理时，应按投资年度和以后年度分别进行处理：

①投资年度的利润或现金股利的处理。企业当年实现的盈余通常于下一年发放利润或现金股利。因此，投资企业投资当年分得的利润或现金股利，一般不作为当期的投资收益，而作为初始投资成本的收回。如果投资企业投资当年分得的利润或现金股利，有一部分是来自投资后被投资单位实现的盈余的分配，则应作为投资企业投资年度的投资收益。在具体计算时，若能分清投资前或投资后被投资单位实现的净利润情况的，应当分别投资前和投资后，计算确认哪些应确认为投资收益，哪些应冲减初始投资成本的金额；如果不能分清投资前和投资后被投资单位实现的净利润情况的，可按以下公式计算确认投资收益或冲减初始投资成本的金额：

应享有的投资收益 = 投资当年被投资企业每股盈余 ×（当年投资持有月份/全年月份）

或应享有的投资收益 = 投资当年被投资企业实现的净收益 × 投资企业的持股比例 ×（当年投资持有月份/全年月份）

应冲减投资成本的金额 = 被投资企业分派的利润或现金股利 × 投资企业的持股比例 − 投资企业投资年度应享有的投资收益

②投资年度以后的利润或现金股利的处理。投资企业投资年度以后获得

的利润或现金股利，哪些应确认为投资收益，哪些应冲减初始投资成本的金额，可按下列公式计算：

应冲减的初始投资成本金额 =（投资后至本年末止被投资企业累积分派的利润或现金股利 - 投资后至上年末止被投资企业累积实现的净损益）×投资方持股比例 - 投资企业已冲减的初始投资成本

应确认的投资收益 = 投资企业当年获得的利润或现金股利 - 应冲减的初始投资成本金额

保险公司在具体运用上述公式时还应注意以下几点：

第一，在“应冲减初始投资成本的金额”的公式中，如果投资后至本年末止被投资单位累积分派的利润或现金股利，大于投资后至上年末被投资单位累积实现的净损益，则按上述公式计算应冲减初始投资成本的金额；如果投资后至本年末止被投资单位累积分派的利润或现金股利，等于或小于投资后至上年末止被投资单位累积实现的净损益，则被投资单位当期分派的利润或现金股利中应由投资企业享有的部分，应于当期确认为投资企业的投资收益。

第二，如果被投资单位在年度中间宣告分派利润或现金股利的，投资企业无法取得被投资单位投资后至本年末止累计分派的利润或现金股利，应当用投资后至本次发放股利止累计分派的利润或现金股利计算。

第三，采用成本法时，获得的属于投资前被投资单位累计盈余的分配冲减初始投资成本的部分，待被投资单位用以后年度未分配的利润弥补时，再恢复原冲减的初始投资成本。企业按上述公式计算的冲减初始投资成本及以后恢复的金额，应在备查簿中详细登记。

第四，如果被投资单位当期未分派股利，即使被投资单位以前各期分派的股利小于投资后被投资单位实现的净利润，也不能按上述公式计算恢复初始投资成本和确认当期投资收益。

【例 3 - 11】 A 保险公司 2×19 年 4 月 1 日购入 B 公司股份 40 000 股，每股价格 7 元，另支付相关税费 2 500 元，A 保险公司购入 B 公司股份占 B 公司有表决权资本的 6%，并准备长期持有，款项已用银行存款支付。B 公司于 2×19 年 5 月 8 日宣告分派 2×18 年度的现金股利，每股 0.25 元。A 保险公司应作如下会计处理：

（1）计算初始投资成本：

成交价：40 000 × 7 = 280 000（元）

投资成本：280 000 + 2 500 = 282 500（元）

（2）购入时应编制如下会计分录：

借：长期股权投资——B 公司（成本）　　282 500

　　贷：银行存款　　282 500

（3）B 公司宣告分派现金股利时，A 保险公司应作会计分录如下：

借：应收股利　　（40 000 × 0.25）10 000

　　贷：长期股权投资——B 公司（成本）　　10 000

【例 3 - 12】 承上例，若 B 公司于 2 × 20 年 4 月 27 日宣告分派 2 × 19 年度的现金股利，每股 0.35 元。若 B 公司 2 × 19 年度每股盈余 0.40 元，A 保险公司的会计处理如下：

（1）计算 2 × 19 年度应享有的每股盈余：

每股盈余 = 2 × 19 年度每股盈余 × 当年投资持有月份 ÷ 全年月份

　　　　= 0.4 × 9 ÷ 12 = 0.3（元）

（2）计算投资收益：

投资收益 = 0.3 × 40 000 = 12 000（元）

应冲减投资成本数额 = (0.35 - 0.3) × 40 000 = 2 000（元）

（3）B 公司宣告分派股利时应编制如下会计分录：

借：应收股利——B 公司　　14 000

　　贷：长期股权投资——B 公司（成本）　　2 000

　　　　投资收益——股票投资收益　　12 000

（三）长期股权投资核算的权益法

1. 权益法的含义

长期股权投资的权益法是指投资最初以初始投资成本计价，以后根据投资企业享有被投资单位所有者权益份额的变动对投资的账面价值进行调整的方法。在权益法下，长期股权投资的账面价值反映的不是企业的初始投资成本，而是企业占被投资企业所有者权益的份额。

2. 权益法的适用范围

根据 CAS2 号长期股权投资准则的规定，投资企业对被投资单位具有共同控制或重大影响的长期股权投资，应当采用权益法核算。

现通过图 3 - 4，将成本法与权益法的适用范围作一个简单的比较：

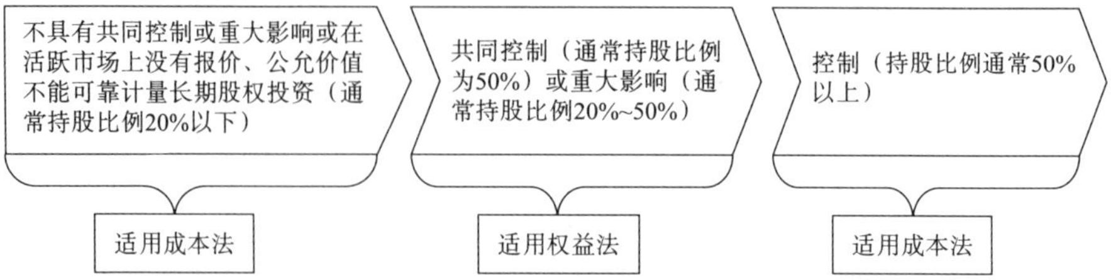

图 3－4　长期股权投资类型示意图

3. 权益法的核算方法

保险公司的长期股权投资采用权益法核算的，应当分别下列情况进行处理：

（1）长期股权投资的初始投资成本大于投资时应享有被投资单位可辨认净资产公允价值份额的，不调整已确认的初始投资成本；长期股权投资的初始投资成本小于投资时应享有被投资单位可辨认净资产公允价值份额的，应按其差额，借记本科目（成本），贷记“营业外收入”科目。

（2）资产负债表日，保险公司应按根据被投资单位实现的净利润或经调整的净利润计算应享有的份额，借记“长期股权投资（损益调整）”科目，贷记“投资收益”科目。被投资单位发生亏损的应作相反的会计分录，但以本科目的账面价值减记至零为限；还应承担的投资损失，应将其他实质上构成对被投资单位净投资的“长期应收款”等的账面价值减记至零为限。除按以上步骤已确认的损失外，按照投资合同或协议约定将承担的损失，确认为预计负债。发生亏损的被投资单位以后实现净利润的，应按与上述相反的顺序进行处理。

需要注意的是，投资企业在确认应享有被投资单位净损益的份额时，应当以取得投资时被投资单位各项可辨认资产等的公允价值为基础，对被投资单位的净利润进行调整后确认。

被投资单位采用的会计政策及会计期间与投资企业不一致的，应当按照投资企业的会计政策及会计期间对被投资单位的财务报表进行调整，并据以确认投资损益。

（3）被投资单位以后宣告发放现金股利或利润时，保险公司计算应分得的部分，借记“应收股利”科目，贷记“长期股权投资（损益调整）”科目。收到被投资单位发放的股票股利，不进行账务处理，但应在备查簿中登记。

（4）在持股比例不变的情况下，被投资单位除净损益以外所有者权益的其他变动，保险公司按持股比例计算应享有的份额，借记本科目（其他权益变动），贷记“资本公积——其他资本公积”科目。

【例3-13】2×19年1月1日，甲保险公司以银行存款600万元向乙公司投资，占乙公司有表决权股份的30%，采用权益法进行核算。投资当日，乙公司可辨认净资产的账面价值为1 400万元，公允价值为1 800万元，该差异是由于无形资产的公允价值和账面价值的差额造成的，该无形资产的预计摊销年限为10年，预计净残值为零。假设乙公司所得税税率为40%。在本例中，甲保险公司的投资成本600万元大于在乙公司可辨认净资产公允价值中占有的份额540万元，则甲公司应作如下会计分录：

借：长期股权投资——乙公司（成本） 6 000 000

  贷：银行存款 6 000 000

【例3-14】承上例，假设2×19年乙公司实现净利润500万元，2×20年3月3日宣告发放现金股利，共100万元，发放日为2×20年4月10日。

因为被投资单位当期利润表中的利润是扣除按无形资产的账面价值计算的摊销费用计算的，如果按无形资产的公允价值计算摊销费用，则应多摊销40万元。考虑所得税的影响，那么，以可辨认资产的公允价值为基础，2×19年被投资单位的净利润应减少24［40×（1-40%）］万元，即为476（500-24）万元。甲保险公司按照持股比例计算应确认的当期投资收益为142.8（476×30%）万元，应作如下会计分录：

借：长期股权投资——乙公司（损益调整） 1 428 000

  贷：投资收益 1 428 000

2×20年3月3日乙公司宣告分配现金股利时，甲公司应作如下会计分录：

借：应收股利 300 000

  贷：长期股权投资——乙公司（损益调整） 300 000

2×20年4月10日收到现金股利时作如下会计分录：

借：银行存款 300 000

  贷：应收股利 300 000

【例3-15】仍承上例，假设乙公司2×20年发生亏损100万元，以可辨认资产的公允价值为基础，甲保险公司2×20年的亏损应增加24［40×（1-40%）］万元，即为124（100+24）万元。甲保险公司按照持股比例计算应确认的当期投资损失为37.2（124×30%）万元，应作如下会计分录：

借：投资收益　　372 000

　　贷：长期股权投资——乙公司（损益调整）　　372 000

五、长期股权投资的处置

处置长期股权投资，其账面价值与实际取得价款的差额，应当计入当期损益。采用权益法核算的长期股权投资，因被投资单位除净损益以外所有者权益的其他变动而计入所有者权益的，处置该项投资时应当将原计入所有者权益的部分按相应比例转入当期损益。具体的账务处理如下：

出售长期股权投资时，应按实际收到的金额，借记“银行存款”等科目，原已计提减值准备的，借记“长期股权投资减值准备”科目，按其账面余额，贷记“长期股权投资”各明细科目，按尚未领取的现金股利或利润，贷记“应收股利”科目，按其差额，贷记或借记“投资收益”科目。

出售采用权益法核算的长期股权投资时，还应按处置长期股权投资的投资成本比例结转原记入“资本公积——其他资本公积”科目的金额，借记或贷记“资本公积——其他资本公积”科目，贷记或借记“投资收益”科目。

【例3-16】 假设丙保险公司将持有的对乙公司的长期股权投资予以出售，出售前按权益法核算，“长期股权投资”各明细科目均为借方余额，分别为：成本250 000元，损益调整50 000元，其他权益变动20 000元，计提的长期股权投资减值准备为15 000元。出售实际得到的价款为380 000元，已存入银行。根据以上资料编制如下会计分录：

借：银行存款　　380 000

　　长期股权投资减值准备　　15 000

　　贷：长期股权投资——成本　　250 000

　　　　　　　　　　——损益调整　　50 000

　　　　　　　　　　——其他权益变动　　20 000

　　　　投资收益　　75 000

同时将原计入“资本公积——其他资本公积”的部分转为出售当期的投资收益：

借：资本公积——其他资本公积　　20 000

　　贷：投资收益　　20 000

六、长期股权投资减值的确认与计量

长期股权投资的减值，是指长期股权投资未来可收回金额低于账面价值所发生的损失。保险公司应对长期股权投资的账面价值定期地逐项进行检查，至少于每年年末检查一次。如果由于市价持续下跌或被投资单位经营状况变化等原因导致可收回金额低于投资的账面价值，应当计提减值准备。

保险公司持有的长期股权投资，有的在活跃市价中有报价，有的在活跃的市场中没有报价。对持有的长期投资是否计提减值准备，可以根据下列迹象判断：

1. 在活跃市场中有报价的长期股权投资

在活跃市场中有报价的长期股权投资是否应计提减值准备，可以根据下列迹象判断：

(1) 市价持续2年低于账面价值；

(2) 该项投资暂停交易1年或1年以上；

(3) 被投资单位当年发生严重亏损；

(4) 被投资单位持续两年发生亏损；

(5) 被投资单位进行清理整顿、清算或出现其他不能持续经营的迹象。

2. 在活跃市场中没有报价的长期股权投资

如果保险公司持有的长期投资在活跃的市场中没有报价，是否应当计提减值准备，可以根据下列迹象判断：

(1) 影响被投资单位经营的政治或法律环境的变化，如税收、贸易等法规的颁布或修订，可能导致被投资单位出现巨额亏损。

(2) 被投资单位所供应的商品或提供的劳务因产品过时或消费者偏好改变而使市场的需求发生变化，从而导致被投资单位财务状况发生严重恶化。

(3) 被投资单位所在行业的生产技术等发生重大变化，被投资单位已失去竞争能力，从而导致财务状况发生严重恶化，如进行清理整顿、清算等。

(4) 有证据表明该项投资实质上已经不能再给保险公司带来经济利益的其他情形。

在核算长期股权投资的减值时，应将长期股权投资分为两类：一类是按成本法核算的、在活跃市场中没有报价、公允价值不能可靠计量的长期股权投资，其减值应当按照CAS22号金融工具确认和计量准则处理。由于公允价值不能可靠计量，所以期末应将这类长期股权投资的账面价值，与按照类似金融资产当时市场收益率对未来现金流量折现确定的现值之间的差额，确认为减值损失，计入当期损益；第二类是除此以外的其他长期股权投资，其减值应当按照 CAS8 号资产减值准则处理，期末，将长期股权投资的账面价值与可收回金额之间的差额，确认为减值损失，计入当期损益，这里的“可收回金额”是指长期股权投资的公允价值减去处置费用与预期从该资产的持有和投资到期处置中形成的预计未来现金流量的现值两者中的较高者。

为了核算长期股权投资减值准备的计提情况，保险公司应设置“长期股权投资减值准备”科目。本科目属于资产类科目，是“长期股权投资”的备抵调整科目。其贷方登记长期股权投资减值准备的计提；借方登记处置长期股权投资时转出的长期股权投资减值准备；期末余额在贷方，反映已计提但尚未转销的长期股权投资减值准备。该科目按被投资单位进行明细核算。

计提长期股权投资的减值时，借记“资产减值损失”科目，贷记“长期股权投资减值准备”科目。根据 CAS8 号资产减值准则和 CAS22 号金融工具确认和计量准则的规定，长期股权投资确认减值损失后，原确认的减值损失不得转回。

第三节　套期保值业务核算

一、套期保值的概述

套期保值（以下简称套期），是指保险公司为规避外汇风险、利率风险、商品价格风险、股票价格风险、信用风险等，指定一项或一项以上套期工具，使套期工具的公允价值或现金流量变动，预期抵销被套期项目全部或部分公允价值或现金流量变动。例如，某公司收到国外进口商支付的货款 1 000 万美元，需要将货款结汇成人民币用于国内支出，同时该公司需要采购国外设备，并将于 6 个月后支付 1 000 万美元货款。为规避美元贬值风险，该公司可与银行办理一笔即期对 6 个月远期的人民币与美元互换业务：即期卖出 1 000 万美元，取得人民币；签订 6 个月远期合同，按照约定汇率以人民币买入 1 000 万美元。

套期分为公允价值套期、现金流量套期和境外经营净投资套期。

公允价值套期，是指对已确认资产或负债、尚未确认的确定承诺，或该资产或负债、尚未确认的确定承诺中可辨认部分的公允价值变动风险进行的套期。该类价值变动源于某类特定风险，且将影响企业的损益。

现金流量套期，是指对现金流量变动风险进行的套期。该类现金流量变动源于与已确认资产或负债、很可能发生的预期交易有关的某类特定风险，且将影响企业的损益。

境外经营净投资套期，是指对境外经营净投资外汇风险进行的套期。境外经营净投资，是指企业在境外经营净资产中的权益份额。

被套期项目，是指使企业面临公允价值或现金流量变动风险，且被指定为被套期对象的下列项目：

(1) 单项已确认资产、负债、确定承诺、很可能发生的预期交易或境外经营净投资；

(2) 一组具有类似风险特征的已确认资产、负债、确定承诺、很可能发生的预期交易或境外经营净投资；

(3) 分担同一被套期利率风险的金融资产或金融负债组合的一部分（仅适用于利率风险公允价值组合套期）。

确定承诺，是指在未来某特定日期或期间，以约定价格交换特定数量资源、具有法律约束力的协议。预期交易，是指尚未承诺但预期会发生的交易。

对于满足条件的套期，保险公司可运用套期会计方法进行处理。所谓套期会计方法，是指在相同会计期间将套期工具和被套期项目公允价值变动的抵销结果计入当期损益的方法。

套期有效性，是指套期工具的公允价值或现金流量变动能够抵销被套期风险引起的被套期项目公允价值或现金流量变动的程度。如果在套期开始及以后期间，该套期预期会高度有效地抵销套期指定期间被套期风险引起的公允价值或现金流量变动。这就要求被套期项目和套期工具之间存在经济关系、信用风险的影响不占主导地位，且套期比率应当等于实际套期的被套期项目数量与对其进行套期的套期工具实际数量之比。而当此数量之比不再符合要求时，拟进行套期关系再平衡。

二、套期保值的确认与计量

套期会计方法是指在相同会计期间将套期工具和被套期项目公允价值变

动的抵销结果计入当期损益的方法。比如，某企业拟对6个月之后很可能发生的贵金属销售进行现金流量套期，为规避相关贵金属价格下跌的风险，该企业可于现在卖出相同数量的该种贵金属期货合同并指定为套期工具，同时指定预期的贵金属销售为被套期项目。资产负债表日（假定预期贵金属销售尚未发生），期货合同的公允价值上涨了100万元，对应的贵金属预期销售价格的现值下降了100万元。假定上述套期符合运用套期会计方法的条件，该企业应将期货合同的公允价值变动计入所有者权益（资本公积），待预期销售交易实际发生时，再转出调整销售收入。

（一）套期会计处理方法的确认条件

公允价值套期、现金流量套期或境外经营净投资套期同时满足下列条件的，保险公司才能运用套期会计方法进行处理：

（1）在套期开始时，保险公司对套期关系（即套期工具和被套期项目之间的关系）有正式指定，并准备了关于套期关系、风险管理目标和套期策略的正式书面文件。该文件至少载明了套期工具、被套期项目、被套期风险的性质以及套期有效性评价方法等内容。

套期必须与具体可辨认并被指定的风险有关，且最终影响保险公司的损益。

（2）该套期预期高度有效，且符合公司最初为该套期关系所确定的风险管理策略。

（3）对预期交易的现金流量套期，预期交易应当很可能发生，且必须使公司面临最终将影响损益的现金流量变动风险。

（4）套期有效性能够可靠地计量。

（5）公司应当持续地对套期有效性进行评价，并确保该套期在套期关系被指定的会计期间内高度有效。

（二）套期保值的会计处理

1. 公允价值套期满足运用套期会计方法条件的会计处理

（1）套期工具为衍生工具的，套期工具公允价值变动形成的利得或损失应当计入当期损益；套期工具为非衍生工具的，套期工具账面价值因汇率变动形成的利得或损失应当计入当期损益。

（2）被套期项目因被套期风险形成的利得或损失应当计入当期损益，同时调整被套期项目的账面价值。被套期项目为按摊余成本进行后续计量的金融资产或可供出售金融资产的，也应当按此规定处理。

【例 3－17】 为借助于公允价值套值保值，2×20 年 3 月 1 日某财产保险公司下属资产管理公司特意与某设备供应商签订协议，承诺 6 月 1 日以前以 7 600 美元/吨的价格收购 3 000 吨铜，当日铜价为 7 550 美元/吨。为了应对原材料价格下滑的影响，该公司对铜采用了期货套期的办法，在期货市场上以 7 600 美元/吨的价格出售了 3 000 吨铜的标准合约。假设 5 月 1 日铜的市场价为 7 400 美元/吨。

3 月 1 日对承诺出售的远期合约进行确认：

借：其他应收款　　2 280 000

　　贷：衍生工具——期货远期合约　　2 280 000

在套期中指定套期关系时：

借：衍生工具——期货远期合约　　2 280 000

　　贷：套期工具——期货远期合约　　2 280 000

5 月 1 日铜的市场价为 7 400 美元/吨，确认套期工具和被套项目公允价值变动形成的利得和损失：

借：被套项目　　60 000

　　贷：应付账款　　60 000

借：公允价值变动损益　　60 000

　　贷：套期工具——期货远期合约　　60 000

2. 现金流量套期满足运用套期会计方法条件的会计处理

（1）套期工具利得或损失中属于有效套期的部分，应当直接确认为所有者权益，并单列项目反映。该有效套期部分的金额，按照套期工具自套期开始的累计利得或损失与被套期项目自套期开始的预计未来现金流量现值的累计变动额的绝对额较低者确定。

（2）套期工具利得或损失中属于无效套期的部分（即扣除直接确认为所有者权益后的其他利得或损失），应当计入当期损益。

（3）在风险管理策略的正式书面文件中，载明了在评价套期有效性时将排除套期工具的某部分利得或损失或相关现金流量影响的，被排除的该部分利得或损失的处理适用 CAS22 号金融工具确认和计量准则。

3. 对境外经营净投资的套期应当按照类似于现金流量套期会计的规定处理

（1）套期工具形成的利得或损失中属于有效套期的部分，应当直接确认为所有者权益，并单列项目反映。

处置境外经营时，上述在所有者权益中单列项目反映的套期工具利得或损失应当转出，计入当期损益。

（2）套期工具形成的利得或损失中属于无效套期的部分，应当计入当期损益。

第四节　衍生金融工具核算

一、衍生金融工具概述

衍生工具，是指具有下列特征的金融工具或其他合同：其价值随特定利率、金融工具价格、商品价格、汇率、价格指数、费率指数、信用等级、信用指数或其他类似变量的变动而变动，变量为非金融变量的，该变量与合同的任一方不存在特定关系；不要求初始净投资，或与对市场情况变化有类似反应的其他类型合同相比，要求很少的初始净投资；在未来某一日期结算。

衍生工具包括远期合同、期货合同、互换和期权，以及具有远期合同、期货合同、互换和期权中一种或一种以上特征的工具。

二、衍生金融工具的确认与计量

保险公司取得衍生工具，按其公允价值，借记本科目，按发生的交易费用，借记“投资收益”科目，按实际支付的金额，贷记“银行存款”等科目。

资产负债表日，衍生工具的公允价值高于其账面余额的差额，借记本科目，贷记“公允价值变动损益”科目；公允价值低于其账面余额的差额作相反的会计分录。

终止确认的衍生工具，应当比照“交易性金融资产”“交易性金融负债”等科目的相关规定进行处理。

第五节 其他金融资产的核算

一、金融资产转移的核算

（一）金融资产转移的概念

金融资产（含单项或一组类似金融资产）转移，是指保险公司（转出方）将金融资产让与或交付给该金融资产发行方以外的另一方（转入方）。

保险公司金融资产转移，包括下列两种情形：一是将收取金融资产现金流量的权利转移给另一方；二是将金融资产转移给另一方，但保留收取金融资产现金流量的权利并承担将收取的现金流量支付给最终收款方的义务，同时还应满足以下条件：一是当从该金融资产收到对等的现金流量时，才有义务将其支付给最终收款方；二是根据合同约定，不能出售该金融资产或作为担保物，但可以将其作为对最终收款方支付现金流量的保证；三是有义务将收取的现金流量及时支付给最终收款方。

（二）金融资产转移的确认和计量

金融资产部分转移，包括下列三种情形：

（1）将金融资产所产生现金流量中特定、可辨认部分转移，如保险公司将一组类似贷款的应收利息转移等。

（2）将金融资产所产生全部现金流量的一定比例转移，如保险公司将一组类似贷款的本金和应收利息合计的一定比例转移等。

（3）将金融资产所产生现金流量中特定、可辨认部分的一定比例转移。如保险公司将一组类似贷款的应收利息的一定比例转移等。

（三）符合终止确认条件的情形

1. 符合终止确认条件的判断

保险公司收取金融资产现金流量的合同权利终止的，应当终止确认该金融资产。此外，保险公司已将金融资产所有权上几乎所有的风险和报酬转移给转入方的，也应当终止确认该金融资产。

2. 符合终止确认条件时的计量

（1）金融资产整体转移满足终止条件时，相关金融资产转移损益应按如下公式计算：

金融资产整体转移损益 = 因转移收到的对价 + 原直接计入所有者权益的公允价值变动累计利得（如为累计损失，应为减项） - 所转移金融资产的账面价值

理解以上公式时，应注意以下两点：

第一，因金融资产转移获得了新金融资产或承担了新金融负债的，应当在转移日按照公允价值确认该金融资产或金融负债（包括看涨期权、看跌期权、担保负债、远期合同、互换等），并将该金融资产扣除金融负债后的净额作为上述对价的组成部分。

保险公司与金融资产转入方签订服务合同提供相关服务的（包括收取该金融资产的现金流量，并将所收取的现金流量交付给指定的资金保管机构等），应当就该服务合同确认一项服务资产或服务负债。服务负债应当按照公允价值进行初始计量，并作为上述对价的组成部分。

因转移收到的对价 = 因转移交易收到的价款 + 新获得金融资产的公允价值 + 因转移获得服务资产的公允价值 - 新承担金融负债的公允价值 - 因转移承担的金融负债的公允价值。

第二，原直接计入所有者权益的公允价值变动累计利得或损失，是指所转移金融资产（可供出售金融资产）转移前公允价值变动直接计入所有者权益的累计额。

（2）金融资产部分转移满足终止确认条件的，应当将所转移金融资产整体的账面价值，在终止确认部分和未终止确认部分（在此种情况下，所保留的服务资产应当视同未终止确认金融资产的一部分）之间，按照各自的相对公允价值进行分摊，并将中止确认的部分的对价，与原直接计入所有者权益的公允价值变动的累计额中对应终止确认部分的金额（涉及转移的金融资产为可供出售金融资产的情形）之和，扣除终止确认部分的账面价值后的差额，确认为金融资产转移的损益。

原直接计入所有者权益的公允价值变动的累计额中对应终止确认部分的金额，应当按照金融资产终止确认部分和未终止确认部分的相对公允价值，对该累计额进行分摊后确定。

在金融资产部分转移满足终止确认条件的情况下，保险公司在将所转移金融资产整体的账面价值按相对公允价值在终止确认部分和未终止确认部分

之间进行分摊，未终止确认部分的公允价值按照下列原则确定：

第一，保险公司出售过与未终止确认部分类似的金融资产，或发生过与未终止确认部分有关的其他的市场交易的，应当按照最近实际交易价格确定。

第二，未终止确认部分在活跃市场上没有报价，且最近市场上也没有与其有关的实际交易价格的，应当按照所转移金融资产整体的公允价值扣除终止确认部分的对价后的余额确定。该金融资产整体的公允价值确实难以合理确定的，按照金融资产整体的账面价值扣除终止确认部分的对价后的余额确定。

（四）不符合终止确认条件的情形

1. 不符合终止确认条件的判断

金融资产转移后，保险公司（转出方）仍保留了该金融资产所有权上几乎所有的风险和报酬的，则不应当终止确认该金融资产。

对于相对简单的金融资产转移其是否符合终止确认条件，比较容易判断。比如，下列情况就表明保险公司保留了金融资产所有权上几乎所有风险和报酬，不应当终止确认相关金融资产：（1）保险公司采用附追索权方式出售金融资产；（2）保险公司将金融资产出售，同时与买入方签订协议，在约定期限结束时按固定价格将该金融资产回购，如采用买断式回购、质押式回购交易卖出债券等；（3）保险公司将金融资产出售，同时与买入方签订看跌期权合约（即买入方有权将该金融资产返售给保险公司），但从合约条款判断，该看跌期权是一项重大价内期权（即期权合约的条款设计，使得金融资产的买方很可能会到期行权）；（4）保险公司将信贷资产整体转移，同时保证对金融资产买方可能发生的信用损失进行全额补偿。

对于相对复杂的金融资产转移，应当像判断是否符合终止确认条件那样，通过分析计算来判断。如果分析计算表明，保险公司面临的风险没有因金融资产转移发生实质性改变，则表明该保险公司仍保留了金融资产所有权上几乎所有的风险和报酬，从而不应当终止确认该金融资产。

2. 不符合终止确认时的计量

保险公司仍保留与所转移金融资产所有权上几乎所有的风险和报酬的，应当继续确认所转移金融资产整体，并将收到的对价确认为一项金融负债。

该金融资产与确认的相关金融负债不得相互抵销。在随后的会计期间，保险公司应当继续确认该金融资产产生的收入和该金融负债产生的费用。所转移的金融资产以摊余成本计量的，确认的相关负债不得指定为以公允价值计量且其变动计入当期损益的金融负债。

（五）继续涉入的情形

1. 继续涉入的判断

保险公司既没有转移也没有保留金融资产所有权上几乎所有的风险和报酬的，应当分别下列情况处理：（1）放弃了对该金融资产控制的，应当终止确认该金融资产；（2）未放弃对该金融资产控制的，应当按照其继续涉入所转移金融资产的程度确认有关金融资产，并相应确认有关金融负债。继续涉入所转移金融资产的程度，是指该金融资产价值变动使保险公司面临的风险水平。

判断是否已放弃对所转移金融资产的控制，应当重点关注转入方出售该金融资产的实际能力。如果转入方能够单独将转入的金融资产整体出售给予其不存在关联方关系的第三方，且没有额外条件对此项出售加以限制，说明转入方有出售该金融资产的实际能力，同时表明保险公司（转出方）已放弃对该金融资产的控制，从而应终止确认所转移的金融资产。

转入方是否能够将转入的金融资产整体出售给予其不存在关联方关系的第三方，应当关注该金融资产是否存在活跃市场。如果不存在活跃市场，即使合同约定转入方有权处置金融资产，也不表明转入方有“实际能力”。

转入方是否能够单独出售所转入的金融资产且没有额外条件对此销售加以限制（是否可以自由地处置所转入金融资产），主要关注是否存在与出售密切相关的约束性条款。比如，转入方出售转入的金融资产时附有一项看涨期权，且该看涨期权又是重大价内期权，以至于可以认定转入方将来很可能会行权。在这种情况下，不表明转入方有出售所转入金融资产的实际能力。

2. 继续涉入的计量

保险公司既没有转移也没有保留金融资产所有权上几乎所有的风险和报酬，且未放弃对该金融资产控制的，应当按照其继续涉入所转移金融资产的程度，在充分反映保留的权利和承担的义务的基础上，确认有关金融资产，并相应确认有关负债。

通过对所转移金融资产提供财务担保方式继续涉入的，应当在转移日按照金融资产的账面价值和财务担保金额两者之中的较低者，确认继续涉入形成的资产，同时按照财务担保金额和财务担保合同的公允价值之和确认继续涉入形成的负债。财务担保金额，是指保险公司所收到的对价中，将被要求偿还的最高金额。

在随后的会计期间，财务担保合同的初始确认金额应当在该财务担保合同期间内按照时间比例摊销，确认为各期收入。因担保形成的资产的账面价值，应当在资产负债表日进行减值测试。

保险公司应当对因继续涉入所转移金融资产形成的有关资产确认相关收入，对继续涉入形成的有关负债确认相关费用。继续涉入所形成的相关资产和负债不应当相互抵销。

保险公司仅继续涉入所转移金融资产一部分的，应当将该部分金融资产视作一个整体，并在此基础上运用上述继续涉入会计处理原则。

二、应收款项的核算

保险公司的应收款项包括应收保费、应收分保账款、其他应收款和应收股利，等等。

（一）应收保费的核算

应收保费是指公司应向投保人收取但尚未收到的保险费。原制度规定应收保费主要存在于短期保险合同，对于长期保险公司一般是合同收费时确认保费收入生效，不存在应收保费。但新准则规定对于长期保险合同比如寿险业务，保单宽限期内欠缴的保费，作应收保费的核算，超过宽限期后的应收保费转作表外项目核算。

（二）应收分保账款的核算

应收分保账款是指公司开展分保业务而发生的各种应收款项。原制度规定分保业务的核算通过“分保业务往来”科目核算，现将其分解为“应收分保账款”和“应付分保账款”，“应收分保账款”是表示债权，“应付分保账款”是表示债务，这样一来，债权、债务关系更加一目了然。另外，财产保险公司应收分保账款是指本公司与其他保险公司之间开展分保业务发生的各种应收款项。因分保业务上下级公司间发生的各种应收或应付款项通过“分保内部往来”科目核算。

（三）应收股利的核算

应收股利是指保险公司因股权投资而应收取的现金股利。为了反映和监督应收股利的发生和收回情况，应设置“应收股利”科目，本公司应收其他单位的利润，也在该科目核算。该科目属于资产类科目，其借方登记应收的股利数，贷方登记收回的股利数，余额在借方，反映公司尚未收回的现金股利或利润。该科目应按被投资单位设置明细账。

第六节　固定资产、无形资产和投资性房地产核算

一、固定资产的核算

（一）固定资产的概念与分类

固定资产，是指保险公司为经营活动而持有的使用寿命超过一个会计年度的有形资产。固定资产具有以下主要特征：（1）使用期限超过一年或长于一年的一个经营周期，且在使用过程中保持其原有的实物形态。（2）固定资产的使用寿命是有限的（土地除外）。（3）拥有固定资产的目的是供经营活动使用而不是为了出售。（4）拥有固定资产可以给企业带来可衡量的未来经济利益，否则，这项资产就不应列入固定资产中，比如报废的固定资产应予转销。

作为固定资产，需要同时满足下列条件，才能予以确认：首先，需要符合固定资产的定义。其次，还需要符合固定资产以下确认条件：一是与该固定资产有关的经济利益很可能流入保险公司；二是该固定资产的成本能够可靠地计量。

（二）固定资产的分类

按固定资产的经济用途和使用情况综合分类，分为七大类：经营用固定资产、非经营用固定资产、租出固定资产、不需用固定资产、未使用固定资产、土地、融资租入固定资产。

在我国，土地所有权归国家所有，不参与市场商品流通。这里作为固定资产的土地是指过去已经估价单独入账的土地使用权。因征地而支付的补偿费，应计入与土地有关的房屋、建筑物的价值内，不单独作为土地价值入账。单独取得的土地使用权不能作为固定资产管理，而列为无形资产，并在法定使用年限内摊销。

（三）固定资产的初始计量

固定资产的初始计量，就是指确定固定资产的取得成本。固定资产应当

按照成本进行初始计量。固定资产取得时的成本，应根据具体情况分别确定：

保险公司对于购置的不需要经过建造过程即可使用的固定资产。外购固定资产的成本，包括购买价款、相关税费、使固定资产达到预定可使用状态前所发生的可归属于该项资产的运输费、装卸费、安装费和专业人员服务费等。以一笔款项购入多项没有单独标价的固定资产，应当按照各项固定资产公允价值比例对总成本进行分配，分别确定各项固定资产的成本。购买固定资产的价款超过正常信用条件延期支付，实质上具有融资性质的，固定资产的成本以购买价款的现值为基础确定。实际支付的价款与购买价款的现值之间的差额，除按照借款费用准则规定应予资本化的以外，应当在信用期间内计入当期损益。

保险公司对于自行建造的固定资产，由建造该项资产达到预定可使用状态前所发生的必要支出构成。其中，对于建造过程中符合资本化原则的借款费用应计入固定资产成本。

保险公司对于投资者投入的固定资产，应当按照投资合同或协议约定的价值确定，但合同或协议约定价值不公允的除外。

保险公司对于融资租入的固定资产，按租赁开始日租赁资产的原始账面价值与最低租赁付款额的现值两者中的较低者作为入账价值。

保险公司在原有固定资产基础上进行改建、扩建的，按原固定资产的账面价值，加上由于改建、扩建而使该项资产达到预定可使用状态前发生的支出，减去改建、扩建过程中发生的变价收入作为入账价值。

保险公司通过债务重组、非货币性交换的方式取得的固定资产，其成本应当分别按照 CAS7 号非货币性资产交换准则、CAS12 号债务重组准则等的规定确定。但是，该项固定资产的后续计量和披露应当执行固定资产准则的规定。

保险公司盘盈的固定资产，以同类或类似固定资产的市场价格减去按该项资产的新旧程度估计的价值损耗后的余额作为入账价值。

特别需要强调的是，保险公司的固定资产通常没有弃置费用的发生，其固定资产的报废清理费，应在实际发生时作为固定资产清理处理，而不属于弃置费用。如果万一由于某些情况保险公司拥有了特定行业的特定固定资产，则应当按照现值计算确定应计入固定资产原价的金额和相应的预计负债。

（四）固定资产增加的计量

保险公司增加的固定资产按来源方式主要分为：购置的固定资产、自行建造的固定资产、投资者投入的固定资产、租入的固定资产、接受捐赠的固定资产等。由于来源方式不同，其账务处理也不尽相同。为了反映固定资产的增减变动情况，保险公司应设置“固定资产”科目，该科目为资产类科目，用来核算保险公司持有固定资产的原始价值，总括反映保险公司固定资产的增减变动和结存情况，其借方发生额反映由于各种原因增加的固定资产的原始价值，贷方发生额反映由于各种原因减少的固定资产的原始价值，余额在借方，表示现有固定资产原始价值的总额。

保险公司进行的固定资产基本建设工程，包括新建、改建和扩建工程以及购入需要安装的固定资产，应通过“在建工程”科目核算。该科目的借方反映其工程发生的实际支出，贷方反映经验收交付使用固定资产的实际成本，余额表示未完工程支出的或尚未交付使用的已完工程的实际成本。保险公司与固定资产有关的后续支出，固定资产发生的日常修理费、大修理费用、更新改造支出、房屋的装修费用等，满足固定资产准则规定的固定资产确认条件的，也在本科目核算；没有满足固定资产确认条件的，应在“业务及管理费”科目核算，不在本科目核算。该科目应设置“建筑工程”“安装工程”“在安装设备”“待摊支出”以及单项工程进行明细分类核算。在建工程发生减值的，应在本科目设置“减值准备”明细科目进行核算。

为了核算保险公司为工程准备的各种物资的实际成本，包括为工程准备的材料，尚未交付安装的需要安装设备的实际成本，以及预付大型设备款和基本建设期间根据项目概算购入的生产准备工具及器具等的实际成本，应设置“工程物资”科目，该科目应设置“专用材料”“专用设备”“工器具”等明细科目，对其具体内容进行详细反映。

1. 购置固定资产的核算

（1）购入不需要安装的固定资产。购入不需要安装的固定资产，按实际支付的全部价款加上包装费、运杂费等支出，借记“固定资产”科目，贷记“银行存款”等科目。

（2）购入需要安装的固定资产。购入需要安装的固定资产，按实际支付的价款（包括买价、支付的税金、包装费、运输费等），借记“在建工程”科目，贷记“银行存款”科目；发生的安装费用、专业人员服务费等，借记“在建工程”科目，贷记“银行存款”等科目；安装完毕经过验收达到可使用状态时，按其实际成本，借记“固定资产”科目，贷记“在建工程”

科目。

【例3－18】某保险公司购入一台需要简易安装的设备，取得的增值税专用发票上注明的设备买价为25 000元，增值税额为4 250元，支付的运输费为500元，安装设备时，领用前已购置入账的工程物资800元，购进该批材料时支付的增值税额为136元，支付工资2 000元。有关会计处理如下：

（1）支付设备价款、税金、运输费：

借：在建工程——在安装设备	29 750	
贷：银行存款		29 750

（2）领用安装材料，支付工资等费用：

借：在建工程——在安装设备	2 936	
贷：工程物资		800
应交税费——应交增值税（进项税额转出）		136
应付职工薪酬		2 000

（3）设备安装完毕交付使用，确定固定资产的价值：

29 750＋2 936＝32 686（元）

借：固定资产	32 686	
贷：在建工程——在安装设备		32 686

有时，还会用一笔款项购置几项没有单独标价的固定资产，应采用适当的方法进行分摊。

2. 自行建造固定资产的核算

自行建造固定资产，是保险公司为了新建、改建、扩建固定资产或对固定资产进行技术改造、设备更新而由保险公司自行建造的固定资产。自行建造的固定资产按实施方式的不同可以分为自营工程和出包工程两种。

（1）自营工程的核算。自营的基建工程，在领用工程用材料物资时，应按实际成本，借记“在建工程”科目（建筑工程或安装工程——××工程），贷记“工程物资”科目。

（2）出包工程的核算。保险公司采用出包方式进行的自建固定资产工程，其工程的具体支出在承包单位核算，在这种方式下，“在建工程”科目实际成为保险公司与承包单位的结算科目，保险公司将与承包单位结算的工程价款作为工程成本，通过“在建工程”科目核算。保险公司发包的基建工程，应按合同规定向承包企业预付工程款、备料款时，按实际支付的价款，借记

“在建工程”科目（建筑工程或安装工程——××工程），贷记“银行存款”科目；以拨付给承包企业的材料抵作预付备料款的，应按工程物资的实际成本，借记“在建工程”科目（建筑工程或安装工程——××工程），贷记“工程物资”科目；将需要安装设备交付承包企业进行安装时，应按设备的成本，借记“在建工程”科目（在安装设备），贷记“工程物资”科目；与承包单位办理工程价款结算时，补付的工程款，借记“在建工程”科目（建筑工程或安装工程——××工程），贷记“银行存款”“应付账款”等科目。

（五）固定资产折旧的核算

固定资产折旧，是指在固定资产使用寿命内，按照确定的方法对应计折旧额进行系统分摊。应计折旧额，是指应当计提折旧的固定资产的原价扣除其预计净残值后的金额。已计提减值准备的固定资产，还应当扣除已计提的固定资产减值准备累计金额。预计净残值，是指假定固定资产预计使用寿命已满并处于使用寿命终了时的预期状态，保险公司从该项资产处置中获得的扣除预计处置费用后的金额。

在我国，按照 CAS4 号固定资产准则的规定，除以下情况外，保险公司应对所有固定资产计提折旧：（1）已提足折旧仍继续使用的固定资产；（2）按规定单独估价作为固定资产入账的土地。

对已达到预定可使用状态的固定资产，如果尚未办理竣工决算的，应按估计值暂估入账，并计提折旧；待办理了竣工决算手续后，再按照实际成本调整原来的暂估价值，同时调整原已计提的折旧额，当期计提的折旧额，对原折旧额的调整，均作为当期的成本、费用处理。

保险公司不得不提或少提折旧。保险公司一般应当按月提取折旧，当月增加的固定资产，当月不提折旧，从下月起计提折旧；当月减少的固定资产，当月照提折旧，从下月起停止计提折旧。固定资产提足折旧后，不论是否继续使用，均不再提取折旧；提前报废的固定资产，也不计提折旧。

我国 CAS4 号固定资产准则规定，保险公司应当根据与固定资产有关的经济利益的预期实现方式，合理选择固定资产折旧方法。可选用的折旧方法包括年限平均法、双倍余额递减和年数总和法等。固定资产的折旧方法一经确定，不得随意变更。

1. 平均年限法

平均年限法也称直线法，是将一项固定资产的应计成本在其预计年限内平均分摊的方法。计算公式如下：

固定资产年折旧额 =（固定资产原始价值 - 预计净残值）÷ 固定资产预计折旧年限

固定资产月折旧额 = 固定资产年折旧额 ÷ 12

2. 双倍余额递减法

双倍余额递减法，又称加倍递减余额法，这种方法的折旧率是按净残值为零时直线折旧率的两倍计算的，当每期计提折旧时，使用该折旧率乘以固定资产的折余价值（净值）。

3. 年数总和法

年数总和法又称折旧年限积数法或级数递减法，它是用一个递减的分数乘以某项固定资产的原始价值减去预计净残值后的净额计算折旧的一种方法。

二、无形资产核算

（一）无形资产的概念和特征

根据 CAS6 号无形资产准则的规定，无形资产是指保险公司拥有或者控制的没有实物形态的可辨认非货币性资产。

无形资产的这一概念明确了其内涵规定与外延边界，也相应衍生了无形资产不同于其他资产项目的专属特征。为了更加准确地认识和理解无形资产的内涵与外延，现具体分析无形资产的基本特征如下：

（1）无形资产没有实物形态；

（2）无形资产属于非货币性长期资产；

（3）无形资产是为自用而非出售的资产；

（4）无形资产的获利性具有不确定性；

（5）无形资产具有可辨认性。

当然，在认识上述特征的基础上，还需要特别强调，CAS6 号无形资产准则明确从无形资产准则范畴中排除了合并中产生的商誉、石油天然气矿区的权益、作为投资性房地产的土地使用权等三类资产，这三类资产不适用无形资产准则，按照其他相关准则处理。不仅如此，为了谨慎起见，CAS6 号无形资产准则规定，对自行创造的商誉、内部产生的品牌、报刊名称等，不论其是否富有市场价值，均不作为无形资产进行会计确认。

无形资产按其具体形式划分，主要有以下几类：（1）专利权；（2）商标权；(3) 专有技术；(4) 知识产权；(5) 土地使用权；(6) 专营权。

(二) 无形资产的确认条件

无形资产的确认是指将符合无形资产确认条件的项目，作为保险公司的无形资产加以记录并将其列入保险公司资产负债表的过程。根据CAS6号无形资产准则规定，无形资产在满足以下两个条件时，保险公司才能加以确认：一是与该无形资产有关的经济利益很可能流入；二是该无形资产的成本能够可靠地计量。因此，在把握无形资产的确认问题时，我们需要首先分析其是否符合无形资产的定义，其次掌握其是否符合经济效益流入和成本可靠计量的两项条件：

(三) 无形资产的计量

保险公司拥有的无形资产应当按照成本计量模式进行初始计量。在通常情况下，当某项具备无形资产特性的资产项目，其所产生的经济利益很可能流入保险公司，并且其资产成本能够可靠地计量时，就被确认为无形资产。这种确认，应该遵循历史成本原则，按照取得无形资产时所发生的实际成本入账。

无形资产后续计量主要是围绕无形资产摊销和无形资产减值而产生的相关问题：

1. 无形资产摊销

(1) 摊销期限。无形资产是保险公司的一种长期资产，通常存在着一定的有效期限，随着使用期限的终结，其所具有价值的权利或特权总会终结或消失。无形资产摊销主要涉及无形资产成本、摊销开始月份、摊销方法、摊销年限、残值等因素。无形资产成本即为入账价值，无形资产的成本应自取得当月起在预计使用寿命内分期摊销。也就是说，无形资产摊销的开始月份为取得当月，摊销年限为无形资产的预计使用寿命。

(2) 摊销方法。保险公司选择的无形资产摊销方法，应当反映与该项无形资产有关的经济利益的预期实现方式。无法可靠确定预期实现方式的，应当采用直线法摊销。而对于使用寿命不确定的无形资产，不应摊销。

此外，无形资产的摊销金额一般应当计入当期损益。

(3) 残值处理。使用寿命有限的无形资产的残值应当为零。但是如果出现以下情况，则应当考虑无形资产残值不为零的情况：一是有第三方承诺在无形资产使用寿命结束时购买该无形资产；二是可以根据活跃市场得到预计残值信息，并且该市场在无形资产使用寿命结束时很可能存在。

(4) 摊销的复核。保险公司至少应当于每年年度终了，对使用寿命有限的无形资产的使用寿命及摊销方法进行复核。无形资产的使用寿命及摊销方法与以前估计不同的，应当改变摊销期限和摊销方法。

2. 无形资产减值

与固定资产一样，无形资产也存在减值的问题。因此，保险公司应对无形资产的账面价值进行定期检查。根据 CAS8 号资产减值准则的相关规定，保险公司至少应于每年年末对无形资产的账面价值进行检查。如果无形资产可收回金额低于其账面价值，说明无形资产发生了减值，应计提无形资产的减值准备。

(1) 检查账面价值。保险公司应在资产负债表日对无形资产的账面价值进行检查，至少于每年年末检查一次。在检查时，如果发现以下情况，则应对无形资产的可收回金额进行估计，并将该无形资产的账面价值超过可收回金额的部分确认为减值准备：该无形资产已被其他新技术等所替代，使其为保险公司创造经济利益的能力受到重大不利影响；该无形资产的市价在当期大幅下跌，并在剩余摊销年限内可能不会回升；其他足以表明该无形资产的账面价值已超过可收回金额的情形。

(2) 确定可收回金额。无形资产的可收回金额指以下两项金额中的较大者：无形资产的公允价值，即该无形资产的销售价格减去因出售该无形资产所发生的律师费和其他相关税费后的余额；预期从无形资产的持续使用和使用年限结束时的处置中产生的预计未来现金流量的现值。

(3) 计提减值准备。如果由于技术进步或其他经济原因等导致无形资产可收回金额低于其账面价值，保险公司就应将可收回金额低于无形资产账面价值的差额作为无形资产价值的减值准备，并将其差额计入当期资产减值损失。此外，对于已经计提减值准备的无形资产，在摊销中还要扣除减值准备累计金额，以此在剩余使用寿命中分摊。

必须强调指出，对于已确认减值的无形资产，在其后的会计期间，不论是否存在相应的证据表明其减值又得以恢复，一律不得将前期已经计提的减值准备予以冲回。

（四）无形资产的处置和报废

无形资产的处置包括了出售、出租、转销等项目。

1. 无形资产出售

保险公司外购或自创的无形资产，在持有自用一段时间后，可能将无形资产出售，即保险公司放弃其所有权。保险公司出售无形资产时，应将所得价款与该无形资产的账面价值之间的差额计入当期损益，通过“营业外收入”或者“营业外支出”进行核算。由于出售无形资产所得不符合 CAS14 号收入准则中的关于收入的定义，因此，出售无形资产所得应以其相关净额核算和反映。

2. 无形资产出租

无形资产出租是指保险公司将所拥有的无形资产的使用权让渡给他人，并收取租金。根据收入准则的规定，这类交易属于保险公司让渡资产使用权，因而相关所得应作为收入核算。为确保收入与费用相配比，在确认租金收入的同时，还应确认相关费用。无形资产的出租收入应在符合以下条件时予以确认：与出租交易相关的经济利益能够流入；租金收入的金额能够可靠地计量。对无形资产租金收入应按合同或协议规定计算确定。

3. 无形资产转销

对于无形资产转销，CAS6 号无形资产准则规定，如果无形资产预期不能为保险公司带来经济利益，从而不再符合无形资产的定义，则应将其转销。保险公司在判断无形资产是否预期不能为企业带来经济利益时，应根据以下迹象加以判断：一是该无形资产是否已被其他新技术等所替代，且已不能为企业带来经济利益；二是该无形资产是否不再受法律的保护，且不能给企业带来经济利益。

（五）无形资产核算的实例

为了适应保险公司对其所拥有或控制的无形资产管理与核算的要求，保险公司需要设置相应的会计科目。通常，保险公司可以设置“无形资产”和配套的“累计摊销”“无形资产减值准备”会计科目。

【例 3 – 19】某保险公司 2 × 19 年 1 月 1 日向东方宏源公司购入一项专利权，买价为 300 000 元，支付的注册登记费等费用为 10 000 元，该专利权的法定使用年限还剩 4 年。若保险公司用了 2 年后于 2 × 21 年 1 月 1 日将该专利权的所有权转让给丙公司，取得转让收入为 180 000 元，应交营业税 9 000 元，则保险公司应编制如下会计分录：

（1）2 × 19 年 1 月 1 日取得专利权时：

借：无形资产——专利权　　310 000

　　贷：银行存款　　310 000

（2）2×19 年末摊销时：

借：管理费用——无形资产摊销　　77 500

　　贷：无形资产——专利权　　77 500

（3）2×20 年末摊销同 2×19 年：

（4）2×21 年 1 月 1 日转让取得转让收入时：

借：银行存款　　180 000

　　贷：无形资产　　155 000

　　　　应交税费——应交营业税　　9 000

　　　　营业外收入　　16 000

三、投资性房地产核算

根据 CAS3 号投资性房地产准则的规定，投资性房地产，是指为赚取租金或资本增值，或两者兼有而持有的房地产，投资性房地产应当能够单独计量和出售。投资性房地产主要包括：已出租的建筑物、已出租的土地使用权、持有并准备增值后转让的土地使用权。

（一）投资性房地产的确认条件

根据 CAS3 号投资性房地产准则的规定，投资性房地产同时满足下列条件的，才能予以确认：（1）与该投资性房地产有关的经济利益很可能流入；（2）该投资性房地产的成本能够可靠地计量。

这两个条件是成为企业资产具备的基本特征，只有既符合投资性房地产的定义又同时具备这两个条件的，才能确认为投资性房地产。

（二）投资性房地产初始成本的计量

投资性房地产应当按照成本进行初始计量。投资性房地产的取得方式不同，其初始成本的计量也各不相同。

（1）保险公司外购的投资性房地产应当以购买价款、相关税费和可直接归属于该资产的其他支出入账；

（2）自行建造投资性房地产的成本，由建造该项资产达到预定可使用状态前所发生的必要支出构成；

（3）以其他方式取得的投资性房地产的成本，按照相关会计准则的规定确定。

（三）投资性房地产的后续计量

为了核算投资性房地产的价值，包括采用成本模式计量的投资性房地产和采用公允价值模式计量的投资性房地产，保险公司应设置“投资性房地产”科目。该科目属于资产类科目。当采用成本模式计量时，该科目借方登记取得的投资性房地产的成本；贷方登记处置时转出的投资性房地产的成本。当采用公允价值计量模式时，该科目借方登记取得的投资性房地产的成本和拥有投资性房地产期间公允价值变动收益；贷方登记拥有投资性房地产期间公允价值变动损失以及处置时转出的投资性房地产的价值。该账户的期末余额在借方，反映保险公司拥有的投资性房地产的价值。当投资性房地产采用成本模式计量时，保险公司应当按照投资性房地产类别和项目进行明细核算；投资性房地产采用公允价值模式计量的，保险公司应当按照投资性房地产类别和项目并分别“成本”和“公允价值变动”进行明细核算。

1. 采用成本模式核算投资性房地产

保险公司通常应当采用成本模式对投资性房地产进行后续计量，也可采用公允价值模式对投资性房地产进行后续计量。但是，保险公司应当采用一种模式对投资性房地产进行后续计量，不得同时采用两种计量模式。保险公司对投资性房地产的计量模式一经确定，不得随意变更。成本模式转为公允价值模式的，应当作为会计政策变更，按照 CAS28 号会计政策、会计估计变更和差错更正准则处理。已采用公允价值模式计量的投资性房地产，不得从公允价值模式转为成本模式。

在成本模式下，应当按照 CAS4 号固定资产准则和 CAS6 号无形资产准则的规定，对已出租的建筑物和土地使用权进行计量，计提折旧或摊销；如果存在减值迹象的，应当按照 CAS8 号资产减值准则的规定进行处理。具体来说，当取得投资性房地产时，按取得时的成本借记“投资性房地产”科目，贷记“银行存款”等科目；投资性房地产中建筑物的折旧政策与固定资产一致，在计提折旧时，借记“其他业务成本”等科目，贷记“累计折旧”科目；对于投资性房地产中的土地使用权，其摊销政策与无形资产一致，在摊销时，借记“其他业务成本”等科目，贷记“累计摊销”科目；在计提投资性房地产的减值准备时，借记“资产减值损失——计提的投资性房地产减值准备”科目，贷记“投资性房地产减值准备”科目。

现举例说明投资性房地产采用成本模式的核算方法：

【例 3-20】 2×19 年 1 月 2 日，大宇保险公司购入一幢建筑物用于出租，取得时实际支付的价款为 1 500 000 元，已支付。假定该建筑物的预计净残值率为 4%，预计使用年限为 50 年，采用平均年限法计提折旧。

（1）购入建筑物时，作如下会计分录：

借：投资性房地产——××建筑物　　1 500 000

　　贷：银行存款　　1 500 000

（2）2×19 年 2 月底应计提折旧 2 400 元〔1 500 000×(1-4%)÷50÷12〕，作如下会计分录：

借：其他业务成本　　2 400

　　贷：累计折旧　　2 400

2. 采用公允价值模式核算投资性房地产

根据 CAS3 号投资性房地产准则的规定，当存在确凿证据表明投资性房地产的公允价值能够持续可靠取得时，可以采用公允价值计量模式。

采用公允价值模式计量的投资性房地产，应当同时满足下列条件：

（1）投资性房地产所在地有活跃的房地产交易市场；

（2）能够从活跃的房地产交易市场上取得同类或类似房地产的市场价格及其他相关信息，从而对投资性房地产的公允价值作出科学合理的估计。

用公允价值模式计量的，不对投资性房地产计提折旧或进行摊销，应当以资产负债表日投资性房地产的公允价值为基础调整其账面价值，公允价值与原账面价值之间的差额计入当期损益。

采用公允价值模式计量的投资性房地产的主要账务处理如下：

（1）保险公司外购、自行建造等取得的投资性房地产，应按投资性房地产准则确定的成本，借记“投资性房地产（成本）”，贷记“银行存款”“在建工程”等科目。

（2）将自用土地使用权或建筑物转换为采用公允价值模式计量的投资性房地产，按该项土地使用权或建筑物在转换日的账面价值，借记“投资性房地产（成本）”，按已计提的累计摊销或累计折旧，借记“累计摊销”“累计折旧”科目，已计提减值准备的，借记“无形资产减值准备”“固定资产减值准备”科目，按其账面余额，贷记“无形资产”“固定资产”科目。同时，按该项土地使用权或建筑物在转换日的公允价值与其账面价值的差额，借记

“投资性房地产（公允价值变动）”科目，贷记“资本公积——其他资本公积”科目，或借记“公允价值变动损益”科目，贷记“投资性房地产（公允价值变动）”科目。

（3）投资性房地产进行改良或装修时，应按该项投资性房地产的账面余额，借记“在建工程”科目，按该项投资性房地产的成本，贷记“投资性房地产（成本）”科目，按该项投资性房地产的公允价值变动，贷记或借记“投资性房地产（公允价值变动）”科目。

（4）资产负债表日，投资性房地产的公允价值高于其账面余额的差额，借记“投资性房地产（公允价值变动）”科目，贷记“公允价值变动损益”科目；公允价值低于其账面余额的差额，作相反的会计分录。

（5）将采用公允价值模式计量的投资性房地产转为自用时，应按该项投资性房地产在转换日的公允价值，借记“固定资产”“无形资产”科目，按该项投资性房地产的成本，贷记“投资性房地产（成本）”科目，按该项投资性房地产的公允价值变动，贷记或借记“投资性房地产（公允价值变动）”科目，按其差额，贷记或借记“公允价值变动损益”科目。

（6）处置投资性房地产时，应按实际收到的金额，借记“银行存款”等科目，按该项投资性房地产的成本，贷记“投资性房地产（成本）”科目，按该项投资性房地产的公允价值变动，贷记或借记“投资性房地产（公允价值变动）”科目，按其差额，贷记或借记“投资收益”科目。同时，按该项投资性房地产的公允价值变动，借记或贷记“公允价值变动损益”“资本公积——其他资本公积”科目，贷记或借记“投资收益”科目。

【例 3－21】 2×20 年 1 月 2 日，某保险公司将一自用建筑物转为投资性房地产，并打算采用公允价值的计量模式。该建筑物的原值为 2 200 000 元，累计计提折旧余额为 200 000 元，已计提减值准备 50 000 元，在转换日公允价值为 2 500 000 元。

根据以上资料编制会计分录如下：

（1）根据转换日该建筑物的账面价值作会计分录如下：

借：投资性房地产——××建筑物（成本）	1 550 000	
累计折旧	200 000	
固定资产减值准备	50 000	
贷：固定资产		2 200 000

（2）同时，按该项房产在转换日的公允价值与其账面价值的差额，作会计分录如下：

借：投资性房地产——××建筑物（公允价值变动） 950 000

　　贷：资本公积——其他资本公积 950 000

第四章 保险公司负债要素核算

本章精要

从某种意义上看，保险公司其实就是一个高度经营负债的特种企业，通常拥有比一般企业高得多的负债。当然，关于保险公司最具行业特点，也直接关系到投保人利益与保险公司偿付能力的准备金负债，需要结合后面将要专门阐述的保险业务展开，本章主要探讨常规的负债项目。

首先是流动负债的确认与计量。掌握流动负债一般根据其不确定性程度大小的分类。在金额可确定的流动负债中，对短期借款、拆入资金、交易性金融负债等，需要分别认知其常见内容、基本特征、处理要求。对金额视经营情况而定的流动负债，需要掌握与一般企业此类负债的异同，如应付股利、应交税费、应交营业税、应交城市维护建设税、应交房产税、土地使用税、车船税和印花税、应交个人所得税。在职工薪酬中，要特别关注其全新的经济内涵与外延，尤其需要关注与传统管理制度的根本性变化，还必须关注非货币性福利、辞退福利和股份支付的账务处理。

在非流动负债的确认与计量方面，要掌握非流动负债的定义及特点，主要包括长期借款、应付债券、长期应付款等。非流动负债是金融企业筹集与融通资金的一种重要方式。对非流动负债，如长期借款、预计负债、递延所得税负债也要一一进行透彻的解读。

第一节 流动负债的核算

一、流动负债的分类和计价

（一）流动负债的分类

保险公司的流动负债，一般根据其不确定性程度的大小划分为两类：

（1）应付金额确定的流动负债。这类流动负债一般在确认一项义务的同时，根据合同、契约或法律的规定具有确切的金额、债权人和付款日，到期必须偿还。如短期借款、预收账款等，这类流动负债可以较为精确的计量。

（2）应付金额视经营情况而定的流动负债。这类流动负债需待保险公司在一定的经营期末，视该经营期的经营情况才能确定负债金额，在该经营期末结束前，负债金额不能用货币计量。如应交所得税、应付投资者的利润等，必须到一定的会计期间终了计算出经营损益后才能确定应交多少所得税以及应分配给投资者的利润。

（二）流动负债的计价

为了保证会计信息的质量，应对负债进行正确计价。由于负债是保险公司现在承担但将来偿付的经济义务，从理论上说，应当考虑货币的时间价值，在其发生时按照未来应偿付金额的现值计价入账。但是，由于流动负债涉及的期间一般较短（通常少于1年），其到期价值与现值往往差别不大。

二、金额可确定的流动负债

（一）短期借款

1. 短期借款的定义

短期借款是指保险公司经过保监会批准向银行或其他金融机构等借入的期限在1年以下（含1年）的各种借款。短期借款一般是保险公司为维持正常的经营的资金需要而借入的或者为抵偿某项债务而借入的。短期借款的利息，应作为利息支出计入当期损益。

2. 短期借款的账务处理

为了核算和监督保险公司向银行或其他金融机构借入的期限在1年以内

（含1年）的各种借款，保险公司应设置“短期借款”科目。“短期借款”科目属于负债类科目，其贷方登记保险公司取得的各种短期借款，借方登记保险公司归还的各种短期借款，期末余额一般在贷方，表示保险公司尚未偿还的各种短期借款的本金。保险公司的短期借款应当按照不同的债权人分别设置明细账，并且按照借款种类进行明细核算。

保险公司在借入各种短期借款时，借记“银行存款”科目，贷记“短期借款”科目。

发生的短期借款利息，作为一项筹资费用，应计入利息支出，在会计核算上分别以下情况进行处理：

（1）如果保险公司的短期借款利息按月支付，或者利息是在借款到期归还本金时一并支付，且数额不大，可以在实际支付或收到银行的计息通知时，直接计入当期损益，借记“利息支出”科目，贷记“银行存款”科目。

（2）如果短期借款的利息是按季度或半年度支付的，或者利息是在借款到期时连同本金一并归还，并且数额较大的，应按月计提计入当期损益。计提时，借记“利息支出”科目，贷记“应付利息”科目；实际支付时，按已经计提的利息金额，借记“应付利息”科目，按实际支付的利息金额与已经计提的利息金额的差额（即尚未计提的部分），借记“利息支出”科目，按实际支付的利息金额，贷记“银行存款”科目。

短期借款到期，保险公司应及时归还。归还借款本金时，借记“短期借款”科目，贷记“银行存款”科目。

【例4－1】 欧亚保险股份有限公司因临时需要，于2×20年4月1日向其开户银行借入款项1 000 000元，年利率6%，期限3个月，利息到期一次支付，保险公司按月计提利息费用。该公司应编制如下会计分录：

（1）4月1日借入款项时：

借：银行存款	1 000 000	
贷：短期借款		1 000 000

（2）4、5、6月末分别计提当月利息费用时：

借：利息支出	5 000	
贷：应付利息		5 000

（3）7月1日还本付息时：

借：应付利息	15 000	

短期借款　　　　1 000 000

贷：银行存款　　　　1 015 000

（二）拆入资金

1. 拆入资金的定义和特征

拆入资金是指保险公司从境内外金融机构拆入的款项。其重要特征必须是从其他金融机构拆入的资金。

2. 拆入资金的账务处理

保险公司应设置“拆入资金”科目核算本保险公司从境内、境外金融机构拆入的款项。本科目可按拆入资金的金融机构进行明细核算。

保险公司应按实际收到的金额，借记“银行存款”等科目，贷记本科目；归还拆入资金作相反的会计分录。

资产负债表日，应按计算确定的拆入资金的利息费用，借记“利息支出”科目，贷记“应付利息”科目。

“拆入资金”科目期末贷方余额，反映保险公司尚未归还的拆入资金余额。

三、金额视经营情况而定的流动负债

（一）应交税费

保险公司在一定时期内取得的营业收入、实现的利润以及从事其他应税项目，都要按照规定向国家交纳各种税费。这些应交的税费在尚未交纳之前暂时留在保险公司，形成保险公司的一项负债。这些应交的税费包括保险公司按照税法等规定计算应交纳的各种税费，包括增值税、所得税、土地增值税、城市维护建设税、房产税、土地使用税、车船税、教育费附加，以及代扣代交的个人所得税等。这些税费大多数要视保险公司的经营状况才能确定。如应交的所得税，其金额必须要到保险公司会计期间终了，计算出保险公司利润总额（或亏损总额）之后才能确定；增值税等，其应交数也需待会计期间终了，计算出这一会计期间的销项税额、进项税额等后才能确定。

为了总括地核算和监督保险公司应交税费的计算和交纳情况，应设置“应交税费”科目进行核算，该科目的贷方登记保险公司应交纳的各种税费，借方登记保险公司已交纳的各种税费，期末贷方余额，表示保险公司尚未交纳的税费，期末借方余额，表示保险公司多交的税费。该科目按各种税费分别设置明细科目进行核算，但保险公司交纳的印花税、耕地占用税，因不存在与税务部门发生结算或清算的问题，因此，不需要通过“应交税费”科目核算。下面介绍几种主要税种的会计处理。

1. 应交增值税

应交增值税是应交税费的一个既重要、又复杂的项目，源自2016年营改增改革的实施。具体内容参见第五章有关损益项目中的税金及附加核算。

2. 应交所得税

保险公司所得税是国家对保险公司的经营所得和其他所得，依照有关所得税暂行条例及其细则的规定征收的一种税，这也是国家以社会管理者的身份参与保险公司经营成果分配的一种形式。当期应计入损益的所得税，作为一项费用，在净收益前扣除。为了核算保险公司应交纳的所得税，保险公司应在“应交税费”科目下设置“应交所得税”明细科目。

3. 应交城市维护建设税

为了核算保险公司应交纳的城市维护建设税，保险公司应在“应交税费”科目下设置“应交城市维护建设税”明细科目。保险公司按规定计算出应交纳的城市维护建设税，借记“税金及附加”等科目，贷记“应交税费——应交城市维护建设税”科目。交纳城市维护建设税时，借记“应交税费——应交城市维护建设税”科目，贷记“银行存款”科目。

4. 应交房产税、土地使用税、车船税和印花税

房产税是国家对在城市、县城、建制镇和工矿区征收的由产权所有人缴纳的一种税。房产税依照房产原值一次减除10%至30%后的余额计算交纳。没有房产原值作为依据的，由房产所在地税务机关参考同类房产核定。土地使用税是国家为了合理利用城镇土地，调节土地级差收入，提高土地使用效益，加强土地管理而开征的一种税。土地使用税以纳税人实际占用的土地面积为计税依据，依照规定税额计算征收。车船税由拥有并且使用车船的单位和个人交纳。车船税按照适用税额计算交纳。

为了核算保险公司应交纳的房产税、土地使用税、车船税，保险公司应在“应交税费”科目下分别设置“应交房产税”“应交土地使用税”“应交车船税”明细科目。保险公司按规定计算出应交的房产税、土地使用税、车船税，借记“业务及管理费”科目，贷记“应交税费——应交房产税、应交土地使用税、应交车船税”科目。实际上缴时，借记“应交税费——应交房产

税、应交土地使用税、应交车船税”科目，贷记“银行存款”科目。

印花税是对经济活动和经济交往中书立、使用、领受具有法律效力的凭证的单位和个人征收的一种税。保险公司交纳的印花税，是由纳税人根据规定自行计算应纳税额以购买并一次贴足印花税票的方法交纳的税款。即一般情况下，保险公司需要预先购买印花税票，待发生应税行为时，再根据凭证的性质和规定的比例税率或者按件计算应纳税额，将已购买的印花税票粘贴在应纳税凭证上，并在每枚税票的骑缝处盖戳注销或者划销，办理完税手续。保险公司交纳的印花税不需要通过“应交税费”科目核算，而是在购买印花税票时，直接借记“业务及管理费”，贷记“银行存款”科目。

5. 应交个人所得税

个人所得税是对个人（自然人）取得的各项应税所得征收的一种税。个人所得税按照规定的税率计算交纳。为了核算保险公司应代扣代交的个人所得税，保险公司应在“应交税费”科目下设置“应交个人所得税”明细科目。保险公司按规定计算应代扣代交的职工个人所得税，借记“应付职工薪酬”科目，贷记“应交税费——应交个人所得税”科目。实际交纳的个人所得税，借记“应交税费——应交个人所得税”科目，贷记“银行存款”科目。

（二）应付职工薪酬

1. 职工薪酬的内容

职工薪酬，是指保险公司为获得职工提供的服务而给予各种形式的报酬以及其他相关支出，包括职工在职期间和离职后提供给职工的全部货币性薪酬和非货币性福利。保险公司提供给职工配偶、子女或其他被赡养人的福利等，也属于职工薪酬。其中，职工是指与保险公司订立劳动合同的所有人员，含全职、兼职和临时职工；也包括虽未与保险公司订立正式劳动合同但由保险公司正式任命的人员，如董事会成员、监事会成员和内部审计委员会成员等。在保险公司的计划和控制下，虽未与保险公司订立正式劳动合同或未由其正式任命，但为保险公司提供与职工类似服务的人员，如劳务用工合同人员，也视同保险公司职工。具体来说，职工薪酬主要包括以下内容：

（1）职工工资、奖金、津贴和补贴；

（2）职工福利费；

（3）社会保险费；

（4）住房公积金；

（5）工会经费和职工教育经费；

（6）非货币性福利；

（7）辞退福利；

（8）股份支付。

2. 职工薪酬的主要账务处理

为了核算和监督职工薪酬发生和支付情况，保险公司应设置“应付职工薪酬”科目，并按照“工资”“职工福利”“社会保险费”“住房公积金”“工会经费”“职工教育经费”“解除职工劳动关系补偿”“股份支付”等应付职工薪酬项目进行明细核算。

保险公司按照有关规定向职工支付工资、奖金、津贴等，借记“应付职工薪酬”科目，贷记“银行存款”“现金”等科目；保险公司从应付职工薪酬中扣还的各种款项（代垫的家属药费、个人所得税等），借记“应付职工薪酬”科目，贷记“其他应收款”“应交税费——应交个人所得税”等科目；保险公司向职工支付职工福利费，借记“应付职工薪酬”科目，贷记“银行存款”“现金”等科目；保险公司支付工会经费和职工教育经费用于工会运作和职工培训，借记“应付职工薪酬”科目，贷记“银行存款”等科目；保险公司按照国家有关规定缴纳社会保险费和住房公积金，借记“应付职工薪酬”科目，贷记“银行存款”科目；保险公司因解除与职工的劳动关系向职工给予的补偿，借记“应付职工薪酬”科目，贷记“银行存款”“现金”等科目；保险公司支付租赁住房等资产供职工无偿使用所发生的租金，借记“应付职工薪酬”科目，贷记“银行存款”等科目；在行权日，保险公司以现金与职工结算股份支付，借记“应付职工薪酬”科目，贷记“银行存款”“现金”等科目。

对发生的职工薪酬保险公司应当根据职工提供服务的受益对象分别以下情况进行处理：保险业务人员的职工薪酬，借记“业务及管理费”科目，贷记“应付职工薪酬”科目；管理部门人员的职工薪酬，借记“业务及管理费”科目，贷记“应付职工薪酬”科目；应由在建工程、研发支出负担的职工薪酬，借记“在建工程”“研发支出”科目，贷记“应付职工薪酬”科目；因解除与职工的劳动关系给予的补偿，借记“业务及管理费”科目，贷记“应付职工薪酬”科目；无偿向职工提供住房等资产使用的，按应计提的折旧额，借记“业务及管理费”等科目，贷记“应付职工薪酬”科目，同时，借记“应付职工薪酬”科目，贷记“累计折旧”科目；租赁住房等资产供职工无偿使用的，每期应支付的租金，借记“业务及管理费”等科目，贷记“应付职工薪酬”科目；在等待期内每个资产负债表日，根据股份支付准则确定的金额，借记“业务及管理费”等科目，贷记“应付职工薪酬”科目；在可行权日之后，根据股份支付准则确定的金额，借记或贷记“公允价值变动损益”科目，贷记或借记“应付职工薪酬”科目。

（三）应付股利

应付股利是保险公司经股东大会或类似机构审议批准分配的现金股利或利润。为了核算应付给投资者的现金股利，保险公司应当设置“应付股利”科目。该科目的借方登记保险公司实际支付的现金股利或利润，贷方登记保险公司应支付的现金股利或利润，期末余额在贷方，反映保险公司尚未支付的现金股利或利润。保险公司按规定计算出应付投资者的现金股利或利润，借记“利润分配”科目，贷记“应付股利”科目。在实际支付现金股利或利润时，借记“应付股利”科目，贷记“现金”等科目。

第二节　非流动负债核算

一、一般性非流动负债

非流动负债是指流动负债以外的负债，主要包括长期借款、应付债券、长期应付款以及各种准备金等。这些非流动负债主要是保险公司在特定条件下，经过监管机构批准后筹集（融通）资金的一种重要方式。

非流动负债除具有负债的共同特征外，与流动负债相比，一般还具有债务金额大，偿还期限长，可以分期偿还等特点。保险公司必须充分考虑到举债经营的优点与不足，权衡利弊，进行合理的财务决策。一方面，要保证举债经营的投资利润率高于非流动负债的利率；另一方面，举债的程度应与保险公司的资本结构和偿债能力相适应。

我国保险公司的非流动负债主要包括向银行或其他金融机构借入的长期

借款、发行的公司债券即应付债券等。这些非流动负债按归还方式可分为一次性归还的非流动负债和分期归还的非流动负债；按使用的结果分为形成固定资产的非流动负债和形成流动资产的非流动负债。

二、递延所得税负债

保险公司除了金额巨大、核算复杂的各种保险准备金是一项长期负债外，通常不会大量发生常见的非流动负债，因此，本书将主要围绕可能发生的递延所得税负债来展开。

递延所得税负债指保险公司确认的应纳税暂时性差异产生的所得税负债。保险公司应设置递延所得税负债科目，该科目可按应纳税暂时性差异的项目进行明细核算。

资产负债表日，保险公司确认的递延所得税负债，借记“所得税费用——递延所得税费用”科目，贷记本科目。资产负债表日递延所得税负债的应有余额大于其账面余额的，应按其差额确认，借记“所得税费用——递延所得税费用”科目，贷记本科目；资产负债表日递延所得税负债的应有余额小于其账面余额的作相反的会计分录。

与直接计入所有者权益的交易或事项相关的递延所得税负债，借记“资本公积——其他资本公积”科目，贷记本科目。

企业合并中取得资产、负债的入账价值与其计税基础不同形成应纳税暂时性差异的，应于购买日确认递延所得税负债，同时调整商誉，借记“商誉”等科目，贷记本科目。

递延所得税负债科目期末贷方余额，反映保险公司已确认的递延所得税负债。

第五章 保险公司损益要素核算

本章精要

趋利避害是人的本能，止损增效是企业的追求。本章中，首先是保险公司收入的确认与计量。需要首先认知的是收入的定义与特征。在新准则的国际视角下，保险公司的收入是指保险公司在日常金融服务活动中形成的、会导致所有者权益增加的、与所有者投入资本无关的经济利益的总流入，如保险公司销售保单等，均属于保险公司为完成其经营目标所从事的经常性活动，由此产生的经济利益总流入构成收入。要关注收入确认的标杆，并对保险公司取得的保费收入、利息收入、手续费及佣金收入以及汇兑损益、公允价值变动损益和投资收益的账务处理，分别结合保险公司具体情况进行掌握，还要对其他业务收入、营业外收入的账务处理进行认知。

作为本章重点内容，要在会计准则理念下，对保险公司成本和费用进行科学、深刻的认识与分析，并深刻理解费用、成本、支出的关系。这些经营性成本费用自然形成会计核算最基础的内容与最厚重的热点支撑。在本章第二节将逐项进行阐述。

当然，本章最后一节将简要对保险公司利润形成进行阐述，从总体结构上理解和明确保险公司利润的经济内涵，也初步提出数量上表现为收入减去费用后的净额、直接计入当期利润的利得和损失等。不过，基于财务成果或绩效的极端重要性与复杂性，将在第九章对保险公司财务成果核算作进一步的阐述。

第一节　保险公司经营性收入核算

一、　收入的定义与特征

（一）收入的定义

收入是指保险公司在日常活动中形成的、会导致所有者权益增加的、与所有者投入资本无关的经济利益的总流入。其中“日常活动”是指保险公司为完成其经营目标所从事的经常性活动以及与之相关的活动。比如，保险公司签发保单等，均属于保险公司为完成其经营目标所从事的经常性活动，由此产生的经济利益的总流入构成收入。

保险公司处置固定资产、无形资产等活动，不是保险公司为完成其经营目标所从事的经常性活动，也不属于经常性活动相关的活动，由此产生的经济利益的总流入不构成收入，应当确认为营业外收入。

（二）收入的特征

收入的特征主要有以下几点：

（1）收入从保险公司的日常活动中产生，而不是从偶发的交易或事项中产生。

（2）收入可能表现为保险公司资产的增加；也可能表现为保险公司负债的减少；或者二者兼而有之。

（3）收入能导致保险公司所有者权益的增加。

（4）收入只包括本企业经济利益的流入，不包括为第三方或客户代收的款项。

二、收入的确认

保险公司对外提供服务或者提供特殊的保险产品而取得的收入，必须同时符合以下两个条件才能确认：

一是收入的金额能够可靠地计量。收入能否可靠地计量，是确认收入的基本前提，收入不能可靠计量，则无法确认收入。保险公司在销售保险商品时，售价通常已经确定。但销售过程中由于某种不确定因素，也可能出现售价变动的情况，则新的售价未确定前不应确认收入。

二是相关的经济利益很可能流入。经济利益是指直接或间接流入保险公司的现金或现金等价物，例如，在保险公司借出资金的交易中，经济利益的流入就是保险公司在收回本金的同时能按时收回利息，如果保险公司估计本息收回的可能性不大，就不能将其确认为利息收入。

三、收入的会计处理

由于保费收入是保险公司至关重要的收入来源，本书将结合保险业务在第二篇进行详细阐述，本节则主要阐述其他收入的处理。

（一）利息收入的账务处理

保险公司在依照监管机构的规定额度、规定范围对外发放贷款时，应采用实际利率法按资金占用时期计提利息确认为收入。

实际利率法，是指按照贷款的实际利率计算其摊余成本及各期利息收入的方法，利息收入的计算公式如下：

利息收入 = 摊余成本 × 实际利率

其中，贷款的摊余成本是指该贷款的初始确认金额经下列调整后的结果：

（1）扣除已偿还的本金。

（2）加上或者减去采用实际利率法将该初始确认金额与到期日金额之间的差额进行摊销形成的累计摊销额。

（3）扣除已发生的减值损失。

贷款的初始确认金额，应当按照公允价值计量，相关的交易费用应当计入初始确认金额。

实际利率，是指将贷款在预期存续期间或适用的更短时间内的未来现金流量折现为该贷款当前账面价值所使用的利率。

保险公司应设置“利息收入”科目核算保险公司确认的利息收入，包括发放的各类贷款、与其他金融机构之间发生资金往来业务、买入返售金融资产等实现的利息收入。本科目可按业务类别进行明细核算。资产负债表日，保险公司应按合同利率计算确定的应收未收利息，借记“应收利息”等科目，按摊余成本和实际利率计算确定的利息收入，贷记本科目，按其差额，借记或贷记“贷款——利息调整”等科目。

实际利率与合同利率差异较小的，也可以采用合同利率计算确定利息收入。

【例 5-1】 2×19 年 12 月 31 日，某保险公司发放给丁公司 3 年期、一次还本付息贷款，合同本金 2 000 万元，年复利率 5%，一次性按本金 2.75% 扣除手续费。

交易成本 =2 000×2.75% =55（万元）

贷款的初始确认金额 =2 000 -55 =1 945（万元）

设实际利率为 i，则：

$1\ 945 = 2\ 000 \times (1+5\%)^3/(1+i)^3$

解得：i =6%

发放贷款的会计分录如下：

借：贷款——本金　　2 000

　　贷：银行存款　　1 945

　　　　贷款——利息调整　　55

【例 5-2】 承【例 5-1】2×20～2×22 年的计息还贷的会计处理：

2×20 年 12 月 31 日：

借：贷款——应付利息（2 000×5%）　　100

　　　　——利息调整　　16

　　贷：利息收入（1 945×6%）　　116

2×21 年 12 月 31 日：

借：贷款——应付利息［(2 000 +100)×5%］　　105

　　　　——利息调整　　18.66

　　贷：利息收入［(1 945 +116)×6%］　　123.66

2×22 年 12 月 31 日：

借：贷款——应付利息［(2 000 +100 +105)×5%］　　110

　　　　——利息调整　　21

　　贷：利息收入［(1 945 +116 +123)×6%］　　131

还本付息时：

借：吸收存款　　2 315

　　贷：贷款——本金　　2 000

　　　　　　——应付利息　　315

（二）汇兑损益的账务处理

保险公司应设置“汇兑损益”科目核算保险公司发生的外币交易因汇率

变动而产生的汇兑损益。

采用统账制核算的，各外币货币性项目的外币期（月）末余额，应当按照期（月）末汇率折算为记账本位币金额。按照期（月）末汇率折算的记账本位币金额与原账面记账本位币金额之间的差额，如为汇兑收益，借记有关科目，贷记本科目；如为汇兑损失做相反的会计分录。

采用分账制核算的，期（月）末将所有以外币表示的“货币兑换”科目余额按期（月）末汇率折算为记账本位币金额，折算后的记账本位币金额与“货币兑换——记账本位币”科目余额进行比较，为贷方差额的，借记“货币兑换——记账本位币”科目，贷记“汇兑损益”科目；为借方差额的做相反的会计分录。

（三）公允价值变动损益的账务处理

保险公司应设置“公允价值变动损益”科目核算保险公司交易性金融资产、交易性金融负债，以及采用公允价值模式计量的投资性房地产、衍生工具、套期保值业务等公允价值变动形成的应计入当期损益的利得或损失。

指定为以公允价值计量且其变动计入当期损益的金融资产或金融负债公允价值变动形成的应计入当期损益的利得或损失，也在本科目核算。

保险公司开展套期保值业务的，有效套期关系中套期工具或被套期项目的公允价值变动，也可以单独设置“套期损益”科目核算。

“公允价值变动损益”科目可按交易性金融资产、交易性金融负债、投资性房地产等进行明细核算。

公允价值变动损益的主要账务处理：

（1）资产负债表日，保险公司应按交易性金融资产的公允价值高于其账面余额的差额，借记“交易性金融资产——公允价值变动”科目，贷记本科目；公允价值低于其账面余额的差额作相反的会计分录。

出售交易性金融资产时，应按实际收到的金额，借记“银行存款”等科目，按该金融资产的账面余额，贷记“交易性金融资产”科目，按其差额，借记或贷记“投资收益”科目。同时，将原计入该金融资产的公允价值变动转出，借记或贷记本科目，贷记或借记“投资收益”科目。

（2）资产负债表日，交易性金融负债的公允价值高于其账面余额的差额，借记本科目，贷记“交易性金融负债”等科目；公允价值低于其账面余额的差额作相反的会计分录。

处置交易性金融负债，应按该金融负债的账面余额，借记“交易性金融负债”科目，按实际支付的金额，贷记“银行存款”等科目，按其差额，贷记或借记“投资收益”科目。同时，按该金融负债的公允价值变动，贷记或借记本科目，借记或贷记“投资收益”科目。

（3）采用公允价值模式计量的投资性房地产、衍生工具、套期工具、被套期项目等形成的公允价值变动，按照“投资性房地产”“衍生工具”“套期工具”“被套期项目”等科目的相关规定进行处理。

【例 5-3】 某保险股份有限公司持有一项交易性金融资产的取得成本为2 000万元，资产负债表日的公允价值为1 800万元；一项交易性金融负债的取得成本为1 000万元，资产负债表日的公允价值为1 100万元。

会计分录如下：

借：公允价值变动损益	300	
贷：交易性金融资产		200
交易性金融负债		100

（四）投资收益的账务处理

保险公司应设置“投资收益”科目核算保险公司确认的投资收益或投资损失。本科目可按投资项目进行明细核算。

投资收益的主要账务处理：

（1）长期股权投资采用成本法核算的，保险公司应按被投资单位宣告发放的现金股利或利润中属于本保险公司的部分，借记“应收股利”科目，贷记本科目；属于被投资单位在取得本保险公司投资前实现净利润的分配额，应作为投资成本的收回，借记“应收股利”等科目，贷记“长期股权投资”科目。

长期股权投资采用权益法核算的，应根据被投资单位实现的净利润或经调整的净利润计算应享有的份额，借记“长期股权投资——损益调整”科目，贷记本科目。被投资单位发生净亏损的，比照“长期股权投资”科目的相关规定进行处理。

处置长期股权投资时，应按实际收到的金额，借记“银行存款”等科目，按其账面余额，贷记“长期股权投资”科目，按尚未领取的现金股利或利润，贷记“应收股利”科目，按其差额，贷记或借记本科目。已计提减值准备的，还应同时结转减值准备。

处置采用权益法核算的长期股权投资，除上述规定外，还应结转原记入资本公积的相关金额，借记或贷记“资本公积——其他资本公积”科目，贷记或借记本科目。

（2）保险公司持有交易性金融资产、持有至到期投资、可供出售金融资产期间取得的投资收益以及处置交易性金融资产、交易性金融负债、指定为以公允价值计量且其变动计入当期损益的金融资产或金融负债、持有至到期投资、可供出售金融资产实现的损益，按实际收到的款项借记“银行存款”等科目，按照账面余额贷记“交易性金融资产”“持有至到期投资”“可供出售金融资产”等科目，按照两者之间的差额借记或贷记本科目。

（五）其他业务收入的账务处理

保险公司应设置“其他业务收入”科目核算保险公司确认的除主营业务活动以外的其他经营活动实现的收入，包括出租固定资产、出租无形资产等实现的收入。保险公司经营受托管理业务收取的管理费收入，也通过本科目核算。

保险公司确认的其他业务收入，借记“银行存款”“其他应收款”等科目，贷记本科目等。

（六）营业外收入的账务处理

保险公司应设置“营业外收入”科目核算保险公司发生的各项营业外收入，主要包括非流动资产处置利得、非货币性资产交换利得、债务重组利得、政府补助、盘盈利得、捐赠利得等。本科目可按营业外收入项目进行明细核算。

保险公司确认处置非流动资产利得、非货币性资产交换利得、债务重组利得，按实际收到的款项借记“银行存款”等科目，按照账面余额贷记“固定资产清理”“无形资产”等科目，按照两者之间的差额借记或贷记本科目。

保险公司确认的政府补助利得，借记“银行存款”“递延收益”等科目，贷记本科目。

第二节　保险公司经营性支出核算

与上节关于保险公司经营性收入的核算相对应，由于保险公司的主要现金流出是对投保人和受益人的支出，包括赔款支出、给付支出等直接面向投保人或受益人的支出，也包括提取未到期责任准备金、提取寿险责任准备金、提取长期健康险责任准备金以及分保费用等，这三类支出自然是保险公司业务过程中的主要支出项目，对这些经营性支出项目，本书将结合保险公司的业务运行特点，在后面的保险公司主导业务核算进行阐述。本节将主要分别对各类保险公司普遍存在的手续费及佣金支出、利息支出、税金及附加、业务及管理费用等经营性支出进行阐述。

一、支出的一般管制原则

保险公司在经营过程中为了取得一定的收入，必然要发生各种各样的支出，哪些支出应形成本期的费用，即如何确认本期费用？费用只有在经济利益很可能流出从而导致保险公司资产减少或者负债增加，且经济利益的流出额能够可靠计量时才能予以确认。

（一）费用确认内容

（1）保险公司为销售金融产品、提供劳务等发生的可归属于产品、劳务成本等的费用，应当在确认金融产品收入、劳务收入的同时，将已销售金融产品、已提供劳务的成本等计入当期损益。

（2）保险公司发生的支出不产生经济利益的，或者即使能够产生经济利益但不符合或者不再符合资产确认条件的，应当在发生时确认为费用，计入当期损益。

（3）保险公司发生的交易或者事项导致其承担了一项负债而又不确认为一项资产的，应当在发生时确认为费用，计入当期损益；符合费用定义和费用确认条件的项目，应当列入利润表。

（二）费用确认标准

确认费用应考虑两个问题：一是费用与收入的关系；二是费用的归属期。具体而言，确认费用的标准有以下几种：

1. 按其与营业收入的直接联系确认费用

如果资产的减少与负债的增加与取得本期的营业收入有直接联系，就应确认为本期的销售费用；凡不是以取得营业收入为目的的各项耗费都不作费用处理，如罚没款支出等。

2. 采用一定分配方式确认费用

如果资产的减少或负债的增加与取得营业收入没有直接联系，但能够为若干个会计期间带来效益，则应采用一定的分配方式，分别确认为各期的销售费用。例如，管理部门使用的固定资产的成本，需要采用一定的折旧方法，分别确认为各期的折旧费用。

3. 在支出发生时立即确认为费用

如果资产的减少或负债的增加与取得营业收入没有直接联系，且只能为一个会计期间带来效益或受益期间难以合理估计，则应确认为当期的销售费用。例如，管理人员的工资，其支出的效益仅涉及一个会计期间，应直接确认为当期销售费用；又如，广告费支出，虽然可能在较长时期内受益，但很难合理估计其受益期间，因而也可以直接确认为当期的销售费用。对于一些虽然受益期限较长但数额较小的支出，按照重要性原则，也可以直接确认为当期的销售费用，如管理部门领用的办公用品等。

二、支出的重点项目

（一）手续费及佣金支出

1. 手续费及佣金支出的概念

对于寿险业务、财险业务和再保险业务来说，此项支出的管制要求是不同的。开展寿险业务中，可以提取手续费，也可能提取佣金支出；开展财险业务中，只可以提取手续费，而不能列支佣金；而再保险业务中，既不能提取手续费，也不能提取佣金。这是需要注意的。

手续费支出是指保险公司依据代办业务的险种，按照实收保费的一定比例向保险代理人支付的报酬。佣金支出是指寿险公司向专门推销寿险个人营销业务的个人代理人支付的酬金。

手续费支出和佣金支出是保险公司业务成本的一项重要内容。我国现行《保险公司财务制度》规定：保险公司可以根据实际业务经营情况确定某一险种、某一条款或不同形式代理人的手续费支付标准，但代理手续费支付总额最高不得突破交费期内实收保费的8%。佣金最高支付总额不得突破缴费期内实收保费的5%。已支付佣金的营销业务不得再支付代理手续费。

2. 手续费及佣金支出的会计处理

一般成本费用支出较均匀分布在保险期间，而手续费和佣金支出则发生在提供保险服务前。根据CAS25号原保险合同准则规定，保险人在取得原保险合同过程中发生的手续费、佣金，应当在发生时计入当期损益。

保险公司应该设置“手续费及佣金支出”科目。该科目用来核算保险企业按规定支付给代理保险业务的单位和个人及保险经纪人的劳务费用，属损益类科目。该科目应按险种设立明细账。借方记录保险公司发生的与其经营活动相关的手续费、佣金等，贷方记录期末将本科目余额结转“本年利润”科目的数字，该科目期末无余额。

如果确有必要，也可以设置与此对应的“应付手续费及佣金”科目。当手续费和佣金支付是依据实际收到的保费收入的比例计算的，对于应收未收到的保费，先计算应付手续费及佣金。设立“应付手续费及佣金”科目来核算，按往来单位和个人设明细账，通过该科目来核算应收保费所对应的那部分应付未付的手续费及佣金。

【例 5－4】某保险代理人，本月共收财产保险综合险保费 90 000 元，全部划到保险公司账户，保险公司按 5% 支付手续费 4 500 元，并开出转账支票付讫。

保险公司收到保费时：

借：银行存款　　　　90 000

　　贷：保费收入——财产综合险　　　　90 000

保险公司支付手续费时：

借：手续费及佣金支出——财产综合险　　　　4 500

　　贷：银行存款　　　　4 500

【例 5－5】某保险公司业务部门交来某保险代理人财产保险基本险业务保费日报表。保费收入 23 000 元，并随同交来银行转账支票 20 000 元，余额下月结清，手续费按 5% 计算，开出转账支票支付手续费 1 000 元。

保险公司收到保费时：

借：银行存款　　　　20 000

　　应收保费——财产基本险（××代理人）　　　　3 000

　　贷：保费收入——财产基本险　　　　23 000

保险公司支付和计提应付手续费时：

借：手续费及佣金支出——财产基本险　　　　1 150

　　贷：银行存款　　　　1 000

　　　　应付手续费及佣金——××代理人　　　　150

下月代理人交来保费时：

借：银行存款 3 000

　　贷：应收保费——财产基本险 3 000

下月保险公司支付应付手续费时：

借：应付手续费及佣金——××代理人 150

　　贷：银行存款 150

（二）利息支出

利息支出是指公司以负债形式筹集的各类资金按照国家规定的适用利率支付的利息。保险公司在发生巨灾时拆入资金、存入分保保证金以及向银行借款，都应支付利息。

为了核算和监督保险公司利息支出情况，应设置“利息支出”和“应付利息”科目。

“利息支出”科目核算保险公司为了保险业务由于拆借等而发生的利息支出。筹建期间发生长期借款利息和为建造固定资产而借入的长期借款在固定资产交付使用前发生的利息，不在本科目核算。本科目按借款单位设置明细账，期末结转到“本年利润”科目后无余额。

与此相对应，保险公司也可以设置“应付利息”科目。“应付利息”科目核算保险公司按约定应支付的利息。本科目可按债权人进行明细核算。期末贷方余额，反映保险公司应付未付的利息。

（三）税金及附加

对于保险公司而言，税金及附加是指保险公司基于其经营过程中依法缴纳的流转税及其附加。以前是营业税及其附加，从 2016 年 5 月 1 日开始实行金融业营改增之后，流转税从价内的营业税改成价外的增值税，但根据流转税计征附加税的办法依然有效。

1. 增值税的核算

增值税从其计税原理上而言就是金融服务环节的新增价值而征收的一种价外税。通常，在取得一般纳税人资格后，根据当期销项税额与进项税额之差来计算，即一般计税方法。部分特定项目可以选择简易计税方法来计算征收增值税，即可按照销售额和征收率计算应纳税额，同时不得抵扣进项税额。根据财政部 2016 年《增值税会计处理规定》对增值税会计核算进行了专门规范，公司应据此进行相应的财务处理。

同时，近年来，伴随着国家为确保经济运行在合理区间而实施更大规模的减税政策，深化增值税改革引起的税率也连续降低，制造业等行业原17%的税率，先降为16%，再降至13%；将交通运输业、建筑业等行业也从10%降至9%；而金融服务业则多数在6%档。这训减税是减轻企业负担、激发市场活力的重大举措，保险行业也必须严格执行各种落地的税率政策。

（1）会计科目及专栏设置。增值税一般纳税人应当在“应交税费”科目下设置“应交增值税”“未交增值税”“预交增值税”“待抵扣进项税额”“待认证进项税额”“待转销项税额”“增值税留抵税额”“简易计税”“转让金融商品应交增值税”等明细科目。并在“应交税费——应交增值税”明细账内设置“进项税额”“销项税额抵减”“已交税金”“转出未交增值税”“减免税款”“销项税额”“进项税额转出”“转出多交增值税”等专栏。

（2）账务处理。对保险公司业务活动所涉及的进项税额扣除、销项税额计征等具体规定，必须按照税务机构的针对性规定执行。从技会计核算的专业技术看，对取得资产或接受劳务等业务所取得的增值税进项税额，以及发生销售等业务所实现的销项税额，均需要按照税务部门相应的具体规定，进行各种项目征与不征、扣与不扣等口径问题的判断，并账务相应的财务处理。

【例5-6】华新保险股份有限公司2019年发生了如下一些有关增值税的业务，请分别进行财务处理。

1. 5月10日，华新保险股份有限公司购买工程物资，取得增值税专用发票，价税合计116万元，其中一半用于简易计税项目，一半用于一般计税项目。

借：应交税费——待认证进项税额	160 000	
工程物资	1 000 000	
贷：应付账款		1 160 000

2. 5月28日登录发票选择确认系统进行勾选（即进行了认证）。

借：应交税费——应交增值税（进项税额）	80 000	
工程物资	80 000	
贷：应交税费——待认证进项税额		160 000

3. 5月30日发生了如下业务：（1）销售符合规定的计税保险产品并开具发票，价税合计106万元；（2）当期买入返售金融资产利息收入53万元；（3）债券基金等金融商品转让差价50万元；（4）保本型资产管理产品收益

40万元，简易征收率为3%；（5）同日，公司就地预交2.5万元。

（1）对保险服务收入，保险产品销项税额＝实际收取的保费收入106/(1+6%)×6%＝6（万元）

借：银行存款 1 060 000

　贷：保费收入 1 000 000

　　应交税费——应交增值税（销项税额） 60 000

（2）对贷款服务收入，买入返售金融资产利息收入销项税额＝实际收取的保费收入53/(1+6%)×6%＝3（万元）

借：银行存款 530 000

　贷：投资收益（利息） 500 000

　　应交税费——转让金融商品应交增值税 30 000

（3）对金融商品转让收入，金融商品转让应交增值税额＝(卖出价4 370－买入价4 317)/(1+6%)×6%＝3（万元）

先按转让收益确认投资收益53万元，贷记"投资收益"，再按投资收益和适用的征收税率确定转让金融商品应交的增值税金额。

借：银行存款 530 000

　贷：投资收益 530 000

借：投资收益（转让） 30 000

　贷：应交税费——转让金融商品应交增值税 30 000

（4）保本型资产管理产品收益40万元，简易征收率为3%。

征税额＝40/（1＋3%）×3%＝11 650.49（元）

借：投资收益（保本收益） 11 650.49

　贷：应交税费——转让金融商品应交增值税 11 650.49

（5）对增值税预交款项。

借：应交税费——预交增值税 25 000

　贷：银行存款 25 000

4. 月末，将"应交税费——应交增值税"下各专栏的借贷相抵后的贷方余额转入"应交税费——未交增值税"（60 000＋30 000＋30 000－80 000）＝40 000，即40 000＋11 650.49＝51 650.49（元）。

借：应交税费——应交增值税（转出未交增值税） 51 650.49

　贷：应交税费——未交增值税 51 650.49

5. 月末，通常应将预交增值税转入"未交增值税"。

借：应交税费——预交增值税　　25 000

　　贷：应交税费——未交增值税　　25 000

6. 月末，"应交税费——未交增值税"借贷方相抵后余额为（51 650.49－25 000＝26 650.49），次月初，进行交纳。

借：应交税费——未交增值税　　26 650.49

　　贷：银行存款　　26 650.49

2. 附加税费的核算

对于保险公司而言，除了贪污缴纳增值税外，还需要以增值税为基础缴纳城市维护建设税、资源税、教育费附加、城市维持建设税、房产税、城镇土地使用税、车船税、印花税等多项相关税费。

这些税中，尽管其税收用途各不相同、征收税率有所区别，但都是以流转税额为基础来征收的。如：城市维持建设税、教育费附加分别是根据增值税额附加征收7%、3%等等。

通常，在会计核算中，也都列入当其成本，即"税金及附加"科目。当然，对于预计应交税金的，还应该通过"应交税费"科目核算，而对于印花税等不需要预计和则直接交款时核算。

（四）业务及管理费

业务及管理费是指保险公司业务经营及管理工作中发生的各项费用，主要是指除手续费、佣金支出、其他支出以外的各项费用。

1. 业务及管理费的具体构成项目

（1）业务宣传费，是指保险公司在从事业务宣传活动的过程中所发生的支出。业务宣传费实行比例控制方法，开业不满3年（含3年）的保险公司，按不超过当年营业收入的9%限度掌握使用；开业3年以上的保险公司，按不超过当年营业收入的6%掌握使用。

（2）业务招待费，是指保险公司为满足业务经营的合理需要而支付的业务交际费用，按不超过营业收入的3%掌握使用。

（3）防预费，是指保险公司为预防事故发生，经被保险人同意，对保险标的或被保险人采取安全防御措施或健康检查所发生的费用。财产险业务、意外伤害保险业务和短期健康保险业务按不超过当年自留保费收入（扣除分出保费）的1%控制使用，寿险业务和长期健康险业务按不超过当年自留保费的0.8%控制使用。

（4）电子设备运转费，是指为保证计算机正常运转所支付的费用，包括购买专用纸张、色带、微机软盘等费用。

（5）安全防卫费，是指保险公司为加强对基层营业网点的安全防范工作，购置枪支、弹药、警棍、报警器，安装营业网点的防护门窗及柜台栏杆、消防专用灭火器和水龙管的费用以及经财政部批准的特定费用。

（6）保险保障基金，是指根据《保险法》规定，由保险公司缴纳形成，按照集中管理、统筹使用的原则，在保险公司被撤销、被宣告破产等情形下，用于向保单持有人或者保单受让公司等提供救济的法定基金。保险公司必须按规定缴纳保险保障基金。

保险保障基金的缴纳办法是：

①财产保险、意外伤害保险和短期健康保险按照自留保费的1%缴纳；

②有保证利率的长期人寿保险和长期健康保险，按照自留保费的0.15%缴纳；

③无保证利率的长期人寿保险，按照自留保费的0.05%缴纳；

④保险公司其他保险业务的缴纳比例由中国保监会另行规定。

有下列情形之一的，可以暂停缴纳保险保障基金：

①财产保险公司、综合再保险公司和财产再保险公司的保险保障基金余额达到公司总资产6%的；

②人寿保险公司、健康保险公司和人寿再保险公司的保险保障基金余额达到公司总资产1%的。

保险公司的保险保障基金余额减少或者总资产增加，其保险保障基金余额占总资产比例不能满足前款要求的，应当自动恢复缴纳保险保障基金。

（7）企业财产保险费，是指保险公司向其他保险公司投保财产险而支付的保险费。

（8）邮电费，是指市内电话安装费和月租金、长途电话费、电报费、线路租用费、邮费等。

（9）劳动保护费，是指保险公司按照国家有关劳动保护的规定，用于职工的劳动保护方面的费用。

（10）外事费，是指按照国家有关规定支付的出国人员的有关费用以及接待外宾的费用等。

（11）印刷费，是指印刷有关业务凭证、账册、账表等的费用。

（12）公杂费，是指保险公司购买办公用品、清洁用具及订阅公用书报等的费用。

（13）职工工资，是指保险公司在职职工的工资、奖金、津贴和补贴。

（14）差旅费，其标准由保险公司参照当地政府规定的标准，结合保险公司的具体情况自行确定。

（15）水电费，是指保险公司发生的水电费及增容费开支等。

（16）租赁费，是指保险公司经营租赁营业用办公用房、车辆、电子设备等所支付的费用。

（17）修理费，是指保险公司发生的固定资产、低值易耗品修理费用。

（18）职工福利费，是指用于职工集体福利方面的开支。

（19）工会经费，按保险公司职工工资总额的2%计提，用于职工教育开支。

（20）税金，是指房产税、车船税、土地使用税和印花税。

（21）会议费，是指保险公司召开各种会议按规定列支的各项费用。

（22）诉讼费，是指因各种纠纷引起的起诉或应诉所发生的费用。

（23）公证费，是指在签订各种协议、合同时向公证机关支付的费用。

（24）席位费，是指办理证券交易、资金拆借等席位支付的费用。

（25）咨询费，是指聘请经济技术顾问、法律顾问、税务顾问等支付的费用。

（26）社会统筹保险费，是指保险公司按照国家规定缴纳的职工养老保险、医疗保险、失业保险等。

（27）劳动保险费，是指保险公司离退休职工的离退休金、价格补贴、医药费（含离退休人员参加医疗保险的医疗保险基金）、易地安家补助费、职工退职金、六个月以上病假人员的工资、职工死亡丧葬补助费、抚恤金，按规定支付给离休干部的各项经费以及实行社会统筹办法的保险公司按规定提取的职工退休、养老、医疗统筹基金。

（28）取暖费，是指保险公司按规定支付的取暖降温费用。

（29）审计费，是指保险公司聘请中国注册会计师进行查账验资以及进行资产评估等发生的各项费用。

（30）技术转让费，是指保险公司转让专有技术所发生的费用。

（31）研究开发费，是指保险公司研究开发新条款、新险种、非专利技术及其他专项研究开发工作所发生的费用。

（32）绿化费，是指保险公司内部绿化及植树所发生的费用。

（33）董事会费，是指保险公司的最高权力机构（如董事会）及其成员执行职能而发生的各项费用，包括差旅费、会议费等。

（34）车船使用费，是指保险公司机动车船所需的燃料、辅助油料、养路、车检等费用。

（35）住房公积金，是指经主管财政机关批准列支的保险公司职工住房补贴和按国家规定建立住房公积金制度的职工住房公积金中应由保险公司负担的部分。

2. 业务及管理费的会计核算

显而易见，上述业务及管理是十分繁杂的费用开支。为了核算和监督管理费用的发生和结转情况，保险公司应设置“业务及管理费”科目。它属于损益类科目。借方登记发生的各项管理费用；贷方登记期末转入“本年利润”科目的管理费用。结转后本科目应无余额。本科目应按业务及管理费用项目进行明细核算。

【例5－7】 乙财险股份有限公司11月份业务及管理费用发生的有关经济业务及编制的会计分录如下：

（1）以现金支付业务招待费650元；以银行存款支付水电费1 200元。会计分录为：

借：业务及管理费用	1 850	
贷：库存现金		650
银行存款		1 200

（2）本月计提管理部门的固定资产折旧费为8 000元。会计分录为：

借：业务及管理费用	8 000	
贷：累计折旧		8 000

（3）根据本月工资分配计算，行政管理人员的工资为16 000元，提取职工福利费2 240元。会计分录为：

借：业务及管理费用	18 240	
贷：应付职工薪酬——工资		16 000
——职工福利		2 240

（4）本月按规定计算确定应交车船税2 000元。会计分录为：

借：业务及管理费用　　2 000

　　贷：应交税费　　2 000

（5）本月应负担的短期借款的利息支出3 000元。会计分录为：

借：利息支出　　3 000

　　贷：应付利息　　3 000

（6）以银行存款支付金融机构手续费1 000元。会计分录为：

借：利息支出　　1 000

　　贷：银行存款　　1 000

（7）接银行通知，已转来银行存款利息5 679元。会计分录为：

借：银行存款　　5 679

　　贷：利息支出　　5 679

（五）资产减值损失

保险公司应设置“资产减值损失”科目核算保险公司计提各项资产减值准备所形成的损失。本科目可按资产减值损失的项目进行明细核算。

保险公司的应收款项、长期股权投资、持有至到期投资、固定资产、无形资产、贷款等资产发生减值的，按应减记的金额，借记本科目，贷记“坏账准备”“长期股权投资减值准备”“持有至到期投资减值准备”“固定资产减值准备”“无形资产减值准备”“贷款损失准备”等科目。

在建工程、工程物资、商誉、抵债资产、损余物资、采用成本模式计量的投资性房地产等资产发生减值的，应当设置相应的减值准备科目，比照上述规定进行处理。

保险公司计提坏账准备、持有至到期投资减值准备、贷款损失准备等，相关资产的价值又得以恢复的，应在原已计提的减值准备金额内，按恢复增加的金额，借记“坏账准备”“持有至到期投资减值准备”“贷款损失准备”等科目，贷记本科目。

（六）信用减值损失

保险公司应设置“信用减值损失”科目，专门核算保险公司依照金融工具准则要求对其所持有的金融工具减值准备所形成的预期信用损失。

2017版金融工具准则规定，根据“预期信用损失法”计提的各项金融工具减值准备所形成的预期信用损失。在预期信用损失法下，减值准备的计提不以减值的实际发生为前提，而是以未来可能的违约事件造成的损失的期望值来计量当前（资产负债表日）应当确认的减值准备，并从利润表中扣除，但却没有相应的现金流出随之发生。具体而言，预期信用损失的基本计算思路是以违约概率为权重的、金融工具现金流缺口（即合同现金流量与预期收到的现金流量之间的差额）的现值的加权平均值。

不同金融工具的预期信用损失有着不同的计算基础：对于金融资产，信用损失应为“企业依照合同应收取的合同现金流量”与“企业预期能收到的现金流量”两者差额的现值。对于购买或源生时未发生信用减值、但在后续资产负债表日已发生信用减值的金融资产，企业在计量其预期信用损失时，应当基于该金融资产的账面余额与按该金融资产原实际利率折现的预计未来现金流量的现值之间的差额。对于应收账款的预期信用损失。企业可参照历史信用损失经验，编制应收账款逾期天数与固定准备率对照表（如，若未逾期为1%；若逾期不到30日为2%；若逾期天数为30～90（不含）日，为3%；若逾期天数为90～180（不含）日，为20%等），以此为基础计算预期信用损失。

保险公司的应收保费、持有的金融工具项目发生信用减值的，按应减记的金额，借记本科目，贷记“相关减值准备”科目。

（七）营业外支出

保险公司应设置“营业外支出”科目核算保险公司发生的各项营业外支出，包括非流动资产处置损失、非货币性资产交换损失、债务重组损失、公益性捐赠支出、非常损失、盘亏损失等。本科目可按支出项目进行明细核算。

保险公司确认处置非流动资产损失、非货币性资产交换损失、债务重组损失，比照“固定资产清理”“无形资产”“应付账款”等科目的相关规定进行处理。

盘亏、毁损的资产发生的净损失，按管理权限报经批准后，借记本科目，贷记“待处理财产损溢”科目。

第三节 保险公司经营利润的核算

一、保险公司利润的组成

保险公司利润是保险公司在一定会计期间的经营成果。利润包括收入减去费用后的净额、直接计入当期利润的利得和损失等。利润金额取决于收入和费用、直接计入当期利润的利得和损失金额的计量。直接计入当期利润的利得和损失，是指应当计入当期损益、会导致所有者权益发生增减变动的、与所有者投入资本或者向所有者分配利润无关的利得或者损失。

根据我国新企业会计准则及其应用指南的规定，保险公司的利润通常由营业利润、利润总额、净利润三部分组成。

（一）营业利润

营业利润是指保险公司在一定会计期间内从事经营活动取得的利润，等于营业收入项目金额减去营业成本项目金额的结果。用公式表示如下：

营业利润＝营业收入－营业成本

其中，营业收入＝已赚保费－分出保费－提取保险责任准备金＋投资收益＋公允价值变动损益＋汇兑收益＋其他业务收入

营业成本＝退保金＋赔付支出－摊回赔付支出＋提取保险责任准备金－摊回保险责任准备金＋保单红利支出＋分保费用＋税金及附加＋手续费及佣金支出＋业务及管理费－摊回分保费用＋其他业务成本＋资产减值损失

在上述项目中，需要注意其内含与外延：

其中，资产减值损失是指计提各项资产减值准备所形成的损失，包括贷款、长期股权投资、持有至到期投资、固定资产、无形资产等资产发生的减值损失。

在建工程、工程物资、商誉、抵债资产、损余物资以及采用成本模式计量的投资性房地产等资产发生的减值，也属于资产减值损失。

公允价值变动损益是指交易性金融资产、交易性金融负债以及采用公允价值模式计量的投资性房地产、衍生工具、套期保值业务等公允价值变动形成的应计入当期损益的利得或损失。

投资收益是指保险公司对外投资所取得的收益，减去投资发生的损失。

（二）利润总额

利润总额是指保险公司在缴纳所得税费用之前实现的利润。它包括：营业利润、营业外收入、营业外支出。其计算公式如下：

利润总额 = 营业利润 + 营业外收入 − 营业外支出

1. 营业外收入

营业外收入是指与保险公司的经营活动没有直接关系的各项收入，包括非流动资产处置利得、非货币性资产交换利得、债务重组利得、政府补助、盘盈利得、捐赠利得等。

2. 营业外支出

营业外支出是指与保险公司的经营活动没有直接关系的各项支出，包括非流动资产处置损失、非货币性资产交换损失、债务重组损失、公益性捐赠支出、非常损失、盘亏损失等。

（三）净利润

净利润是指保险公司在一定的会计期间内实现的利润总额扣除所得税费用后的余额。其计算公式如下：

净利润 = 利润总额 − 所得税费用

所得税费用是指保险公司应计入当期损益的所得税费用。

二、利润形成的会计处理

（一）主要会计科目

保险公司在进行利润核算时，应该根据核算工作的需要分别设置如下几类会计科目：

第一类：对于构成保险公司营业收入的科目，主要包括："保费收入""分出保费""提取未到期责任准备金""投资收益""公允价值变动损益""汇兑损益"和"其他业务收入"等科目。

"保费收入"科目核算保险公司确认的保费收入，包括原保险合同收入与再保险合同的分保费收入，贷方登记本期发生的收入数额，借方登记本期转入"本年利润"科目的数额，结转后本科目应无余额。

"分出保费"科目核算再保险分出人向再保险接受人分出的保费，借方登记本期发生的分出保费，贷方登记本期转入"本年利润"科目的数额，结转后本科目应无余额。

"提取未到期责任准备金"科目核算保险公司提取的非寿险原保险合同未到期责任准备金和再保险合同分保未到期责任准备金。借方登记本期发生的提取数，贷方登记本期转入"本年利润"科目的数额，结转后本科目应无余额。

"投资收益"科目核算保险公司确认的投资收益或投资损失，贷方登记其本期实现的投资收入数额，如为投资损失则作相反方向分录，借方登记本期转入"本年利润"科目的数额，结转后本科目应无余额。

"公允价值变动损益"科目核算保险公司拥有的交易性金融资产、交易性金融负债以及采用公允价值模式计量的投资性房地产、衍生工具、套期保值业务等公允价值变动形成的应计入当期损益的利得或损失。贷方登记其本期较上期增加的金额，如为减少则作相反方向分录，借方登记本期转入"本年利润"科目的数额，结转后本科目应无余额。

"汇兑损益"科目核算保险公司发生的外币交易因汇率变动而产生的汇兑损益，为贷方差额的，贷记本科目，期末，应将本科目的余额转入"本年利润"科目，结转后本科目应无余额。

"其他业务收入"科目核算保险公司确认的除主营业务活动以外的其他经营活动实现的收入，包括出租固定资产、出租无形资产、出租包装物和商品、销售材料、用材料进行非货币性交换（非货币性资产交换具有商业实质且公允价值能够可靠计量）或债务重组等实现的收入。贷方记录已经确认的其他业务收入，期末应将本科目余额转入"本年利润"科目，结转后本科目应无余额。

第二类：对于构成保险公司营业支出的科目，主要包括："退保金""赔付支出""提取保险责任准备金""摊回保险责任准备金""保单红利支出""分保费用""税金及附加""手续费及佣金支出""业务及管理费""摊回分保费用""资产减值损失""信用减值损失""其他业务成本"等科目。

"退保金"科目核算保险公司发生的寿险原保险合同提前解除时按照约定应当退还投保人的保单现金价值，借方记录实际发生数，期末，应将本科目余额转入"本年利润"科目，结转后本科目无余额。

"赔付支出"科目核算保险公司支付的原保险合同赔付款项和再保险合同赔付款项。借方记录实际发生数，期末应将本科目余额转入"本年利润"科目，结转后本科目无余额。

“提取保险责任准备金”科目核算保险公司提取的原保险合同保险责任准备金，包括提取的未决赔款准备金、提取的寿险责任准备金、提取的长期健康险责任准备金。借方记录实际发生数，期末应将本科目余额转入“本年利润”科目，结转后本科目无余额。

“摊回保险责任准备金”科目核算再保险分出人从事再保险业务应向再保险接受人摊回的保险责任准备金，包括未决赔款准备金、寿险责任准备金、长期健康险责任准备金。借方记录实际发生数，期末应将本科目余额转入“本年利润”科目，结转后本科目无余额。

“保单红利支出”科目核算企业（保险）按原保险合同约定支付给投保人的红利。借方记录实际发生数，期末应将本科目余额转入“本年利润”科目，结转后本科目无余额。

“分保费用”科目核算再保险接受人向再保险分出人支付的分保费用。借方记录实际发生数，期末应将本科目余额转入“本年利润”科目，结转后本科目无余额。

“税金及附加”科目核算保险公司经营活动发生的营业税、消费税、城市维护建设税、资源税和教育费附加等相关税费，借方登记本期发生的税金及附加数额，贷方登记本期转入“本年利润”科目的数额，结转后本科目应无余额。

“手续费及佣金支出”科目核算保险公司发生的与其经营活动相关的各项手续费、佣金等支出，借方登记本期发生的手续费及佣金，贷方登记本期转入“本年利润”科目的数额，结转后本科目应无余额。

“业务及管理费”科目核算保险公司为组织和管理保险公司经营活动所发生的费用。借方登记本期发生的费用数额，贷方登记本期转入“本年利润”科目的数额，结转后本科目应无余额。

“摊回分保费用”科目核算再保险分出人向再保险接受人摊回的分保费用。借方登记实际发生数，期末应将本科目余额转入“本年利润”科目，结转后本科目无余额。

“资产减值损失”科目核算保险公司计提各项资产减值准备所形成的损失。借方记录发生减值的金额，计提减值准备后，相关资产价值又得以恢复的，应在原已计提的减值准备金额内，按恢复增加的金额，贷记本科目。期末应将本科目余额转入“本年利润”科目，结转后本科目无余额。

“信用减值损失”科目核算保险公司根据“预期信用损失法”计提的各项金融工具减值准备所形成的预期信用损失，即以未来可能的违约事件造成的损失的期望值来计量当前（资产负债表日）应当确认的减值准备。借方记录其计提的减值金额，贷方记录其转入“本年利润”科目的金额，结转后本科目应无余额。

“其他业务成本”核算企业确认的除主营业务活动以外的其他经营活动所发生的支出，包括销售材料的成本、出租固定资产的折旧额、出租无形资产的摊销额、出租包装物的成本或摊销额等。借方登记本期发生的各项其他业务成本，贷方登记保险公司本期转入“本年利润”科目的营业外支出数，结转后本科目应无余额。

第三类：还存在“营业外收入”“营业外支出”和“所得税费用”科目。

“营业外收入”科目保险公司发生的各项营业外收入，主要包括非流动资产处置利得、非货币性资产交换利得、债务重组利得、政府补助、盘盈利得、捐赠利得等。贷方登记本期所发生的营业外收入，借方登记保险公司本期转入“本年利润”科目的营业外收入数额，结转后本科目应无余额。

“营业外支出”科目核算保险公司发生的各项营业外支出，包括非流动资产处置损失、非货币性资产交换损失、债务重组损失、公益性捐赠支出、非常损失、盘亏损失等。借方登记本期发生的各项营业外支出，贷方登记保险公司本期转入“本年利润”科目的营业外支出数，结转后本科目应无余额。

“所得税费用”核算企业确认的应从当期利润总额中扣除的所得税费用。借方登记发生的按规定从当期损益中扣除的所得税，贷方登记期末结转“本年利润”科目的数额。结转后本科目无余额。

同时，保险公司在核算利润时，还需要设置“本年利润”科目。“本年利润”科目的贷方登记“利息收入”“手续费及佣金收入”“投资收益”“公允价值变动损益”“汇兑损益”“其他业务收入”“营业外收入”等科目的期末结转额，借方登记“利息支出”“手续费及佣金支出”“税金及附加”“业务及管理费”“资产减值损失”“其他业务支出成本”“营业外支出”“所得税费用”等科目的期末结转数额，结转后“本年利润”科目如为贷方余额即为本期净利润数，如为借方余额则为本期亏损数。

年度终了，应将本年实现的净利润转入利润分配科目，借记“本年利润”

科目，贷记“利润分配——未分配利润”科目；如为亏损，作相反的会计分录。结转后，“本年利润”科目应无余额。

（二）利润形成的账务处理

本期发生经济业务在账务处理之后，进行利润的核算。利润的形成有两种方法可以采用：账结法和表结法。

账结法，是指在每月月末将所有损益类科目的余额转入“本年利润”科目，结转后，各损益类科目月末均没有余额，“本年利润”科目反映年度内累计实现的净利润（或发生的净亏损）。采用账结法，账面上能够直接反映各月末累计实现的净利润（或发生的净亏损），但每月末结转本年利润的工作量较大。

表结法，是指各月月末不结转本年利润，而是通过编制利润表的过程计算出当月的净利润（或净亏损），在年末才将所有损益类科目的余额转入“本年利润”科目。采用表结法，各损益类科目的月末余额表示累计的收入或费用，“本年利润”科目在1~11月各月末不作任何记录，到12月末才结转本年利润。因此，各月末的累计净利润（或净亏损）不能在账面上直接得到反映，需要在编制利润表的过程中确定。采用表结法，由于平时不必结转本年利润，能够简化核算。

因此，采用账结法计算利润，每月都要使用“本年利润”科目；采用表结法计算利润，“本年利润”科目平时没有记录，只有年末才有记录。总之，无论保险公司采用哪种方法，年度终了时都必须将“本年利润”科目结平，转入“利润分配——未分配利润”科目，结转后，“本年利润”科目应无余额。

【例5-8】 某保险公司2×20年12月份结账前各损益类科目的余额如表5-1所示。

表5-1　　损益类科目余额表

2×20年12月31日　　金额：元

科目名称	借方余额	贷方余额
主营业务收入		1 800 000
主营业务成本	1 300 000	
其他业务收入		92 000
其他业务成本	50 000	
税金及附加	280 000	
手续费及佣金支出	160 000	

续表

科目名称	借方余额	贷方余额
业务及管理费用	200 000	
利息支出	15 0000	
资产减值损失	60 000	
信用减值损失	50 000	
公允价值变动损益		300 000
投资收益		720 000
营业外收入		40 000
营业外支出	30 000	
所得税费用	220 000	

根据表 5－1 的资料，采用账结法的会计处理如下：

借：主营业务收入	1 800 000	
其他业务收入	92 000	
公允价值变动损益	300 000	
投资收益	720 000	
营业外收入	40 000	
贷：本年利润		2 952 000
借：本年利润	2 500 000	
贷：主营业务成本		1 300 000
其他业务成本		50 000
税金及附加		280 000
手续费及佣金支出		160 000
业务及管理费用		200 000
利息支出		150 000
资产减值损失		60 000
信用减值损失		50 000
营业外支出		30 000
所得税费用		220 000

月末，各损益类科目的余额为零。该保险公司 2×20 年 12 月份实现的净利润为 45 200 元，即“本年利润”科目的贷方发生额 2 952 000 元减去“本年利润”科目的借方发生额 2 500 000 元的余额。

第四节 保险公司所得税会计

一、所得税会计的含义

所得税会计是针对会计与税收规定之间的差异，在所得税会计核算中的具体体现。我国 CAS18 号所得税准则要求所得税的核算采用资产负债表债务法，与国际会计准则趋同。

资产负债表债务法是从资产负债表出发，通过比较资产负债表上列示的资产、负债按照会计准则规定确定的账面价值与按照税法规定确定的计税基础，对于两者之间的差额分别应纳税暂时性差异与可抵扣暂时性差异，确认相关的递延所得税负债与递延所得税资产。

二、所得税会计的核算程序

在采用资产负债表债务法核算所得税的情况下，保险公司一般应于每一资产负债表日进行所得税的核算。发生特殊交易或事项时，如企业合并，在确认因交易或事项产生的资产、负债时即应确认相关的所得税影响。保险公司进行所得税核算一般应遵循以下程序：

（1）确定账面价值，即确定资产负债表中除递延所得税资产和递延所得税负债以外的其他资产和负债项目的账面价值。

（2）确定计税基础，即按照资产和负债计税基础的确定方法，以适用的税收法规为基础，确定资产负债表中有关资产、负债项目的计税基础。

（3）对资产、负债的账面价值与其计税基础进行比较。对于两者之间存在差异的，分析其性质，除特殊情况外，分别应纳税暂时性差异与可抵扣暂时性差异，确定该资产负债表日递延所得税负债和递延所得税资产的应有金额，并与期初递延所得税资产和递延所得税负债的余额相比，确定当期应予进一步确认的递延所得税资产和递延所得税负债金额或应予转销的金额。

（4）计算当期应交所得税，确认所得税费用及递延所得税费用。

三、计税基础及暂时性差异

（一）资产的计税基础

资产的计税基础，是指保险公司收回资产账面价值过程中，计算应纳税所得额时按照税法规定可以从应税经济利益中抵扣的金额，即某一项资产在未来期间计税时可以税前扣除的金额。

资产在初始确认时，其计税基础一般为取得成本。在资产持续持有的过程中，可在未来期间税前扣除的金额是指资产的取得成本减去以前期间按照税法规定已经税前扣除的金额后的余额。如固定资产、无形资产等长期资产在某一资产负债表日的计税基础是指其成本扣除按照税法规定已在以前期间税前扣除的累计折旧额或累计摊销额后的金额。

资产的账面价值大于其计税基础时，产生应纳税暂时性差异，即在确定未来收回资产或清偿负债期间的应纳税所得额时，将导致应税金额的暂时性差异。一项资产的账面价值代表的是保险公司在持续使用或最终出售该项资产时会取得的经济利益的总额，而计税基础代表的是一项资产在未来期间可予税前扣除的总金额。资产的账面价值大于其计税基础，该项资产未来期间产生的经济利益不能全部税前抵扣，两者之间的差额需要交税，产生应纳税暂时性差异。例如，一项无形资产账面价值为300万元，意味着保险公司从该项无形资产的持续使用及最终处置中可以获得300万元的经济利益流入，计税基础如果为200万元，意味着保险公司可以从未来流入经济利益中抵扣的金额为200万元，两者之间的差额会造成未来期间应纳税所得额和应交所得税的增加。相应的，在其产生当期，应确认与其相关的递延所得税负债。

资产的账面价值小于其计税基础时，产生可抵扣暂时性差异，即在确定未来期间收回资产或清偿负债期间的应纳税所得额时，将导致产生可抵扣金额的暂时性差异。从经济含义来看，资产在未来期间产生的经济利益少，按照税法规定允许税前扣除的金额多，则保险公司在未来期间可以减少应纳税所得额并减少应交所得税。例如，一项资产的账面价值为300万元，计税基础为350万元，则保险公司在未来期间就该项资产可以在其自身取得经济利益的基础上多扣除50万元，从整体上来看，未来期间应税所得会减少，应交所得税也会减少，形成可抵扣暂时性差异，符合有关确认条件时，应确认相关的递延所得税资产。

由于资产项目的不同，计税基础的具体确定也不同，举例说明如下：

1. 固定资产

以各种方式取得的固定资产，初始确认时入账价值基本上是被税法认可的，即取得时其入账价值一般等于计税基础。固定资产在持有期间进行后续计量时，会计与税收处理的差异主要来自折旧方法、折旧年限的不同以及固定资产减值准备的提取。

按照会计准则的规定，保险公司可以根据情况合理选择折旧方法，如可以按直线法计提折旧，也可以按照双倍余额递减法、年数总和法等计提折旧。税法一般会规定固定资产的折旧方法，除某些按照规定可以加速折旧的情况外，基本上可以税前扣除的是按照直线法计提的折旧。

另外，税法还会规定每一类固定资产的折旧年限，而会计处理时按照准则规定是由保险公司按照固定资产能够为保险公司带来经济利益的期限估计确定的。因为折旧年限的不同，也会产生固定资产账面价值与计税基础之间的差异。

持有固定资产的期间内，因计提固定资产减值准备也会产生差异，所计提的减值准备不能够税前扣除。

【例5-9】 甲保险公司于2×19年1月1日取得某项固定资产，原价为500万元，使用年限为10年，会计上采用直线法计提折旧，净残值为0。假设税法规定该类固定资产采用加速折旧法计提的折旧可予税前扣除，甲保险公司在计税时采用双倍余额递减法计提折旧，净残值为0。2×20年12月31日，保险公司估计该项固定资产的可收回金额为450万元。

那么，2×20年12月31日，该项固定资产的账面价值 $=500-50\times2-50=450$（万元）

其计税基础 $=500-500\times20\%-400\times20\%=320$（万元）

该项固定资产账面价值450万元与其计税基础320万元之间的130万元的差额，意味着将于未来期间计入保险公司的应纳税所得额，产生应交所得税的增加，属于应纳税暂时性差异，应确认相应的递延所得税负债。

2. 以公允价值计量的金融资产

按照CAS22号金融工具确认和计量准则的规定，以公允价值计量的金融资产，包括以公允价值计量且其变动计入当期损益的金融资产以及可供出售的金融资产，两者的共同点在于期末均以公允价值计量，区别在于前者对于公允价值相对于账面价值的变动是计入当期损益，而后者对于公允价值相对于账面价值的变动是计入所有者权益中的资本公积，即该两类金融资产于某一会计期末的账面价值为公允价值，如果税法规定按照会计准则确认的公允价值变动在计税时不予考虑，即有关金融资产在处置或出售前计税基础保持其取得成本不变，会造成该类金融资产账面价值与其计税基础之间的差异。

3. 其他资产

因会计准则与税收法规的规定不同，保险公司持有的其他资产，可能造成其账面价值与计税基础之间存在差异的，如：

（1）应收股利。会计准则规定按照被投资单位宣告发放的现金股利或利润中应由本保险公司享有的部分确认应收股利，而税法规定对于有关的应收股利是否纳税要视投资企业与被投资单位适用的所得税税率之间是否存在差别而定。如果投资企业与被投资单位适用的所得税税率相同，自被投资单位收取的现金股利或利润在计税时是免税的，即其计税基础与账面价值相同；投资企业适用的所得税税率高于被投资单位适用所得税税率的，因长期股权投资的账面价值与计税基础不同会产生对未来期间计税的影响。

（2）投资性房地产。对于采用公允价值模式计量的投资性房地产，其期末账面价值为公允价值，而如果税法规定不认可该类资产在持有期间因公允价值变动产生的利得或损失，则其计税基础应以取得时支付的历史成本为基础计算确定，从而会造成账面价值与计税基础之间的差异。

（3）其他计提了资产减值准备的各项资产。有关资产计提了减值准备以后，其账面价值会随之下降，而按照税法规定，资产的减值在转化为实质性损失之前，不允许税前扣除，即其计税基础不会因减值准备的提取而变化，从而造成资产的账面价值与其计税基础之间的差异。

（二）负债的计税基础

负债的计税基础，是指负债的账面价值减去未来期间计算应纳税所得额时按照税法规定可予抵扣的金额。即假定保险公司按照税法规定进行核算，则在其按照税法规定确定的资产负债表上有关负债的应有金额。

负债的账面价值大于其计税基础时，产生可抵扣暂时性差异。负债产生的暂时性差异实质上是税法规定就该项负债可以在未来期间税前扣除的金额。一项负债的账面价值大于其计税基础，意味着未来期间按照税法规定构成负债的全部或部分金额可以自未来应税经济利益中扣除，减少未来期间的应税所得和应交所得税，产生可抵扣暂时性差异，符合确认条件的，应确认相关的递延所得税资产。

负债的账面价值小于其计税基础时，产生应纳税暂时性差异。一项负债的账面价值为保险公司预计在未来期间清偿该项负债时的经济利益流出，而其计税基础代表的是账面价值在扣除税法规定未来期间允许税前扣除的金额之后的差额。因负债的账面价值与其计税基础不同产生的暂时性差异实质上是税法规定就该项负债在未来期间可以税前扣除的金额。负债的账面价值小于其计税基础，则意味着就该项负债在未来期间可以税前抵扣的金额为负数，即应在未来期间应纳税所得额的基础上调增，增加应税所得和应交所得税金额，产生应纳税暂时性差异，应确认相关的递延所得税负债。

一般情况下，负债的确认与偿还不会影响保险公司的损益，也不会影响其应纳税所得额，未来期间计算应纳税所得额时按照税法规定可予抵扣的金额为0，计税基础即为账面价值。例如保险公司的短期借款、应付账款等。但是，在某些情况下，负债的确认可能会影响保险公司的损益，进而影响不同期间的应纳税所得额，使得其计税基础与账面价值之间产生差额，如按照会计规定确认的某些预计负债。

举例说明如下：

(1) 确认的预计负债。按照或有事项准则规定，应将预计的支出确认为费用，同时确认预计负债。如果税法规定，有关的支出应于发生时税前扣除，因该类事项产生的预计负债在期末的计税基础为其账面价值与未来期间可税前扣除的金额之间的差额，因有关的支出实际发生时可全部税前扣除，其计税基础为0。

(2) 预收款项。保险公司在收到客户预付的款项时，因不符合收入确认条件，会计上将其确认为负债。税法中对于收入的确认原则一般与会计规定相同，即会计上未确认收入时，计税时一般亦不计入应纳税所得额，该部分经济利益在未来期间计税时可予税前扣除的金额为0，计税基础等于账面价值。

某些情况下，如果不符合会计准则规定的收入确认条件，但按照税法规定应计入当期应纳税所得额时，有关预收账款的计税基础为0，即因其产生时已经计算交纳所得税，未来期间可全额税前扣除，计税基础为账面价值减去在未来期间可全额税前扣除的金额，即其计税基础为0。

(3) 其他负债。如保险公司应交的罚款和滞纳金等，在尚未支付之前按照会计规定确认为费用，同时作为负债反映。税法规定，罚款和滞纳金不能税前扣除，其计税基础为账面价值减去未来期间计税时可予税前扣除的金额0之间的差额，即计税基础等于账面价值，不产生暂时性差异。

四、递延所得税负债及递延所得税资产的确认和计量

（一）递延所得税负债的确认和计量

应纳税暂时性差异在转回期间将增加转回期间的应税所得和应交所得税，导致保险公司经济利益的流出，从其发生当期看，构成保险公司应支付税金的义务，应作为递延所得税负债确认。

确认应纳税暂时性差异产生的递延所得税负债时，交易或事项发生时影响到会计利润或应纳税所得额的，相关的所得税影响应作为利润表中所得税费用的组成部分；与直接计入所有者权益的交易或事项相关的，其所得税影响应增加或减少所有者权益；企业合并产生的，相关的递延所得税影响应调整购买日应确认的商誉或是计入当期损益的金额。

【例5-10】 甲保险公司于2×19年1月2日购入一台设备，买价和运杂费为420 000元，预计使用年限为6年，预计净残值为0。会计上按直线法计提折旧，因该设备符合税法规定的税收优惠条件，计税时可采用年数总和法计提折旧。假定税法规定的使用年限及净残值均与会计相同，甲保险公司各会计期间均未对固定资产计提减值准备。

甲公司每年因固定资产账面价值与计税基础不同应予确认的递延所得税情况如表5-2所示：

表5-2　固定资产账面价值与计税基础不同应予确认的递延所得税　单位：元

项目	2×19年	2×20年	2×21年	2×22年	2×23年	2×24年
实际成本	420 000	420 000	420 000	420 000	420 000	420 000
累计会计折旧	70 000	140 000	210 000	280 000	350 000	420 000
账面价值	350 000	280 000	210 000	140 000	70 000	0
累计计税折旧	120 000	220 000	300 000	360 000	400 000	420 000
计税基础	300 000	200 000	120 000	60 000	20 000	0
暂时性差异	50 000	80 000	90 000	80 000	50 000	0
适用税率	33%	33%	33%	33%	33%	33%
递延所得税负债余额	16 500	26 400	29 700	26 400	16 500	0

(1) 2×19 年资产负债表日。

该项固定资产的账面价值 = 420 000 − 70 000 = 350 000（元）

其计税基础 = 420 000 − 120 000 = 300 000（元）

因账面价值 350 000 大于其计税基础 300 000 元，两者之间为应纳税暂时性差异，应确认与其相关的递延所得税负债 16 500 元。

借：所得税费用　　16 500

　　贷：递延所得税负债　　16 500

(2) 2×20 年资产负债表日。

该项固定资产的账面价值 = 420 000 − 70 000 − 70 000 = 280 000（元）

其计税基础 = 420 000 − 120 000 − 100 000 = 200 000（元）

因账面价值 280 000 元大于其计税基础 200 000 元，两者之间为应纳税暂时性差异，应确认与其相关的递延所得税负债 26 400 元，但递延所得税负债的期初余额为 16 500 元，当期应进一步确认递延所得税负债 9 900 元。

借：所得税费用　　9 900

　　贷：递延所得税负债　　9 900

(3) 2×21 年资产负债表日。

该项固定资产的账面价值 = 420 000 − 70 000 − 70 000 − 70 000
= 210 000（元）

其计税基础 = 420 000 − 120 000 − 100 000 − 80 000 = 120 000（元）

因账面价值 210 000 元大于其计税基础 120 000 元，两者之间为应纳税暂时性差异，应确认与其相关的递延所得税负债 29 700 元，但递延所得税负债的期初余额为 26 400 元，当期应进一步确认递延所得税负债 3 300 元。

借：所得税费用　　3 300

　　贷：递延所得税负债　　3 300

(4) 2×22 年资产负债表日。

该项固定资产的账面价值 = 420 000 − 70 000 × 4 = 140 000（元）

其计税基础 = 420 000 − 360 000 = 60 000（元）

因其账面价值 140 000 元大于其计税基础 60 000 元，两者之间为应纳税暂时性差异，应确认与其相关的递延所得税负债 26 400 元，但递延所得税负债的期初余额为 29 700 元，当期应转回原已确认的递延所得税负债 3 300 元。

借：递延所得税负债　　3 300

贷：所得税费用　　3 300

（5）2×23 年资产负债表日。

该项固定资产的账面价值 =420 000 −70 000 ×5 =70 000（元）

其计税基础 =420 000 −400 000 =20 000（元）

因其账面价值 70 000 元大于计税基础 20 000 元，两者之间的差异为应纳税暂时性差异，应确认与其相关的递延所得税负债 16 500 元，但递延所得税负债的期初余额为 26 400 元，当期应转回递延所得税负债 9 900 元。

借：递延所得税负债　　9 900

贷：所得税费用　　9 900

（6）2×24 年资产负债表日。

该项固定资产的账面价值及计税基础均为 0，两者之间不存在暂时性差异，原已确认的与该项资产相关的递延所得税负债应予全额转回，即应将原已确认和递延所得税负债 16 500 元全额转回。

借：递延所得税负债　　16 500

贷：所得税费用　　16 500

有些情况下，虽然资产、负债的账面价值与其计税基础不同，产生了应纳税暂时性差异，但出于各方面考虑，准则中规定不确认相应的递延所得税负债。

（二）递延所得税资产的确认和计量

资产、负债的账面价值与其计税基础不同产生可抵扣暂时性差异的，在估计未来期间能够取得足够的应纳税所得额用以利用该可抵扣暂时性差异时，应当以很可能取得用来抵扣可抵扣暂时性差异的应纳税所得额为限，确认相关的递延所得税资产。有关交易或事项发生时，对税前会计利润或是应纳税所得额产生影响的，所确认的递延所得税资产应作为利润表中所得税费用的调整；有关的可抵扣暂时性差异产生于直接计入所有者权益的交易或事项，则确认的递延所得税资产也应计入所有者权益；企业合并时产生的可抵扣暂时性差异的所得税影响，应相应调整合并中确认的商誉或是应计入当期损益的金额。

五、当期所得税

当期所得税是指保险公司按照税法规定计算确定的针对当期发生的交易

和事项，应交纳给税务部门的所得税金额，即应交所得税，应以适用的税收法规为基础计算确定。即：

当期所得税 = 当期应交所得税

保险公司在确定当期所得税时，对于当期发生的交易或事项，会计处理与税收处理不同的，应在会计利润的基础上，按照适用税收法规的要求进行调整，计算出当期应纳税所得额，按照应纳税所得额与适用所得税税率计算确定当期应交所得税。

六、递延所得税

递延所得税是指按照准则规定应予确认的递延所得税资产和递延所得税负债在期末应有的金额相对于原已确认金额之间的差额，即递延所得税资产及递延所得税负债的当期发生额，但不包括计入所有者权益的交易或事项的所得税影响，用公式表示为：

递延所得税 = 当期递延所得税负债的增加 + 当期递延所得税资产的减少 - 当期递延所得税负债的减少 - 当期递延所得税资产的增加

值得注意的是，如果某项交易或事项按照会计准则规定应计入所有者权益，由该交易或事项产生的递延所得税资产或递延所得税负债及其变化亦应计入所有者权益，不构成利润表中的递延所得税费用（或收益）。

七、所得税费用

利润表中的所得税费用由两个部分组成：当期所得税费用和递延所得税。

即所得税费用 = 当期所得税 + 递延所得税

【例 5 - 11】 A 公司 2×19 年度利润表中利润总额为 2 400 万元，该公司适用的所得税税率为 25%，与计算当期所得税有关的情况如下：

2×19 年发生的有关交易和事项中，会计处理与税收处理存在差别的有：

（1）2×19 年 1 月 1 日取得的一项固定资产，成本为 1 200 万元，使用年限为 10 年，净残值为 0，会计处理按双倍余额递减法计提折旧，税收处理按直线法计提折旧。假定税法规定的使用年限及净残值与会计规定相同。

（2）向关联企业提供现金捐赠 400 万元。

（3）当年度发生研究开发支出 1 000 万元，较上年度增长 20%。其中 600 万元资本化计入无形资产成本。税法规定按该保险公司的情况，可按实际发生研究开发支出的150%加计扣除。其中，符合资本化条件后发生的支出为600万元，假定所开发无形资产期末达到预定使用状态。

(4) 应付违反环保法规定罚款200万元。

分析：

(1) 2×19年度当期应交所得税：

应纳税所得额 = 24 000 000 + 1 200 000 + 4 000 000 − 11 000 000 + 2 000 000 = 20 200 000（元）

应交所得税 = 20 200 000 × 25% = 5 050 000（元）

(2) 2×19年度递延所得税：

该公司2×19年资产负债表相关项目金额及其计税基础如表5−3所示：

表5−3　　2×19年度递延所得税　　单位：元

项目	账面价值	计税基础	差异	
			应纳税暂时性差异	可抵扣暂时性差异
固定资产：				600 000
固定资产原价	12 000 000	12 000 000		
减：累计折旧	2 400 000	1 200 000		
减：固定资产减值准备	0	0		
固定资产账面价值	9 600 000	10 800 000		1 200 000
无形资产	6 000 000	0	6 000 000	
其他应付款	2 000 000	2 000 000		
总计			6 000 000	1 800 000

递延所得税费用 = 6 000 000 × 25% − 1 800 000 × 25% = 1 050 000（元）

(3) 利润表中应确认的所得税费用：

所得税费用 = 5 050 000 + 1 050 000 = 6 100 000（元）

借：所得税费用　　6 100 000
　　递延所得税资产　　450 000
　　贷：应交税费——应交所得税　　5 050 000
　　　　递延所得税负债　　1 500 000

第六章 保险公司权益要素核算

本章精要

作为保险公司，其所有者权益是指保险公司资产扣除负债后由所有者享有的剩余权益。

其一，需要确认权益的基本概念。保险公司所有者权益的来源包括所有者投入的资本、直接计入所有者权益的利得和损失、留存收益等，尤其需要关注利得和损失这两个新概念。

其二，在保险公司资本方面，需要掌握资本核算的基本要求，保险公司实收资本的核算，保险公司接受投资者投入的货币投资、公司发行股票筹集股本和可转换公司债券转为股本、重组债务转为资本的核算，也要从权益视角来掌握以权益结算的股份支付换取服务的核算。在资本增加方面，主要是保险公司接受投资者额外投入实现增资、资本公积转增资本和盈余公积转增资本；同时，也要注意掌握资本减少的核算。

其三，保险公司资本公积。需要在掌握资本公积概念的基础上，掌握资本公积的核算，包括保险公司接受投资者投入资本形成资本公积、可转换债券持有人行使转换权利形成资本公积、将债务转为资本形成资本公积、同一控制下控股合并涉及的资本公积、权益法下长期股权投资涉及的资本公积、以权益结算的股份支付换取服务所涉及的资本公积、自用房地产转换为采用公允价值计量的投资性房地产涉及的资本公积或采用收购股票方式减资所涉及的资本公积核算等。

其四，保险公司盈余公积方面，在掌握保险公司按照规定从净利润中提取的各种累积资金即盈余公积内容的基础上，熟知提取盈余公积主要用途，并掌握盈余公积的核算，包括盈余公积弥补亏损、盈余公积转增资本、盈余公积发放股利。

其五，未分配利润。保险公司当期实现的利润，加上年初未分配利润（或减出年初未弥补亏损）和其他转入后的余额，为可供分配的利润。根据规定，保险公司当年实现的净利润，首先是弥补以前年度尚未弥补的亏损，然后按下列顺序进行分配：提取法定公积金、提取任意公积金、向投资者分配利润或股利。

第一节　保险公司权益概述

一、保险公司所有者权益的概念及来源

保险公司所有者权益是指保险公司资产扣除负债后由所有者享有的剩余权益。股份公司的所有者权益又称为股东权益。

保险公司所有者权益的来源包括所有者投入的资本、直接计入所有者权益的利得和损失、留存收益等。直接计入所有者权益的利得和损失，是指不应计入当期损益、会导致所有者权益发生增减变动的、与所有者投入资本或者向所有者分配利润无关的利得或者损失。其中，利得是指由保险公司非日常活动所形成的、会导致所有者权益增加的、与所有者投入资本无关的经济利益的流入。损失是指由保险公司非日常活动所发生的、会导致所有者权益减少的、与向所有者分配利润无关的经济利益的流出。留存收益包括盈余公积和未分配利润。所有者权益金额取决于资产和负债的计量，即所有者权益＝资产－负债。所有者权益项目应当列入资产负债表。

二、保险公司所有者权益的特征

保险公司所有者权益具有以下特征：

（1）所有者权益是保险公司的“永久性”权益，在保险公司存续期内，保险公司没有归还的义务。

（2）所有者权益是保险公司清偿的物质基础，是保险公司亏损的承担者。

（3）所有者权益可以依法参与保险公司税后利润的分配。

(4) 所有者权益在数额上等于资产减去负债后的余额，所以没有专门的计量问题。

(5) 所有者权益与保险公司具体的资产项目没有直接的对应关系。投资者只要向保险公司投资，无论是何种投资形态，一旦进入保险公司，就成为保险公司这个特定会计主体的资产，不再是投资人的资产。

第二节 保险公司资本核算

一、资本核算的基本要求

保险公司所有者投入的资本是保险公司的所有者向保险公司投入的可长期使用的不需偿还的资本。除股份有限公司外，其余保险公司通过“实收资本”科目核算所有者投入的资本，股份有限公司则通过“股本”科目进行核算。保险公司收到所有者出资超过其在注册资本或股本中所占份额的部分，作为资本溢价或股本溢价，在“资本公积”科目核算。“实收资本”或“股本”科目期末贷方余额，反映保险公司实收资本或股本总额。

所有者可以用现金投资，也可以用现金以外的其他有形资产投资；符合国家规定比例的，还可以用无形资产投资。保险公司收到所有者投入的现金，应在实际收到或者存入保险公司开户银行时，按实际收到的金额，借记“现金”“银行存款”科目，按其在注册资本或股本中所占份额，贷记“实收资本”或“股本”科目，按其差额，贷记“资本公积——资本溢价或股本溢价”科目。以实物资产投资的，应在办理实物产权转移手续时，借记“固定资产”“长期股权投资”等科目，按其在注册资本或股本中所占份额，贷记“实收资本”或“股本”科目，按其差额，贷记“资本公积——资本溢价或股本溢价”科目。以无形资产投资的，应按照合同、协议或公司章程规定，在移交有关凭证时，借记“无形资产”科目，按其在注册资本或股本中所占份额，贷记“实收资本”或“股本”科目，按其差额，贷记“资本公积——资本溢价或股本溢价”科目。

二、保险公司实收资本的核算

股份有限公司是指全部资本由等额股份构成并通过发行股票筹集资本，

股东以其所持有股份对公司承担有限责任，公司以全部资产对公司债务承担责任的企业法人。与其他企业相比，其显著特点在于将企业的资本划分为等额股份，并通过发行股票的方式来筹集资本。股票的面值与股份总数的乘积即为公司股本，股本等于股份有限公司的注册资本。股份有限公司应设置“股本”科目核算资本。

（一）保险公司接受投资者投入的资本

保险公司接受投资者投入的资本，借记“银行存款”“固定资产”“无形资产”“长期股权投资”等科目，贷记“实收资本”或“股本”等科目。

（二）公司发行股票筹集股本

当股份有限公司发行股票收到现金等资产时，应按实际收到的金额，借记“现金”“银行存款”等科目，按股票面值和核定的股份总额的乘积计算的金额，贷记“股本”科目，按其差额，贷记“资本公积——股本溢价”科目。

（三）境外上市公司和境内发行外资股公司股本

境外上市公司，以及在境内发行外资股的公司，在收到股本款时，应按收到股本款当日的汇率折合的人民币金额，借记“现金”“银行存款”等科目，按照确定的人民币股票面值与核定的股份总额的乘积计算的金额，贷记“股本”科目，按照收到股款当日的汇率折合的人民币金额与按人民币计算的股票面值总额的差额，贷记“资本公积——股本溢价”科目。

三、可转换公司债券转为股本的核算

可转换公司债券持有人行使转换权利，将其持有的债券转换为股票，应按可转换公司债券的余额，借记“应付债券——可转换公司债券（面值）”“应付债券——可转换公司债券（利息调整）”科目，按其权益成份的金额，借记“资本公积——其他资本公积”科目，按股票面值和转换的股数计算的股票面值总额，贷记“股本”，按其差额，贷记“资本公积——股本溢价”。如有现金支付不可转换股票，还应贷记“银行存款”等科目。

四、重组债务转为资本的核算

保险公司将重组债务转为资本的，应按重组债务的账面余额，借记“应付账款”等科目，按债权人因放弃债权而享有本企业股份的面值总额，贷记

“实收资本”或“股本”科目，按股份的公允价值总额与相应的实收资本或股本之间的差额，贷记或借记“资本公积——资本溢价或股本溢价”科目，按其差额，贷记“营业外收入——债务重组利得”科目。

五、以权益结算的股份支付换取服务的核算

保险公司以权益结算的股份支付换取职工或其他方提供服务的，应在行权日，按根据实际行权情况确定的金额，借记“资本公积——其他资本公积”科目，按应计入实收资本或股本的金额，贷记“实收资本”或“股本”科目。

【例6-1】2×19年1月1日，东方财产保险股份有限公司向500名管理人员授予股票期权100股/人，当日股票的市场价格为3元/股，授予的条件是要求职工必须自授予日起在公司工作3年。2×19年12月31日，与该保险公司签订该项股票期权协议的500名管理人员中有20名辞职，估计剩余的480名均会继续在本公司中工作至2×21年年底。2×21年12月31日，剩余的480名管理人员按股票期权协议取得股票。

2×19年12月31日、2×20年12月31日，会计分录均为：

借：管理费用	48 000	
贷：资本公积——其他资本公积		48 000

2×21年12月31日会计分录为：

借：管理费用	48 000	
贷：资本公积——其他资本公积		48 000
借：资本公积——其他资本公积	144 000	
贷：股本		48 000
资本公积——股本溢价		96 000

六、资本增加的核算

我国有关法律规定，保险公司资本不得随意变动，但符合增资条件，并经有关部门批准的，可以增加资本。

（一）保险公司接受投资者额外投入实现增资

在保险公司按规定接受投资者额外投入实现增资时，保险公司应当按照实际收到的款项或其他资产，借记“银行存款”“其他应收款”“固定资产”

“无形资产”“长期股权投资”等科目，按增加的实收资本或股本，贷记“实收资本”或“股本”科目，按其差额，贷记“资本公积——资本溢价或股本溢价”科目。

（二）资本公积转增资本

经股东大会或类似机构决议，用资本公积转增资本，借记“资本公积——资本溢价或股本溢价”科目，贷记“实收资本”或“股本”科目。

（三）盈余公积转增资本

经股东大会或类似机构决议，用盈余公积转增资本，借记“盈余公积”科目，贷记“实收资本”或“股本”科目。

【例6－2】甲寿险股份有限公司经股东大会决议通过，决定用法定盈余公积160 000元转增股本。

借：盈余公积——法定盈余公积　　160 000

　贷：股本　　160 000

（四）采用发放股票股利方式增资

股份有限公司股东大会批准的利润分配方案中分配的股票股利，应在办理增资手续后，按照实际发放的股票股利数，借记“利润分配”科目，贷记“股本”科目。

七、资本减少的核算

我国有关法律规定，保险公司资本不得随意变动，但保险公司按法定程序报经批准后可以减少注册资本。保险公司按法定程序报经批准减少注册资本的，借记“实收资本”或“股本”科目，贷记“现金”“银行存款”等科目。

股份有限公司采用收购本公司股票方式减资的，按股票面值和注销股数计算的股票面值总额，借记“股本”科目，按所注销库存股的账面余额，贷记“库存股”科目，按其差额，借记“资本公积——股本溢价”科目，股本溢价不足冲减的，应借记“盈余公积”“利润分配——未分配利润”科目；购回股票支付的价款低于面值总额的，应按股票面值总额，借记“股本”科目，按所注销库存股的账面余额，贷记“库存股”科目，按其差额，贷记“资本公积——股本溢价”科目。

第三节 保险公司资本公积

一、资本公积的概述

资本公积通常是指保险公司收到投资者出资额超出其在注册资本或股本中所占份额的部分，以及直接计入所有者权益的利得和损失。资本公积从形成来源上看，它不是由实现的利润转化而来的，这是它与留存收益的根本区别，因为后者是由实现的利润转化而来的。我国公司法规定，资本公积主要用来转增资本。

保险公司通过设置“资本公积”科目核算资本溢价或股本溢价以及直接计入所有者权益的利得和损失，并应当分别“资本溢价或股本溢价”“其他资本公积”进行明细核算。

二、资本公积的核算

（一）保险公司接受投资者投入资本形成资本公积的核算

保险公司接受投资者投入的资本形成的资本公积，借记“银行存款”“其他应收款”“固定资产”“无形资产”“长期股权投资”等科目，贷记“实收资本”或“股本”科目，“资本公积——资本溢价或股本溢价”科目。

（二）可转换债券持有人行使转换权利形成资本公积的核算

可转换债券持有人行使转换权利形成的资本公积，应按可转换公司债券的余额，借记“应付债券——可转换公司债券（面值）”“应付债券——可转换公司债券（利息调整）”科目，按其权益成份的金额，借记“资本公积——其他资本公积”科目，按股票面值和转换的股数计算的股票面值总额，贷记“股本”科目，按其差额，贷记“资本公积——股本溢价”科目。

【例6－3】 为筹集长期资金，甲保险公司作为上市公司发行可转换公司债券，可转换公司债券的面值为500 000元，权益成份的公允价值为350 000元。可转换债券持有人行使转换权利日，应付债券——可转换公司债券（利息调整）科目余额为5 000元，甲公司股票的面值为33.2元，可转换公司债券转换成25 000股股票。

借：应付债券——可转换公司债券（面值）　500 000
　　　　　——可转换公司债券（利息调整）　5 000
　　资本公积——其他资本公积　350 000
　　贷：股本　830 000
　　　　资本公积——股本溢价　25 000

（三）将债务转为资本形成资本公积的核算

将债务转为资本形成的资本公积，应按重组债务的账面余额，借记“应付账款”等科目，按债权人因放弃债权而享有本企业股份的面值总额，贷记“实收资本”或“股本”科目，按股份的公允价值总额与相应的实收资本或股本之间的差额，贷记或借记“资本公积——资本溢价或股本溢价”科目，按其差额，贷记“营业外收入——债务重组利得”科目。

【例6-4】 甲保险公司欠乙公司款1 000 000元，与乙公司达成协议，通过向乙公司转让50 000股偿还该笔债务，面值为1元，股价为15.5元。

借：应付账款　1 000 000
　　贷：股本　50 000
　　　　资本公积——股本溢价　725 000
　　　　营业外收入——债务重组利得　225 000

（四）权益法下长期股权投资涉及的资本公积核算

长期股权投资采用权益法核算的，在持股比例不变的情况下，被投资单位除净损益以外所有者权益的其他变动，保险公司按持股比例计算应享有的份额，借记或贷记“长期股权投资——其他权益变动”科目，贷记或借记“资本公积——其他资本公积”科目。处置采用权益法核算的长期股权投资，还应结转原记入资本公积的相关金额，借记或贷记“资本公积——其他资本公积”科目，贷记或借记“投资收益”科目。

【例6-5】 甲保险股份有限公司2×19年3月1日通过发行普通股股票8 000 000股与乙公司股东进行交换取得乙公司有表决权股份的20%，该比率保持不变，从而导致对乙公司财务和经营决策具有重大影响，甲公司准备长期持有该股份。2×19年6月30日，乙公司除净损益以外所有者权益的其他增加15 000 000元。2×19年12月31日，甲保险公司处置该长期股权投资，取得价款23 000 000元，此时该项长期股权投资的账面价值为20 000 000元，其中成本为15 000 000元，损益调整为4 000 000元，其他权益变动为3 000 000

元，长期股权投资减值准备为 2 000 000 元。

2×19 年 6 月 30 日，会计分录为：

借：长期股权投资——其他权益变动　3 000 000

　贷：资本公积——其他资本公积　3 000 000

2×19 年 12 月 31 日，会计分录为：

借：银行存款　23 000 000

　长期股权投资减值准备　2 000 000

　贷：长期股权投资——乙公司（成本）　15 000 000

　　——乙公司（损益调整）　4 000 000

　　——乙公司（其他权益变动）　3 000 000

　　投资收益　3 000 000

借：资本公积——其他资本公积　3 000 000

　贷：投资收益　3 000 000

（五）以权益结算的股份支付换取服务所涉及的资本公积核算

以权益结算的股份支付换取职工或其他方提供服务的，应按照确定的金额，借记“业务及管理费”等科目，贷记“资本公积——其他资本公积”科目。在行权日，应按实际行权的权益工具数量计算确定的金额，借记“资本公积——其他资本公积”科目，按计入实收资本或股本的金额，贷记“实收资本”或“股本”科目，按其差额，贷记“资本公积——资本溢价或股本溢价”科目。

【例 6－6】 甲保险股份有限公司由于 2×19 年效益大幅度上升，2×20 年 3 月 10 日股东大会通过，经相关主管部门批准，准备以增发的股票奖励员工，每人奖励普通股股票 1 000 股，共计 470 000 股。该公司股票目前市场价格为 5 元/股。2×20 年 5 月 10 日，办理相关过户手续，将股票支付给职工。此时该公司股票的市场价格为 5.5 元/股。

2×20 年 3 月 10 日，会计分录为：

借：管理费用　2 350 000

　贷：资本公积——其他资本公积　2 350 000

2×20 年 5 月 10 日，会计分录为：

借：管理费用　235 000

　资本公积——其他资本公积　2 350 000

贷：股本　　470 000

　　资本公积——股本溢价　　25 380 000

（六）金融资产重分类所涉及的其他综合收益核算

当企业改变其管理金融资产的业务模式时，应当按照金融工具会计准则相关规定对所有受影响的相关金融资产进行重分类。如果发生了将其他类别金融资产重新划分为以公允价值计量且其变动计入其他综合收益的金融资产的，就会引起公司权益的增加。

（1）以摊余成本计量的金融资产重分类为以公允价值计量且其变动计入其他综合收益的金融资产。

保险公司将一项以摊余成本计量的金融资产重分类为以公允价值计量且其变动计入其他综合收益的金融资产的，应当按照该金融资产在重分类日的公允价值进行计量。原账面价值与公允价值之间的差额计入其他综合收益。该金融资产重分类不影响其实际利率和预期信用损失的计量。

（2）以公允价值计量且其变动计入当期损益的金融资产重分类为以公允价值计量且其变动计入其他综合收益的金融资产。

保险公司将一项以公允价值计量且其变动计入当期损益的金融资产重分类为以公允价值计量且其变动计入其他综合收益的金融资产的，应当继续以公允价值计量该金融资产。

【例6-7】2×16年10月15日，华新保险股份有限公司以公允价值500 000元购入一项债券投资，并按规定将其分类为以摊余成本计量的金融资产，该债券的账面余额为500 000元。2×17年10月15日，华新保险股份有限公司变更了其管理债券投资组合的业务模式，其变更符合重分类的要求，因此，华新保险股份有限公司于2×18年1月1日将该债券从以摊余成本计量重分类为以公允价值计量且其变动计入其他综合收益的金融资产。2×18年1月1日，该债券的公允价值为490 000元，已确认的损失准备为6 000元。假设不考虑该债券的利息收入。

华新保险股份有限公司的会计处理如下：

借：交易性金融资产　　490 000

　　债权投资减值准备　　6 000

　　其他综合收益　　4 000

　　贷：债权投资　　500 000

（七）采用收购股票方式减资所涉及的资本公积核算

股份有限公司采用收购本公司股票方式减资的，应按股票面值和注销股数计算的股票面值总额，借记“股本”科目，按所注销的库存股的账面余额，贷记“库存股”科目，按其差额，借记“资本公积——股本溢价”科目，股本溢价不足冲减的，应借记“盈余公积”“利润分配——未分配利润”科目；购回股票支付的价款低于面值总额的，应按股票面值总额，借记“股本”科目，按所注销的库存股的账面余额贷记“库存股”科目，按其差额，贷记“资本公积——股本溢价”科目。

第四节　保险公司盈余公积

一、盈余公积的概述

盈余公积是指保险公司按照规定从净利润中提取的各种累积资金。

（一）盈余公积的内容

一般保险公司的盈余公积包括法定盈余公积和任意盈余公积。

（1）法定盈余公积，是指保险公司按照规定的比例从净利润中提取的盈余公积。公司制企业的法定盈余公积按照税后利润的10%提取；非公司制企业也可按照超过10%的比例提取。法定盈余公积累计额已达注册资本的50%时可以不再提取。

（2）任意盈余公积，是指保险公司经股东大会或类似机构批准按照规定的比例从净利润中提取的盈余公积。任意盈余公积主要是公司制企业按照股东大会或类似机构的决议提取。

法定盈余公积和任意盈余公积的区别就在于其各自计提的依据不同。前者以国家的法律或行政规章为依据提取；后者则由企业自行决定提取。

（二）盈余公积的主要用途

保险公司提取盈余公积主要可以用于以下几个方面：

（1）用于弥补亏损。保险公司发生亏损时，应由公司自行弥补。弥补亏损的渠道主要有：一是用以后年度税前利润弥补。按照相关制度规定，企业发生亏损时，可以用以后5年内实现的税前利润弥补，即税前利润弥补亏损的期间为5年。二是用以后年度税后利润弥补。保险公司发生的亏损经过5年期间未弥补足额的，尚未弥补的亏损应用所得税后的利润弥补。三是以盈余公积弥补亏损。保险公司以提取的盈余公积弥补亏损时，应当经股东大会或类似机构批准。

（2）转增资本。保险公司将盈余公积转增资本时，必须经股东大会或类似机构决议批准。在实际将盈余公积转增资本时，要按照股东原有持股比例结转。盈余公积转增资本时，转增后留存的盈余公积的数额不得少于转增前注册资本的25%。

（3）发放现金股利或利润。保险公司无利润时原则上不分配股利，但在特殊情况下，如当保险公司累积的盈余公积比较多，而未分配利润又比较少时，为了维护公司形象，给投资者以合理的回报，对于符合规定条件的保险公司，也可以用盈余公积分配现金股利或股票股利。

盈余公积的提取实际上是保险公司当期实现的净利润向投资者分配利润的一种限制。提取盈余公积本身就属于利润分配的一部分，一经提取形成盈余公积后，在一般情况下不得用于向投资者分配利润或股利。盈余公积的用途，并不是指其实际占用形态，提取盈余公积也并不是单独将这部分资金从保险公司资金周转过程中抽出。保险公司提取的盈余公积，无论是用于弥补亏损，还是用于转增资本，只不过是在保险公司所有者权益内部结构的转换，如保险公司以盈余公积弥补亏损时，实际是减少盈余公积的留存数额，以此抵补未弥补亏损的数额，并不引起保险公司所有者权益总额的变动。至于保险公司盈余公积的留存数，实际只表示保险公司所有者权益的组成部分，表明保险公司经营资金的一个来源而已，其形成的资金可能表现为一定的货币资金，也可能表现为一定的实物资产，随同保险公司的其他来源所形成的资金进行循环周转。

二、盈余公积的核算

保险公司在对盈余公积进行核算时，应设置“盈余公积”科目，并分别“法定盈余公积”“任意盈余公积”进行明细核算。“盈余公积”科目期末有贷方余额，反映保险公司的盈余公积。

（一）盈余公积的计提

保险公司按规定提取盈余公积的，应借记“利润分配——提取法定盈余公积”“利润分配——提取任意盈余公积”科目，贷记“盈余公积——法定盈余公积”“盈余公积——任意盈余公积”科目。

【例6-8】甲保险公司2×20年度实现税后利润1 000 000元，公司董事会决定提取10%的税后利润作为法定盈余公积，8%的税后利润作为任意盈余公积。

借：利润分配——提取法定盈余公积　　100 000
　　　　　　——提取任意盈余公积　　80 000
　贷：盈余公积——法定盈余公积　　100 000
　　　　　　——任意盈余公积　　80 000

（二）盈余公积弥补亏损

经股东大会或类似机构决议，用盈余公积弥补亏损，借记“盈余公积——法定盈余公积”“盈余公积——任意盈余公积”科目，贷记“利润分配——盈余公积补亏”科目。

【例6-9】甲保险公司经营出现亏损，经股东大会决议，用法定盈余公积200 000元弥补本年亏损。

借：盈余公积——法定盈余公积　　200 000
　贷：利润分配——盈余公积补亏　　200 000

（三）盈余公积转增资本

经股东大会或类似机构决议，用盈余公积转增资本，借记“盈余公积——法定盈余公积”“盈余公积——任意盈余公积”科目，贷记“实收资本”或“股本”科目。

（四）盈余公积发放股利

经股东大会决议，用盈余公积派送新股，按派送新股计算的金额，借记“盈余公积——法定盈余公积”“盈余公积——任意盈余公积”等科目，按股票面值和派送新股总数计算的股票面值总额，贷记“股本”科目。

第五节　未分配利润的核算

一、净利润的分配顺序

保险公司当期实现的利润，加上年初未分配利润（或减去年初未弥补亏损）和其他转入后的余额，为可供分配的利润。根据《中华人民共和国公司法》等有关法规的规定，企业当年实现的净利润，首先是弥补以前年度尚未弥补的亏损，其次按下列顺序进行分配：

第一步，提取法定公积金。法定公积金按照税后利润的10%的比例提取。公司法定公积金累计额为公司注册资本的50%以上时，可以不再提取法定公积金。

公司的法定公积金不足以弥补上一年度公司亏损的，在提取法定公积金之前，应当先用当年利润弥补亏损。

第二步，提取任意公积金。公司在提取法定公积金后，经股东大会或类似机构决议，可以提取任意公积金。

第三步，向投资者分配利润或股利。公司弥补亏损和提取公积金后的剩余利润，有限责任公司按照股东的出资比例向股东分配利润；股份有限公司按照股东持有股份比例分配利润。

可供分配的利润经过上述分配后，产生未分配利润。因此，未分配利润是保险公司实现的净利润经过弥补亏损、提取盈余公积和向投资者分配利润后留存企业的、历年结存的利润。从数量上说，未分配利润是期初未分配利润，加上本期实现的税后利润，减去提取的各项盈余公积和分出利润或股利后的余额。从科目性质上看，未分配利润是所有者权益的组成部分，它有两层含义：一是留待以后年度处理的利润；二是未指定用途的利润。因此，相对于所有者权益的其他部分来说，保险公司对于未分配利润的使用、分配具有较大的自主权。保险公司未分配利润应当在资产负债表的所有者权益项目中单独反映。

二、利润分配的核算

为进行利润分配核算，保险公司应设置“利润分配”科目，该科目核算保险公司利润的分配（或亏损的弥补）和历年分配（或弥补）后的余额，本科目年末余额反映保险公司的未分配利润（或未弥补亏损）。“利润分配”科目应分别“提取法定盈余公积”“提取任意盈余公积”“应付现金股利或利润”“转作股本的股利”“盈余公积补亏”和“未分配利润”等进行明细核算。

保险公司按规定提取盈余公积的，借记“利润分配——提取法定盈余公积”“利润分配——提取任意盈余公积”科目，贷记“盈余公积——法定盈余公积”“盈余公积——任意盈余公积”科目。

保险公司按规定提取的一般风险准备，借记“利润分配——提取一般风险准备”科目，贷记“一般风险准备”科目。

经股东大会或类似机构决议，分配给股东或投资者的现金股利或利润，借记“利润分配——应付现金股利或利润”科目，贷记“应付股利”科目。

经股东大会或类似机构决议，分配给股东的股票股利，应在办理增资手续后，借记“利润分配——转作股本的利润”科目，贷记“股本”科目。

用盈余公积弥补亏损，借记“盈余公积——法定盈余公积”“盈余公积——任意盈余公积”，贷记“利润分配——盈余公积补亏”科目。

保险公司用一般风险准备弥补亏损，借记“一般风险准备”科目，贷记“利润分配——一般风险准备补亏”科目。

年度终了，保险公司应将本年度实现的净利润，自“本年利润”科目转入“利润分配”科目，借记“本年利润”科目，贷记“利润分配——未分配利润”科目，为净亏损的作相反的会计分录；同时，将“利润分配”科目所属其他明细科目的余额转入“利润分配——未分配利润”明细科目。结转后，“利润分配”科目除“未分配利润”明细科目外，其他明细科目应无余额。

【例6－10】甲保险公司2×20年度实现净利润3 000 000元，经股东大会决议，采取以下分配方案：按净利润的10%提取法定盈余公积，11%提取任意盈余公积，分配现金股利600 000元，分配股票股利500 000元；另外，本年使用盈余公积弥补了年初80 000元的亏损，分配的股票股利只形成了股本400 000元。

（1）按照规定分配当年实现的净利润：

借：利润分配——提取法定盈余公积	300 000	
——提取任意盈余公积	330 000	
——应付现金股利	600 000	
——转作股本的利润	500 000	
贷：盈余公积——法定盈余公积		300 000
——任意盈余公积		330 000
应付股利		600 000
股本		400 000

资本公积——股本溢价　　100 000

（2）使用盈余公积弥补亏损：

借：盈余公积——法定盈余公积　　80 000

　　贷：利润分配——盈余公积补亏　　80 000

（3）结转本年实现利润：

借：本年利润　　3 000 000

　　贷：利润分配——未分配利润　　3 000 000

（4）结转利润分配的各明细科目：

借：利润分配——未分配利润　　1 730 000

　　贷：利润分配——提取法定盈余公积　　300 000

　　　　　　　　——提取任意盈余公积　　330 000

　　　　　　　　——应付现金股利　　600 000

　　　　　　　　——转作股本的利润　　500 000

（5）结转盈余公积弥补亏损：

借：利润分配——盈余公积补亏　　80 000

　　贷：利润分配——未分配利润　　80 000

表 6－1　　**利润分配——未分配利润**　　单位：元

项目	借方	贷方
期初余额	80 000	
本期发生额	1 730 000	3 080 000
期末余额		1 270 000

从表 6－1 可以看出，甲公司在利润分配之后，未分配利润为 1 270 000 元。

第二篇

主导业务篇

开篇有益

本篇是保险公司会计业务的专门篇章。人所共知，风险、危机与保险是人类社会进程中的永恒话题，而收益、风险与不确定性则是现代会计越来越关注的本质问题。中国保险业正在开发着巨大的潜在市场资源，整个保险业也成为21世纪最热门的行业之一，而保险业能否自身“保险”，以偿付能力监管为最高追求的会计信息自然占据着奠定基石的位置。

如何在会计基本理论与会计基本准则的框架下，根据保险公司经营活动特有的运营规律，总结和寻找保险业财务管理与会计核算所演绎的特有现象，自然需要对这些能够影响行业会计运行的基本特点进行阐述；财险、寿险自然是保险公司两大主力战场，其保费收入、赔款支出、准备金计算提取等都是其重点内容，需要分章阐述；在此之后，针对保险公司的再保险业务，需要专门探讨保险公司的再保险业务处理。当然，鉴于保险公司的巨额存量资金，如何进行理财活动，始终决定着整个公司盈利或亏损的态势，因此，也需要通过会计来核算其现金流动与价值增值活动。

从保险公司会计概述、财险业务会计、寿险业务会计，再到再保业务会计、四个阶段、四章专业内容，需要一一掌握。

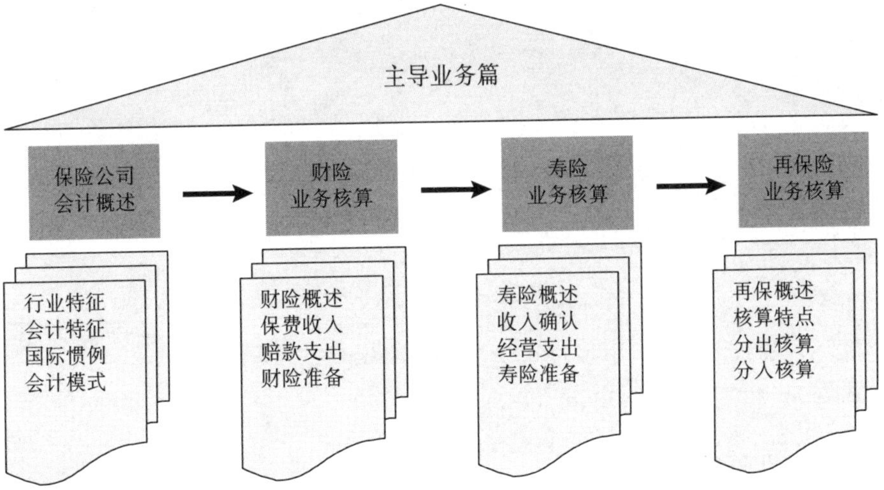

第七章 财险业务核算

本章精要

“没有绝对的安全，只有绝对的保障。”寻求不确定环境下的财富安全避险之道，造就了财险公司的社会化生命源泉。财险越是活跃、越是发达，其对会计确认、计量与报告的要求也就水涨船高。

作为财险公司会计专门章节，本章分四个层次。首先需要在认知财险公司主要险种、业务规律的基础上认知其会计核算的特点，掌握财险公司常规性业务内容、关键性重点内容，还要注意应用相关会计准则之间的关联；其次是财险保费收入的核算，理解保费收入的内涵外延、确认口径和保费现金流入基本流程和会计科目的设置。掌握签发保单与收取保费同时进行、预收保费业务、保户储金收益转做保费收入、中途加保和中途退保等业务的核算；最后是财险业务支出的核算，包括保险赔款支出、保险手续费支出、税金及附加和保险业销售费用等各类支出的核算，此外，还要注重保险业保障基金的核算，掌握财险公司在保险保障基金的提取、使用、管理等环节的要求与核算技术；在应对上述现金流入、流出等实体资金运动的同时，一个会计难点就是准备金的核算，这也是本章的第四个主题。财产损失保险责任准备金主要分为两个部分：一是未到期责任准备金，需要掌握未到期责任准备金的性质与内容、提取与评估（1/24 法或 1/365 法）、科目设置、处理流程和核算；二是未决赔款准备金的核算，需要掌握未决赔款准备金的管理、科目设置、评估和核算实例。最后需要掌握对责任准备金充足性测试。

第一节 财险公司会计管制概述

一、财险的种类

财产保险（Property Insurance）是指以各种物质财产及其有关利益为保险标的的保险业务。严格意义上看，财险有广义和狭义之分。广义财险是指以财产或其他有关利益为标的的各种保险，其中的财产是指建筑物、货物、运输工具、农作物等有形财产，而有关利益是指运费、预期收益、权益、责任、信用等无形财产。狭义财险是指以财产为标的的各种保险，如企业财产、家庭财产、运输货物、运输工具等保险。按照常见保险产品分类，财险具体包括以下种类：普通财险、运输工具保险、货物运输保险、农业保险、工程保险、责任保险、特殊风险保险、信用保险、意外伤害保险和短期健康保险等。以下分别阐述其核心内容：

（一）普通财险

普通财险是以物质财产及其有关利益为保险标的，以火灾及其他自然灾害、意外事故为保险责任的保险。火灾是有形财产面临的最基本、最主要的风险。国际上一般将固定资产和流动资产的财险称为火灾保险。我国现行财险的保险责任实际上是在火灾保险责任基础上的扩展，包括企业财险（即财险基本险和财险综合险）、家庭财险、涉外财险等。

（二）运输工具保险

运输工具保险是承保运输工具因受自然灾害和意外事故造成的运输工具本身的损失及第三方责任，包括机动车辆保险（包括车辆损失险和第三者责任险）、飞机保险、船舶保险等。在我国财险业务中，保费收入主要来源于企业财险、运输工具保险和货物运输保险，其中机动车辆保险所占份额最大，近年来始终占据着整个财险保费收入的一半以上。

（三）货物运输保险

货物运输保险是承保货物运输过程中因自然灾害和意外事故引起的财产物资损失，主要有海洋货物运输保险、陆上货物运输保险、航空货物运输保险等。

（四）农业保险

农业保险是承保农业生产过程中因自然灾害和意外事故所导致的损失，主要有种植业保险、养殖业保险等。

（五）工程保险

工程保险是对建筑工程、安装工程及各种机器设备因自然灾害和意外事故造成的物质财产损失和第三方责任进行赔偿的保险，包括建筑工程一切险、安装工程一切险、机器损坏险、船舶建造险等。

（六）责任保险

责任保险是以被保险人的民事损害赔偿责任或经过特别约定的合同责任为保险标的的保险。它承保被保险人由于疏忽、过失等行为造成他人的人身伤亡或财产损毁，依法或依合同应该承担的经济赔偿责任。险种主要有公共责任险、产品责任险、职业责任险、雇主责任险。责任保险产生和存在的必要条件是国家法制环境的完善与执法过程的公正，它的补偿对象是无辜受害的第三者，赔偿的最高限额以合同中规定的金额为限。

（七）特殊风险保险

在财险中，特殊风险保险是指以高新技术开发与应用过程中可能产生的高风险为保险责任的一个新开发的险种，主要有航天保险、核电站保险和海洋石油开发保险等。

（八）信用保险

投保人和被保险人作为权利人为了维护自己的利益，避免因债务人违约而受损，而以债务人的信用为保险标的向保险公司投保。我国开办的信用保险种类有出口信用保险、投资保险等。

（九）短期意外伤害保险

意外伤害保险是指保险期限在 1 年或 1 年以下的以被保险人的身体作为保险标的的保险。它是以被保险人遭到意外伤害造成残疾、死亡为给付保险金条件的非寿险业务。意外伤害事故发生之日必须在保险期限之内，且该事故导致被保险人死亡或残疾症状出现之日，无论是在保险期限内还是超出了保险期限，只要是在事故发生之日起的 90 天或 180 天之内，保险人都应该承担给付责任。但对于被保险人由于疾病引起的残疾或死亡或者自然死亡，意外伤害保险人不负给付责任。

（十）短期健康保险

短期健康保险是指保险期限在 1 年或 1 年以下的以被保险人的疾病、分娩所致残疾或死亡为保险标的的保险。在健康险合同有效责任期内，即通常自合同签订之日起180天的观察期后至合同终止日（SARS险保单观察期为10天），被保险人因疾病、分娩所致的残疾或死亡，保险人应按照合同约定承担给付保险金责任。

需要注意的是，依照原《保险法》规定，财险公司不能经营寿险业务，即禁止财险公司经营意外伤害保险和短期健康保险业务。但是，随着2002年《保险法》的修订，规定财险公司经监管机构核定，可以经营意外伤害保险和短期健康保险业务。因此，目前的业务格局是，短期意外伤害保险和短期健康保险业务由财险公司经营，而长期意外伤害保险和长期健康保险业务由人寿保险公司经营。

二、财险公司会计核算的特点

与寿险业务的会计核算相比较，财险业务的会计核算具有以下几个特点：

（1）保费收入在签订保单时确认。由于财险合同一般是签单即生效，即保险合同一经签订即告成立，保险公司开始承担保险责任。同时，实际运行中的财险合同期限一般较短，通常短于1年，保费金额可以确定。所以，CAS25号原保险合同准则明确规定：对于非寿险原保险合同，应当根据原保险合同约定的保费总额确定。而寿险保费确定显然不同，在寿险合同中，约定分期收取的应根据当期应收取金额确定，约定一次性收取的应根据一次性应收取金额确定。

（2）只发生手续费支出，而没有佣金支出。财险公司除了依靠本公司职员直接招揽保险业务外，还广泛地利用保险代理人争取保险业务，这就是需要支付相应的手续费。根据保险监管部门的分类监管要求，寿险公司可以支付手续费、佣金支出，财险公司只能发生手续费支出，而再保险业务不能发生上述手续费和佣金支出。

（3）不涉及保单质押贷款核算。由于财险的保险期限一般都是在1年或1年以内，期限相对较短，不具有储蓄性质和库存现金价值，因而不能向保户提供保单质押贷款。

（4）未到期责任准备金计提不同。财险的未到期责任准备金应在每期期末根据重新精算确定的金额与已计提金额的差额，无论差额是正还是负，均应调整未到期责任准备金及损益；而寿险相关准备金则规定至少于每年年度终了进行充足性测试，当保险精算重新确定的准备金金额超过已计提金额时，要按照差额补提相关准备金；而当保险精算重新确定的准备金金额低于已计提金额时，则不需调整相关准备金。需要说明的是，财险的未决赔款准备金也要求至少在每年年度终了进行充足性测试，对其产生的差额采取与寿险相关准备金相同的处理方法。

三、财险公司会计核算的内容

（一）财险会计的常规性业务内容

财险业务会计核算的内容主要包括：财险业务营业收入核算，包括各个险种的保费收入；财险业务营业支出核算，包括各个险种的保险赔款支出、手续费支出、销售费用支出和税金及附加等；各种业务准备金核算，包括未到期责任准备金、未决赔款准备金等的计提与调整；等等。

（二）财险会计关注的重点内容

在财险业务的会计核算中，除了上述一般业务的核算外，还需要注意下列业务的核算：

（1）货物运输保险业务的核算。在货物运输保险业务中，如果发生合同的签订日与保险公司承担保险责任的日期不一致，即合同成立与生效可能不是同一时间，则在签订货物运输保险合同时，保险公司不能将收到的保费作为保费收入处理，而应作为预收款处理，待符合确认保费收入的条件时再转作保费收入。

（2）信用保险业务的核算。信用保险属于财险业务范围，它是以商品赊销和信用放贷中的债务人的信用作为保险标的，在债务人未能如约履行债务清偿而使债权人招致损失时，由保险人向被保险人提供风险保障的一种保险，它是一种政策性保险险种。

（3）再保险业务的核算。新准则规定，保险公司经营的再保险业务应分为分出业务和分入业务分别进行核算。具体内容将在第四章进行阐述。

（4）损余物资和代位追偿款的业务核算。保险人因承担赔付保险金责任而取得的损余物资和代位追偿款，应按照同类或类似资产的市场价格计算确定的金额确认为资产，并冲减当期赔付成本。在每期末对相关资产进行减值测试，计入当期损益，保险人签发的财险合同产生的应收款项、损余物资等资产的减值，适用 CAS22 号金融工具确认和计量、CAS37 号金融工具列报。

处置损余物资或收回代为追偿款时，保险人应按照收到的金额与相关资产的账面价值的差额，调整当期赔付成本。

（三）注意应用相关会计准则之间的关联

在保险公司业务运营过程中，除了保险风险之外，可能还会因业务类别导致其他的相关风险，CAS25号原保险合同准则在界定保险业务的核算范围时，明确指出只有承担了保险风险的保险合同才能适用该准则。保险风险是指从合同持有人转移到合同签发人的除金融风险之外的风险。而金融风险是指一项或者多项特定利率、金融工具价格、商品价格、汇率、物价或利率指数、信用等级或信用指数或者其他变量在未来可能发生的变化，以及不是与合同另一方特定相关的非金融变量在未来可能发生的变化，保险人向投保人签发的承担金融风险的合同，适用CAS22号金融工具确认和计量准则和CAS37号金融工具列报准则。

保险人与投保人签订的合同，使保险人既承担保险风险又承担金融风险等其他风险的，应当分别按下列情况进行处理：

（1）保险风险部分和其他风险部分能够区分，并且能够单独计量的，可以将保险风险部分和其他风险部分进行分拆。保险风险部分，确定为财险合同；其他风险部分，则不确定为财险合同。

（2）保险风险部分和其他风险部分不能够区分，或者虽能够区分但不能够单独计量的，应当将整个合同确定为财险合同。

第二节　财险公司保费收入核算

一、保费收入的内涵外延

保费收入是财险公司的主要收入项目，具体是指从事保险业务的财险公司因销售保险产品并承担相应保险责任而取得的经济收入。保费收入是保险公司建立保险基金的源泉，它是根据投保人投保险种的费率乘以保险金额（或责任金额）的方式计算并收取的，通过保险公司积聚起来，实现对被保险人因保险事故所受损失的经济补偿。根据《保险法》第十三条规定：“保险合同成立后，投保人按照约定交付保险费；保险人按照约定的时间开始承担保险责任。”收取保费是保险人的基本权利，而交付保费则是投保人的基本义务，只有在投保人按照约定的办法交付保险费的前提下，从事保险业务的金融企业才需要承担保险合同所订明的保险责任。从保险公司会计视角看，保费收入是衡量一个保险公司业务发展规模的标尺，也是衡量保险公司有无发展活力的重要依据。保费收入的多少，反映了保险公司承保能力的大小和保险责任的大小。为了更加准确地理解保费收入的内涵与外延，必须弄清以下几个概念：

1. 保费收入

保费收入是保险企业为了承担一定的风险责任而向投保人收取的费用。保费收入虽然不是保险企业建立保险基金的唯一源泉，但却是最重要的源泉。保费收入的多少，反映保险公司承担业务能力的大小和保险责任的大小。因此，及时组织保费入账，准确核算保费数额，对增强保险公司偿付能力，提高经济效益，都是至关重要的。

2. 毛保费

按保险金额乘以保险费率计算出来的保险费称为毛保费，它是相对于净保费而言的，即尚未扣除分保费、佣金等项目的保险费，因此，亦称为入账保费。从货币支付上，毛保费包括实收保费和应收保费。

3. 已赚保费

由于保单年度和会计年度并不完全一致，会计年度末进行核算时，根据权责发生制，往往要区分属于当期会计年度和下一期会计年度的保费收入。已赚保费是指某一年度中可以用于当年赔款支出的保费收入。换言之，保险人所收保费中在当期会计年度已负了责任或已终止契约的那一部分保费收入称为已赚保费。已赚保费，又称已到期保费，是指已经完全明确地排除了赔付责任的保费收入，即保险公司在当期已经依照合同履行了赔偿或给付义务，或者已经到期终止合同，而结算出来的那部分保费。已赚保费等于上年度转回的未赚保费加上本年度入账保费减去本年度未赚保费。由此可知，已赚保费才是保险公司的实际保费收入。

4. 未赚保费

在会计年度终了时，保单有效期限尚未结束。因此，入账保费中与保险责任尚未终止的那部分业务相对应的保险费，称为未赚保费。严格来讲，其数额应按逐张保单在会计年度末的未到期天数来计算，又称未到期保费，是指某一年度的入账保费中应该用于支付下一年度发生的赔款的保费。因为保险业务是跨年度连续经营的，每一年度末决算时，当年签发的保单有许多尚未到期，可能在下一年度发生保险事故而赔款付出，因此当年的保费收入不能都用于支付当年发生的赔款，而必须提取一部分用于支付下一年度发生的赔款，从当年保费收入中提取的这一部分资金就是未赚取保费，实际上就是未到期责任准备金。

已赚保费数额取决于保单年度与当期会计年度重合的时间长短，未赚保费则取决于保单年度与下一期会计年度重合的时间长短。因此，在保险经营过程中，保险公司每年入账保费与实际保费收入是不相等的。

入账保费与实际保费收入的关系可以通过下述公式表示：

实际保费收入 = 已赚保费 = 入账保费 + 上年转回未赚保费 - 今年提取未赚保费

例如，某保险公司 2×19 年、2×20 年保费收入情况如表 7-1 所示。

表 7-1　　分保业务账单　　单位：万元

2×19 年度入账保费		2×20 年度入账保费	
已赚保费	未赚保费	已赚保费	未赚保费
10 000	5 000	25 000	10 000

则：2×20 年入账保费为：25 000 + 10 000 = 35 000（万元）

2×20 年实际保费收入为：(25 000 + 10 000) + 5 000 - 10 000 = 30 000（万元）

通过对入账保费的一加一减就更能准确地反映保险的实际收入和经营成果，体现了会计核算的经济收入与保险责任相对的配比原则。

二、保费收入的确认口径

（一）原则性口径

财险公司在接受投保人投保时，要根据适用的保费标准和投保人的保险金额，计算投保人应该交纳的保险费。保险公司会计对保费收入的确认口径，是在经保险合同签订双方同意并正式签订后，依照 CAS25 号原保险合同准则之第七条规定，同时符合以下三个条件时，给予确认：

1. 财险合同成立并开始承担相应的保险责任

保险合同成立是前提条件，但是保险合同成立并不意味着保险公司就开始承担相应的保险责任。比如，在某些保险合同如货物运输保险合同中，签订合同的日期与合同生效保险人开始承担保险责任的日期可能并不相同，在这种情况下签订合同当日就不能确认保费收入，而是应作为一项预收款，到真正开始承担保险责任日再转到保费收入项下。

2. 与财险合同相关的经济利益很可能流入

与保险合同相关的经济利益很可能流入保险公司是确认保费收入的一个必备条件。如果有确凿证据表明投保人不能按照保险合同规定期限和金额交纳保费时，保险人显然就不能确认保费收入。比如，某保险公司为某宾馆建设承保，其建设期间为 2 年，采取分期付款的方式收取保费，收款期也是 2 年。第 1 年如期收到保费，按规定可以确认保费收入；第 2 年，该公司获悉国家将下令禁止楼堂馆所的建设，该宾馆列入停建范围的可能性很大。在此情况下，保险公司在收到保费前不应确认保费收入。又如，某保险公司为某一企业财产承保，在会计期末发现企业经营状况不佳，很可能被破产清算，当有充分证据表明没有原先预期的把握来收取保费，在这种情况下，保险公司不应确认保费收入，而应该在实际收到保费时再予以确认。

3. 与财险合同相关的收入能够可靠地计量

假设承保条件改变或者保险标的保险价值发生变化，造成收入和相关成本难以确定的，保险公司则不能确认其保费收入，只有待新的情况出现，使得收入和相关成本可以可靠计量时，才能进行确认。

保费收取的方式主要有如下两种：一种是直接缴纳法，即投保人直接将规定的保险费以库存现金或银行存款形式缴纳给保险人；另一种是以投保人缴纳的储金的运用收益作为保费。

（二）实务性口径

根据 CAS25 号原保险合同准则之第八条规定，非寿险原保险合同，应当根据原保险合同约定的保费总额确定。保费收入的确认，关键视其是否满足保费收入确认条件，而不是视其是否一次性收取或分期收取。如果在起保日即承担全部保险风险，就应在起保日根据原保险合同约定的保费总额全额确认保费收入；否则，应在承担相应保险风险时确认保费收入。以下是几种需要注意的情况：

1. 一次性收取保费的合同

保险公司应当在保险合同约定的开始承担保险责任的日期，在满足保费收入确认的条件下，按照合同确定的应收金额确认保费收入，将所有应收但尚未收到的保费收入全额确认为应收保费。

2. 分期收取保费的合同

应当在保险合同成立日，在满足保费收入确认条件的前提下，按照合同确定的各期应收总额确认保费收入。保户每期交纳保费后，冲减相应的应收保费。

3. 几类非寿险原保险合同保费收入的确认

（1）储金业务合同。在保险合同成立并开始承担保险责任时，按照合同所承担的保险责任确认保费收入，返还给保户的本金和相应的投资回报应确认为负债；

（2）长期工程险。如果保险公司承担的保险责任或风险随工程的完工进度不断变化，公司随着承担保险责任的变化而对保费收入进行调整；

（3）与其他保险人共同承担风险的共保业务。按保险合同确定的总保费及承担风险的份额计算应得保费，确认保费收入。代第三方从投保人收到的款项或费用，应确认为负债。

三、保费收入的主要流程

（1）投保人向财险公司投保财产险业务时，应填写投保单。外勤人员收到投保单后，应详细审核投保单的各项内容，同时进行检验。内勤人员接到投保单后，认真审核，审核无误后填制保险单。

（2）缴费时，内勤人员填制“××险保费收据”缴费凭证，一式三联交投保人，投保人凭此向出纳人员缴款。保费收据填写要规范，机动车险要在摘要中注明车号或新车，分期缴费的要在摘要中注明是第几次缴款。保费收据后面要附保险单副本或复印件，预约统保的货运险要附统保协议，分期收款的每次缴款都要有保单复印件。

（3）出纳人员在收到投保人交来的库存现金或银行支票，并与内勤人员填制的保费收据后，在保费收据上加盖专用收讫章，并签名。第一联保费收据交投保人收执，第二联收据副本退内勤人员作为登记“××险分户卡”，第三联收据存根连同银行存款缴款回单，一并送交会计部门，会计人员据以进行会计处理。

（4）待每日对外营业结束前，会计部门收到业务部门汇总编制的“保费日报表”、保费收据存根及银行存款收账通知等附件，经对有关单证的内容进行审查无误后，即可编制记账凭证，办理入账。

四、保费收入的科目设置

1. “保费收入”科目

“保费收入”科目属于损益类，核算保险公司确认的保费收入。本科目可按保险合同和险种进行明细核算。保险公司确认的原保险合同保费收入，借记“应收保费”“预收保费”“银行存款”“库存现金”等科目，贷记本科目。非寿险原保险合同提前解除的，按原保险合同约定计算确定的应退还投保人的金额，借记本科目，贷记“库存现金”“银行存款”等科目。当发生再保险合同分保费收入确认时，借记“应收分保账款”科目，贷记本科目。在收到分保业务账单，按账单标明的金额对分保费收入进行调整，按调整增加额，借记“应收分保账款”科目，贷记本科目；调整减少额作相反的会计分录。期末，应将本科目余额转入“本年利润”科目，结转后本科目无余额。

2. “应收保费”科目

“应收保费”科目属于资产类，核算保险公司应向投保人收取但尚未收到的保险费。该科目属于资产类科目，其借方登记公司当期发生的应收保费及已经确认坏账并转销的以前年度应收保费当期又收回的金额，贷方登记收回的应收保费及确认为坏账而冲销的应收保费，期末借方余额表明公司有尚未收回的保费。本科目应按照险种、投保人进行明细核算，另外，也可根据需要增设“即期”和“逾期”两个二级科目。

3. “预收保费”科目

“预收保费”科目属于负债类，核算公司在保险合同成立并开始承担保险责任前向投保人预收的保险费。贷方登记预收的保费，借方登记保险责任生效、保费收入实现后转出的保费收入金额。期末余额一般在贷方，反映公司预收的保费。该科目应按投保人设置明细。

4. “保户储金”科目

“保户储金”科目属于负债类，核算保险公司在开展以投保人储金本金的增值额作为保费收入的保险业务时所收到投保人缴存的应返还的储金本金。本科目应按储金类型、投保人及险种设置明细。保险公司收到投保人交纳的储金时，贷记本科目，借记“银行存款”“库存现金”等科目，向投保人支付储金作相反的会计分录。本科目期末贷方余额，反映保险公司应付未付投保人储金。

五、保费收入的核算举例

以下根据财险公司经常发生的业务类型，分别举例说明其核算的处理：

（一）签发保单与收取保费同时进行的核算

【例7-1】某财险公司会计部门收到业务部门交来“货运险保费日报表”“保费收据”存根和“银行收账通知”，该业务为签单生效时收到全部保费。则其会计分录为：

借：银行存款　　80 000

　　贷：保费收入——货物运输险　　80 000

【例7-2】某财险公司会计部门收到业务部门交来的“保费日报表”或“保费收据”等有关单证，合同约定保费后期结算。由于保单签订后，双方的权利和义务即已确立，在会计上应记入“应收保费”科目，实际收到保费时冲减该科目。其会计分录为：

借：应收保费——某企业　　90 000

　　贷：保费收入——货物运输险　　90 000

待收到保费时，作如下结转分录：

借：银行存款（库存现金）　　90 000

　　贷：应收保费——某企业　　90 000

（二）预收保费业务的核算

如果投保人提前交费或交纳保费在前，承担保险责任在后，则应作为预收保费处理，在开始承担保险责任时再转入保费收入。

【例7-3】某财险公司核保部门核保同意为某电子集团公司为其管理人员100人投保1年期团体人身意外伤害险，保险金额为300 000元，每人交纳保费1 000元，合计100 000元。会计部门收到业务部门交来的“团体意外伤害险保费日报表”和“保费收据”存根以及银行收款通知，款项100 000元已经足额收到。该业务自下一年度1月1日起承担保险责任。其会计分录为：

（1）收到预收保费：

借：银行存款　　100 000

　　贷：预收保费——某电子集团公司　　100 000

(2) 次年 1 月 1 日，将预收保费转为实现的保费收入：

借：预收保费——某电子集团公司　　100 000

　　贷：保费收入——团体意外伤害险　　100 000

（三）保户储金收益转作保费收入的核算

保户储金收益转作保费收入的业务，就是财险业务中的两全保险（家财两全险），具有保险和储蓄双重性质，保险期满，如果没有发生保险事故，投保人到保险公司领回投保时所缴纳的全部保险储金的本金。从性质上讲，保户储金本身不是保费收入，而是公司的一项负债，公司只能通过运用保户储金产生保费收入。投保人在投保时，按保险金额与保险公司规定的储金比例一次交存保险储金，保险公司将该保险储金作为定期存款存入银行（期限一般为 3 ~ 5 年）或进行债券投资，按保户储金金额及预定利率计算利息或投资收益作为保费收入。即每期期末，保险公司根据保户储金的平均余额乘以预定利率计算当期保费收入。

【例 7 – 4】 某财险公司会计部门收到业务部门交来“3 年期家财两全险保户储金日汇总表”“储金收据”及“银行储金专户收账通知”计 200 000 元，预定年利率为 5.40%，单利计算，3 年后一次还本付息。其会计分录为：

(1) 收到保户储金存入银行，其会计分录为：

借：银行存款——储金专户　　200 000

　　贷：保户储金——家财两全险　　200 000

(2) 计算当年保户储金应收利息 10 800 元，转作保费收入。其会计分录为：

借：应收利息　　10 800

　　贷：保费收入——家财两全险　　10 800

(3) 第 3 年，家庭财产两全保险的保单到期，3 年期专户存储的定期存单转为活期存款，并将银行存款归还保户储金。其会计分录为：

借：银行存款——活期户　　232 400

　　贷：银行存款——储金专户　　200 000

　　　　应收利息　　21 600

　　　　保费收入——家财两全险　　10 800

借：保户储金——家财两全险　　100 000

　　贷：银行存款——活期户　　100 000

（四）中途加保的核算

保险合同成立并开始承担保险责任后，在保单有效期内，如遇到合同约定的特定事项，比如保险标的升值、财产重估等原因，通常会引起保户中途会要求增加保险价值，即前途加保。中途加保的保费收入核算与投保时保费收入的账务处理相同。

【例 7－5】 某财险公司会计部门收到业务部门传来的“批单”“保费收据”存根及“银行收账通知”，由于某电子科技公司投保的资产因重估增值而引起保险金额上升，按保费率计算应追加保费 60 000 元。则需编制如下分录：

借：银行存款　　60 000

　　贷：保费收入——保险公司财险　　60 000

（五）中途退保的核算

投保人在保险责任开始后要求提前解除原保险合同，保险人可以收取自保险责任开始之日起至解除原保险合同日止期间的保险费，剩余的应当作为退保费退还给投保人。中途退保或者部分退保，应按已保期限与剩余期限的比例计算退保费，退保费直接冲减保费收入。退保时保户必须将保费收据、保险单正本退回，尚结欠的应收保费则直接从退保费中扣除。如果投保人是在保险责任开始前提出解除合同的，应当退还预收的保险费，并收投保人手续费。

【例 7－6】 某保险公司投保了财险综合险，由于经营环境发生变化，保险公司决定将厂址迁移外地，以增强保险公司的综合竞争力，故申请退保。根据业务部门传来的“批单”，应退保 40 000 元，但尚有 25 000 元的保费未缴纳，会计部门开出转账支票支付该保险公司退保费 15 000 元。需编制如下分录：

借：保费收入——财险综合险　　40 000

　　贷：应收保费——某保险公司　　25 000

　　　　银行存款　　15 000

第三节　财险公司业务支出核算

在财险业务的正常运营中，与收入持续发生相对应的必然是各种支出的相继发生。财险公司的业务支出通常需要发生赔款支出、手续费支出、营业税金及其附加、销售费用等，还需要提取保险保障基金。此外，可能还会发生利息支出、其他支出和营业外支出。

一、保险赔款支出的核算

（一）赔款支出的内容

赔款支出是指短期保险业务（包括财险业务、短期意外伤害险业务和短期健康险业务），因合同约定的保险事故发生，即保险标的遭受损害或发生意外伤害、疾病，保险公司必然按保险合同约定偿付投保人的赔款以及处理保险事故的相关费用支出。

财险公司的常见赔款支出主要包括：直接赔款、直接理赔勘查费、间接理赔勘查费。此外，财险公司还会发生摊回分保赔款支出、收回错赔骗赔款、损余物资折价及代位追偿款等资金回收，应于款项实际收到时冲减赔款支出。以下具体分析其相应的内容：

（1）直接赔款，是指根据保险合同约定支付给被保险人或收益人的赔款，应在实际支付时确认，直接计入相关险种的成本。

（2）直接理赔勘查费，是指在保险事故勘查理赔过程中发生的能够准确分清到某个赔案的相关费用，包括专家费、律师与诉讼费、损失检验费、评估费以及其他直接费用。直接理赔勘查费，应按照实际发生额直接计入相关险种的赔款支出。

（3）间接理赔勘查费，是指保险事故勘查理赔过程中发生的与保险事故勘查定损直接有关，但是不能准确分清到具体赔案的相关费用，包括车辆使用费、差旅费、调查取证费以及其他相关费用。间接理赔勘查费，应按当期赔案件数量或者其他合理方法分摊计入相关险种的赔款支出。

除了上述三项经常性赔款支出外，还存在其他几项与支出相关的项目需要注意：

（1）摊回分保赔款支出，是指分出分保业务发生赔款后收到的分入公司支付的应由其承担的赔款支出，该项目应按实际收到的金额直接冲相关险种的减赔款支出。

（2）收回错赔骗赔款，是指在保险理赔过程中，发生的错赔骗赔案件，公司发现问题后依法追回的款项，应按实际收回的错赔骗赔款项，直接冲减相关险种的赔款支出。

（3）损余物资折价，是指保险人因承担赔付保险金责任而取得的残损物资，应当按照同类或类似资产的市场价格计算确定的金额确认为资产，并冲减相关险种当期的赔款支出。若处置损余物资收到的金额与账面金额有差额，则需调整当期的赔款支出。

（4）代位追偿款，是指因第三者对保险标的的损害而造成保险事故的，保险人自向被保险人赔偿保险金之日起，在赔偿金额范围内代位行使被保险人对第三人请求赔偿的权利，即保险人向被保险人给付保险金后，即可自动取得代位追偿权，无需被保险人的授权和确认。在我国保险业务实践中，保险人在支付保险金的同时，往往要求被保险人签署赔款收据和权益让与书，作为被保险人将对第三人损害赔偿请求权让渡给保险人的有效证明，虽然这在法律上并非必需的。代位追偿款在满足一定条件的情况下应确认为一项资产，并直接冲减相关险种当期的赔款支出，若收到应收代位追偿款时，保险人收取的金额与相关应收代位追偿款账面价值有差额，则需调整当期赔款支出。

（二）赔款支出的业务流程

赔款支出体现了保险公司经济补偿的基本职能，也是投保人出现保险事故后从保险公司得到的经济补偿，赔款支出作为保险公司的主要成本开支项目，理应成为保险公司重点控制和管理的项目。由于保险事故的发生频率及损失程度很大程度上受到自然因素和社会环境的影响，同时，一些保险理赔具有较强的专业性，保险事故的勘查定损需要依靠社会各专业机构进行测定和评估，凡此种种，都会加剧保险赔款支出管理的难度。因此，保险公司必须认真核实赔款支出，在支付赔款时必须要做到程序严格、手续完备、凭证齐全，防止滥赔、骗赔、人情赔款等现象的发生。具体来说，赔款支出包括以下业务程序：

（1）受理案件。它包括接受索赔报案时的报案登记、核对保单、报告案情和登记立案工作。

（2）现场勘查。经过确认事故发生在保单责任期限内、估计属于保单责任范围内的事故之后，理赔人员应亲赴现场，了解事故发生的原因与经过，并估算其损失程度。

（3）责任审核。对赔案是否属于保险责任范围进行确认，包括保单真伪审核、责任期限审核（以防倒签单）、保险利益、近因、代位追偿权等事项的核对，最后作出赔偿范围的结论。

（4）赔款计算。受损财产经过施救、保护、整理后，由被保险人提供财产损失清单和费用支出的原始单据，再由理赔人员根据现场的情况逐一核实，最后依据损失补偿原则及三个限额确定赔款金额。

（5）赔付结案。保险公司应在发出领取保险金通知单 10 日内向投保方支付赔款，否则须向投保方支付滞赔金。

（三）赔款支出的科目设置

1. “赔付支出”科目

“赔付支出”科目属于损益类科目，核算保险公司支付的财险原保险合同赔付款项。本科目应当按照原保险合同的险种进行明细核算。保险公司在确定支付赔付款项金额或实际发生理赔费用的当期，借记本科目，贷记“银行存款”“库存现金”等科目。承担赔付保险金责任应当确认的代位追偿款，借记“应收代位追偿款”科目，贷记本科目。收到应收代位追偿款时，应按实际收到的金额，借记“库存现金”“银行存款”等科目，原已计提坏账准备的，借记“坏账准备”科目，按应收代位追偿款的账面余额，贷记“应收代位追偿款”科目，按其差额，借记或贷记本科目。承担赔偿保险金责任取得的损余物资，应按同类或类似资产的市场价格计算确定的金额，借记“损余物资”科目，贷记本科目。处置损余物资，应按实际收到的金额，借记“库存现金”“银行存款”等科目，按损余物资的账面余额，贷记“损余物资”科目，按其差额，借记或贷记本科目。期末，应将本科目余额转入“本年利润”科目，结转后本科目无余额。赔付支出需在利润表上单列披露。

2. “应收代位追偿款”科目

“应收代位追偿款”科目属于资产类科目，核算保险公司按照财险原保险合同约定承担赔付保险金责任确认的应收代位追偿款。本科目应当按照对方单位（或个人）进行明细核算。承担赔付保险金责任应当确认的代位追偿款，借记本科目，贷记“赔付支出”科目。收回应收代位追偿款时，应按收到的金额，借记“库存现金”“银行存款”等科目，已计提坏账准备的，借记“坏账准备”科目，按其账面余额，贷记本科目，按其差额，借记或贷记“赔付支出”科目。应收代位追偿款的核销和转回，应当比照“坏账准备”科目的相关规定进行处理。本科目期末借方余额，反映保险公司已确认但尚未收回的应收代位追偿款，其具体情况需在报表附注中予以列示。

3. “损余物资”科目

“损余物资”科目属于资产类科目，核算保险公司按照财险原保险合同约定承担赔偿保险金责任取得的损余物资。本科目应当按照损余物资种类进行明细核算。损余物资发生减值的，在本科目设置“跌价准备”明细科目进行核算，也可以单独设置“损余物资跌价准备”科目进行核算。承担赔偿保险金责任取得的损余物资，按原保险合同准则计算确定的金额，借记本科目，贷记“赔付支出”科目。处置损余物资时，按实际收到的金额，借记“库存现金”“银行存款”等科目，已计提跌价准备的，借记本科目（跌价准备），按其账面余额，贷记本科目，按其差额，借记或贷记“赔付支出”科目。本科目期末借方余额，反映保险公司承担赔偿保险金责任取得的损余物资的价值。损余物资的具体情况需在报表附注中予以列示。

（四）赔款支出的核算举例

1. 当时结案的赔款支出核算

保险公司收到被保险人赔偿申请及各项有关材料后，应进行认真审核，确定赔偿责任，计算应赔金额，经批准后及时支付赔款。

【例7-7】东方家电有限公司向某财险公司投保的一台机器设备出险，保险公司会计部门收到业务部门交来“赔款计算书”和被保险人签章的“赔款收据”，应赔款188 000元，经审核，开出转账支票支付赔款。其会计分录为：

借：赔付支出——赔款支出——企业财产险	188 000	
贷：银行存款		188 000

【例7-8】某大学投保1年期学生住院医疗险，每人保额为100 000元。投保后该校有一学生因患疾病住院治疗，发生保单责任范围内的医疗费用80 000元，保险人按照分级累进计算给付保险金67 000元，以银行支票支付。则应编制如下分录：

借：赔付支出——赔款支出——医疗险	67 000	
贷：银行存款		67 000

2. 预付赔款的核算

在处理赔案的过程中，有些赔案损失较大，且案情复杂，由于种种原因不能当时或短时间内核实损失确定赔款金额。但是为了尽快恢复受损单位和个人的生产和生活，保险公司按估赔的一定比例，先预付一部分赔款，待核实结案时再一次结清。通常，预付赔款金额不得超过估损金额的50%，而且不能跨年度使用，结案率至少在85%以上。

【例7-9】 湖南某电网在2×20年初的雪灾中发生严重损失，一时不能结案，但是为了使电网尽快恢复生产，保险公司按预计损失的50%，以支票预付赔款800 000元。应编制如下分录：

借：预付赔款——企业财产险　　1 600 000

　　贷：银行存款　　1 600 000

3个月后，保险公司调查核实确定该厂损失为3 300 000元，于是开出支票1 700 000元结清此案。分录为：

借：赔付支出——赔款支出——企业财产险　　3 300 000

　　贷：预付赔款——企业财产险　　1 600 000

　　　　银行存款　　1 700 000

3. 理赔勘查费用的核算

在财险案件的理赔过程中，经常会发生直接和间接的理赔勘查费用，这类也在"赔款支出"科目核算。

【例7-10】 某商场发生火灾，财险公司请来某知名公估行进行评估，以银行支票支付评估费18 000元。应编制如下分录：

借：赔付支出——赔款支出——企业财产险　　18 000

　　贷：银行存款　　18 000

4. 损余物资的核算

保险财产遭受保险事故时，多数情况下是部分受损，因此，还有具有一定利用价值的"损余物资"。损余物资一般应归被保险人，其价值在赔款中予以扣除；如果被保险人不愿接受，保险公司可按全额赔付，损余物资归保险公司处理，处理损余物资的收入冲减赔款支出。损余物资在没有处理之前，要妥善保管并纳入资产核算范围，根据同类或类似市场价格计算确定其价值，记录损余物资的金额。

【例7-11】 某百货大楼发生火灾，经计算财产损失应赔款1 600 000元，经分析与鉴定，确定保险公司应得的损余物资折价90 000元，归商场所有，其余赔款由保险公司全部支付。其会计分录为：

借：赔付支出——赔款支出——财产综合险　　1 510 000

　　贷：银行存款　　1 510 000

【例 7－12】 某日化公司的设备发生了保险事故，保险公司已经全额赔偿，对于收回的损余物资，保险公司一时无法处理，作为物料用品暂存。此时，应按估价 110 000 元入账。分录如下：

借：损余物资　　110 000
　贷：赔付支出——赔款支出——财产综合险　　110 000

以后变卖损余物资，得到价款 120 000 元并存入银行，分录如下：

借：银行存款　　120 000
　贷：损余物资　　110 000
　　赔付支出——赔款支出——财产综合险　　10 000

若变卖损余物资，得到的价款为 90 000 元，分录如下：

借：银行存款　　90 000
　赔付支出——赔款支出——财产综合险　　20 000
　贷：损余物资　　110 000

5. 应收代位追偿款的核算

当保险标的损害是由第三方造成，且投保方将向第三方追偿的权利转让给出保险公司时，保险公司自向投保人赔偿之日起，有权在赔偿金额范围内代位行使投保方对第三方请求赔偿的权利。这种代为追偿款在满足一定条件时应确认为一项资产，并直接冲减赔付支出。保险人承担赔付保险金责任应收取的代位追偿款，同时满足下列条件的，应当确认为应收代位追偿款：一是与该代位追偿款有关的经济利益很可能流入保险人公司；二是该代位追偿款的金额能够可靠地计量。当然，判断代位追偿款能否收回时，应当根据以往的经验、债务人的财务状况和现金流量等相关信息进行合理估计，并直接冲销赔付支出。

【例 7－13】 亚太保险公司承保的货物运输险发生保险事故，货物损失 200 万元，但是船运公司负有直接责任，需要承担赔偿责任 120 万元，保险公司在赔付了 200 万元保险金后，享有向船运公司代位追偿的权利，满足确认条件。则会计处理如下：

借：赔付支出——赔款支出——货运险　　2 000 000
　贷：银行存款　　2 000 000
借：应收代位追偿款　　1 200 000
　贷：赔付支出——赔款支出——货运险　　1 200 000

收到追偿款时：

借：银行存款　　1 200 000

　　贷：应收代位追偿款　　1 200 000

6. 错赔或骗赔案件的核算

在保险理赔过程中，有时会发生错赔或骗赔案件，保险公司发现后应依法查处并追回赔款，会计上采取冲减赔款支出的账务处理。

【例7－14】 某机动车保险赔款案发生后被发现是错赔案，由于工作失误多赔了4 000元。经与保户交涉，退回了多收的赔款。分录如下：

借：库存现金　　4 000

　　贷：赔付支出——赔款支出——机动车辆险　　4 000

二、保险手续费支出的核算

（一）手续费支出的内容

财险公司的手续费支出是指公司支付给受其委托并在授权范围内代为办理保险业务的保险代理人或保险经纪人的手续费。通常，保险公司除了依靠本保险公司的职员直接招揽保险业务外，还广泛地利用保险代理人争取保险业务，这是扩大市场份额、增强保险网络的有效渠道。保险代理人是指根据保险人的委托，向保险人收取手续费，并在保险人授权的范围内代为办理保险业务的单位和个人。

保险公司可以根据某一险种、某一条款的规定支付比例，结合不同形式代理人确定代理手续费支付标准，但代理手续费支付总额最高不得突破实收保费总额的8%。保险公司支付手续费时，手续费的支付应按实际收到保费的规定比例付给，必须由业务部门按规定的比例计算，经有关人员签章审批后才能支付，公司直销保险业务不得支付代理手续费。

在保险公司内部，严禁公司内部业务人员计提手续费，不得擅自提高或变相提高代办手续费标准，也不得扩大支付代办手续费范围。除个人代理外，不得以现金方式支付手续费。代理手续费必须按比例控制支付，据实列支，年终有支付对象的才能计提应付手续费，严禁超范围计提手续费和乱支乱用手续费。手续费支出应附列明代理险种、保单号码、保费收入、手续费率、手续费支出额、代扣个人所得税以及代理签名等项目的清单。

（二）手续费支出的科目设置

1. “手续费及佣金支出”科目

"手续费及佣金支出"科目属于损益类科目，核算保险公司按规定支付给代理保险业务的代理人的手续费。借方登记发生的手续费支出或计提应付未付的手续费，贷方登记期末结转"本年利润"科目的数额，结转后该科目无余额。该科目应按险种设置明细账。

2. "应付手续费及佣金"科目

"应付手续费及佣金"科目核算保险公司因保险代理业务而发生的应付未付的手续费支出。该科目属于负债类科目，其贷方登记发生的应付手续费，借方登记实际支付的应付手续费，余额在贷方，反映公司尚未支付的手续费。该科目应按代理人设置明细账。

（三）手续费支出的核算举例

【例7-15】某保险代理人本月共收机动车辆保险保费180 000元，全部划到保险公司账户，保险公司按7%支付手续费12 600元，代扣个人所得税100元，开出转账支票付讫。保险公司应编制会计分录如下：

收到保费时：

借：银行存款	180 000	
贷：保费收入——机动车辆保险		180 000

支付手续费时：

借：手续费及佣金支出——机动车辆保险	12 600	
贷：银行存款		12 500
应交税金——应交个人所得税		100

三、税金及附加的核算

（一）税金及附加的内容

税金及附加是指保险公司应由应税收入负担的税金及附加，包括增值税、城市维护建设税和教育费附加等。

（1）增值税。增值税是针对保险公司在其经营过程中从事增值税税目所对应的增值活动而征收的税额。增值税从其计税原理上而言是就金融服务环节的新增价值而征收的一种价外税。通常，在取得一般纳税人资格后，根据当期销项税额与进项税额之差来计算，即一般计税方法，其相应税率为6%。另外，部分特定项目可以选择简易计税方法来计算征收增值税，即可按照销售额和征收率（3%）计算应纳税额，同时不得抵扣进项税额。

保险公司的增值税应税项目，包括但不限于保险服务、贷款服务、金融商品转让等。比如：销售符合规定的计税保险产品、保单质押贷款利息收入、保单复效利息收入、买入返售金融资产利息收入、收到固定利息或收益的金融商品利息收入等，股票、债券、基金、项目支持计划、资管产品等收益等。

（2）城市维护建设税。城市维护建设税是为了加强城市维护建设，面向有经济收入的单位和个人收取的税金。它的计税依据是保险公司的应纳增值税税额。

（3）教育费附加。教育费附加是按公司应纳营业税税额的一定比例计算的，用于发展地方教育事业、扩大地方教育经费的资金来源的基金，它不是一种税，而是一种费。与增值税一起缴纳，其征收率为3%。

（二）税金及附加的科目设置

1．“税金及附加”科目

“税金及附加”科目属于损益类科目，核算公司按应税保费收入计算的营业税及附加。该科目属于损益类（费用）科目，其借方登记公司按规定计算的营业税、城市维护建设税、教育费附加，贷方登记期末结转“本年利润”科目的数额和公司收到的减免税金数，结转后该科目无余额。该科目应按险种设置明细账。对利息收入、咨询服务收入、代勘查收入、转让无形资产收入所征收的税费及附加在“其他支出”列支；对销售不动产收入征收的税费及附加在“固定资产清理”列支。

2．“应交税费”科目

“应交税费”科目属于负债类科目，核算公司应交纳的各种税费。该科目属于负债类科目，其贷方登记按规定比例计算的应交税金和退回的多交税费，借方登记实际交税或按规定补交税费，余额一般在贷方，表示应交未交的税费。如果余额在借方，表示多交的税费。该科目应按税金种类设置明细账。

四、保险业营业费用的核算

营业费用是指公司在保险业务经营及管理工作中发生的各项费用，包括业务管理费、业务宣传费、防预费、业务招待费、固定资产折旧费、提取的坏账准备、理赔勘查费等。

业务管理费是指公司在办理保险业务过程中发生的各项业务费用和管理费用，具体包括以下内容：邮电费、印刷费、差旅费、会议费、水电费、租赁费、修理费、保险费、外事费、公杂费、法律咨询费、审计费、绿化费、宣教费、低值易耗品摊销、无形资产摊销、长期待摊费用摊销、其他资产摊销、董事会费、职工工资、工会经费、职工福利费、职工教育经费、劳动保险费、劳动保护费、社会统筹保险费、车辆使用费、银行结算费、取暖降温费、安全防卫费、技术转让费、研究开发费、电子设备运转费、诉讼费、公证费、住房公积金、上交管理费、印花税、房产税、车船税、土地使用税、同业公会会费、学会会费、席位费、咨询服务费和其他费用，反映除上述费用以外的业务及管理费。

业务宣传费是指为开展业务宣传活动所支付的费用，通常按照公司规定的标准掌握使用。开业不满三年的公司，按不超过当年营业收入的9‰掌握使用；开业满三年以上的公司，按不超过当年营业收入的6‰掌握使用。另外，动用宣传费购买实物宣传品在总额、单价上应按规定进行，实物宣传品应与物料用品严格区分开，而且应加强对实物宣传品的管理，应有备查登记。

防预费是指反映公司为增强被保险人的防灾防损能力，减少或避免财产损失而购置必要的设施和器材所支付的费用，以及开展防灾防损培训的费用和奖励在防灾防损工作中有突出贡献的单位和个人的费用，按不超过当年自留保费收入的一定比例内控制使用。

业务招待费是指公司为拓展业务而发生的交际招待费用，按不超过营业收入3‰掌握使用。

固定资产折旧费是指按有关规定提取的固定资产折旧费。

提取的坏账准备是指按规定提取的坏账准备。

理赔勘查费是指公司不在保险责任范围内的理赔勘查支出和在保险责任范围内的正当拒赔的赔案所发生的理赔勘查支出。公司对承保的保险标的损失进行估损鉴定等发生的支出中，保险责任范围内赔案不成立的勘查支出。

为了核算和监督各项费用的发生情况，保险公司应设置“营业费用”科目。该科目属于“损益类”科目，其借方登记发生的销售费用，贷方登记期末结转“本年利润”的数额，结转后该科目无余额。该科目应按费用项目设置明细账。

五、保险业保障基金的核算

（一）保险保障基金的提取和使用

2005年1月5日中国保监会正式颁布了《保险保障基金管理办法》规定，

所有境内合法保险公司，除其在境外直接承保的业务和从境外分入的业务、政策性保险业务和中国保监会认定不属于保险保障基金救济范围的其他保险业务外，分别应当按照其财产险、意外险和短期健康险业务自留保费的1%，有保证利率的长期寿险和长期健康险业务自留保费的0.15%，无保证利率的长期寿险业务自留保费的0.05%缴纳保险保障基金。保险公司缴纳保险保障基金，实行按年计算、按季预缴。当财险公司、综合再保险公司和财产再保险公司的保险保障基金余额达到公司总资产6%，人寿保险公司、健康保险公司和人寿再保险公司的保险保障基金余额达到公司总资产1%时可暂停缴纳。保险保障基金的资金运用，限于银行存款、买卖政府债券和中国保监会规定的其他资金运用形式。保险保障基金不得运用于股权投资、房地产投资和其他各类实业投资。

《办法》明确规定，保险公司被撤销或被宣告破产，其清算财产不足以偿付保单责任的，保险保障基金按照比例补偿限额与绝对数补偿限额相结合的方式对保单持有人或保单受让公司进行救济。具体来说，对非寿险保单，保单持有人的损失在5万元（含5万元）以内的部分予以全额救济；超过5万元的部分，保单持有人为个人的，救济金额为超过部分金额的90%，保单持有人为机构的，救济金额为超过部分金额的80%。

寿险公司被撤销或被宣告破产，其持有的人寿保险合同必须依法转让给其他寿险公司。保险保障基金向人寿保单的受让公司提供的救济金额，如果保单持有人为个人，以转让后其保单利益不超过转让前保单利益的90%为限；如果保单持有人为机构，以转让后其保单利益不超过转让前保单利益的80%为限。中国保监会在保险业面临重大危机、严重危及社会公共利益和金融稳定的情形下，可以动用保险保障基金。

（二）保险保障基金的科目设置

1.“提取保险保障基金”科目

“提取保险保障基金”科目属于损益类科目，核算公司按规定提取的保险保障基金。该科目，其借方登记提取的保险保障基金，贷方登记期末结转“本年利润”科目的数额，结转后该科目无余额，该科目应按险种设置明细账。

2.“保险保障基金”科目

“保险保障基金”科目属于准权益类科目，核算公司按规定提取的保险行业风险基金。该科目属于负债类科目，其贷方登记提取的保险保障基金和资金运用转增的保险保障基金，借方登记动用的保险保障基金，余额在贷方，反映公司保险保障基金结余。保险保障基金主要用于保险公司清算时清偿债务的，也就是说所有者对该基金有特定的要求权。

（三）保险保障基金的核算举例

【例 7－16】 某财险公司第一季度保费收入 20 000 000 元，分出保费 2 000 000 元，从其他保险公司分入保费 300 000 元，现需要计提其保险保障基金。

提取保险保障基金数额：（20 000 000 － 2 000 000 + 300 000）×1% = 183 000（元）

编制会计分录如下：

借：提取保险保障基金　　183 000

　贷：保险保障基金　　183 000

【例 7－17】 保险保障基金专户存储实现利息 800 万元，转增保险保障基金。应编制会计分录如下：

借：银行存款　　8 000 000

　贷：保险保障基金　　8 000 000

根据保险公司财务制度规定，保险公司应从税后利润中提取一定比例的总准备金，会计制度上相应增加了提取总准备金的会计处理，提取总准备金时，借记"利润分配——提取总准备金"科目，贷记"总准备金"科目。

六、存出资本保证金的核算

《保险法》规定，保险公司成立后应当按照其注册资本总额的 20% 提取保证金，存入金融监督管理部门指定的银行，除保险公司清算时用于清偿债务外，不得动用。

根据准则应用指南之规定，为了核算保险公司存出资本保证金的需要，相应增加了"存出资本保证金"这一会计科目的会计处理。

"存出资本保证金"属于资产类科目，专门核算保险公司按规定比例缴存的资本保证金。当保险公司存出资本保证金时，借记本科目，贷记"银行存款"等科目。本科目期末借方余额，反映保险公司缴存的资本保证金。

第四节　财险公司责任准备核算

财险公司业务准备金是保险公司为履行其承担的保险责任从所收取的保

费中提取的资金准备，也是基于对保险公司非寿险业务保单未了责任的财务度量。财险公司非寿险业务的保单责任，可以按照有效保单约定的保险事故是否已经发生分为两个部分：仍有可能发生保险事故的部分称为未到期责任，需要提取未到期责任准备金；已经发生保险事故但尚未结案需要进行理赔的部分，称为未决赔款责任，需要提取未决赔款准备金；除此以外，还可能根据需要提取其他准备金。CAS25 号原保险合同准则规定，在具体确认非寿险保费收入的当期，保险人应当按照保险精算确定的金额提取未到期责任准备金，作为保费收入的调整项目，并作为未到期责任准备金负债；在非寿险保险事故发生的当期，保险人应当按照保险精算确定的金额，提取未决赔款准备金，计入当期损益，并确认未到期责任准备金负债。也就是说在签署保险合同承诺对投保人未来保险事故承担责任的会计期间，应该根据收到的保费确认当期和以后会计期间各自应该分享的保费收入，即将整个保费收入在当期与未来会计期间进行分配，这就是未到期保险责任的经济内涵；而到了真正发生非寿险保险事故的会计期间，还需要根据具体情况提取未决赔款准备金，即已经发生保险事故时，需要尽快提取赔款准备金，将这种责任尽快体现在会计的准备金体系中。

现列出财险公司保险业务责任准备金基本态势如图 7－1 所示。

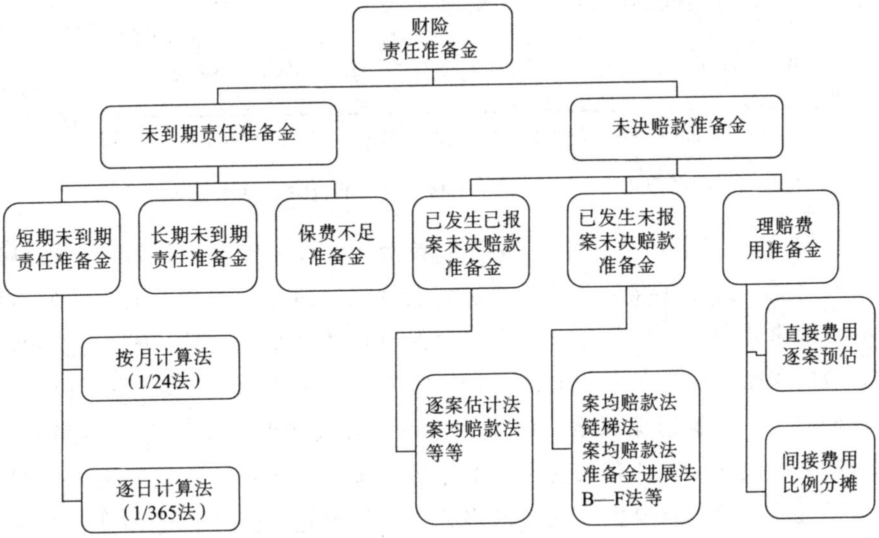

图 7－1　财险公司保险业务责任准备金基本态势图

一、未到期责任准备金的核算

（一）未到期责任准备金的性质与内容

未到期责任准备金是指保险公司为尚未终止的非寿险保险责任提取的准备金。包括保险公司为保险期限在1年以内（含1年）的保险合同项下尚未到期的保险责任而提取的准备金，以及为保险期限在1年以上（不含1年）的保险合同项下尚未到期的保险责任而提取的长期责任准备金。根据CAS25号原保险合同准则第十条规定，新的非寿险公司未到期责任准备金是在原来未到期责任准备金（即短期未到期责任准备金）口径的基础上，包括了长期责任准备金和保费不足准备金。以下首先分项分析其基本内容：

（1）短期未到期责任准备金。指保险公司为承担1年期以内（含1年）保险业务的未来保险责任，从本期尚未到期的保费中提取的以备下年度发生赔款时支付的准备金。由于保险合同年度和会计年度通常是不一致的，因此，在会计资产负债表日，就不能把当期所收取的保险费全部当作保费收入处理，对于保险责任尚未届满，应属于下年度的部分保险费，必须以准备金形式提存出来。

我们可以通过一个简单的图来说明未到期责任准备金与保单生效、事故发生、保单终止之间的时间关系，见图7－2。

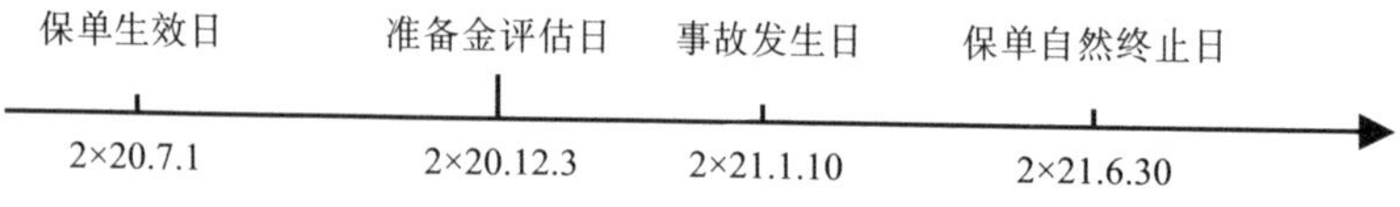

图7－2　财险公司未到期责任准备金示意图

以图为例，横轴为时间轴。由于准备金评估日在保单生效日与保单自然终止日之间，因此在准备金评估日进行会计确认时，保单仍然有效。如图所示，保险事故发生在准备金评估日之后保单自然终止日之前，其发生必然引起相应的索赔，这样在准备金评估日保险公司必须要承担未来索赔引起的责任；同时还应承担退保风险，即如果保单持有人在保单未了责任期间退保，则保险公司应向保单持有人退还自退保日到保单自然终止日之间的未满期保费。因此，在评估日要提取相应的准备金来反映这一责任，这种准备金称为未到期责任准备金。这就是未到期责任准备金的真正内涵所在。

（2）长期责任准备金。指按照业务年度结算损益的保险业务（如出口信用保险、长期工程险、再保险等)，在未到结算损益年度之前，按照业务年度经营收支差额提存的准备金。保险公司除实行按会计年度结算损益外，对部分特殊业务可以按照其业务年度结算损益。因为这些业务的保险金额和风险一般较大，按业务年度结算损益更能真正反映长期险的经营结果。按业务年度结算损益，亦即实行多年期结算长期损益，需要根据业务性质确定核算年限，如3年、5年和7年等。非结算损益年度的收支差额，全额作为长期责任准备金提存，不确认利润，并于次年转回滚存到结算损益年度终了时结算损益。因此，在业务年度内、结算年度前，逐年如此滚动提存，形成稳定经营、应付长期财险业务巨额风险的资金准备。

(3) 保费不足准备金。指保险公司所提取的未赚保费准备金不足以承担未来保险责任时，而补充提取的准备金，它是公司总部专用项目。

(二) 未到期责任准备金的提取与评估

1. 未到期责任准备金的提取管理

保险公司在提取责任准备金时，需要注意其确认时间、金额确认、项目列支和后续调整。一般而言，在确认时间上，准备金确认是在确认保费收入的当期；在金额确认上，需要保险精算提供准备金数据；在财务列报上，准备金作为“保费收入”的减项，其实质就是要确认一种特殊负债；此外，在资产负债表日，需要对准备金进行充足性测试，并相应进行账务调整。

尤其需要注意的是，CAS25号原保险合同准则规定，保险公司评估的责任准备金应当以分保前的金额列示，应当从再保险接受人摊回的部分作为再保险资产列示。这一点和原来的会计处理有较大区别。

2. 未到期责任准备金的评估方法选择

第一，财险公司开展的财险业务和意外伤害保险业务，应遵照执行中国保监会颁布的《保险公司非寿险业务准备金管理办法（试行)》（保监会令［2004］第13号，以下简称13号令）及其实施细则，采用1/24毛保费法或1/365毛保费法评估，对于某些特殊险种，可以根据其风险分布状况采用其他更为谨慎、合理的方法。

第二，保险公司开展的短期健康保险业务，应当按《健康保险管理办法》（保监会令［2006］第8号，以下简称8号令的）规定，采用1/24毛保费法、1/365毛保费法进行评估，或根据风险分布状况可以采用其他更为谨慎、合理的方法。不过，采用其他方法提取的未到期责任准备金不得低于前两种方法所得结果的较小者。

第三，短期健康保险未到期责任准备金的提取金额应当不低于下列两者中较大者：(1) 预期未来发生的赔款与费用扣除相关投资收入之后的余额；(2) 在责任准备金评估日假设所有保单退保时的退保金额。

3. 常用评估方法的技术处理

目前，常用评估方法有两种：

第一，1/24 毛保费法，即月平均估算法。是假设当月签发保单的有效期为半个月或者保单保费的支付发生在当月的月中而提取未到期责任准备金的方法。公式为：

未到期责任准备金 = (签发保单月份 ×2 - 1) /24 × 该业务的保费收入

这种方法核算未到期责任准备金的特点是，每月开出保险单时，当月按保费的 23/24 计提未到期责任准备金，随着保险责任期限的逐渐缩短而逐月按 2/24 转回，即将大部分保费通过计提准备金的方式事后逐月反映为利润。

第二，1/365 毛保费法，即逐单逐日计算法。即根据每张保单第 2 年的有效天数占整个责任期限的比例逐笔计算未到期责任准备金，其优点是计算准确，但是工作量巨大，操作起来困难。计算公式为：

未到期责任准备金 = 第 2 年有效天数/保险期天数 × 该业务的保费收入

(三) 未到期责任准备金的科目设置

1. “未到期责任准备金” 科目

“未到期责任准备金” 科目属于负债类科目。核算公司为承担 1 年期以内(含 1 年) 保险业务的未来保险责任而提存的准备金，即非寿险原保险合同未到期责任准备金，包括非寿险原保险合同中短期未到期责任准备金、长期责任准备金和保费不足准备金。再保险接受人提取的再保险合同分保未到期责任准备金，也在本科目核算。保险公司在确认原保费收入、分保费收入的当期，应按保险精算确定的未到期责任准备金，借记“提取未到期责任准备金”科目，贷记本科目。资产负债表日，按保险精算重新计算确定的未到期责任准备金与已确认的未到期责任准备金的差额，借记本科目，贷记“提取未到期责任准备金”科目。原保险合同提前解除的，按相关未到期责任准备金余额，借记本科目，贷记“提取未到期责任准备金”科目。本科目期末贷方余额，反映本期提存尚未转回的未到期责任准备金。本科目应按险种设置明细账，并应在报表中单列项目反映。

2. “提取未到期责任准备金”科目

本科目与前述“未到期责任准备金”科目相对应，本科目核算保险公司提取的非寿险原保险合同未到期责任准备金和再保险合同分保未到期责任准备金。本科目可按保险合同和险种进行明细核算。保险公司在确认原保费收入、分保费收入的当期，应按保险精算确定的未到期责任准备金，借记本科目，贷记“未到期责任准备金”科目。资产负债表日，应按保险精算重新计算确定的未到期责任准备金与已确认的未到期责任准备金的差额，借记“未到期责任准备金”科目，贷记本科目。原保险合同提前解除的，应按相关未到期责任准备金余额，借记“未到期责任准备金”科目，贷记本科目。在确认非寿险原保险合同保费收入的当期，按相关再保险合同约定计算确定的相关应收分保未到期责任准备金金额，借记“应收分保合同准备金”科目，贷记本科目。资产负债表日，调整原保险合同未到期责任准备金余额的，按相关再保险合同约定计算确定的应收分保未到期责任准备金的调整金额，借记本科目，贷记“应收分保合同准备金”科目。期末，应将本科目余额转入“本年利润”科目，结转后本科目无余额。

（四）未到期责任准备金的处理流程

（1）保险人应当在确认非寿险保费收入的当期，按照保险精算确定的金额，提取未到期责任准备金，作为当期保费收入的调整，并确认未到期责任准备金负债。分录为，借记“提取未到期责任准备金”科目，贷记“未到期责任准备金”科目。

（2）到资产负债表日，保险人应当按照保险精算重新计算确定的未到期责任准备金金额与已提取的未到期责任准备金余额的差额，调整未到期责任准备金余额。分录为，借记“提取未到期责任准备金”科目，贷记“未到期责任准备金”科目，以增加未到期责任准备金的金额；或者作相反分录，以冲减未到期责任准备金的金额。

（3）保险合同提前解除的，应该按相关未到期责任准备金余额，借记“未到期责任准备金”科目，贷记“提取未到期责任准备金”科目。

（五）未到期责任准备金的核算

前已述及，未到期责任准备金是在准备金评估日为尚未终止的保险责任而提取的准备金。根据中国保监监管机构《保险公司非寿险业务准备金管理办法（试行）》[①] 规定，保险公司计提未到期责任准备金的方法必须采用1/24法或1/365法，对于某些特殊险种，根据其风险分布状况可以采用其他更为合理、更加谨慎的方法。未到期责任准备金的提取方法在开始实行年度前，要报主管财政机关及保险监管机关备案，且一经采用不得随意变更，如需变动应报主管部门批准。

月平均估算法，即1/24法。是假设当月签发保单的有效期为半个月或者保单保费的支付发生在当月的月中而提取未到期责任准备金的方法。公式为：

未到期责任准备金 =（签发保单月份 ×2 －1）/24 × 该业务的保费收入

这种方法核算未到期责任准备金的特点是，每月开出保险单时，当月按保费的23/24计提未到期责任准备金，随着保险责任期限的逐渐缩短而逐月按2/24转回，即将大部分保费通过计提准备金的方式事后逐月反映为利润。

【例7－18】 某保单当年4月1日投保，次年3月31日到期，保费收入为5 000元，则年底应提取的未到期责任准备金为：

如果采用1/24毛保费法，则其计算公式为：

(4 ×2 －1)/24 ×5 000 =1 458.30（元）

借：提取未到期责任准备金　　　　1 458.30

　　贷：未到期责任准备金　　　　　　1 458.30

如采用1/365毛保费法，则其计算公式为：

90/365 ×5 000 =1 232.88（元）

【例7－19】 某公司8月13日承保了一笔保费收入为200万元的1年期非寿险保单，按1/24法提取未到期责任准备金。其账务处理如下：

(1) 计算未到期责任准备金：

未到期责任准备金 =(8 ×2 －1)/24 ×200 =125（万元）

(2) 提取未到期责任准备金：

借：提取未到期责任准备金　　　　1 250 000

　　贷：未到期责任准备金　　　　　　1 250 000

假设会计期末重新精算确定的未到期责任准备金金额为5 000万元，而当

---

① 以前曾经存在着1/2法、1/8法的百分比估算法，目前已经放弃使用。

期已经提取的金额为 5 005 万元，则应调整如下：

借：未到期责任准备金　　50 000

　　贷：提取未到期责任准备金　　50 000

最后，应将提取未到期责任准备金余额结转“本年利润”冲减收益，处理如下：

借：本年利润　　50 000 000

　　贷：提取未到期责任准备金　　50 000 000

二、未决赔款准备金的核算

（一）未决赔款准备金的管理

未决赔款准备金，是指保险人为非寿险保险事故已发生尚未结案的索赔案提取的准备金。保险人应当在非寿险保险事故发生的当期，按照保险精算确定的金额，提取未决赔款准备金，并确认未决赔款准备金负债。我们可以通过一个简单的图来说明未决赔款准备金与保单生效、事故发生、事故报告、赔付结案之间的时间关系，见图 7－3。

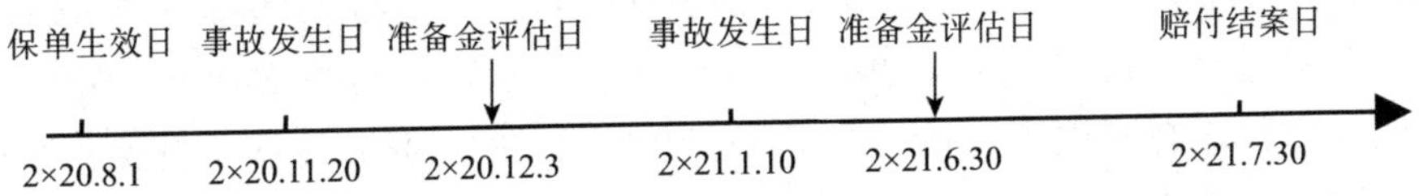

图 7－3　财险公司未决赔款准备金示意图

结合图示，可以看出，第一种情况，当准备金评估日在事故报告日与赔付结案日之间时，保险公司已收到赔案报告，但还必须经过勘察并确定赔付金额之后才会进行赔付，此时，赔案处于已发生已报案但未赔付完毕的状态，包括尚未理算完毕和已经理算完毕但未完全支付两种状态。保险公司必须为这些已发生已报案但未决的赔案提取相应的准备金，即已发生已报案未决赔款准备金；第二种情况，当准备金评估日在事故发生日与事故报告日之间时，因为报案延迟，保险公司在评估日并不知道事故已发生，但是保险公司肯定要对这种已发生但未报案状态的赔案负责，所以应该提取已发生未报案未决赔款准备金；不仅如此，在处理未决赔案过程中，往往还会发生相关费用，例如专家费、律师费、诉讼或仲裁费、损失检验费、理赔人员工资等，因此还需要为这些费用计提准备金，即理赔费用准备金。

可见，未决赔款准备金包括已发生已报案未决赔款准备金、已发生未报案未决赔款准备金和理赔费用准备金共三项：

已发生已报案未决赔款准备金（简称已报案赔款准备金），是指保险人为非寿险保险事故已发生并已向保险人提出索赔、尚未结案的赔案提取的准备金；

已发生未报案未决赔款准备金（简称未报案赔款准备金），是指保险人为非寿险保险事故已发生，尚未向保险人提出索赔的赔案提取的准备金；

理赔费用准备金，是指保险人为非寿险保险事故已发生尚未结案的赔案可能发生的律师费、诉讼费、损失检验费，相关理赔人员薪酬等费用提取的准备金。

（二）未决赔款准备金的科目设置

为了核算未决赔款准备金，保险公司需要同时设置“保险责任准备金”和“提取保险责任准备金”两个科目。

1.“保险责任准备金”科目

本科目核算保险公司提取的原保险合同保险责任准备金，包括未决赔款准备金、寿险责任准备金、长期健康险责任准备金①，再保险接受人提取的再保险合同保险责任准备金，也在本科目核算。本科目可按保险责任准备金类别、原保险合同或再保险合同进行明细核算进行明细核算。投保人发生非寿险保险合同约定的保险事故当期，保险公司应按保险精算确定的未决赔款准备金，借记“提取保险责任准备金”科目，贷记本科目。对保险责任准备金进行充足性测试，应按补提的保险责任准备金，借记“提取保险责任准备金”科目，贷记本科目。原保险合同保险人确定支付赔付款项金额或实际发生理赔费用的当期，应按冲减的相应保险责任准备金余额，借记本科目，贷记“提取保险责任准备金”科目。再保险接受人收到分保业务账单的当期，应按分保保险责任准备金的相应冲减金额，借记本科目，贷记“提取保险责任准备金”科目。本科目期末贷方余额，反映保险公司的保险责任准备金。

2.“提取保险责任准备金”科目

本科目核算保险公司提取的原保险合同保险责任准备金，包括提取的未

① CSA25 原保险合同准则规定，保险公司也可以单独设置“未决赔款准备金”“寿险责任准备金”“长期健康险责任准备金”等科目。

决赔款准备金、提取的寿险责任准备金、提取的长期健康险责任准备金[①]。再保险接受人提取的再保险合同保险责任准备金，也在本科目核算。本科目可按保险责任准备金类别、险种和保险合同进行明细核算。投保人发生非寿险保险合同约定的保险事故当期，保险公司应按保险精算确定的未决赔款准备金，借记本科目，贷记“保险责任准备金”科目。对保险责任准备金进行充足性测试，应按补提的保险责任准备金，借记本科目，贷记“保险责任准备金”科目。原保险合同保险人确定支付赔付款项金额或实际发生理赔费用的当期，应按冲减的相应保险责任准备金余额，借记“保险责任准备金”科目，贷记本科目。再保险接受人收到分保业务账单的当期，应按分保保险责任准备金的相应冲减金额，借记“保险责任准备金”科目，贷记本科目。期末，应将本科目余额转入“本年利润”科目，结转后本科目无余额。

（三）未决赔款准备金的评估

未决赔款准备金，是指保险人为保险事故已发生尚未结案的赔案提取的准备金，包括已发生已报案未决赔款准备金、已发生未报案未决赔款准备金和理赔费用准备金。保险公司应当在保险事故发生的当期，按照精算方法计算并提取。

1. 已发生已报案未决赔款准备金和已发生未报案未决赔款准备金

财险公司应当遵照13号令及其实施细则规定，应当采用逐案估计法、案均赔款法以及中国保监会认可的其他方法谨慎提取已发生已报案未决赔款准备金；根据险种的风险性质、分布、经验数据等因素，采用链梯法、案均赔款法、准备金进展法、B—F法等至少两种方法进行谨慎评估，并选取评估结果的最大值确定最佳估计值。

保险公司的健康险业务应当按照8号令的相关规定提取。即：保险公司应当采取逐案估计法、案均赔款法等合理的方法谨慎提取已发生已报案未决赔款准备金。如果保险公司精算责任人不能确认估计方法的可靠性或者相关业务的经验数据不足3年的，应当按照已经提出的索赔金额提取已发生已报案未决赔款准备金。公司应当根据险种的风险性质和经验数据等因素，至少采用链梯法、案均赔款法、准备金进展法、B—F法中的两种方法评估已发生

---

① 保险公司也可以单独设置“提取未决赔款准备金”“提取寿险责任准备金”“提取长期健康险责任准备金”等科目。为方便起见，本书不再详细设立这些细化科目。

未报案未决赔款准备金，并选取评估结果的最大值确定最佳估计值。如果保险公司精算责任人判断数据基础不能确保计算结果的可靠性，或者相关业务的经验数据不足3年的，保险公司应当按照不低于该会计年度实际赔款支出的10%提取已发生未报案未决赔款准备金。

在评估已发生已报案未决赔款准备金时，不应扣减为相应赔案所预付的赔款。

2. 理赔费用准备金

理赔费用准备金是指为尚未结案的赔案可能发生的费用而提取的准备金。在评估理赔费用准备金时，应当首先根据经验数据合理估计理赔费用支出与赔款支出的比例关系，然后以当期提取的已发生已报案未决赔款准备金和已发生未报案未决赔款准备金为基础，分别对应的比例关系分别计算理赔费用准备金。经验数据包括本期以及过往期间理赔费用支出（包括理赔人员薪酬、律师费、诉讼费等）和该期间实际赔款支出等。其中为直接发生于具体赔案而提取的准备金为直接理赔费用准备金，如专家费、律师费、损失检验费等；为非直接发生于具体赔案而提取的准备金为间接理赔费用准备金，如相关理赔人员薪酬等。

对直接理赔费用准备金，应当采取逐案预估法提取；对间接理赔费用准备金，采用比较合理的比率分摊法提取。

（四）未决赔款准备金的核算实例

保险公司在未决赔款准备金管理过程中，需要注意：

（1）非寿险保险事故发生的当期，应按保险精算确定的未决赔款准备金金额，借记“提取未决赔款准备金”科目，贷记“未决赔款准备金”科目。

（2）对未决赔款准备金进行充足性测试时，应按补提的未决赔款准备金金额，借记“提取未决赔款准备金”科目，贷记“未决赔款准备金”科目。

（3）保险人确定支付赔付款项金额或实际发生理赔费用的当期，应按相应未决赔款准备金余额，借记“未决赔款准备金”科目，贷记“提取未决赔款准备金”科目。

【例7-20】 某公司2×19年已提取已发生已报案赔款准备金2 500 000元，已提取已发生未报案赔款准备金1 200 000元，根据精算部门计算结果，本年应提取已发生已报案赔款准备金2 800 000元，应提取已发生未报案赔款准备金1 000 000元。则应编制如下分录：

借：提取未决赔款准备金——已发生已报案赔款准备金 300 000

　　贷：未决赔款准备金——已发生已报案赔款准备金　　300 000

针对已发生未报案赔款准备金，由于精算得到的金额小于已提取的金额，故不需要进行调整，以体现谨慎性原则。

三、责任准备金充足性测试

为了真实地反映保险人承担的赔付保险金责任，保险公司应该在资产负债表日，对已经计提的准备金进行充足性测试，并按照差额补提相应的差额准备金。这是 CAS25 的创新性规定。

CAS25 号原保险合同准则之第十四条规定，保险人至少应当于每年年度终了，对责任准备金进行充足性测试。如果准备金不足，保险合同存在损失的可能性，应当在损失发生的当期通过补提相关责任准备金的方式进行确认。在进行准备金充足性测试时，应该根据销售方式、服务方式和衡量获利能力的方式，将保险合同分类以判断保险合同是否存在准备金不足的问题。保险人按照保险精算重新计算确定的相关准备金金额超过充足性测试日已提取的相关准备金余额的，应当按照其差额补提相关准备金；保险人按照保险精算重新计算确定的相关准备金金额小于充足性测试日已提取的相关准备金余额的，不调整相关准备金。

通常，保险公司进行准备金充足性测试可以备选的方法包括如下三种方法：

（1）整体测算，即按公司所有产品品种计算应补提的整体准备金的差额。按照公司所有品种进行整体测算的方法，优点在于客观、宜于操作，同时可比性较高；

（2）产品大类测算，即按照产品大类分别计算各产品大类应补提的准备金差额，公司层面的应补提的准备金差额为各产品大类应补提准备金差额的汇总。按照此类方法测算的结果更趋于保守。由于如何划分产品大类需要主观判断的程度较大，相对整体测算而言，公司之间测算结果的可比性降低；

（3）个别产品测算，即按照个别产品分别计算各产品应补提的准备金差额，公司层面的应补提的准备金差额为各产品应补提准备金差额的汇总。按照此类方法测算，相对于前两种方法，结果最为保守，公司之间测算结果的可比性较低。

与CAS25号原保险合同准则相对应的是，中国保监会发布的13号令中的第十二条明确规定："保险公司在提取未到期责任准备金时，应当对其充足性进行测试"。8号令也对健康保险的充足性测试作出了具体规定：短期健康保险未到期责任准备金的提取金额应当不低于下列两者中较大者：（1）预期未来发生的赔款与费用扣除相关投资收入之后的余额；（2）在责任准备金评估日假设所有保单退保时的退保金额。未到期责任准备金不足的，应当提取保费不足准备金，用于弥补未到期责任准备金和前款两项中较大者之间的差额。

第八章
寿险业务核算

本章精要

寿险业务是以人的生命与健康为标的的保险活动，所以在许多投保人眼里，寿险是“平常当存钱，有事少花钱，理财最养钱，受益免税钱，破产保住钱，万一领大钱，救急抵押钱，爱心孝顺钱”的特殊经济活动。作为寿险公司，随着经济的发展和人们对未来事件预期心理的强化，其业务也随之增加。情随事迁，其会计问题也就日益重要了，尤其是面对更加漫长的会计年度的考验，其实更是对会计科学性与严谨性的考验。

本章主要从五个方面进行解剖：其一阐述寿险业务的特点与种类，既有侧重于保障理念的，也有侧重于理财追求的。同时，随着我国金融创新工程和保险产品的持续推陈出新，新产品有新特点，需要会计相应配套。其二是认识寿险业务的核算特点及内容，在认知的基础上来分析寿险业务核算的内容。其三是具体掌握人寿保险业务的核算。一方面，需要掌握寿险保费收入的核算，包括基本规定、实收保费、预收保费、应收保费、失效保单等的核算；另一方面，也要掌握保险金给付的核算，包括满期给付、死伤医疗给付、年金给付，还要注意加退保业务的核算。其四是寿险准备金的核算，这也是保险精算的核心内容。作为寿险公司会计核算，要深刻认识寿险准备金的概念、种类与性质，在此基础上，认知两类准备金的计提：一是寿险责任准备金的性质和计量，二是长期健康险责任准备金的性质与计量。掌握每一种准备金的科目设置、业务核算流程和业务实例。当然，需要定期进行责任准备金充足性测试。其五是寿险公司的另类业务，即基于“保险＋投资”混合产品的核算，包括投资类、分红类创新产品的核算。

纵观本章，寿险概述、会计特点是铺垫，保费进出、责任准备是关键，另类险种也纷繁。

第一节　寿险业务的概念与种类

一、寿险业务的概念

人寿保险（Life Insurance）是以人的生命为保险标的，以生、死为保险事故的一种寿险。当被保险人的生命发生了保险事故时，由保险人支付保险金。最初的人寿保险是为了保障由于不可预测的死亡所可能造成的经济负担，后来，人寿保险中引进了储蓄的成分，所以对在保险期满时仍然生存的人，保险公司也会给付约定的保险金。人寿保险的特点是通过订立保险合同和支付保险费，对参加保险的人提供保障，以便其增强抵御风险的能力，甚至于也成为个人编制家庭理财计划，为普通家庭构筑心理防线，是构造和谐社会、创造美好未来的有效途径。人寿保险作为一种兼有保险、储蓄双重功能的投资手段，越来越被人们所理解、接受和钟爱。人寿保险可以为人们解决养老、医疗、意外伤害等各类风险的保障问题，人们可在年轻时为年老作准备，今天为明天作准备，上一代人为下一代人作准备。这样，当发生意外时，家庭可得到生活保障，年老时可得到养老金，生病住院可得到经济保障。

作为以人的生命或身体作为保险标的的寿险，它是由保险公司根据国家法令或合同的规定，向投保人或被保险人收取保费，建立保险基金，用以对被保险人在生命或身体遭到保险事故时或于约定时间期满时，履行给付义务的一种保险。其主要功能在于为被保险人家庭经济生活提供保障。

二、寿险业务的分类

寿险按照保险范围，可以分为人寿保险、意外伤害险和健康保险三大类。

（一）人寿保险

人寿保险是指以被保险人在某一期间内生存或死亡为保险事故，给付约定保险金的保险。它具体又包括生存保险、死亡保险、两全保险、年金保险等。

（1）生存保险。指被保险人必须生存到保单规定的保险期满时才能够领取保险金。若被保险人在保险期间死亡，则不能主张收回保险金，亦不能收回已交保险费。

（2）死亡保险。指以被保险人在约定的保险有效期内死亡为给付条件的保险。它又可以分为定期死亡保险和终身死亡保险。若被保险人生存至保单期满，保险人则不负给付保险金的责任，保费是否退还要看保单期限的长短及保单条款的规定。一般长期死亡险具有责任性和保费返还性双重特性。

（3）生死两全保险。指被保险人在保险合同约定的期间里假设身故，身故受益人则领取保险合同约定的身故保险金，被保险人继续生存至保险合同约定的保险期满，则投保人领取保险合同约定的保险期满金的人寿保险。这是一种具有储蓄性质的定期保险，又被称为定期储蓄保险。一般长期生死两全险具有责任性和保费返还性双重特性，因此较受欢迎。

（4）年金保险。通常又被称为养老金保险，是由生存保险和死亡保险结合而成，是生死两全保险的特殊形式。被保险人不论在保险期内死亡或生存到保险期满，均可领取保险金，即可以为家属排除因被保险人死亡带来的经济压力，又可使被保险人在保险期结束时获得一笔资金用以养老，是指保险人在约定的保险期间内以被保险人的生存为给付条件，按照一定的周期如1年、半年、1个月、1个星期给付保险金的保险。该险种可以实现为被保险人的老年生活提供经济保障的目的。被保险人在年轻的时候每年从其收入中拿出一部分资金支付保费以购买年金保险，当达到约定的领取年金的年龄时开始以定期定额或定期增额的方式领取保险金，直到被保险人死亡或规定的期限终了为止。我国为鼓励企业为其职工提供养老保障，规定企业在职工工资总额的4%限额内，为其职工购买补充医疗保险而支付的保费可以税前列支。

（二）意外伤害险

意外伤害险是指被保险人因意外事故（外来的、偶然的、急剧的、非本意的）导致死亡或伤残时，保险人依照合同约定给付保险金。其期限在1年或1年以内。需要注意的是，对于被保险人由于疾病引起的残疾或死亡或者自然死亡，意外伤害保险人不负给付责任。

（三）健康保险

健康保险是指补偿被保险人因疾病或身体残疾所致使的损失的保险。它分为短期健康险和长期健康险，划分的标准以保险期限1年为界。长期健康险一般是单独出售，短期健康险一般也是单独出售，很少有把健康险与意外险和寿险捆绑为综合险出售。常见的做法是将寿险作为主险，短期健康险作为附加险。其原因在于健康险的经营风险很大，技术操作困难。

需要特别说明的是，不论是意外伤害险、还是健康保险，都是以人的身体作为保险标的的，具有类似的特征。对这两种险种，根据其保险期限的长短，分别划归到财险和人寿保险，其中，短期性（保险期限在1年或1年以下）的意外伤害险和健康保险，统一划归财险进行统一管理与核算，而对于长期性（保险期限在1年以上）的意外伤害险和健康保险，则统一划归寿险进行统一管理与核算。

第二节　寿险公司会计主要特点

一、寿险业务的核算特点

对照前述财险业务而言，寿险业务的核算存在着本质的差异，这些差异，可以归纳为如下几个方面：

1. 关注时间的长短属性不同

通常，寿险业务具有保险期限长的特点，许多险种会出现多年甚至长达10年、20年等更加长远的长期性负债。这就促成了保费收入实现与给付成本发生之间存在着时间上的长跨度，因此，对于寿险业务而言，关心长期比关心短期更为重要。反映在财务质量上，寿险公司的流动比率、现金比率可能并不急迫与重要，但是，对公司资产负债的分析应更关注远期偿付能力。

2. 退保业务的核算不同

在非寿险业务中，如果出现退保现象，则是按原先收取的保费以天数比例或短期费率计算，退还其剩余的保费。而寿险客户中途退保的，保险公司退还的是寿险保单产生的现金价值。在会计核算中，非寿险业务的退保则直接冲减“保费收入”，而寿险退保属于保单产生的现金价值的部分通过“退保金”核算，寿险退保不属于保单产生的现金价值的部分。

3. 实现盈利的概念不同

保险公司经营寿险业务时，是以保费收入的现值等于给付利益的现值为条件，建立在“收支相等”原则之上的，从而在理论上没有产生类似销售盈利的利润的余地。不过，寿险业中损益计算的结果能产生利润，因为在预定的保费计算中都计入了适当的安全系数，同时还可以通过高效地运营保险资金来获取盈利。在盈利分配方面，寿险业务的部分盈利亦要返还投保人或被保险人，这是非寿险业务所没有的。

4. 责任准备金性质不同

非寿险业务提取责任准备金只着眼于赔款准备金性质，通过计提来实现配比和调整账务需要。而寿险业务的责任准备金具有责任准备金和偿付准备金双重性质，以满足长期寿险业务返还保险金的需要，达到全期收支平衡的目的。

5. 损益计算的特殊性

损益计算的特殊性包括两个方面：一方面，寿险业务提取的责任准备金在其保费收入中所占的比重大大超过非寿险业务，从而对寿险业务损益的计算结果影响很大；另一方面，计算寿险业务的损益时，还必须计算寿险业务的三差损益，即计算费差损益、利差损益和死差损益。

二、寿险业务核算的内容

前面已经提到，虽然意外伤害险和短期健康险属于寿险的范畴，但其核算却和财险业务相同，所以寿险业务核算的内容主要是人寿保险和长期健康险，以下称其为寿险业务，这是我国保险业的特殊分类方法造成的，是一个历史问题。

具体来讲，寿险业务核算的内容主要有：寿险业务收入核算，包括各个险种的保费收入等；寿险业务营业支出核算，包括各个险种的保险赔款支出、手续费支出、佣金支出、销售费用支出和税金及附加等；各种业务准备金核算，包括寿险责任准备金、长期健康险准备金等的计提与期末调整。

第三节　寿险公司保险业务核算

本节主要介绍寿险业务的保费收入、保险金给付、加保与退保等业务的核算。

一、寿险保费收入的核算

（一）基本规定

对于一家寿险公司来说，其收入当然是以保险费为主的，公司资产的增加亦主要依靠保险费收入的盈余积累。保险费是保险基金的根本来源，因此，许多公司已实施“见费出单”，总之，及时收取保费，组织好保费收入的会计核算，对于增加寿险公司的资金来源，增强寿险公司的偿付能力，提高经济效益，都具有十分重大的意义。一般而言，寿险业务的保费是由死亡或生存给付、利息、业务经营费用三项组成的，死亡率、利率和费用率组成了保险费率。保险公司根据各险种的不同要求分别确定保险费率，并据以收取保费。

需要注意的是，寿险保费收入确认的条件以及核算所使用的科目与财险业务保费收入是相似的，但是，寿险合同保费金额的确定与非寿险合同所不同。根据 CAS25 规定，需要分成以下几个方面进行确认：

第一，基本原则。对于分期收取保费的寿险合同，应当根据当期应收取的保费确定；一次性收取保费的，则应当根据一次性应收取的保费确定。也就是说，合同约定一次缴纳保费的，保险公司应当在合同约定的开始承担保险责任的日期确认应收保费；合同约定分期缴纳保费的，保险公司应当在保险合同约定的开始承担保险责任的日期确认首期保费收入，在合同约定的以后各期投保人缴费日确认相应各期的保费收入。

第二，在上述原则下，对于宽限期内应收未收的保费，保险公司应当确认保费收入。如在宽限期结束后，投保人未及时交纳续期保费造成保险合同效力中止的，应当在效力终止日，终止确认保费收入。如果投保人在合同约定的期间内按合同条款规定对保险合同进行复效，应当区分补缴保费和利息，对于补缴以前期间未缴保费部分，确认为当期保费收入；对于加收利息部分，确认为当期利息收入。

第三，在实际险种中，几类寿险合同的保费收入确认：

（1）分红保险。分红保险是指将实际经营成果优于定价假设的盈余，按一定比例对保单持有人进行分配的人寿保险产品，包括个人分红保险和团体分红保险（含补充养老型）。分红保险与传统寿险的主要差异在于，保户在一定程度上参与保险公司分红类专项经营结果的分配，但并不承担相应的风险。分红保险合同向保险人转移了保险风险，定为保险合同。与普通寿险类似，在满足保费收入确认条件时，确认保费收入。

（2）万能保险和投资连结保险。万能和投连保险属于新型寿险，按照保险合同约定，投保人在一定程度上参与保险公司经营结果分配，并承担相应的风险。通常情况下，该类合同都会向保险公司转嫁一定的保险风险，从而可以确认为保险合同。对于此类合同，应当在满足保费收入确认条件的前提下，确认保费收入。对于不包含保险风险转移的合同，属于金融工具，应当按 CAS22 号金融工具确认和计量准则进行确认和计量。

第四，退保费的处理。CAS25 号原保险合同准则第九条规定，原保险合同提前解除的，保险人应将退保费作为支出单独核算或是直接冲减保费，计入当期损益。

非寿险合同发生退保应直接冲减保费收入。寿险合同在犹豫期间发生的退保行为，应当按照合同约定将相关的保费返回保户，冲减当期保费收入。寿险犹豫期后，保单正式生效，退保的金额将根据保单合同内的相关规定计算后的保单现金价值支付给保户。例如保户在几年后退保，则其退保金将为持有期间累积而得的保单现金价值，保险公司将累积数确认为退保费支出。

（二）实收保费时的核算

对于在保险合同签订并同时承担保险责任与收取保费的情况下，由于保险业务已经发生，保险费亦是即期保费，一次性收取的保费也视同即期保费并一次性计入保费收入账户。

【例 8-1】 某寿险公司接受客户投保人寿保险，采用分期付款的方式，按照合同约定当期应收取的保费金额为 500 元。其账务处理如下：

借：库存现金	500	
贷：保费收入——人寿险		500

【例 8-2】 某寿险公司收到银行转来的收账通知，系某国有集团交来的团体养老金保险，合计为 1 800 000 元。其账务处理如下：

借：银行存款	1 800 000	
贷：保费收入——年金险		1 800 000

（三）预收保费的核算

对于分期缴费的保险业务，投保人为了方便，经常会一次性集中缴纳以后若干期保费，保险公司会计对于不属于当期的保费收入的多缴部分应该作为预收保费处理，到以后年度应缴费时再分期转回确认该期间保费。

【例 8－3】 某寿险公司接受张光明投保个人养老金保险，约定每月交费 100 元，为了方便节省时间，2×20 年 1 月 5 日，他预交了全年的保费 1 200 元。则应编制如下会计分录：

预收保费时：

借：库存现金　　1 200

　　贷：保费收入——年金保险（个人养老金险）　　100

　　　　预收保费——张光明　　1 100

2×20 年的以后各月份，将预收保费转为实现的保费收入：

借：预收保费——张光明　　100

　　贷：保费收入——年金保险（个人养老金险）　　100

（四）应收保费的核算

对于寿险保费，保单宽限期内欠缴的保费，应作为应收保费处理。而这也正是寿险区别于非寿险的地方。CAS25 号准则第六条规定，在原保险合同延长期内承担给付保险金责任的，属于寿险原合同；而在原保险合同延长期内不承担给付保险金责任的，应当确定为非寿险合同。保险合同延长期是指投保人自上一期保费到期日未交纳保费，保险人仍承担赔付保险金责任的期间。所以寿险合同就会出现保单宽限期内欠缴保费的情况。

【例 8－4】 某寿险公司接受保户投保 20 年期终身寿险，约定每年交保费 20 000 元，经特别约定分两次交清，投保时交 50%，两个月后交 50%。则应编制如下分录：

借：库存现金　　10 000

　　应收保费　　10 000

　　贷：保费收入——终身寿险　　20 000

（五）失效保单的核算

根据人寿保险条款规定，宽限期外仍未交费的保单将丧失保单效力。如果投保人在 2 年内缴付欠缴的保费和相应的利息，该保单可以恢复效力。实际收到投保人补缴的保费时确认保费收入，补缴的利息计入利息收入。如果投保人在 2 年内未能缴付欠缴的保费和相应的利息，则该保单将永久失效。该类保单在寿险责任准备金项下按失效保单现金价值提取准备金。

【例 8 - 5】某寿险公司接受保户投保养老保险中，该客户因经济困难未能按期交纳保费使得保单失效。1 年后即在复效期内该保户申请复效，保险公司同意并要求保护补缴保费 2 500 元和利息 110 元，投保人当日交来现金。则需作如下会计处理：

借：库存现金　　2 610
　　贷：保费收入——年金保险　　2 500
　　　　利息收入　　110

二、保险金给付的核算

从投保人角度讲，当初投保的目的就是为了未来实现经济补偿。保险金给付是寿险公司对投保人在保险期满或期中支付保险金，以及对保险期内发生保险责任范围内的意外事故按规定给付保险金。

寿险业务的保险金给付方式一般分为：满期给付、死伤医疗给付和年金给付三种，它们是寿险业务的最大开支项目，也是影响寿险业务损益的又一个关键因素。

（一）满期给付

满期给付是在保险合同期限届满时，保险公司按保险合同规定一次性或者多次性地向被保险人支付的保险金。如，养老保险的被保险人若生存到保险期满（退休年龄），可按约定每月领取保险金，并直到死亡为止。又如，简易寿险的被保险人可以在生存到保险期满时，按约定一次性领取全部保险金。以上的保险金给付均是以被保险人生存到保险期满为条件的，故全部列到满期给付范围核算，通过“赔付支出——满期给付”科目来进行核算。会计部门在给付时，如有未交保费或者未清偿的借款的，应予以扣除，支付余额。

【例 8 - 6】某寿险公司接受的简易寿险保险期满，某保户持有关证件向保险公司申请领取保险金 3 000 元。经审核无误后给付保险金 3 000 元，其账务处理如下：

借：赔付支出——满期给付　　3 000
　　贷：库存现金　　3 000

【例 8 - 7】某寿险公司接受保户投保生死两全险，保险金额 10 万元，10 年后保险期满，持有关单证申请满期给付。会计人员审核后，发现保户尚有 2 万元的保单质押贷款没有归还，利息为 1 200 元，会计部门将贷款及利息扣除后办理了给付。其会计处理如下：

借：赔付支出——满期给付——生死两全险　100 000
　贷：保单质押贷款　20 000
　　利息收入　1 200
　　银行存款　78 800

（二）死伤医疗给付

死亡、伤残、医疗给付是被保险人在保险期限内，发生保险责任事故导致死亡、伤残或疾病时，按规定由被保险人或其受益人向保险公司领取的保险金。为了与满期给付相区别并便于考核，保险公司对此类给付通过“赔付支出——死伤医疗给付”科目核算，该科目可以按险种设置更进一步的明细核算。会计部门在给付时，如有未交保费或者未清偿的借款的，应予以扣除，支付余额。

【例8-8】 某寿险公司接受的长期意外伤害险保户因意外事故致残，其家属持有关单证向保险公司申请领取医疗费，核赔部门调查后同意给付5 000元，会计部门核对无误后支付现金。其分录为：

借：赔付支出——死伤医疗给付——长期意外险　5 000
　贷：库存现金　5 000

（三）年金给付

年金给付是指保险公司经营的长期人寿保险业务中，被保险人生存至保险合同规定的年限，按合同规定支付给被保险人保险金。年金给付分即期给付和延期给付两种。为了核算年金给付，保险公司应设置“赔付支出——年金给付”科目，该科目可按险种作进一步明细核算。会计部门在给付时，如有未交保费或者未清偿的借款的，应予以扣除，支付余额。

【例8-9】 某寿险公司接受保户投保养老金15年，现已到合同约定年金领取的年限。本月被保险人持有关单证向保险公司办理领取手续，按规定每月领取养老金800元，会计部门审核无误后支付现金。会计处理如下：

借：赔付支出——年金给付（养老金险）　800
　贷：库存现金　800

三、加退保业务的核算

在保险期内，由于某些情况变化，可能发生加保或者退保的情况。无论是加保还是退保，均要求符合保险合同的规定，按一定的程序来进行。如果被保险人要求加保，就需要修改原保险合同，并进行账务处理。不过，寿险加保业务的凭证手续与会计核算和新参保寿险的业务是相同的，因此加保业务的收费核算完全可以参照前面所述的寿险业务保费收入核算方法进行处理。

退保则是指被保险人在保险期未满的情况下要求退保并获保险公司同意的业务，如被保险人迁移外地，就可按有关规定退保。退保时，由被保险人提出申请，交还保险证和交费凭证簿，由保险公司业务部门根据不同险种的具体规定核定其已交费年期和退保金额，连同有关单证交财务部门据以付款并记账。需要注意的是，寿险退保属于保单产生的现金价值的部分通过“退保金”科目核算，而寿险退保不属于保单产生的现金价值的部分和非寿险业务的退保则直接冲减“保费收入”科目。

【例 8 -10】 某寿险公司接受的简易人身险，保户因工作调动迁移外地要求退保，业务部门按规定标准计算应退 7 000 元，假设其中属于保单现金价值的为 5 000 元，不属于保单现金价值的为 2 000 元，且该保户尚有一期保费未交，金额为 100 元，则会计处理为：

借：退保金——简易人身险　　5 000
　　保费收入——简易人身险　　2 000
　　贷：库存现金　　6 900
　　　　应收保费——简易人身险　　100

第四节　寿险公司责任准备核算

一、寿险准备金的概念、种类与性质

（一）寿险准备金的概念

寿险准备金是指公司售出的保单中约定的保险责任，在向受益人支付赔偿或给付以前，公司提取的偿付准备。它是在任何时候为保证保险给付所需要准备的金额，是对保险单所有人的负债，也是人寿保险公司的一项主要负债。寿险公司收取保险费在前，而履行给付保险金的义务在若干年之后。如果寿险准备金不充足，则会影响寿险公司的偿付能力，从而危及被保险人的

合法权益。为了保障保险客户的利益，促使人寿保险公司安全经营，保险监管机构通过保险监管法规规定人寿保险公司应提留保险准备金，以确保人寿保险公司的最低偿付能力。

（二）寿险准备金的种类与性质

从完整意义上看，寿险业务提存的准备金包括寿险责任准备金、长期健康险责任准备金、未到期责任准备金和未决赔款准备金。其中，寿险责任准备金、长期健康险责任准备金是基于长期寿险业务提存的准备金，而未决赔款准备金、未到期责任准备金则是短期寿险业务提存的准备金。由于短期寿险业务及其未决赔款准备金、未到期责任准备金已经在财险公司的责任准备金计提时专门阐述过，本章则主要侧重于长期寿险业务所需要计提的准备金（寿险责任准备金、长期健康险责任准备金）。在理解和掌握寿险准备金时，应注意以下几点：

（1）人寿保险业务的准备金具有责任准备金和偿付准备金双重性质，应满足长期人寿保险业务返还保险金的需要，达到全期收支平衡的目的。对此，应当按照有效的人寿保险单的全部净值提取未到期责任准备金，才能充分保证人寿保险公司履行合同给付义务的能力。

（2）由于长期寿险和长期健康险的风险不同，有关责任准备金的精算方法也不同。为了满足人寿保险公司对长期寿险和长期健康险分业管理的要求，应将寿险责任准备金和长期健康险责任准备金分别核算。

（3）意外伤害保险和短期健康保险业务的准备金只有责任准备金的性质，是调整账务的需要。意外伤害保险和健康保险的未到期责任准备金是在期末根据本期意外伤害保险自留保费和本期短期健康险保费的一定比例计提；未决赔款准备金是在年末根据意外伤害保险和短期健康保险各险种已报来的未决赔案，由业务部门匡算金额提取的赔款准备金。

寿险公司业务责任准备金（长期险种部分）基本态势如图 8－1 所示。

二、寿险责任准备金的性质与计量

（一）寿险责任准备金的性质

寿险责任准备金是指人寿保险业务为了承担将来未到期责任提存的准备金。随着年龄的增长，死亡率自然上升，自然保费应逐年递增，但由于人的劳动能力和年龄呈反比，如果按年龄来制定费率，这样就不尽合理。而且费

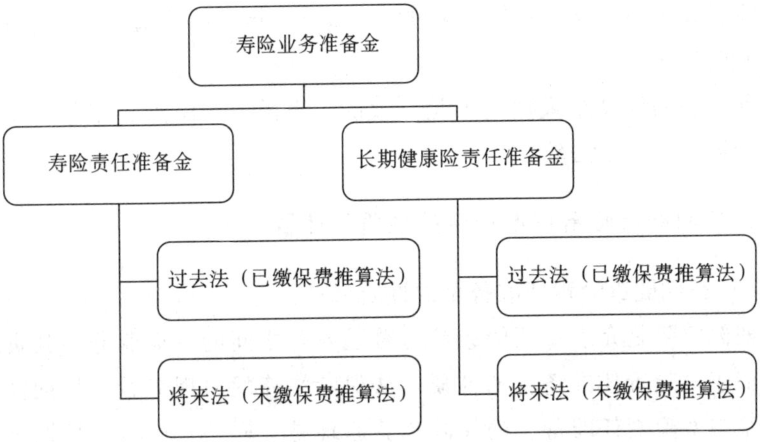

图 8－1　寿险公司业务责任准备金（长期险种部分）基本态势

率逐年提高，容易造成“逆向选择”，身体健康的人会因费率的提高而中途退保，而身体虚弱的却因生命危险的增加而坚持投保，使正常情况下计算出来的费率难以维持。因此为了解决上述矛盾，寿险业务收取的保费不是自然保费，而是每年费率相等的均衡保费，这样就会出现保险期的早期保费溢缴部分，这部分不能看成是盈利，而是保险人对保户的负债，应通过责任准备金的形式提取出来。因此从性质上看，寿险责任准备金本质就是将早期多收的保费提取起来，用以弥补晚期少收的保费，以便将来履行给付义务。

（二）寿险责任准备金的计量

1. 过去法（已缴保费推算法）

其原理就是按照收支相等的原则对一张保单进行观察，则在保险期间的某一时点均有如下关系：

T 年度以前的收入＋T 年度以后的收入＝T 年度以前的支出＋T 年度以后的支出

寿险责任准备金就是在时点 T 以后预计支出超过收入的差额。公式如下：

寿险责任准备金＝以前年度已收纯保费在 T 年度的终值－以前年度已付保险金在 T_t 年度的终值

2. 将来法（未缴保费推算法）

其原理是对于某一时刻，从将来预期支出的现值中减去将来预期收入的现值。公式如下：

寿险责任准备金 = t 年度后未付保险金在 t 年度的现值 - t 年度后未收纯保费在 t 的现值

两种方法的计算结果理论上是一致的，当需要按险种、年龄、年度数进行大量计算时，将来法较好。

三、长期健康险责任准备金的性质与计量

（一）长期健康险责任准备金的性质

长期健康险是介于短期健康险与普通寿险之间的一类业务，其责任准备金有类似于寿险责任准备金的性质。从保险精算的原理来看，长期健康险责任准备金与寿险责任准备金的保险精算原理是一样的，但由于长期健康险与长期寿险相比，风险更大，费率相对较高且精算方法也略有差异，因而要将两者区分开来核算。

（二）长期健康险责任准备金的计算

在均衡保费制下，计算长期健康险的保费，考虑的主要因素有死亡率、发病率、利息率和费用率。保险前期纯保费高于保险金给付的部分要复利累积起来，以弥补保险后期保费入不敷出的部分，因而要预定复利累积的利率。另外，保险公司经营要发生各项费用，因而费用率也要预定。具体而言，长期健康险责任准备金的计算方法也分为过去法和未来法，其计算公式也与寿险相同。

四、责任准备金充足性测试

与财险责任准备金需要进行定期的充足性测试一样，寿险公司也应该在资产负债表日，对已经计提的准备金进行充足性测试，并按照差额补提相应的差额准备金。这是 CAS25 的创新性规定。

与前述财险公司责任准备金（未到期责任准备金）充足性测试不同，对于寿险责任准备金和长期健康险准备金，所涉及的合同通常为 1 年期以上的长期合同。

充足性测试的基本概念是一致的：考虑预期未来发生的赔款与费用扣除相关投资收入之后的金额跟账面价值比较。对寿险而言是预期未来发生的赔款与费用，用适当的利息率贴现，跟账面价值比较。对寿险公司而言，预期未来发生的赔款与费用已经是一直计算责任准备金的必需环节。根据目前

“90号文”的规定：根据保监会最低准备金的规定，保险公司主要人寿保险产品评估和长期健康险产品利息率按不得高于下述两项规定的最低值计提：（1）保监会公布的评估利息率7.5%；（2）该险种厘定保险费所使用的预定利息率。

对于按保监会规定自1999年6月后发售的保单（以下称“新保单”），产品设定的保证利率不高于中国保监会规定的2.50%，低于市场利率（获得的平均市场回报），因此这些新保单准备金充足性不足的风险较小。然而对于1999年6月前发售的保单（以下称“老保单”），预定利率都一般高于市场利率，造成老保单产生了严重的利差损。因此对这部分老保单的准备金进行充足性测试尤为重要。

五、寿险责任准备金的科目与处置

（一）寿险责任准备金的科目设置

1.“保险责任准备金”科目[①]

“保险责任准备金”科目核算保险公司提取的原保险合同保险责任准备金，包括未决赔款准备金、寿险责任准备金、长期健康险责任准备金。再保险接受人提取的再保险合同保险责任准备金，也在本科目核算。本科目可按保险责任准备金类别、保险合同进行明细核算。

保险公司确认寿险保费收入，应按保险精算确定的寿险责任准备金、长期健康险责任准备金，借记“提取保险责任准备金”科目，贷记本科目；投保人发生非寿险保险合同约定的保险事故当期，保险公司应按保险精算确定的未决赔款准备金，借记“提取保险责任准备金”科目，贷记本科目。对保险责任准备金进行充足性测试，应按补提的保险责任准备金，借记“提取保险责任准备金”科目，贷记本科目。

原保险合同保险人确定支付赔付款项金额或实际发生理赔费用的当期，应按冲减的相应保险责任准备金余额，借记本科目，贷记“提取保险责任准备金”科目。

再保险接受人收到分保业务账单的当期，应按分保保险责任准备金的相应冲减金额，借记本科目，贷记“提取保险责任准备金”科目。

---

① 保险公司也可以单独设置“未决赔款准备金”“寿险责任准备金”“长期健康险责任准备金”等科目。

寿险原保险合同提前解除的，应按相关寿险责任准备金、长期健康险责任准备金余额，借记本科目，贷记“提取保险责任准备金”科目。

本科目期末贷方余额，反映保险公司的保险责任准备金。

2. “提取保险责任准备金”科目

“提取保险责任准备金”科目核算保险公司提取的原保险合同保险责任准备金，包括提取的未决赔款准备金、提取的寿险责任准备金、提取的长期健康险责任准备金。再保险接受人提取的再保险合同保险责任准备金，也在本科目核算。保险公司也可以单独设置“提取未决赔款准备金”“提取寿险责任准备金”“提取长期健康险责任准备金”等科目。本科目可按保险责任准备金类别、险种和保险合同进行明细核算。

保险公司确认寿险保费收入，应按保险精算确定的寿险责任准备金、长期健康险责任准备金，借记本科目，贷记“保险责任准备金”科目。投保人发生非寿险保险合同约定的保险事故当期，保险公司应按保险精算确定的未决赔款准备金，借记本科目，贷记“保险责任准备金”科目。

对保险责任准备金进行充足性测试，应按补提的保险责任准备金，借记本科目，贷记“保险责任准备金”科目。原保险合同保险人确定支付赔付款项金额或实际发生理赔费用的当期，应按冲减的相应保险责任准备金余额，借记“保险责任准备金”科目，贷记本科目。

再保险接受人收到分保业务账单的当期，应按分保保险责任准备金的相应冲减金额，借记“保险责任准备金”科目，贷记本科目。寿险原保险合同提前解除的，应按相关寿险责任准备金、长期健康险责任准备金余额，借记“保险责任准备金”科目，贷记本科目。

期末，应将本科目余额转入“本年利润”科目，结转后本科目无余额。

（二）寿险责任准备金的业务核算流程

（1）确认寿险保费收入的当期，按照保险精算确定的金额，提取准备金，借记“提取保险责任准备金”（或“提取寿险责任准备金”“提取长期健康险责任准备金”科目），贷记“保险责任准备金”（或“寿险责任准备金”“长期健康险责任准备金”科目）。

（2）到资产负债表日，应根据重新精算确定的金额超过充足性测试日已提取金额的差额，借记“提取保险责任准备金”（或“提取寿险责任准备金”“提取长期健康险责任准备金”科目），贷记“保险责任准备金”（或“寿险责任准备金”“长期健康险责任准备金”科目)。反之，则不用调整。

(3) 当寿险合同提前解除时，转销相关准备金，借记“保险责任准备金”(或“寿险责任准备金”“长期健康险责任准备金”科目)，贷记“提取保险责任准备金”(或“提取寿险责任准备金”“提取长期健康险责任准备金”科目)。

(三) 寿险责任准备金实例

【例8-11】 期末经精算部门计算，本年度应提存的养老保险寿险责任准备金120 000元，本年度已经提取115 000元，则应进行如下处理：

本年度期间提取时：

借：提取保险责任准备金(或提取寿险责任准备金)　115 000

　　贷：保险责任准备金(或寿险责任准备金)　115 000

期末补提时：

借：提取保险责任准备金(或提取寿险责任准备金)　5 000

　　贷：保险责任准备金(或寿险责任准备金)　5 000

最后将“提取保险责任准备金”科目余额转入“本年利润”科目：

借：本年利润　120 000

　　贷：提取保险责任准备金(或提取寿险责任准备金)　120 000

【例8-12】 亚太人寿保险公司根据精算结果在本年度提取了600 000元的长期健康险责任准备金。年末有一保户申请退保。假设公司为这一业务所提取的准备金为6 000元，则应作如下处理。

提取准备金时：

借：提取保险责任准备金(或提取长期健康险责任准备金)　600 000

　　贷：保险责任准备金(或长期健康险责任准备金)　600 000

保户申请提前解除合同退保时：

借：保险责任准备金(或长期健康险责任准备金)　6 000

　　贷：提取保险责任准备金(或提取长期健康险责任准备金)　6 000

第五节　寿险公司另类业务核算

一、投资分红保险产品的概念、种类

所谓寿险公司的另类业务，显然是区别于传统寿险业务的新型险种，即出于“保险+投资的一体化概念”的产品设计。

从投保人视角来讲，保险的原始价值在于保障，但随着公众投资意识的强化，可以在追求保障的基础上，适度增加投资的含量。即如果是为了投资，最好在购买了保障型保险的基础上，再购买一些投资类的产品。因为保险是最基础的投资，是理财金三角最基础的部分。就投资而言保险是比较稳健的，股票比较激进，依据投资人性格及偏好来选择。有人喜欢冒险投机，那么适当购买些股票是不错的，有人喜欢稳妥的方式，至少要保本的，可以选择基金或者保险投资。不少投资分红险回报率还是不错的，有的被称作基金中的基金。不过，保险最主要的功能是保障，不可舍本逐末，还是先保障了再投资比较好。

从保险公司视角来讲，需要通过保险产品创新，以规避利率风险，以创新的技术设计手段来产生保险领域险种的创新，不断培育保险公司的利润增长点。因此，陆续产生了分红保险、投资连接保险、万能寿险、变额保险等衍生性保险产品。纵观近年来的中国保险市场，保险公司大力发展投资理财型产品，尤其是寿险公司，分红保险业务收入已经占到了整个保费收入的半壁江山。这些产品具有附加储蓄、投资等服务功能，这些功能不是保险的本质，而是保险合同的衍生产品。这些业务所收取的资金可分为两个部分，即保险费和委托保险公司进行投资管理的基金，前者是投保人为享用保险保障所缴付的资金，而后者纯粹是托管资产，与保险业务没有直接必然的联系。由于衍生保险产品有一个明显的特征就是附加储蓄或投资等服务功能所取得的收入能从保险业务所取得的收入中单独分离出来，并可以单独确认和计量，从实质上讲属于一种代客理财服务的性质。

经过多年的市场磨炼，寿险公司的投资分红类保险业务基本上可以分为两大类别：一类是投资险种类，即投资类险种；一类是分红类险种。

对于投资类险种来说，包括投资连结保险、万能寿险、变额保险等。投资连结保险是一种融保险与投资于一身的险种，早在20世纪70年代的英国已产生，现已成为欧美国家人寿保险的主流险种之一。传统寿险都有一个固定的预定利率，保险合同一旦生效，无论保险公司经营状况如何，都将按预定利率赔付给客户。而“投资连结保险”则不存在固定利率，保险公司将客户交付的保险费分成“保障”和“投资”两个部分。其中，“投资”部分的回报率是不固定的。如果保险公司投资收益比较好，客户的资金将获得较高回报。反之，如果保险公司投资不理想，客户也将承担一定的风险。投资连结保险可汇集客户的投资资金，通过专业投资人才的投资运作，获取规模效益和较高的回报，最后使客户受益；其可变保费的缴付方式可满足客户在不同经济状况下的不同需求。但我们也应看到现阶段中国的投资渠道尚比较狭窄，使得保险公司以至个人难以获得理想的投资回报。

对于分红类险种来说，就是指保险公司在每个会计年度结束后，将上一会计年度该类分红保险的可分配盈余，按一定的比例、以现金红利或增值红利的方式，分配给客户的一种人寿保险。分红保险是一种具有储蓄功能附带投资风险的业务，其优点是安全性好，不扣利息税，除能获得利息外还能分享保险公司的经营成果，另外还能附带一定的保险功能。缺点是收益具有不确定性，投资不灵活，变现能力较差，提前退保还要支付一定费用。

总起来看，如果保险公司与客户签订的合同，不包含保险风险转移，那么就是属于金融工具，应当按照CAS22金融工具确认和计量准则来处理；如果包含着部分保险风险转移，就属于本章所阐述的投资分红类保险合同。对这一类保险合同，依照上述分类，具体进行相应措施的确认与计量：

对于投资类（万能保险和投资连结保险），按照合同约定，投保人在一定程度上参与保险公司经营结果分配，并承担相应的风险。通常情况下，该类合同都会向保险公司转嫁一定的保险风险，从而确认为保险合同。对于此类合同，应当在满足保费收入确认条件的前提下及时确认保费收入。

对于分红保险，是指按将实际经营结果优于定价假设的盈余，按照国际惯例的一定比例向保单持有人进行分配的险种，与传统寿险的差异在于，保户在一定程度上参与者保险公司分红保险经营承包结果的分配，但是并不承担相应的风险。通常情况下，分红保险向保险人转嫁了一定的保险风险，认定为保险合同。与普通寿险类似，在满足保费收入确认条件时，确认保费收入。

二、投资类险种的核算

保险公司投资类业务，通常包括投资连结型保险业务和万能型保险业务。

（一）投资类保险业务会计核算基本规定

（1）包含保险风险的投资类保险业务应于满足保费收入确认条件时将投保人以保费形式缴纳的全部款项，作为保费收入处理。

（2）如果某投资类保险产品满足保险合同的定义，可以认为该产品包含保险风险。

（3）公司应为投保人投资建立独立账户，划清独立账户和公司其他账户的界限，并单独核算和报告独立账户。

（4）独立账户资产应于估值日，按以下原则进行估值：

一是除开放式基金以外的任何上市流通的有价证券，以其在证券交易所挂牌的市价（平均价或收盘价，下同）估值；估值日无交易的，以最近交易日的市价估值。

二是独立账户持有的开放式基金，以其公告的基金单位净值估值。

三是独立账户持有的处于募集期内的证券投资基金，按其成本估值。

四是如有确凿证据表明按上述方法进行估值不能客观反映其公允价值，公司应根据具体情况按最能反映公允价值的价格估值。

五是如有新增事项，按国家最新规定估值。

（5）与独立账户资产运行相关的收益，应按如下原则进行确认和计量：

一是卖出上市债券，应于成交日确认债券差价收入，并按扣除相关费用后实际应收取的全部价款与其账面价值的差额入账；卖出非上市债券，应于实际收到价款时确认债券差价收入，并按实际收取的全部价款与其账面价值的差额入账。

二是卖出基金，应于基金成交日确认投资收益，并按扣除相关费用后实际应收取的全部价款与其账面价值的差额入账。

三是债券利息收入应在债券实际持有期内于估值日计提，并按债券票面价值与票面利率计提的金额入账；对于已到付息日但尚未领取的债券利息收入，应于确认债券投资收益时，按应收债券利息扣除已计债券利息的差额入账。

四是存款利息收入应于估值日计提，并按本金与适用的利率计提的金额入账。

五是基金投资收益应于除息日确认，并按基金公司宣告的分红派息比例计算的金额入账。

六是买入返售证券收入应在证券持有期内采用直线法于估值日计提，并按计提的金额入账。

（二）投资类保险业务科目设置

为了核算投资连结产品，公司设置“独立账户资产”和“独立账户负债”两个会计科目。

1.“独立账户资产”科目

“独立账户资产”科目专门用于核算保险公司对分拆核算的投资连结产品不属于风险保障部分确认的独立账户资产价值。本科目可按资产类别进行明细核算。

向独立账户划入资金，借记本科目（银行存款及现金），贷记“独立账户负债”科目。独立账户进行投资，借记本科目（债券、股票等），贷记本科目（银行存款及现金）。对独立账户投资进行估值，按估值增值，借记本科目（估值），贷记“独立账户负债”科目；估值减值的作相反的会计分录。

按照独立账户计提的保险费，借记“银行存款”科目，贷记“保费收入”科目。同时，借记“独立账户负债”科目，贷记本科目（银行存款及现金）。对独立账户计提账户管理费，借记“银行存款”科目，贷记“手续费及佣金收入”科目。同时，借记“独立账户负债”科目，贷记本科目（银行存款及现金）。支付独立账户资产，借记“独立账户负债”科目，贷记本科目（银行存款及现金）。

本科目期末借方余额，反映保险公司确认的独立账户资产价值。

2.“独立账户负债”科目

“独立账户负债”科目专门用于核算保险公司对分拆核算的投资连结产品不属于风险保障部分确认的独立账户负债。本科目可按负债类别进行明细核算。

向独立账户划入资金，借记“独立账户资产——银行存款及现金”科目，贷记本科目。对独立账户投资进行估值，按估值增值，借记“独立账户资产”

科目，贷记本科目；估值减值的作相反的会计分录。按照独立账户计提的保险费，借记“银行存款”科目，贷记“保费收入”科目；同时，借记本科目，贷记“独立账户资产”科目。对独立账户计提账户管理费，借记“银行存款”科目，贷记“手续费及佣金收入”科目；同时，借记本科目，贷记“独立账户资产”科目。支付独立账户资产，借记本科目，贷记“独立账户资产”科目。

本科目期末贷方余额，反映保险公司确认的独立账户负债。

（三）投资类保险业务的账务处理

（1）公司销售包含保险风险的投资连结产品收取的全部价款，借记“现金”“银行存款”科目，贷记“预收保费”科目；合同生效后，借记“预收保费”科目，贷记“保费收入”科目。将属于独立账户的资金从公司账户划入独立账户时，借记“独立账户资产——银行存款及现金”科目，贷记“银行存款”科目。同时，公司应设置备查簿，辅助登记独立账户持有人投入资金及独立账户持有人持有的投资账户单位数。

（2）将独立账户资金进行投资时，借记“独立账户资产（有关明细）”科目，贷记“独立账户资产——银行存款及现金”科目。

（3）独立账户发生卖出回购证券业务时，借记“独立账户资产——银行存款及现金”科目，贷记“独立账户负债——卖出回购证券款”科目。购回卖出回购证券时，借记“独立账户负债——卖出回购证券款”科目，贷记“独立账户资产——银行存款及现金”科目。

（4）独立账户借入资金时，借记“独立账产资产——银行存款及现金”科目，贷记“独立账户负债——借入资金”科目。归还借入资金本息时，借记“独立账户负债——借入资金”科目，贷记“独立账户资产——银行存款及现金”科目。

（5）估值日对独立账户上市流通证券进行估值产生的增值部分，借记“独立账户资产——估值增值”科目，贷记“独立账户末实现利得”科目（减值部分作相反会计分录）。

（6）按照独立账户计提的保险费，借记“银行存款”科目，贷记“保费收入”科目。同时，借记“独立账户负债”科目，贷记“独立账产资产——银行存款及现金”科目。对独立账户计提账户管理费，借记“银行存款”科目，贷记“手续费及佣金收入”科目。同时，借记“独立账户负债”科目，贷记“独立账产资产——银行存款及现金”科目。

支付独立账户资产，借记“独立账户负债”科目，贷记“独立账产资产——银行存款及现金”科目。

三、分红类险种的核算

分红保险是指公司将实际经营成果优于定价假设的盈余，按一定比例向保单持有人进行分配的人寿保险产品。分红保险必须单独分设账户，分类分险种核算编制资产负债表、利润表和现金流量表。分红保险采用固定费用率的，其相应的附加保费收入和佣金，管理费用支出等不参与分红保险分红，但应纳入分红保险的损益核算。

（一）分红保险收入分配原则

分红保险各险种的保费直接计入各险种的保费收入。分红保险的资金运用在单独的分红专用资金账户中核算。资金收益直接计入分红账户。

（二）分红保险的费用分摊

（1）由于公司的分红保险采用固定费用率，其相应的附加保费收入和佣金、管理费用支出等直接计入分红保险业务，不涉及费用分摊问题。

（2）与分红保险业务资金投资相关的各项费用支出按投资比重分摊，计入分红保险各险种的投资成本。

（3）因分红保险资金超量运用而借用其他保险业务资金产生的资金占用成本在分红保险险种之间按实际占用天数和总公司规定的利率计算。

（三）分红保险业务收益的确认

（1）分红保险业务资金运用所产生的收益直接划归分红保险业务。如分红保险资金与非分红保险业务资金合并投资，则按投资份额分配投资所产生的收益。

（2）分红保险业务资金所获得的净投资收益按分红保险业务各险种责任准备金的比重分摊，进行分险种损益核算。

（3）每会计年末，总公司根据分红保险业务资金收益情况和基层公司上划资金的情况，计算并下拨各基层公司当年应分得的分红保险业务资金收益。

（四）分红保险业务会计核算的科目设置

保险公司应设置“保单红利支出”科目来核算分红保险业务。“保单红利支出”科目专门核算保险公司按原保险合同约定支付给投保人的红利。本科目可按保单红利来源进行明细核算，如现金领取、累计生息、交清增额保险、抵交保费等类别。

保险公司按原保险合同约定计提应支付的保单红利，借记本科目，贷记“应付保单红利”科目。

期末，应将本科目余额转入“本年利润”科目，结转后本科目无余额。

（五）分红保险的会计处理

（1）基层公司收到投资收益后，计入相应分红险种中，借记“存出准备金”科目，贷记“投资收益”科目。

（2）分红的一般会计处理。

第一步，计算出当年应支付的红利，借记“保户红利支出”科目，贷记“应付保户红利”“其他长期负债（应付累计生息）”科目。

第二步，红利到期支付，借记“应付保户红利”科目，贷记“银行存款”“保费收入”等科目。

（3）向保户支付红利的具体会计处理。

第一，对于选择现金支付方式的保户，在其保单年生效对应日领取红利时，财务部门每月根据业务部门提供的单证及保户签收后的红利签收单证，借记“保户红利支出”科目，贷记“应付保户红利”（现金领取），并借记“应付保户红利”（现金领取），贷记“银行存款”科目。

第二，对于选择累计生息方式的保户，公司业务部门每月统计其留存在公司分红账户中尚未领取的红利的本金和利息，并将统计结果以书面形式交给财务部门，对累积本金财务部门借记“保户红利支出”，贷记“其他长期负债”（应付累计生息本金）科目，对生息借记“利息支出”，贷记“其他长期负债”（应付累计生息利息）科目。

第三，对于选择购买交清增额保险的保户，公司业务部门每月统计其留存在公司分红账户中用于购买交清增额保险的红利数，并将统计结果以书面形式交财务部门，财务部门以此为依据借记“保户红利支出”（交清增额保险），贷记“应付保户红利”（交清增额保险），并借记“应付保户红利”（交清增额保险），贷记“保费收入”科目。增额保险的红利转保费、未来的给付支出和准备金提取等收支项目均作为分红险种的一部分，列入分红账户加以核算。

第四，对于选择抵交保费的保户，公司业务部门每月统计其留存在公司分红账户中用于抵交保费的红利数，并将统计结果以书面形式交财务部门，财务部门以此为依据借记“保户红利支出”（抵交保费），贷记“应付保户红利”（抵交保费）；并借记“应付保户红利”（抵交保费），贷记“保费收入”科目。抵交保费的红利转保费、未来的给付支出和准备金提取等收支项目均作为分红险种的一部分，列入分红账户加以核算。

第九章 再保险业务核算

本章精要

俗语说："花无千日红，人无百日好"，意外事件，往往始料不及，即便是为公众提供保险保障服务的保险公司也是一样，自身经营也会面临不确定性，会随着各种风险事件的发生而遭遇重大经营风险。一个法人主体，不能经常发生始料不及、毫无防备的意外，也不能生存于一帆风顺中，必须寻求自身的保险之路。

谁来向保险公司施以援助之手，自然是再保险公司。需要通过利益共享、风险共担的制度安排来寻求保险公司的基业长青。这种再保险与保险共同发展的机制自然为保险公司会计提出了新的课题。

本章主要涉及四个内容。第一是再保险的基本概念和再保险的运营模式，需要对再保险机理有一个清晰的了解。第二是掌握再保险核算的特点，了解再保险业务核算的要求和分保账单的基本规范。第三是关于分出业务的核算，重点掌握分出业务核算的基本内容、分保业务比例的计算方法、分出业务核算的科目设置，并具体掌握分出业务核算的账务处理。其中，对于发生分出保费的公司从再保险公司取得的摊回赔款支出、摊回未决赔款准备金、摊回分保费用赔款支出等也需要特别关注。第四是分入业务的核算，重点掌握分入业务核算的基本内容、分入业务核算的科目设置，并具体掌握分入业务核算的账务处理。

在认知初始保险即原保险各项规定的基础上，分出业务、分入业务都需要分别掌握。

第一节 再保险业务之概述

一、再保险的基本概念

再保险，亦称分保，是保险公司将其经营业务的一部分分给其他保险公司或再保险公司的保险业务，从而成为一种间接承接保险业务活动。在再保险中，对外分出保费的公司称为原保险公司或分出公司，接受别人分保业务的公司称为再保险公司或分入公司。原保险是发生在投保人和保险公司之间的业务活动，称为直接保险业务。当原保险公司承保的直接保险业务金额较大且风险过于集中时，就有必要进行再保险，可以说，再保险就是保险人的保险。

在再保险市场上，再保险人具体分成专业再保险人、兼营再保险人和再保险集团之分。专业再保险人是指依法设立的专门从事再保险业务的保险公司，如中国再保险集团，这类公司本身不能直接办理保险业务，只能从原保险公司接受分保业务；同时也可以将接受的分保业务再向其他再保险人转分保。兼营再保险人是指能够接受再保险业务的原保险公司。再保险集团是指多个保险公司根据协议而组成的再保险联合体，参与者按照比例分担直接保险与再保险业务。当保险金额或再保险金额十分巨大，超过了某一家保险公司的承保能力时，就要求再保险集团共同承担。

二、再保险的运营模式

再保险运营模式包括寻找再保险合作组织阶段的模式和确定责任限额阶段的模式两个层面，其基本内容描述如表 9－1 所示。

表 9－1　　再保险运营模式表

安排模式	临时再保险合同	最古老、最简单的可选择性再保险方式，即分出公司根据业务需要将有关风险或责任临时与分入公司协商签订合同的再保险模式。分出和分入公司均有自由选择权
	固定再保险合同	双方预先约定业务范围、地区范围、除外责任、分保手续费、自留额、合同最高限额、账单编制和付费等条款，双方权利和义务均已明确。合同一经签订，双方就不可任选。此模式是再保险市场的主要模式

续表

<table>
<tr><td>安排模式</td><td>预约再保险合同</td><td colspan="2">介于临时和固定之间，对分出公司具有临时性，而对分入公司则具有合同性。分出公司就某类业务与分入公司签订预约再保险合同后，对手中该类业务可自由选择办理，但对分入公司来说就没有选择余地，凡是分出的属于预约再保险范围的业务必须接受。一般适用于特定地区的特定风险或巨额累积责任</td></tr>
<tr><td rowspan="5">赔款责任模式</td><td rowspan="2">以保险金额为基础的比例再保险</td><td colspan="2">1. 成数分保。原保险人将每一风险单位的保险金额，按约定比率向再保险人分保。不论分出公司承保的没有风险单位的保额大小，只要是在合同规定限额之内，都按照双方约定的比率进行分配和分摊</td></tr>
<tr><td colspan="2">2. 超额分保。以每一危险单位赔款为基础确定分出公司自负赔款责任限额，超过自赔限额部分由分入溢额分保。对每一风险单位超过自留额部分即溢额分给再保险人承担，并分别按照自留额和溢额对保额的比例来分配保费和分摊赔款</td></tr>
<tr><td rowspan="3">以赔款为基础的非比例再保险</td><td rowspan="2">1. 超额分保。对原保险人因同一原因所发生的任何一次损失，或因同一原因所导致的各次赔款的总和，超过约定的自负赔款责任额时，其超过部分由接受公司负责到一定额度，在实务中超赔分保又有险位超赔分保和事故超赔分保</td><td>险位超额分保。以每一危险单位的赔款为基础确定分出公司自负赔款责任的限额，超过自赔限额部分由分入公司赔偿</td></tr>
<tr><td>事故超赔分保。以每一次巨灾事故中多数危险单位的积累责任为基础计算赔款</td></tr>
<tr><td colspan="2">2. 赔付率超赔再保险，是指在某特定期间内（通常为1年），分出公司某一特定部门业务的赔付率超过约定自负责任的标准时，超过部分的赔款由分入公司负责一定的额度。分入公司的责任额度有一最高限额，以赔付率表示，同时还有一定的金额限制</td></tr>
</table>

第二节　再保险业务会计核算特点

一、再保险业务核算的要求

根据再保险业务的特点，其会计核算方面应达到下列要求：

（1）设置专用的会计科目，单独设账单独核算。再保险分出人不应当将再保险合同形成的资产与有关原保险合同形成的负债相互抵消，同时再保险分出人不应当将再保险合同形成的收入或费用与有关原保险合同形成的费用或收入相互抵消。因为这是基于两个合同关系的不同保险范畴，相互独立，不能彼此合并或者冲销其权责。

(2) 分出业务和分入业务要分别核算。对既经营直接保险业务又经营再保险业务的保险公司而言，分出业务一般并入直接业务核算，分入业务则应单独核算；而专业的再保险公司的转分保业务也纳入分入业务一起核算，以便准确核算其业务绩效。

(3) 要按不同的险种进行分类，以区分各类分保业务的好坏，并在此基础上根据会计年度划分不同年度的经营成果。

(4) 再保险业务资金结算在保险人之间进行或通过保险经纪人进行，它要求按时寄送账单并及时结付款项，这是衡量分出、分入公司及保险经纪人信誉好坏的主要标志。

二、再保险业务核算的特点

与直接保险业务的会计核算相比较，再保险业务的会计核算具有下列特点:

(1) 再保险业务与直接保险业务不同，前者是反映分出或分入公司转嫁或承担的责任风险状况，后者则是衡量保险客户转嫁风险的大小和承保人的承保能力的主要标志。因此，再保险业务与直接保险业务应分别考核。

(2) 分入业务和分出业务不同。由于分入业务是对方公司直接业务的组成部分，分出业务则是本公司直接业务的组成部分，分入与分出业务的收支也不能相互抵消，否则就很难考核分入业务和分出业务的效益。

(3) 分入公司接受再保险业务时，不仅有责任分担再保险业务的赔款支出，还要同时分担分出公司因分出业务赔案的处理等产生的费用，这种分保费用在再保险合同中约定。

(4) 采用比较固定的佣金率或按赔付率高低采用递增佣金率来计算分保手续费，包括分保业务发生的手续费（分保佣金）和纯益手续费，分保手续费是指再保险分出人支付的手续费或者佣金中应由再保险接受人承担的份额；纯益手续费是指再保险接受人同意在其取得利润的基础上付给再保险分出人一定比例的报酬，纯益手续费是按照再保险合同的约定计算确定的。

三、分保账单的基本规范

在再保险业务会计核算中，经常出现的主要凭证是分保账单。分保账单是分出公司在发生再保险业务时，根据相关再保险协议条款，定期计算出各项财务指标，并按一定的格式填制的凭证。分保账单在编制完成后，由分出公司编制并送交分入公司，是分入公司与分出公司双方的原始会计凭证，并据以编制记账凭证和登记账簿。现以经常应用的项目为例列出分保账单格式如表 9-2 所示。

表 9-2 **分保业务账单**

公司名称： 险别：

接受人名称： 合同名称：

账单期： 货币单位：

业务年度：

借方		贷方	
项目	金额	项目	金额
分保手续费		分保费	
原手续费		未到期责任保费转入	
转分保手续费		利息（%）	
分保赔款		保费准备金返还	
保费准备金扣存		赔款准备金返还	
赔款准备金扣存		赔款追回款	
税款及杂项		退回分保手续费	
原纯益手续费		返还现金赔款	
未到期责任保费转出		准备金利息	
未决赔款转出			
分保费退回			
纯益手续费			
经纪人手续费			
应付你方余额		应收你方余额	
你方成分			
备注	未决赔款：		

在会计核算中，分出公司与分入公司的记账方向相反。其编制方法有两种可供选择：

其一，对分保账单的每一个项目，都按分保接受人所接受的比例直接列出具体数字。例如，承保业务的总保费为 20 万元，分保接受人所接受的比例是10%，那么在分保账单上反映的分保费数字为2万元（200 000×10%）。

其二，对分保账单的每一项目都按100%列示数字，再列出某个分保接受人所接受的比例，然后计算出该分保接受人应分担的数字。例如，有一笔业务，有几家再保险公司接受分保，可以编制一张统一的账单（按100%），然后将每一个接受公司的“应付你方余额”或“应付我方余额”用其所接受的成分计算列示。

第二种方法相比第一种方法，具有简化分保账单编制手续的优点。

第三节　再保分出业务核算

一、分出业务核算的基本内容

（1）向分保业务分入人分出的保费。在分出人将风险转嫁给分入人的同时，必须使其享有相关的利益。当原保险单项下的保费为分期收取时，分保费也相应分期支付。

（2）摊回分保赔款。摊回分保赔款是分出人摊回的应由分入人承担的赔款。保险赔案一般由分出人负责处理，如涉及分保接受人的责任，应迅速发出通知，使分入人对现金赔款的赔付有所准备。

（3）摊回费用。摊回费用是指分出人支付的手续费、税费及杂项中应由分入人承担的部分，以及纯益手续费。其中，手续费是指分出人给保险业务招揽者代理人或经纪人的费用；税费及杂项是指保险公司所交纳的营业税、所得税等税费；纯益手续费是分入人将分入业务所获得利润按比例返还给分出人的款项。

二、分保业务比例的计算方法

1. 比例再保险分出保费的计算方法

比例分保情况下，分出人的自留额和分入人的责任额都表示为保费额的一定比例，该比例也是计算分出保费的依据。计算公式如下：

分出保费＝原保费×确定的分保比例

2. 非比例再保险分出保费的计算方法

非比例再保险分出保费的计算比较复杂。以最典型的超额赔款分保举例，影响超额赔款分保分出保费的因素有：预交最低再保险费、净保费收入总额、再保险费率。

变动分保费率：将再保险费与分出人的业务数量和业务质量挂钩并进行调整。

固定分保费率：当事人之间约定一固定额度的分保费。双方按以往赔款记录共同商定，与分出人的净保费收入和方式赔款多少无关。在承保新业务和以往没有办理过超额赔款分保的业务时，采用此法作为过渡，待资料和经验有所积累后，再采用变动分保费制。

三、分出业务核算的科目设置

再保险业务规律不同于原保险，因此，再保险业务所用的会计科目就自然有所区别。对于处于再保险业务关系中的分出人来说，其应用的会计科目主要包括以下几个：

1. “应收分保账款”科目

“应收分保账款”科目是再保险关系中分出人与分入人共同使用的科目，分出人通过本科目核算从事再保险业务应收取但尚未收到的款项。本科目应当按照再保险接受人和再保险合同进行明细核算。

再保险分出人应收分保账款的主要账务处理如下：（1）在确认原保险合同保费收入的当期，按相关再保险合同约定计算确定的应向再保险接受人摊回的分保费用，借记本科目，贷记“摊回分保费用”科目。（2）在确定支付赔付款项金额或实际发生理赔费用而冲减原保险合同相应未决赔款准备金、寿险责任准备金、长期健康险责任准备金余额的当期，按相关再保险合同约定计算确定的应向再保险接受人摊回的赔付支出金额，借记本科目，贷记“摊回赔付支出”科目。（3）在因取得和处置损余物资、确认和收到应收代位追偿款等而调整原保险合同赔付成本的当期，按相关再保险合同约定计算确定的摊回赔付支出的调整金额，借记或贷记“摊回赔付支出”科目，贷记或借记本科目。（4）在能够计算确定应向再保险接受人收取纯益手续费时，按相关再保险合同约定计算确定的纯益手续费，借记本科目，贷记“摊回分保费用”科目。（5）在原保险合同提前解除的当期，按相关再保险合同约定计算确定的摊回分保费用的调整金额，借记“摊回分保费用”科目，贷记本科目。(6) 对于超额赔款再保险等非比例再保险合同，在能够计算确定应向再保险接受人摊回的赔付成本时，按摊回的赔付支出金额，借记本科目，贷记“摊回赔付支出”科目。

再保险分出人、再保险接受人结算分保账款时，按相关应付分保账款金额，借记“应付分保账款”科目，按相关应收分保账款金额，贷记本科目，按收到或支付的分保账款金额，借记或贷记“银行存款”科目。

本科目期末借方余额，反映分出人从事再保险业务应收取但尚未收到的款项，应在资产负债表中单独列示。

2. “应收分保合同准备金”科目

“应收分保合同准备金”科目是再保险分出人专用科目，核算再保险分出人从事再保险业务确认的应收分保未到期责任准备金以及应向再保险接受人摊回的保险责任准备金。分出人可以单独设置“应收分保未到期责任准备金”“应收分保未决赔款准备金”“应收分保寿险责任准备金”、“应收分保长期健康险责任准备金”等科目进行各项分保准备金的核算。本科目可按照再保险接受人和再保险合同进行明细核算。

应收分保合同准备金的主要账务处理如下：(1) 在确认非寿险原保险合同保费收入的当期，按相关再保险合同约定计算确定的相关应收分保未到期责任准备金金额，借记本科目，贷记“提取未到期责任准备金”科目。资产负债表日，调整原保险合同未到期责任准备金余额时，按相关再保险合同约定计算确定的应收分保未到期责任准备金的调整金额，借记“提取未到期责任准备金”科目，贷记本科目。(2) 在提取原保险合同保险责任准备金的当期，按相关再保险合同约定计算确定的应向再保险接受人摊回的保险责任准备金金额，借记本科目，贷记“摊回保险责任准备金”科目。(3) 在确定支付赔付款项金额或实际发生理赔费用而冲减原保险合同相应未决赔款准备金、寿险责任准备金、长期健康险责任准备金余额的当期，按相关应收分保保险责任准备金的相应冲减金额，借记“摊回保险责任准备金”科目，贷记本科目。(4) 在对原保险合同保险责任准备金进行充足性测试补提保险责任准备金时，按相关再保险合同约定计算确定的应收分保保险责任准备金的相应增加额，借记本科目，贷记“摊回保险责任准备金”科目。(5) 在原保险合同提前解除而转销相关未到期责任准备金余额的当期，借记“提取未到期责任准备金”科目，贷记本科目。在原保险合同提前解除而转销相关寿险责任准备金、长期健康险责任准备金余额的当期，按相关应收分保保险责任准备金余额，借记“摊回保险责任准备金”科目，贷记本科目。

本科目期末借方余额，反映分出人从事再保险业务应向再保险接受人摊回的保险责任准备金余额。本科目应在资产负债表中单独列示，并分类详细列示“应收分保未到期责任准备金”“应收分保未决赔款准备金”“应收分保寿险责任准备金”“应收分保长期健康险责任准备金”等项目。

3. “应付分保账款”科目

“应付分保账款”科目是再保险关系中分出人与分入人共同使用的科目，分出人通过本科目核算从事再保险业务应向再保险接受人支付但尚未支付的款项，可按照再保险接受人和再保险合同进行明细核算。

再保险分出人应付分保账款的主要账务处理如下：(1) 在确认原保险合同保费收入的当期，按相关再保险合同约定计算确定的分出保费金额，借记“分出保费”科目，贷记本科目。在原保险合同提前解除的当期，按相关再保险合同约定计算确定的分出保费的调整金额，借记本科目，贷记“分出保费”科目。对于超额赔款再保险等非比例再保险合同，按相关再保险合同约定计算确定的分出保费金额，借记“分出保费”科目，贷记本科目。调整分出保费时，借记或贷记本科目，贷记或借记“分出保费”科目。(2) 发出分保业务账单时，按账单标明的扣存本期分保保证金金额，借记本科目，贷记“存入保证金”科目；按账单标明的返还上期扣存分保保证金金额，借记“存入保证金”科目，贷记本科目。按期计算存入分保保证金利息时，借记“利息支出”科目，贷记本科目。

再保险分出人、再保险接受人收到或支付分保账款时，按相关应付分保账款金额，借记本科目，按相关应收分保账款金额，贷记“应收分保账款”科目，按收到或支付的分保账款金额，借记或贷记“银行存款”科目。

本科目期末贷方余额，反映分出人从事再保险业务应支付但尚未支付的款项，应单独列示在资产负债表上。

4. “摊回保险责任准备金”科目

“摊回保险责任准备金”科目是再保险分出人专用科目，核算再保险分出人从事再保险业务应向再保险接受人摊回的保险责任准备金，包括未决赔款准备金、寿险责任准备金、长期健康险责任准备金。保险公司也可以设置“摊回未决赔款准备金”“摊回寿险责任准备金”“摊回长期健康险责任准备金”科目，分别核算应向再保险接受人摊回的未决赔款准备金、寿险责任准备金、长期健康险责任准备金。本科目应当按照保险责任准备金类别和险种进行明细核算。

摊回保险责任准备金的主要账务处理如下：（1）保险公司在提取原保险合同保险责任准备金的当期，应按相关再保险合同约定计算确定的应向再保险接受人摊回的保险责任准备金金额，借记“应收分保合同准备金”科目，贷记本科目。在对原保险合同保险责任准备金进行充足性测试补提保险责任准备金时，应按相关再保险合同约定计算确定的应收分保保险责任准备金的相应增加额，借记“应收分保合同准备金”科目，贷记本科目。（2）在确定支付赔付款项金额或实际发生理赔费用而冲减原保险合同相应保险责任准备金余额的当期，应按相关应收分保保险责任准备金的相应冲减金额，借记本科目，贷记“应收分保合同准备金”科目。（3）在寿险原保险合同提前解除而转销相关寿险责任准备金、长期健康险责任准备金余额的当期，应按相关应收分保保险责任准备金余额，借记本科目，贷记“应收分保合同准备金”科目。

期末，应将本科目余额转入“本年利润”科目，结转后本科目无余额。但是本科目当期发生额应在利润表中单独列示，并按保险责任准备金类别进行明细列示。

5. “摊回赔付支出”科目

“摊回赔付支出”科目是再保险分出人专用科目，核算再保险分出人向再保险接受人摊回的赔付成本。保险公司也可以分别设置“摊回赔款支出”“摊回年金给付”“摊回满期给付”“摊回死伤医疗给付”等科目，分别核算保险公司应向再保险接受人摊回的赔款支出、满期给付、死伤医疗给付。本科目应当按照险种进行明细核算。

摊回赔付支出的主要账务处理如下：（1）保险公司在确定支付赔付款项金额或实际发生理赔费用而确认原保险合同赔付成本的当期，应按相关再保险合同约定计算确定的应向再保险接受人摊回的赔付成本金额，借记“应收分保账款”科目，贷记本科目。（2）在因取得和处置损余物资、确认和收到应收代位追偿款等而调整原保险合同赔付成本的当期，应按相关再保险合同约定计算确定的摊回赔付成本的调整金额，借记或贷记本科目，贷记或借记“应收分保账款”科目。（3）对于超额赔款再保险等非比例再保险合同，在能够计算确定应向再保险接受人摊回的赔付成本时，应按摊回的赔付成本金额，借记“应收分保账款”科目，贷记本科目。

期末，应将本科目余额转入“本年利润”科目，结转后本科目无余额，但是本科目的当期发生额应在利润表中单独列示。

6. “摊回分保费用”科目

“摊回分保费用”科目是再保险分出人专用科目，核算再保险分出人向再保险接受人摊回的分保费用，应当按照险种进行明细核算。

摊回分保费用的主要账务处理如下：（1）保险公司在确认原保险合同保费收入的当期，应按相关再保险合同约定计算确定的应向再保险接受人摊回的分保费用，借记“应收分保账款”科目，贷记本科目。（2）在原保险合同提前解除的当期，应按相关再保险合同约定计算确定的摊回分保费用的调整金额，借记本科目，贷记“应收分保账款”科目。（3）在能够计算确定应向再保险接受人收取的纯益手续费时，应按相关再保险合同约定计算确定的纯益手续费，借记“应收分保账款”科目，贷记本科目。

期末，应将本科目余额转入“本年利润”科目，结转后本科目无余额，其当期发生额应在利润表中单独列示。

7. “分出保费”科目

“分出保费”科目显然是再保险分出人专用科目，核算再保险分出人向再保险接受人分出的保费，可按照险种进行明细核算。分出保费的主要账务处理如下：（1）保险公司在确认原保险合同保费收入的当期，应按再保险合同约定计算确定的分出保费金额，借记本科目，贷记“应付分保账款”科目。在原保险合同提前解除的当期，应按再保险合同约定计算确定的分出保费的调整金额，借记“应付分保账款”科目，贷记本科目。（2）对于超额赔款再保险等非比例再保险合同，应按再保险合同约定计算确定的分出保费金额，借记本科目，贷记“应付分保账款”科目。调整分出保费时，借记或贷记本科目，贷记或借记“应付分保账款”科目。

期末，应将本科目余额转入“本年利润”科目，结转后本科目无余额，分出保费的当期发生额应单独在利润表中列示。

四、分出业务核算的账务处理

【例 9－1】 A 公司当期航空险业务保费收入为 800 万元，将其中的 40%

分保给B公司，在分保期间，根据分保账单，需要从B公司摊回分保赔款120万元，同时假设准备金提取比例为50%，摊回分保费用25万元，并向B公司支付结算资金。则其账务处理如下：

(1) 计算分出保费、分保准备金和结算资金：

分出保费=保费收入×分保比例=800×40%=320（万元）

分保准备金=分出保费×准备金提取比例=320×50%=160（万元）

结算资金=320-120-25=175（万元）

(2) 当A公司分出保费时，会计分录如下：

借：分出保费——B公司　　3 200 000

　　贷：应付分保账款——B公司　　3 200 000

(3) 当A公司按规定摊回未到期责任准备金时，会计分录如下：

借：应收分保合同准备金——B公司　　1 600 000

　　贷：提取未到期责任准备金——航空险　　1 600 000

(4) 摊回分保费用时，会计分录如下：

借：应收分保账款——B公司　　250 000

　　贷：摊回分保费用——B公司　　250 000

(5) 摊回分保赔款时，会计分录如下：

借：应收分保账款——B公司　　1 200 000

　　贷：摊回赔付支出——赔款支出　　1 200 000

(6) 结算资金时，会计分录如下：

借：应付分保账款——B公司　　3 200 000

　　贷：应收分保账款——B公司　　1 450 000

　　　　银行存款　　1 750 000

(7) 分出业务并入公司直接业务按会计年度核算损益时，会计分录如下：

借：摊回赔付支出——赔款支出　　1 200 000

　　摊回分保费用——B公司　　250 000

　　贷：本年利润　　1 450 000

借：本年利润　　3 200 000

　　贷：分出保费——B公司　　3 200 000

上述业务中本年利润借贷相抵后为借方余额，表明该笔分出分保业务亏损额为175万元。

第四节　再保分入业务核算

一、分入业务核算的基本内容

对于再保险分入人，分入业务的核算内容包括分保费收入的确认与核算、分保赔款和费用的核算、提存准备金核算三项内容。

1. 保费收入的确认与核算

分入人的分保费收入一般于收到分保账单时确认。因为分入人在收到分保账单时满足了《保险公司会计制度》规定的确认收入的三个条件：一是分入人收到分保账单时开始承担再保责任；二是分保费收入金额是可以确定的；三是分入人收到分费的可能性很大。分入人在收到分出人发来的分保账单时，按单中标明的分保费进行核算。

2. 分保赔款和费用的核算

分入人在收到分出人发来的分保账单时，按账单中标明的分保赔款和费用的金额进行核算。

3. 提存准备金的核算

再保险业务提存的准备金包括未决赔款准备金和长期责任准备金。根据国际惯例，也为了真实反映再保险业务的损益，一般以 3 年为一个损益结算期。在未到结算年度之前，当期营业收支差额全额作为长期责任准备金提存。再保险准备金的提存、转回账务处理与财险业务相应准备金的账务处理方法相同。

二、分入业务核算的科目设置

既然在保险关系中，分出人与分入人是对应的关系。因此，处于再保险业务关系中的接受人即再保险分入人来说，其应用的会计科目与分出人也存在着一定的区别，主要包括以下几方面：

1. “应收分保账款”科目

“应收分保账款”科目是再保险关系中分入人与分出人共同使用的科目，分入人通过本科目核算从事再保险业务应收取但尚未收到的款项。本科目应当按照再保险分出人和再保险合同进行明细核算。

再保险接受人应收分保账款的主要账务处理如下：(1) 确认保费收入时，借记本科目，贷记“保费收入”科目。(2) 收到分保业务账单时，按账单标明的金额对保费收入进行调整，按调整增加额，借记本科目，贷记“保费收入”科目；按调整减少额，借记“保费收入”科目，贷记本科目。(3) 收到分保业务账单时，按账单标明的再保险分出人扣本期分保保证金，借记“存出保证金”科目，贷记本科目；按账单标明的再保险分出人返还上期扣存分保保证金，借记本科目，贷记“存出保证金”科目。(4) 计算存出分保保证金利息时，借记本科目，贷记“利息收入”科目。

再保险接受人、再保险分出人之间结算分保账款时，按相关应付分保账款金额，借记“应付分保账款”科目，按相关应收分保账款金额，贷记本科目，按收到或支付的分保账款金额，借记或贷记“银行存款”科目。

本科目期末借方余额，反映保险公司从事再保险业务应收取但尚未收到的款项，应在资产负债表中单独列示。

2. “应付分保账款”科目

“应付分保账款”科目是再保险关系中分入人与分出人共同使用的科目，分入人通过本科目核算从事再保险业务应向再保险分出人支付但尚未支付的款项，可按照再保险分出人和再保险合同进行明细核算。

再保险接受人应付分保账款的主要账务处理如下：(1) 在确认分保费收入的当期，按相关再保险合同约定计算确定的分保费用金额，借记“分保费用”科目，贷记本科目。收到分保业务账单时，按账单标明的金额对分保费用进行调整，按调整增加额，借记“分保费用”科目，贷记本科目；按调整减少额，借记本科目，贷记“分保费用”科目。(2) 在能够计算确定应向再保险分出人支付的纯益手续费时，按相关再保险合同约定计算确定的纯益手续费金额，借记“分保费用”科目，贷记本科目。(3) 收到分保业务账单的当期，按账单标明的分保赔付款项金额，借记“赔付支出”科目，贷记本科目。

再保险分入人、再保险分出人收到或支付分保账款时，按相关应付分保账款金额，借记本科目，按相关应收分保账款金额，贷记“应收分保账款”科目，按收到或支付的分保账款金额，借记或贷记“银行存款”科目。

本科目期末贷方余额，反映保险公司从事再保险业务应支付但尚未支付的款项，应单独列示在资产负债表上。

3. “分保费用”科目

“分保费用”科目是再保险分入人专用科目，核算再保险分入人向再保险分出人支付的分保费用。可按照险种进行明细核算。

分保费用的主要账务处理如下：(1) 保险公司在确认分保费收入的当期，应按再保险合同约定计算确定的分保费用金额，借记本科目，贷记“应付分保账款”科目。收到分保业务账单时，按账单标明的金额对分保费用进行调整，借记或贷记本科目，贷记或借记“应付分保账款”科目。(2) 在能够计算确定应向再保险分出人支付的纯益手续费时，应按再保险合同约定计算确定的纯益手续费，借记本科目，贷记“应付分保账款”科目。

期末，应将本科目余额转入“本年利润”科目，结转后本科目无余额，分保费用的当期发生额应在利润表中单独列示。

三、分入业务核算的账务处理

【例 9-2】 春意公司将其承保的长期人身意外伤害险以合约分保的形式与明日公司签订一年的再保险合约。按照合约规定，春意公司向明日公司收取了保证金 3 000 万元，且合同约定每月末，春意公司需向明日公司分出的保费为 600 万元，同时提取应收分保寿险责任准备金 180 万元，并摊回分保费用 20 万元。则业务处理如下：

(1) 收取分保业务保证金时：

借：银行存款　　30 000 000

　　贷：存入保证金——明日公司　　30 000 000

(2) 每月末，春意公司记录该项目当月的再保险合同费用，同时提取应收分保寿险责任准备金：

借：分出保费——明日公司　　6 000 000

　　贷：应付分保账款——明日公司　　6 000 000

借：应收分保合同准备金——明日公司　　1 800 000

　　贷：摊回保险责任准备金——寿险责任准备金——意外伤害险

　　　　1 800 000

(3) 按照相关合同约定，将向再保险接受人摊回的分保费用计入当期损益：

借：应收分保账款——明日公司　　200 000

　　贷：摊回分保费用——意外伤害险　　200 000

【例9-3】华宝公司是一家珠宝经销商，2×19年3月与财险公司F签订一份珠宝保险合同，对华宝公司的所有珠宝（总价值为9.6亿元）进行投保，约定保险期限为1年，2×20年3月30日，保费为（总价值的3%）288万元，于合同生效当日一次性支付。经精算确定保险公司针对未到期责任准备金的提取金额为100万元。保险公司考虑到珠宝的高风险性，遂与一家再保险公司G签订了再保险合约。合约规定再保险公司承担40%的风险，发生分保费用10万元。

2×19年12月，华宝公司意外遭到歹徒袭击，被劫珠宝价值5.7亿元人民币，警方正在抓捕过程中。保险公司F根据合约进行全额理赔，2×20年1月本案按照合约理赔方案结案，同时享有对赃物珠宝的代位追偿权，估计能追回1.2亿元的珠宝。假设在2×20年5月警方将歹徒抓捕归案，获得赃款3.6亿元人民币。则根据上述情况，业务处理如下（单位：万元）：

1. 分出业务的处理（F保险公司）

（1）2×19年3月，按照再保险合同确定分出保费、应收未到期责任准备金及向再保险接受人摊回的分保费用（单位：万元）：

借：分出保费——G公司（288×40%）　　115

　　贷：应付分保账款——G公司　　115

借：应收分保合同准备金——G公司（100×40%）　　40

　　贷：提取未到期责任准备金——财险　　40

借：应收分保账款——G公司　　4

　　贷：摊回分保费用——财险　　4

（2）2×19年12月事故发生，按照再保险合同确定应收的未决赔款准备金（单位：万元）：

借：应收分保合同准备金——G公司　（57 000×40%）22 800

　　贷：摊回保险责任准备金——未决赔款准备金——财险　22 800

（3）冲减应收的未决赔款准备金（单位：万元）：

借：摊回保险责任准备金——未决赔款准备金——财险　22 800

　　贷：应收分保合同准备金——G公司　　22 800

（4）摊回赔付成本（单位：万元）：

借：应收分保账款——G公司　　22 800

　　贷：摊回赔付支出——赔款支出　　22 800

(5) 确认应收代位追偿款（单位：万元）：

借：摊回赔付支出——赔款支出　　(12 000×40%) 4 800

　　贷：应收分保账款——G公司　　4 800

(6) 2×20年5月，收到代位追偿款（单位：万元）：

借：摊回赔付支出——赔款支出 (36 000×40% −4 800) 9 600

　　贷：应收分保账款——G公司　　9 600

2. 分入业务的处理（G保险公司）

(1) 2×19年3月，按照再保险合同的约定，确定分保费收入、分保费用及未到期责任准备金：

借：应收分保账款——F公司　　(288×40%) 115

　　贷：保费收入　　115

借：分保费用　　4

　　贷：应付分保账款——F公司　　4

借：提取未到期责任准备金　　(100×40%) 40

　　贷：未到期责任准备金　　40

(2) 2×19年12月，按照再保险合同确定应付的未决赔款准备金（单位：万元）：

借：提取未决赔款准备金　　(57 000×40%) 22 800

　　贷：保险责任准备金——未决赔款准备金　　22 800

准则规定，再保险接受人应当在收到分保业务账单的当期，按照账单标明的分保赔付款项金额，作为分保赔付成本，计入当期损益；同时，按照账单标明的金额对相关保费收入、分保费用进行调整，调整金额计入当期损益，并冲减相应的分保准备金余额。

2×19年5月结案赔付，收到分保业务账单，保费收入、分保费用金额与原来预计的一致，无需调整，只需确认分保赔付成本，并冲减相应的分保准备金余额。

(3) 冲销应付的分保未决赔款准备金及分保未到期责任准备金（单位：万元）：

借：保险责任准备金——未决赔款准备金　　22 800

贷：提取未决赔款准备金　　22 800

借：未到期责任准备金　　40

贷：提取未到期责任准备金　　40

(4) 分担赔付成本（单位：万元）：

借：赔付支出——赔款支出　　8 400

贷：应付分保账款——F公司　　8 400

第三篇

专项业务篇

开篇有益

本篇是在掌握保险公司会计基础篇、主导业务业务篇之后，进入财务报告编制之前的专项篇章。本篇所阐述的业务，属于高级会计业务范畴，并不会经常性地发生于每家保险公司的每个会计期间，但是，如果发生就会引发公司盈利状况的直接变化，就可能遭遇会计核算方面的“向左走”或“向右走”现象。所以，尽管这类业务具有综合性、复杂性，有些项目具有偶然性，我们也要根据准则的相应理念去深入解剖、准确理解。

保险行业存在着寿险与财险两大阵营，其收支模式存在明显差异，其利润留成核算与利润来源分析也值得探讨；资产减值是市场经济的恒定话题，通过可收回金额与预计未来现金流量的现值对比，可以确定资产的减值损失；债务重组可以实现经济主体之间的营业外损益，其会计处理值得关注；会计政策变更、会计估计变更和前期差错更正，是会计实践中经常出现的问题，不仅限于技术层面，更多的还与盈亏状况相链接，这三个关联甚至于经常可能有被混淆的问题，是需要规范掌握的；资产负债表日后事项，也需要规范地进行处理或披露。

总之，本篇是以会计作为一种完整的科学体系为出发点，需要就其规范程序与科学视角进行深度学理分析。

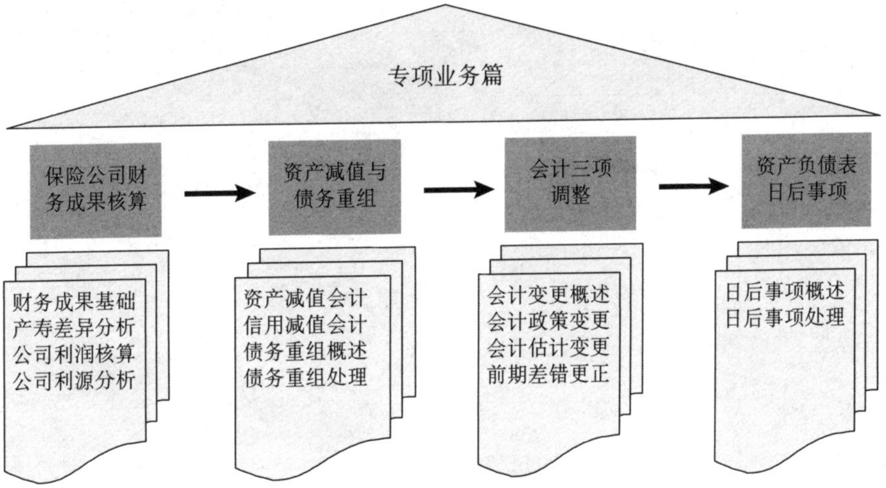

第十章 财务成果核算

本章精要

本章将在较为系统地阐述一般企业财务成果核算相关问题的基础上，具体阐述保险公司财务成果的定期核算。

第一节是企业财务成果核算整体认知，需要系统认知财务成果核算的基本内涵与外延。首先是对财务成果一般性逻辑关系的讨论，以便于深刻理解企业在一定会计期间所实现的各种收入（收益）与相关成本或费用（支出等）的差额有关系，明确增加收益、控制成本的使命。同时，从产业与制度演变下的财务成果构成到如今市场经济条件下，阐述企业财务成果的常用会计账户。其次，阐述财务成果核算的多层级认知，从内部管理工作层面、营销层面、资金运用层面的财务预算成果，直到所有者层面的财务成果。本节还将通过上市公司视角来探讨财务成果领域的纷争，强化“本期营业观”与“损益满计观”的概念辨析与优势劣势权衡。

第二节是保险业收支模式的类差分析。保险行业存在着两大阵营，财产保险公司与寿险保险公司在业务特点上的差异较大，导致保费核算存在差异、责任准备金计提等诸多领域存在差异，需要一一阐述和分析。

第三节是保险公司的利润核算，从保险公司利润的计算公式出发，逐步探讨操作层面的相关问题与账务处理。当然，除了业务收支的巨大差异外，利润分配的其他相关核算尽量从简。

第四节是保险公司的利润来源分析。在简述非寿险业务的利润来源归类为两大类别（承保利润和资产管理收益）之外，着重分析寿险行业的三大差益（损），即利差益（损）、费差益（损）和死差益（损）。

第一节　财务成果核算的整体认知

一、财务成果核算：一般逻辑的掌握

一般而言，财务成果是指企业一定生产期间经营活动的最终财务成果，是企业在一定会计期间所实现的各种收入（收益）与相关成本或费用（支出等）的差额。如果收入大于成本费用，其差额表现为企业赚取利润；而如果收入小于费用，其差额则为企业经营所发生的亏损。在市场经济条件下，企业在一定时期内从事全部生产经营活动所取得的利润或发生的亏损，也是该企业生产经营活动情况的综合质量反应，是考核企业经营管理水平的一个综合指标。

（一）产业与制度演变下的财务成果构成

随着中国经济体制、财务理念与会计准则的渐进式改革，企业财务成果的概念也发生着渐进变化。我们可以对比分析曾经长期主导中国会计思维的工业企业财务成果核算与现代主流思维模式下的企业财务成果核算（见图10－1），以进一步深化思考。

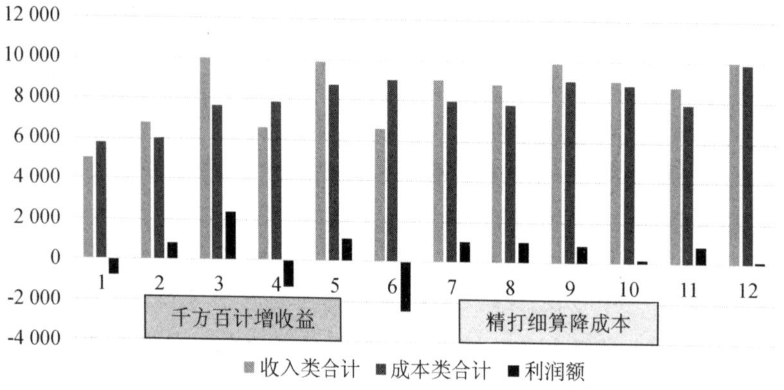

图10－1　企业财务成果核算示意图

工业企业的财务成果一般由以下几部分构成：一是商品销售利润（或亏损）。即企业产成品、自制半成品和工业性作业等商品产品的销售利润（或亏损），是企业实现利润（或发生亏损）的主要因素；二是其他销售利润（或亏损)。如企业销售材料、提供运输劳务、出租包装物等所发生的利润(或亏损);三是营业外收入;营业外支出。与其他单位联营的企业,还需加上从联营单位分得的利润,减去分给联营单位的利润。企业生产经营活动的全部收益超过全部支出的差额为利润;反之,为亏损。

如今在市场经济条件下,对企业并不强加经营范围,而是基于市场经营精神,赋予了企业更多的市场选择权。因此,现行企业财务成果一般由以下几部分构成:

(二)财务成果核算应设置的主要账户

在一般企业,进行财务成果核算就是按照图 10-2 所示的总体思路推进。

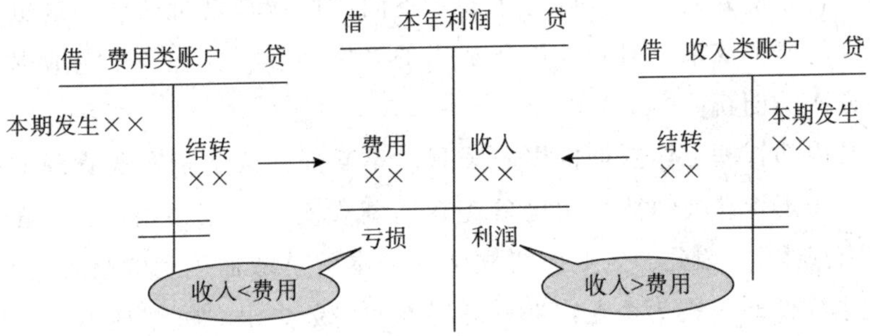

图 10-2 一般企业财务成果核算账户总体关系图

应设置的主要账户有以下八种:

(1)营业外收入账户:主要包括非流动资产处置利得、非货币性资产交换利得、债务重组利得、政府补助、盘盈利得、捐赠利得等。该账户应按收入项目设置明细,进行明细核算。

(2)营业外支出账户:主要包括非流动资产处置损失、非货币性资产交换损失、债务重组损失、盘盈损失等。该账户应按收入项目设置明细,进行明细核算。

(3)投资收益账户:该账户属于损益类账户,用来核算企业对外投资所取得的收益或发生的损失。该账户应按收入项目设置明细,进行明细核算。

(4)所得税费用账户:该账户属于损益类账户中的费用账户,用来核算企业确认的、应从当期利润中扣除的所得税费用。

(5)本年利润账户:该账户属于所有者权益类账户,是用来核算企业会计年度实现的净利润(或发生的亏损)。

（6）利润分配账户：该账户属于所有者权益类账户，用来核算企业一定时期内净利润的分配或亏损的弥补以及历年结存的未分配利润（或为弥补亏损）情况。

（7）盈余公积账户：该账户属于所有者权益类账户，用来核算企业从净利润中按规定比例提取的盈余公积金。

（8）应付利润账户：该账户属于负债类账户，用来核算企业给投资者分配的现金股利或利润。

二、财务成果核算：多个层级的认知

对于企业财务成果，可以基于多个不同的层级来进行认知，这也代表着不同深度的财务成果。对企业财务成果的多层级分析，有利于企业财务管理理念和方法的创新。

一是内部管理工作层面的财务成果。不断降低成本是企业管理的一项根本任务。美国管理大师彼得·德鲁克在《新现实》一书中指出："在企业内部，只有成本"。因此，企业应树立降低成本就是增加盈利的财务管理理念，将"成本降低额"视为企业内部管理层面的财务产出，将"成本降低额"定位为企业内部管理层面的财务成果。千方百计降低成本是企业内部管理层面的核心财务目标。为了降低成本，企业管理者和学者一直在不懈努力，寻求有效的管理措施。如：泰罗的计件工资制、国内类似邯郸钢铁"内部模拟市场"等成本模式。

二是营销层面的财务成果。企业营销的目的就是赢得顾客。要提高企业赢得顾客的能力须从两方面入手，既要扩大市场的占有规模，以获得顾客在空间上的延展增加，又要提高市场开发的持续性，以赢得顾客在时间上的持续增长。营销层面的财务成果指标也可相应地表现为反映市场占有水平的指标和反映市场持续开发水平的指标。

三是企业资金运用层面的财务预算成果。企业总资金是指占用在总资产上的资金总额。企业资金按来源不同可分为自有资金和借入资金。资金属于财务投入范畴，其相应的财务产出是企业的收益。因此，企业资金运营层面的财务成果的绝对指标是指企业的各种收益。根据收益形成过程，企业收益主要包括息税前收益、税前收益和净收益等几种形式。为了更加明确地反映企业资金运营的财务成果，该层面主要采用相对指标予以反映。

四是所有者层面的企业财务成果。上述的内部管理层面的财务成果、企业营销层面的财务成果以及总资金运营的财务成果，共同促进了自有资金收益率这一资金运营层面最终的财务成果的实现。所有者层面的企业财务成果、企业资金运营层面的财务成果企业总资金是指占用在总资产上的资金总额。企业资金按来源不同可分为自有资金和借入资金。资金属于财务投入范畴，其相应的财务产出是企业的收益。

三、财务成果核算：上市公司的视角

在上市公司这个平台中，云集着许许多多不同的利益相关者与追求者。围绕着财务成果的形成过程和最终结果及其分配，各种观点、各种谋略、各种手法不计其数。会计数据也成为各方利益博弈的大舞台。一个上市公司的财务成果表达如何，自然是一个矛盾的焦点所在。非经营性损益经常会帮助一些经营业绩不怎么样的企业"渡过难关"。"不怕贼偷，就怕贼惦记"是人们对利润数据修饰担忧的一种概括性总结，含义非常深刻。当然，会计专家们也一直在研究着如何准确地规范概念，精准表达财务成果。于是，"本期营业观"与"损益满计观"之间孰是孰非的争论便开始了。

（一）"本期营业观"与"损益满计观"的概念辨析

"本期营业观"（Current Operating Concept）力求强调公司当期的经营情况，突出反映公司的核心盈利能力，利润表中所计列的损益仅包括本期营业活动所产生的各项成果，以前年度损益调整项目及不属于本期经营活动的收支项目不列入利润表。也就是说，"本期营业观"认为只有当期决策可控的变化和事项才应该被包括在收益中。

而"损益满计观"（All Inclusive Concept）则力求充分披露相关信息，能够全面地反映企业经营的各个方面，它认为净收益应该反映企业当期内除了股权交易事项以外的所有引起股东权益增减变动的事项，即本期利润表应包括所有在本期确认的业务活动所引起的损益项目。依据这一观点，所有当期营业活动引起的收入、费用等项目，如营业外收支、非常净损失、以前年度损益调整等均应纳入利润表。

（二）"损益满计观"与"本期营业观"的利弊分析

从以上分析可以看出，"损益满计观"体现的是一种全面收益的思想。全面收益这一概念目前受到较多推崇，英、美等一些发达国家的会计准则制定机构和国际会计准则委员会均对全面收益或全部实现的利得和损失提出了新概念，并要求企业报告全面收益。全面收益日益得到人们的承认和推广，有以下几点原因，包括：与企业所处经济环境的变化有着密切的关系，商品价值随着市场经济日趋活跃而发生着更加频繁的变化，随着企业从事金融活动的日益普遍和金融业务的发展，如何进行衍生金融工具的确认和计量已成为会计界的一大挑战。因此，“损益满计观”能够充分披露新业务、新事项的出现对企业的影响，全面地反映企业各项活动所带来的经济成果，为信息使用者提供尽可能丰富的信息。

不过，“损益满计观”也会给会计操纵者提供了肆意进行会计利润操纵的空间，也会引起一些混乱，即包含着非经营性或偶发性利得或损失从而会降低报表的有用性。而“本期营业观”反映的盈利信息则更为核心和更具持久性。可以从以下几点来探讨全面收益存在的缺陷和“本期营业观”的长处，第一，即“扣非”可以通过经常性损益来评价公司的盈利能力和未来的发展趋势，第二，利用利润额作为考核标准时，纳入利润表内，就应以能反映管理部门可控制的、表明企业努力程度的当期营业活动的成果为限。

综上可知，“损益满计观”信息披露充分，能够全面地反映企业经营的各个方面，对于在新的经济环境下出现的各类新型的业务和事项也能予以适当的反映；“本期营业观”则强调公司当期主营业务的经营情况，突出反映公司的核心盈利能力。两者各有其长处，同时就如上文分析，也各自存在着缺陷。

第二节 保险业收支模式的类差分析

综合前述相关内容，由于财产保险公司与寿险保险公司在业务特点上的差异巨大，从而导致在两类业务的会计核算与相关经营管理上也存在着较大差异。只有全面认识和掌握寿险业务与非寿险业务的个性化差异，才能更好地推进保险公司的核算与管理工作。概括地说，如下几个方面的差异值得关注：

1. 寿险与非寿险的保险职能存在差异

寿险一般都是长期性的，其职能表现为：在所收取的保险费中，除少量用于管理费用外，大部分资金需要转化为保险基金储存于银行或用于长期投资，最后，将保险基金以及其所获得的相应利息或投资收益，主要以多种形式返还给保险受益人，即整体特征属于给付性保险；而非寿险的保险期限较短，除了信用保险以外，一般不超过 1 年，非寿险保单一般不含有储蓄成分，其职能主要是对损失履行补偿责任，即其整体特征表现为补偿性保险。

2. 寿险与非寿险的保费核算存在差异

寿险保单的保费收入按实际现金流入进入“保费收入”账户，对于迟交或缓交的保险费，补交时应支付该保费误期期间内的应缴利息，且所收到的利息记入“利息收入”账户；而非寿险保单的保费收入按准则规定的确认原则记入“保费收入”账户。

3. 未收保费与应收保费的性质存在差异

未收保费是在年报决算时将当年度不同月份承保的寿险业务计算交足 1 年保费与本年度实交保费比较后得出的差额，是寿险业务为储蓄性有效寿险保单在年度末提存寿险责任准备金时而设置的科目；而非寿险保单的应收保费是投保人或被保险人尚未交付的即期保险费。

4. 退保金与退保费的性质差异

寿险保单在退保时，保险人应按保险合同的规定，退还给被保险人退保金，退保金的计算是寿险保单所产生的现金价值与退保费用的差额；而非寿险保单的退保费，是从原来收取的保险费中扣除以天数比例计算或按短期费率计算的保险费后退还给被保险人的已收保费中的多余部分金额。

5. 寿险与非寿险的责任准备金计提存在差异

寿险责任准备金的提存是为了达到全期收支平衡，保证有充足的资金返还给被保险人或法定受益人；而非寿险责任准备金的提存是为了平衡年度损益、调整账务，保证年度损益计算的真实性和正确性。因此，寿险与非寿险责任准备金的性质是完全不相同的。

第三节　保险公司的利润核算

一、保险公司利润的计算公式

利润是反映保险公司经济效益的综合性指标，也是衡量保险公司经营效益的重要尺度。

从经济核算原理看，保险公司利润的计算，即：收入－支出＝利润

保险公司的成本支出主要有：固定资产折旧费、手续费支出、赔款支出、分保费支出、业务费用支出、管理费用支出，以及各种准备金。保险公司的收入主要有保费收入、投资收入、分保费收入等。

根据我国《保险公司财务制度》及CAS30号财务报表列报之应用指南的规定，保险公司的利润构成总额可以分数步进行：

净利润＝利润总额－所得税费用

利润总额＝营业利润＋营业外收入－营业外支出

营业利润＝营业收入－营业支出

其中，营业收入＝已赚保费＋投资收益＋公允价值变动收益＋汇兑收益＋其他业务收入

已赚保费＝保险业务收入－分出保费－提取未到期责任准备金

营业支出＝退保金＋（赔付支出－摊回赔付支出）＋（提取保险责任准备金－摊回提取保险责任准备金）＋保单红利支出＋（分保费用－摊回分保费用）＋税金及附加＋手续费及佣金支出＋业务及管理费＋其他业务成本＋资产减值损失＋信用减值损失

现对上述相关概念进行简要解析：

（1）所得税费用是指根据资产负债表法，根据所得税条例办理清算所得税费用之后，列为当期支出的支出。

（2）营业外收入是指与公司业务经营无直接关系的各项收入，包括固定资产盘盈、出售固定资产净收益、教育费附加返还款、罚款收入、出纳长款收入、因债权人的特殊原因确实无法支付的应付款项等。

（3）营业外支出是指与本公司业务经营无直接关系的各项支出。包括固定资产盘亏和毁损报废的净损失、出纳短款、非常损失、罚款支出、公益救济性捐赠、赔偿金、违约金等。

（4）营业收入是指与公司业务经营有直接关系的各项收入，包括保费收入、分保费收入、追偿款收入等。

（5）营业支出是指应该由营业收入承担的各种营业过程中的赔款性支出、净分保支出、净准备金提取支出以及营业税费、管理性支出和资产减值损失等。

（6）已赚保费指某一年度中按照保费收入的承责时间所分配的可以用于当年赔款支出的保费收入。

（7）投资收益包括公司对外投资取得的收入、购买国债及金融债券等产生的利息收入。

（8）公允价值变动收益所持有的存在公允市价的资产项目，由于其市场价格提高而相应增加的价值。

（9）汇兑收益是指公司在经营过程中开展外币业务时，不同外币折算发生的价差以及由于汇率变动而发生的折合为记账本位币的收益差额，如果为支出差额，则为汇兑损失，以“－”号表示。

（10）其他业务收入是指保险公司经营的除保险业务外的其他业务取得的收入，包括租赁收入、咨询收入、代查勘收入、手续费收入、理赔中收回固定资产变现收入、无形资产转让净收入等。

（11）保险业务收入是指通过签订保险合同而取得的保费收入总额。

（12）分出保费是指取得保费收入之后，根据再保险合同而分出给再保险人的保费。

（13）提取未到期责任准备金是指按照规定提取的以后会计年度所分享的保费。

（14）退保金是指依照规定与投保人解除保险合同所付出的退保金。

（15）赔付支出是指在承保责任范围内经过核保后对保险受益人的赔偿或给付支出。

（16）摊回赔付支出是指在承担保险受益人的赔偿或给付支出款项后，向再保险人收回的应该由再保险人分担的赔付款项。

（17）提取保险责任准备金是指按照规定提取的保险合同保险责任准备金，包括未决赔款准备金、寿险责任准备金、长期健康险责任准备金。

（18）摊回提取保险责任准备金是指在提取保险责任准备金之后，将其中应该由再保险人所承担的部分给予转回。

（19）保单红利支出是指按原保险合同约定支付给投保人的红利。

（20）分保费用是指分保过程中所发生的各种费用支出。

（21）摊回分保费用是指由再保险人承担的分保费用转回。

（22）税金及附加是指公司依法缴纳的增值税、城市维护建设税、教育费附加等。

（23）手续费及佣金支出是指财险公司发生的各种手续费支出、寿险公司发生的各种手续费及佣金支出。

（24）业务及管理费是指公司发生的用于保险业务活动及其管理活动的费用支出。

（25）其他业务成本是指公司经营的除保险业务以外的其他业务发生的支出，包括咨询服务、转让无形资产等发生的支出。

（26）资产减值损失是指依照会计准则规定在资产负债表日对非金融类资产计提的资产减值损失。

（27）信用减值损失是指依照金融工具会计准则规定在资产负债表日对持有的金融工具计提的未来信用减值损失。

二、保险公司利润的账务处理

为了核算保险公司在本年度实现的利润（或发生的亏损）总额，应设置“本年利润”。“本年利润”科目的余额在贷方表示利润，反之则为亏损。按规定，在年终“本年利润”科目的余额全部转入“利润分配——未分配利润”科目。经结转后“本年利润”科目应无余额。

资产负债表日，保险公司应将各收入类科目账户的贷方余额转入“本年利润”科目。其会计分录如下：

借：保费收入

投资收益

公允价值变动损益

汇兑损益

其他业务收入

摊回保险责任准备金

摊回赔付支出

摊回分保费用

营业外收入

贷：本年利润

同时，在资产负债表日，保险公司应将各成本费用类科目账户的借方余额转入“本年利润”科目。其会计分录如下：

借：本年利润

贷：退保金

　　赔付支出

　　分出保费

　　分保费用

　　保单红利支出

　　提取未到期责任准备金

　　提取保险责任准备金

　　税金及附加

　　手续费及佣金支出

　　业务及管理费

　　其他业务成本

　　资产减值损失

　　信用减值损失

　　营业外支出

第四节　保险公司的利润分析

基于财险公司与寿险公司的保费流入与流出机理并不相同，势必引起其各自的利润形成结构也不相同，因此，需要对其利润情况分别进行分析。

一、非寿险业务的利润分析

（1）非寿险业务的利润来源归类。从基本构成大类看，财险公司的利润来源可能分为两个部分：其一是承保利润，就是各项承保业务的经济成果；其二是资产管理收益，即保险资金适用于投资运营产生的经济成果。这两部分成果占利润总额的比重称为利润构成。其公式是：

$$\text{承保利润所占比重} = \frac{\text{本年度承保业务利润}}{\text{本年度利润额}} \times 100\%$$

$$\text{资产收益所占比重} = \frac{\text{本年度投资收益}}{\text{本年度利润额}} \times 100\%$$

（2）入账保费利润率分析。入账保费利润率是指某一年度实现的利润与该年度入账保费（保费收入）之间的比率。其计算公式为：

$$入账保费利润率 = \frac{本年度实现利润额}{本年度入账保费} \times 100\%$$

由于某一年度的利润有一部分来自上年度的保费收入，另一部分来自当年的保费收入，所以，入账保费利润率并不能准确地反映保险公司的经济效益。

（3）已赚保费利润率分析。已赚保费利润率是某一年度实现的利润与该年度已赚保费的比例。其计算公式为：

$$已赚保费利润率 = \frac{本年度实现利润额}{本年度已赚保费} \times 100\%$$

由于已赚保费中已考虑了当期未到期责任准备金提存与转回的因素，所以某一年度实现的利润与该年度的已赚保费是完全对应可比的，并可以作为反映保险公司经济效益的客观尺度。在保费收入比上年增长幅度较大的情况下，虽然入账保费利润率可能有所下降，但已赚保费利润率却可能上升。

（4）非寿险业务利润增长因素分析。非寿险业务利润的计算公式可简化为：

利润 = 保费收入 + 转回责任准备金 - 提存责任准备金 - 赔款支出 - 费用支出 + 投资及利息收益 = 已赚保费 - 赔款支出 - 费用支出 + 投资及利息收益

上述公式中，如果以 P' 表示已赚保费，L 表示赔款支出，E 表示费用支出，I 表示投资及利息收入，则上式可表示为：

$$利润 = P' - L - E + I = P'\left(1 - \frac{L}{P'} - \frac{E}{P'} + \frac{I}{P'}\right)$$

公式中 P' 为某年度已赚保费，等于该年度保费与上年度保费和的一半。如上年保费收入为 P_0，本年保费收入为 P_1，则 $P' = \frac{1}{2}(P_0 + P_1)$。

公式中 $\frac{L}{P'}$ 为已赚保费赔付率，它表示平均每收入 1 元钱保费需支付的赔款；$\frac{E}{P'}$ 为已赚保费费用率，它表示平均每收入 1 元保费需支出的业务管理费用；$\frac{I}{P'}$ 为已赚保费利息率，它表示平均每收入 1 元保费能获得的投资及利息收入。

上述公式表明，非寿险业务利润的多少，取决于已赚保费、已赚保费赔付率、已赚保费费用率、已赚保费利息率等几个因素。利用上述公式，可以对非寿险业务利润的变动进行因素分析，即测定各因素对利润变动的影响。

设某寿险公司在近几年的非寿险业务有关资料如表 10 - 1 所示，分步进行相关的利润分析。

表 10－1　　某寿险公司非寿险业务资料　　单位：万元

年度	保费收入	赔款支出	费用支出	利息收入	利润
2×19 年	2 000				
2×20 年	2 600	1 900	300	200	300
2×21 年	3 000	2 300	400	300	400

根据上表的资料计算 2×20、2×21 年度已赚保费如下：

2×20 年度已赚保费＝当年入账保费＋上年转回未赚保费－今年提取未赚保费

＝2 600＋2 000/2－2 600/2＝2 300

2×21 年度已赚保费＝3 000＋2 600/2－3 000/2＝2 800

据此，已赚保费赔付率、已赚保费费用率、已赚保费利息率如表 10－2 所示：

表 10－2　　某寿险公司非寿险利润质量指标表　　单位：万元

年度	已赚保费	已赚保费赔付率	已赚保费费用率	已赚保费利息率
2×20	2 300	82.61%	13.04%	8.7%
2×21	2 800	82.14%	14.29%	10.71%

根据以上资料，则有以下几个结论：

第一，已赚保费的变动对利润的影响为：

(2 800－2 300)×(1－0.8261－0.1304＋0.0870)＝65.25（万元）

第二，已赚保费赔付率的变动对利润的影响为：

2 800×[(1－0.8214－0.1304＋0.0870)－(1－0.8261－0.1304－0.0870)]＝13.16（万元）

第三，已赚保费费用率的变动对利润的影响为：

2 800×[(1－0.8214－0.1429＋0.0870)－(1－0.8214－0.1304＋0.0870)]＝－35（万元）

第四，已赚保费利息率变动对利润的影响为：

2 800×(1－0.8214－0.1429＋0.1071)－(1－0.8214－0.1429＋0.0870)＝56.28（万元）

其中，已赚保费赔付率是考核公司业务质量的重要指标。当然，保险公司的赔付率也是一个需要区别不同情况、进行具体分析的综合性指标，如简单赔付率、满期赔付率，等等。根据以上结果可列出利润增长分析表如表 10－3 所示：

表 10-3　　　　某寿险公司非寿险利润增长分析表

因素	对利润的影响（万元）	占利润比（%）
已赚保费	65.25	65.25
已赚保费赔付率	13.16	13.16
已赚保费费用率款	-35.00	-35.00
已赚保费利息率	56.28	56.28
合计	99.69	99.69

从表 10-3 可以看出，该保险公司 2×21 年非寿险业务的利润比 2×20 年增加 100 万元，这主要是由于已赚保费的增加和已赚保费利息率的提高，另外，已赚保费赔付率的下降对利润的增长也作出了部分贡献。而由于已赚保费费用率的上升，使利润减少了 35 万元。

二、寿险业务的利润分析

由于寿险业务基本上属于多年周转的长期业务，保险责任要持续几年、十几年，有的甚至几十年。因此，不能像非寿险业务那样在短期内如 1 年、2 年等完全、准确地结算出损益，而只能采取特定的结算方法，每年结算损益。保险公司的寿险业务在年终决算时，要进行损益分析，即通过计算三差益（损）即利差益（损）、费差益（损）、死差益（损），并编制三差损益表，了解保费计算基础的安全性、稳定性以及保险公司实际经营中需要改进的方面，为加强人寿保险的经营管理提供科学依据。

1. 三差损益及其计算公式

（1）利差益是指寿险业务保费的实际利息率（或资金运用收益率）比预定利息率高时产生的收益，反之就是利差损。利差益是寿险公司盈利的主要来源。寿险公司在制定保费时，一般采取较低的或预计容易获得的利息率为预定利率，而实际运作中一般可以获得高于预定利息率的收益，这就是利差益；若由于市场恶性竞争而采取过高的利息率，而在实际的资金运作中不能达到预定的收益率；就会产生利差损。利差益的计算公式如下：

利差益 =（实际利率 - 预定利率）× 寿险责任准备金总额

= 寿险实际利息收入或投资收益 - 预定利息收入或投资收益

若上式为负值，就是利差损。

（2）费差益是指寿险业务实际营业费用低于预定附加费用时产生的收益，反之就是费差损。费差益是寿险公司盈利的又一来源。寿险公司在制定保费时，要根据经验数据、公司发展需要以及监管机构的要求，合理预计费用率。在实际经营中往往会产生高于或低于预计费用率的情况，因而产生费差益(损)。在我国目前情况下，寿险保费制定时的预定最高利息率以及保险资金运用方向等都由保险监管部门规定，寿险公司靠费差益来盈利的空间也不很大，而精简节约、提高效率可使寿险公司获得费差益，增大公司的盈利。费差益的计算公式如下：

费差益 =(预定附加费率 - 实际营业费用率) × 寿险保费总额

= 寿险附加保费总额 - 实际营业费用总额

若上式为负值，就是利差损。

(3) 死差益是指寿险业务实际死亡率与预定死亡率不同而产生的收益。若寿险业务因实际死亡率与预定死亡率不同而产生亏损，则称为死差损。这里没有说明实际死亡率与预定死亡率哪一个高而产生死差益，是由于寿险给付可以基于被保险人的生存，也可以基于其死亡，因而，实际死亡率与预定死亡率的差别产生收益还是亏损要结合不同的险种，加以具体分析。死差益的计算公式如下：

死差益 = 风险保费总额 - 实际支付的风险保险金

若上式为负值，就是利差损。

2. 三差损益计算表的编制

(1) 利差计算表的编制方法。利差计算表的格式如表 10 - 4 所示，反映寿险业务各险种当年度的利差益（损）的情况。

表 10 - 4　　寿险公司利差计算表

项目 / 险种	本年度利息收入	本年度投资收益	本年度预定提存利息	利差益（损）
1. 简易人身险				
2. 团体人寿险				
3.				
4.				
5.				
合　　计				

该表各项填列方法如下：

第一，“本年度利息收入”项目，其合计数为年末“利息收入”账户账面发生额累计数，各险种的利息收入，不能区分开的按其“年初责任准备金”

占总准备金的比例计算填列；能区分开的，按该险种的实际利息收入填列。

第二，“本年度投资收益”项目，其合计数为年末“投资收益”账户账面发生额累计数，各险种的投资收入，不能区分开的按其“年初责任准备金”占总准备金的比例计算填列；能区分开的，按该险种的实际投资收入填列。

第三，“本年度预定提存利息”项目，按预定利息率乘以各险种的当年资金总额的结果填列。其计算公式如下：

$$\text{本年度预定提存利息}=\text{预定利息率}\times\left(\text{年初责任准备金}+\frac{\text{纯保费}-\text{退保}-\text{满期给付}-\text{死伤医疗给付}}{2}\right)$$

第四，“利差益（损）”项目，即各险种的利差益（损），为表中各险种“本年度利息收入”加“本年度投资收入”减“本年度预定提存利息”的结果，正数为利差益，负数为利差损。

（2）费差计算表的编制方法。费差计算表的格式如表10－5所示，本表反映寿险业务各险种当年度的费差益（损）的实际情况。

表10－5　　寿险公司费差计算表

项目 / 险种	保费收入	费率（%）	金额	比重（%）	手续费	业务管理费	固定资产修理费	固定资产折旧费	其他	小计	利差益（损）
1. 简易人身险											
2. 团体人寿险											
3.											
4.											
5.											
合　计											

各项内容填列如下：

“保费收入”项目，根据“保费收入”账户及其明细账户账面发生额累计数填列。

“附加保费费率”项目，根据业务部门提供的数据填列。

“附加保费金额”项目，按表中各险种的“保费收入”项目乘以其“附加保费费率”的结果填列。

“附加保费比重”项目，根据表中各险种“附加保费金额”占总附加保费的百分比计算填列。

“手续费”项目，按账面各险种的实际列支数填列。

“业务管理费”“固定资产修理费”“固定资产折旧费”“其他”等项目，分别根据国内业务分摊给寿险业务的数额按“附加保费比重”的比例计算填列。

“费用支出小计”项目，按表中各险种“费用支出”各项目数据相加填列。

“费差益（损）”项目，按表中各险种“附加保费金额”减“费用支出小计”的结果填列，正数为费差益，负数为费差损。

（3）死差计算表的编制方法。死差计算表的格式如表 10－6 所示，本表反映寿险业务各险种当年度的死差益（损）的实际情况。

表 10－6　　　　寿险公司费差计算表

项目 险种	本年度纯保费收入	本年度预定提存利息	年初责任准备金	年末提存责任准备金	退保金	死伤给（付）	死差益（损）
1. 简易人身险							
2. 团体人寿险							
3.							
4.							
5.							
合　　计							

各项内容填列如下：

“本年度纯保费收入”项目，等于寿险业务保费收入减去附加保费，按“费差计算表”中各险种的“保费收入”减去“附加保费金额”的结果填列。

“本年度预定提存利息”项目，由财务部门按照预定利率计算，并与利差计算表中的本年度预定提存利息一致，根据“利差计算表”中各险种相应项目的数字填列。

“年初责任准备金”项目，为当年年初责任准备金加本年度责任准备金转入数减本年度转出数的数额填列。

“年末提存责任准备金”项目，根据业务部门提供的数据填列。

“本年度发生退保、给付金额”项目，根据各有关账户明细账的当年发生额累计数填列。

“死差益（损）”项目，为表中各险种“本年度纯保费收入”加“本年度预定提存利息”加“年初责任准备金”减“年末提存责任准备金”减“本年度发生退保、给付金额”中各项数据计算而得，正数为死差益，负数为死差损。

死差损益 = 本年度纯保费收入 + 本年度预定提存利息 + 年初责任准备金 - 年末提存责任准备金 - 退保金 - 满期给付 - 死伤医疗给付 - 年金给付

第十一章
减值会计与债务重组会计

本章精要

本章主要阐述资产减值与债务重组这两个彼此不同而又相互关联的问题。资产减值包括一般资产的减值会计，金融资产的信用减值会计。因此，全章内容安排分为三节，即第一节资产减值会计，第二节信用减值会计，第三节资产重组会计。

第一节资产减值会计，分三步来阐述：一是系统认识资产减值的基本内容与外延；二是关于资产可回收金额的计量；三是资产减值损失的确认与计量。

第二节是信用减值会计，主要针对金融工具分三步推进：一是预期信用损失计量；二是金融资产减值与利息收入的计量；三是金融工具减值的账务处理。

第三节是债务重组会计，先阐述债务重组的定义、方式等，再阐述债务重组的会计确认与计量。

第一节　资产减值会计

前已述及，保险公司资产的主要特征之一是它必须能够为保险公司带来经济利益的流入，如果资产不能够为保险公司带来经济利益或者带来的经济利益低于其账面价值，那么，该资产就不能再予确认，或者不能再以原账面价值予以确认，否则不符合资产的定义。也无法反映资产的实际价值。其结果会导致保险公司资产虚增和利润虚增。因此，当保险公司资产的可收回金额低于其账面价值时，即表明资产发生了减值，保险公司应当确认资产减值损失，并把资产的账面价值减记至可收回金额。

一、资产减值会计概述

（一）资产减值的范围

保险公司所有的资产在发生减值时，原则上都应当对所发生的减值损失及时加以确认和计量。当然，由于有关资产的特性不同，其减值会计处理也是有差别的，因而所适用的具体准则也不尽相同。例如，金融资产的减值适用 CAS22 号金融工具的确认和计量准则。这些减值会计的处理由本章第五节阐述，本节不涉及有关内容。

本节主要涉及的是除金融工具资产以外的资产，这些资产通常属于非流动资产。具体包括：（1）对子公司、联营企业和合营企业的长期股权投资；（2）采用成本模式进行后续计量的投资性房地产；（3）固定资产；（4）无形资产；（5）商誉。

保险公司在资产负债表日应当判断资产是否存在可能发生减值的迹象，主要可从外部信息来源和内部信息来源两方面加以判断：

从保险公司外部信息来源来看，如果出现了资产的市价在当期大幅度下跌，其跌幅明显高于因时间的推移或者正常使用而预计的下跌；保险公司经营所处的经济、技术或者法律等环境以及资产所处的市场在当期或者将在近期发生重大变化，从而对保险公司产生不利影响；市场利率或者其他市场投资报酬率在当期已经提高，从而影响保险公司计算资产预计未来现金流量现值的折现率，导致资产可收回金额大幅度降低等，均属于资产可能发生减值的迹象。保险公司需要据此估计资产的可收回金额，决定是否需要确认减值损失。

从保险公司内部信息来源来看，如果有证据表明资产已经陈旧或者其实体已经损坏；资产已经或者将被闲置、终止使用或者计划提前处置；保险公司内部报告的证据表明资产的经济绩效已经低于或者将低于预期，如资产所创造的净现金流量或者实现的营业利润远远低于原来的预算或者预计金额、资产发生的营业损失远远高于原来的预算或者预计金额、资产在建造或者收购时所需的现金支出远远高于最初的预算、资产在经营或者维护中所需的现金支出远远高于最初的预算等，均属于资产可能发生减值的迹象。

需要说明的是，上述列举的资产减值迹象并不能涵盖所有的减值迹象，保险公司应当根据实际情况来认定资产可能发生减值的迹象。

（二）资产减值的测试

如果有确凿证据表明资产存在减值迹象的，应当进行减值测试，估计资产的可收回金额。资产存在减值迹象是资产是否需要进行减值测试的必要前提，但是有两项资产除外，即因企业合并形成的商誉和使用寿命不确定的无形资产对于这两类资产，无论是否存在减值迹象，都应当至少于每年年度终了进行减值测试。其原因是，因企业合并所形成的商誉和使用寿命不确定的无形资产在后续计量中不再进行摊销，但是考虑到这两类资产的价值和产生的未来经济利益有较大的不确定性，为了避免资产价值高估，及时确认商誉和使用寿命不确定的无形资产的减值损失，如实反映保险公司财务状况和经营成果，对于这两类资产，保险公司至少应当于每年年度终了进行减值测试。

保险公司在判断资产减值迹象以决定是否需要估计资产可收回金额时，应当遵循重要性原则。根据这一原则，保险公司资产存在下列情况的，可以不估计其可收回金额：

（1）以前报告期间的计算结果表明，资产可收回金额远高于其账面价值之后又没有发生消除这一差异的交易或者事项的，保险公司在资产负债表日可以不需重新估计该资产的可收回金额。

（2）以前报告期间的计算与分析表明，资产可收回金额对于资产减值准则中所列示的一种或者多种减值迹象反应不敏感，在本报告期间又发生了这些减值迹象的，在资产负债表日保险公司可以不需因为上述减值迹象的出现而重新估计该资产的可收回金额。比如在当期市场利率或者其他市场投资报酬率提高的情况下，如果保险公司计算资产未来现金流量现值时所采用的折现率不大可能受到该市场利率或者其他市场投资报酬率提高的影响；或者即使会受到影响，但以前期间的可收回金额敏感性分析表明，该资产预计未来现金流量也很可能相应增加，因而不大可能导致资产的可收回金额大幅度下降，保险公司可以不必对资产可收回金额进行重新估计。

二、可收回金额的计量

（一）估计资产可收回金额的基本方法

保险公司资产存在减值迹象，应当估计其可收回金额，然后将所估计的资产可收回金额与其账面价值相比较，以确定资产是否发生减值，以及是否需要计提减值资产减值准备并确认相应的减值损失。在估计资产可收回金额时，原则上以单项资产为基础，如果保险公司难以对单项资产的可收回金额进行估计，应当以该项资产所属的资产组为基础确定资产组的可收回金额。

资产可收回金额的估计，应当根据其公允价值减去处置费用后的净额与资产预计未来现金流量的现值两者之间的较高者确定。因此，要估计资产的可收回金额，但是在下列情况下，可以有例外或者作特殊考虑：

（1）资产的公允价值减去处置费用后的净额与资产预计未来现金流量的现值，只要有一项超过了资产的账面价值，就表明资产没有发生减值，不需要估计另一项金额。

（2）没有确凿证据表明，资产预计未来现金流量现值显著高于其公允价值减去处置费用后的净额，可以将资产的公允价值减去处置费用后的净额作为资产的可收回金额。对于保险公司持有待售的资产往往属于这种情况，即该资产在持有期间（处置之前）所产生的现金流量可能很少，其最终取得的未来现金流量往往就是资产的处置净收入，因此。在这种情况下，以资产公允价值减去处置费用后的净额作为其可收回金额是适宜的，因为资产的未来现金流量现值不大会显著高于其公允价值减去处置费用后的净额。

（3）资产的公允价值减去处置费用后的净额如果无法可靠估计的，应当以该资产预计未来现金流量的现值作为其可收回金额。

（二）资产的公允价值减去处置费用后的净额的估计

资产的公允价值减去处置费用后的净额，通常反映的是资产如果被出售或者处置时可以收回的净现金收入。其中，资产的公允价值是指在公平交易中熟悉情况的交易双方自愿进行资产交换的金额；处置费用是指可以直接归属于资产处置的增量成本。包括与资产处置有关的法律费用、相关税费、搬运费以及为使资产达到可销售状态所发生的直接费用等，但是，利息支出和所得税费用等不包括在内。

保险公司在估计资产的公允价值减去处置费用后的净额时，应当按照下列顺序进行：

首先，应当根据公平交易中资产的销售协议价格减去可直接归属于该资产处置费用的金额确定资产的公允价值减去处置费用后的净额。这是估计资产的公允价值减去处置费用后的净额的最佳方法，保险公司应当优先采用这一方法。

其次，在资产不存在销售协议但存在活跃市场的情况下，应当根据该项资产的市场价格减去处置费用后的金额确定。资产的市场价格通常应当按照资产买方的出价确定。

最后，在既不存在资产销售的协议又不存在资产活跃市场的情况下，保险公司应当以可获取的最佳信息为基础，根据在资产负债表日如果处置该资产的话，熟悉情况的交易双方自愿进行公平交易愿意提供的交易价格减去资产的处置费用后的净额。

如果保险公司按照上述要求仍然无法可靠的估计资产的公允价值减去处置费用后的金额，应当以该资产预计未来现金流量的现值作为其可收回金额。

（三）资产预计未来现金流量的现值的估计

资产预计未来现金流量的现值，应当按照资产在持续使用的过程中和最终处置时所产生的预计未来现金流量，选择恰当得折现率对其进行折现后得金额加以确定。因此，预计资产未来现金流量的现值，主要应当综合考虑以下因素：（1）资产的预计未来现金流量；（2）资产的使用寿命；（3）折现率。其中，资产使用寿命的预计与 CAS4 号固定资产准则、CAS6 号无形资产准则等规定的使用寿命预计方法相同。以下重点阐述资产未来现金流量和折现率的预计方法。

1. 资产未来现金流量的预计

（1）预计资产未来现金流量的基础。为了估计资产未来现金流量的现值，需要首先预计资产的未来现金流量。为此，保险公司管理层应当在合理和有依据的基础上对资产剩余使用寿命内的整个经济状况进行最佳估计，并将资产未来现金流量的预计建立在经保险公司管理层批准的最近财务预算或者预测数据之上。但是，出于数据可靠性和便于操作等方面的考虑，建立在该预算或者预测基础上的预计现金流量最多涵盖 5 年，保险公司管理层如能证明更长的期间内是合理的，可以涵盖更长的期间。

如果资产未来现金流量的预计还包括最近财务预算或者预测期之后的现金流量，保险公司应当以该预算或者预测期之后年份稳定的或者递减的增长率为基础进行估计。但是，保险公司管理层如能证明递增的增长率是合理的，可以以递增的增长率为基础进行估计。同时，所使用的增长率除了保险公司能够证明更高的增长率是合理的之外，不应当超过保险公司经营的保险产品、市场、所处的行业、所在国家或者地区的长期平均增长率，或者该资产所处市场的长期平均增长率。在恰当、合理的情况下，该增长率可以是零或者负数。

（2）资产预计未来现金流量应当包括的内容。预计的资产未来现金流量应当包括下列各项：资产持续使用过程中预计产生的现金流入；为实现资产持续使用过程中产生的现金流入所必需的预计现金流出（包括为使资产达到预定可使用状态所发生的现金流出）；资产使用寿命结束时处置资产所收到或者支付的净现金流量。

（3）预计资产未来现金流量应当考虑的因素。保险公司为了预计资产未来现金流量，应当综合考虑下列因素：一是以资产的当前状况为基础预计资产未来现金流量。二是预计资产未来现金流量不应当包括筹资活动和所得税收付产生的现金流量。

保险公司预计的资产未来现金流量，不应当包括筹资活动产生的现金流入或者流出以及与所得税收付有关的现金流量。其原因：一是所筹集资金的货币时间价值已经通过折现因素予以考虑；二是折现率要求是以税前基础计算确定的，因此，现金流量的预计也必须建立在税前基础之上，这样可以有效避免在资产未来现金流量现值的计算过程中可能出现的重复计算等问题，以保证现值计算的正确性。

（4）预计资产未来现金流量的方法。保险公司预计资产未来现金流量的现值，需要预计资产未来现金流量。预计资产未来现金流量，通常应当根据资产未来每期最有可能产生的现金流量进行预测。这种方法通常叫作传统法，它使用的是单一的未来每期预计现金流量和单一的折现率计算资产未来现金流量的现值。

但在实务中，有时影响资产未来现金流量的因素较多，情况较为复杂，带有很大的不确定性，为此，使用单一的现金流量可能并不会如实反映资产创造现金流量的实际情况。这样，保险公司应当采用期望现金流量法预计资产未来现金流量。

（5）折现率的预计。为了达到资产减值测试的目的，计算资产未来现金流量现值时所使用的折现率应当是反映当前市场货币时间价值和资产特定风险的税前利率。该折现率是保险公司在购置或者投资资产时所要求的必要报酬率。需要说明的是，如果在预计资产的未来现金流量时已经对资产特定风险的影响作了调整的。折现率的估计不需要考虑这些特定风险。如果用于估计折现率的基础是税后的应当将其调整为税前的折现率以便于与资产未来现金流量的估计基础相一致。

在实务中折现率的确定，应当首先以该资产的市场利率为依据。如果该资产的利率无法从市场上获得，可以使用替代利率估计，在估计替代利率时，保险公司应当充分考虑资产剩余寿命时间的货币时间价值和其他相关因素，比如资产未来现金流量金额及时间的预计离异程度、资产内在不确定性的定价等。如果资产预计未来现金流量已经对这些因素做了相关调整的，应当予以剔出。

估计替代利率时可以根据保险公司加权平均的资金成本、增量借款利率以及其他相关市场借款利率作出适当的调整后确定。调整时，应当考虑与资产预计现金流量有关的特定风险以及其他有关的政治风险、货币风险、价格风险等。

估计资产未来现金流量现值，通常应当使用单一的折现率。但是如果资产未来现金流量的现值对未来不同期间的风险差异或者利率的期间结构反应敏感的，保险公司应在未来不同期间采用不同的折现率。

2. 资产未来现金流量现值的预计

在预计了资产的未来现金流量和折现率后，资产未来现金流量的现值只需将该资产的预计的未来现金流量按照预计的折现率在预计的资产使用寿命里加以折现即可确定。其一般计算公式如下：

$$资产未来现金流量的现值\ PV = \sum[第\ t\ 年预计资产年未来现金流量\ NCF_t/(1+折现率\ R)^t]$$

【例 11－1】 XYZ 保险公司于 2×19 年末对一固定资产进行减值测试。该固定资产账面价值为 1.6 亿元，预计尚可使用年限为 8 年。该固定资产的公允价值减去处置费用后的净额难以确定，因此保险公司需要通过计算其未来现金流量的现值确定资产的可收回金额。假定公司当初购置该固定资产用的资金是银行长期借款资金，借款年利率为 15%，公司认为 15% 是该资产的最低必要报酬率，已考虑了与该资产有关的货币时间价值和特定风险。因此，在计算其未来现金流量现值时，使用 15% 作为其折现率（税前）。

公司管理层批准的财务预算显示：公司将于 2×20 年对固定资产进行更新改建，预计为此发生资本性支出 1 500 万元，这一支出提高资产的运营绩效。

为了计算该固定资产在 2×19 年末未来现金流量的现值，公司首先必须预计其未来现金流量。假定公司管理层批准的 2×19 年末的固定资产预计未来现金流量如表 11 -1 所示。

表 11 -1　　未来现金流量预计表　　单位：万元

年份	预计未来现金流量（不包括改良的影响金额）	预计未来现金流量（包括改良的影响金额）
2×20	2 500	
2×21	2 400	
2×22	2 380	
2×23	2 360	
2×24	2 390	
2×25	2 470	3 290
2×26	2 500	3 280
2×27	2 510	3 300

根据资产减值准则的规定，在 2×19 年末预计资产未来现金流量时，应当以资产当时的状况为基础，不应考虑与该资产改良有关的预计未来现金流量，因此，尽管 2×20 年对该固定资产将进行更新以改良资产绩效，提高资产未来现金流量但是在 2×19 年末对其进行减值测试时，则不应将其包括在内。即在 20×19 年末计算该资产未来现金流量的现值时，应当以不包括资产改良影响金额的未来现金流量为基础加以计算，如表 11 -2 所示。

表 11 -2　　现值的计算　　金额单位：万元

年份	预计未来现金流量（不包括改良的影响金额）	以折现率为 15% 的折现系数	预计未来现金流量的现值
2×20	2 500	0.8696	2 174
2×21	2 460	0.7561	1 860
2×22	2 380	0.6575	1 565
2×23	2 360	0.5718	1 349
2×24	2 390	0.4972	1 188
2×25	2 470	0.4323	1 068
2×26	2 500	0.3759	940
2×27	2 510	0.3269	821
合计			10 965

由于在2×19年末，固定资产的账面价值（尚未确认减值损失）为16 000万元而其可收回金额为10 965万元，账面价值高于其可收回金额。因此，应当确认减值损失。并计提相应的资产减值准备。应确认的减值损失为：16 000 - 10 965 = 5 035（万元）。

假定在2×20～2×23年间该固定资产没有发生进一步减值的迹象。因此不必再进行减值测试。无需计算其可收回金额。2×20年发生了1 500万元的资本性支出，改良了资产绩效，导致其未来现金流量增加，但由于我国资产减值准则不允许将以前期间已经确认的资产减值损失予以转回。因此，在这种情况下，也不必计算其可收回金额。

三、资产减值损失核算

（一）资产减值损失确认与计量的一般原则

保险公司在对资产进行减值测试后，如果可收回金额的计量结果表明，资产的可收回金额低于其账面价值的应当将资产的账面价值减记至可收回金额。减记的金额确认为资产减值损失，计入当期损益，同时，计提相应的资产减值准备。这样，保险公司当期确认的减值损失应当反映在其利润表中，而计提的资产减值准备应当作为相关资产的备抵项目，反映于资产负债表中。从而夯实保险公司资产价值，避免利润虚增，如实反映保险公司的财务状况和经营成果。

资产减值损失确认后，减值资产的折旧或者摊销费用应当在未来期间作相应调整，以使该资产在剩余使用寿命内，系统地分摊调整后的资产账面价值（扣除预计净残值）。比如，固定资产计提了减值准备后，固定资产账面价值将根据计提的减值准备相应抵减，因此，固定资产在未来计提折旧时，应当按照新的固定资产账面价值为基础计提每期折旧。

考虑到固定资产、无形资产、商誉等资产发生减值后，一方面价值回升的可能性比较小，通常属于永久性减值；另一方面从会计信息稳健性要求考虑，为了避免确认资产重估增值和操纵利润，资产减值损失一经确认，在以后会计期间不得转回。以前期间计提的资产减值准备，需要等到资产处置时才可转出。

（二）资产减值损失的账务处理

为了正确核算保险公司确认的资产减值损失和计提的资产减值准备，保险公司应当设置“资产减值损失”科目，按照资产类别进行明细核算，反映各类资产在当期确认的资产减值损失金额；同时，应当根据不同的资产类别分别设置“固定资产减值准备”“在建工程减值准备”“投资性房地产减值准备”“无形资产减值准备”“商誉减值准备”“长期股权投资减值准备”等科目。

当保险公司确定资产发生了减值时，应当根据所确认的资产减值金额借记“资产减值损失”科目，贷记“固定资产减值准备”“在建工程减值准备”“投资性房地产减值准备”“无形资产减值准备”“商誉减值准备”“长期股权投资减值准备”等科目。在期末，保险公司应当将“资产减值损失”科目余额转入“本年利润”科目，结转后该科目应当没有余额。

第二节　信用减值会计

在本章第一节，主要探讨保险公司非金融工具类的资产项目（如长期股权投资、固定资产、无形资产、商誉等）如何计提减值准备，本节则主要针对保险公司的金融工具如何计提减值准备。

根据金融工具准则规定，保险公司应当在资产负债表日对金融资产和信贷承诺等，以预期未来的信用损失为基础确认减值损失，计提减值准备，以便于能够更加有效反映和防控金融工具的信用风险。新准则对金融工具减值指定为“预期信用损失法”，这与过去根据实际已发生减值损失确认减值准备的思路根本不同。在预期信用损失法下，减值准备的计提不以减值的实际发生为前提，而是以未来可能的违约事件造成的损失的期望值来计量当前（资产负债表日）应当确认的减值准备。

一、预期信用损失的计量

预期信用损失，是指以发生违约的风险为权重的金融工具信用损失的加权平均值。违约风险就是发生违约的概率，而信用损失则是指根据合同应收的现金流量与预期能收到的现金流量之间的差额（以下称现金流缺口）的现值。根据现值的定义，即使企业能够全额收回合同约定的金额，但如果收款时间晚于合同规定的时间，也会产生信用损失。

按照本准则相关规定，可以将金融工具发生信用减值的过程分为三个阶段，对于不同阶段的金融工具的减值有不同的会计处理方法：

第一阶段，信用风险自初始确认后未显著增加，应当按照未来12个月的预期信用损失计量损失准备，并按其账面余额（即未扣除减值准备）和实际利率计算利息收入（若该工具为金融资产，下同）；第二阶段，信用风险自初始确认后已显著增加但尚未发生信用减值，应当按照该工具整个存续期的预期信用损失计量损失准备，并按其账面余额和实际利率计算利息收入；第三阶段，初始确认后发生信用减值，应当按照该工具整个存续期的预期信用损失计量损失准备，但对利息收入的计算不同于处于前两阶段的金融资产。对于已发生信用减值的金融资产，企业应当按其摊余成本（账面余额减已计提减值准备，也即账面价值）和实际利率计算利息收入。

《企业会计准则第22号——金融工具确认和计量》规定，预期信用损失是以违约概率为权重的、金融工具现金流缺口（即合同现金流量与预期收到的现金流量之间的差额）的现值的加权平均值。这一定义说明了预期信用损失的基本计算方法。

关于计量基础，不同金融工具的预期信用损失有着不同的计算基础：其中，对于金融资产，信用损失应为下列两者差额的现值：其一，依照合同应收取的合同现金流量，其二，预期能收到的现金流量。在不违反本准则第五十八条规定（金融工具预期信用损失计量方法应反映的要素）的前提下，企业可在计量预期信用损失时运用简便方法。例如，对于应收账款的预期信用损失。企业可参照历史信用损失经验，编制应收账款逾期天数与固定准备率对照表（如，若未逾期为1%；若逾期不到30日为2%；若逾期天数为30－90（不含）日，为3%；若逾期天数为90－180（不含）日，为20%等），以此为基础计算预期信用损失。如果确有历史经验表明不同细分客户群体发生损失的情况存在显著差异，那么企业应当对客户群体进行恰当的分组，在分组基础上运用上述简便方法。

关于折现率选择，保险公司应当采用相关金融工具初始确认时确定的实际利率或其近似值，将现金流缺口折现为资产负债表日的现值，而不是预计违约日或其他日期的现值。如果金融工具具有浮动利率，那么企业应当采用根据2017版指南“关于金融工具的计量”所确定的当前实际利率（即最近一次利率重设后的实际利率）对现金流缺口进行折现。对于购买或源生已发生信用减值的金融资产，企业应当采用在初始确认时确定的经信用调整的实际利率（即购买或源生时将减值后的预计未来现金流量折现为摊余成本的利率）。

关于预期信用损失的概率加权属性，是指企业对预期信用损失的估计，采用概率加权的结果，应当始终反映发生信用损失的可能性以及不发生信用损失的可能性（即便最可能发生的结果是不存在任何信用损失），而不是仅对最坏或最好的情形做出估计。实务中，这一要求可能并不需要企业开展复杂的分析。在某些情形下，运用相对简单的模型可能足以满足上述要求，而不需要使用大量具体的情景模拟。例如，一个较大的具有共同风险特征的金融工具组合（如小额贷款）的平均信用损失，可能是概率加权金额的合理估计值。而在其他情形下，企业可能需要识别关于现金流量金额、时间分布以及各种结果估计概率的具体数值。在这种情形下，预期信用损失应当至少反映发生信用损失和不发生信用损失两种可能性（即企业需要估计发生信用损失的概率和金额）。

关于计量中采集和使用的信息，商业银行对金融工具预期信用损失的计量方法应当反映能够以合理成本即可获取的、合理且有依据的、关于过去事项、当前状况以及未来经济状况预测的信息。换言之，企业应当采集上述信息，作为金融工具预期信用损失计量的依据。

关于估计预期信用损失的期间，即金融工具可能发生的现金流缺口所属的期间。最长期限应当为企业面临信用风险的最长合同期限（包括由于续约选择权可能延续的合同期限）。对于贷款承诺和财务担保合同，计量预期信用损失的最长期限应当为企业承担提供信贷或财务担保的现时义务的最长合同期限。

【例 11－2】 华新保险股份有限公司发放一笔 5 年期保单质押贷款，按合同面值到期一次偿还本金。合同面值为 1 000 万元，利率 5%，按年付息。本例假定实际利率为 5%。第一个会计期间（简称“第一期”）期末，由于自初始确认后信用风险无显著增加，华新保险按 12 个月内预期信用损失确认损失准备，损失准备余额为 20 万元。

在第二期期末，华新保险确定该贷款自初始确认后的信用风险已显著增加，因此对该笔贷款确认整个存续期内的预期信用损失，损失准备余额为 30 万元。

在第三期期末，由于借款人出现重大财务困难，华新保险修改了该笔贷款的合同条款和现金流量，将该笔贷款的合同期限延长了一年。因此在修改日（第三期期末），该笔贷款的剩余期限为三年。本次修改并未导致华新保险终止确认该贷款。

由于进行了上述修改，华新保险根据该贷款的初始实际利率5%，重新计算修改后的合同现金流量的现值作为该金融资产的账面余额，并将重新计算的账面余额与修改前的账面余额之间的差额确认为合同变更利得或损失。在本例中假定，华新保险确认了修改损失80万元，账面余额降为920万元。

在考虑修改后的合同现金流量的基础上，华新保险评估了是否应继续对该贷款按整个存续期内预期信用损失计量损失准备，并重新计算了损失准备。华新保险将当前信用风险（基于修改后的现金流量）与初始确认时的信用风险（基于初始未修改的现金流量）进行比较，认为信用风险已显著增加，因此继续按整个存续期内的预期信用损失计量损失准备。在资产负债表日，该贷款按照整个存续期内的预期信用损失计量的损失准备余额为100万元。

华新保险对于上述合同现金流量修改的相关计算如表11－3所示：

表11－3　　华新保险信用损失测算表　　单位：万元

期间	期初账面余额	减值损失/利得	修改损失/利得	利息收入	现金流量	期末账面余额	损失准备	期末摊余成本
	(A)	(B)	(C)	(D = A × 5%)	(E)	(F = A + C + D − E)	(G)	(H = F − G)
1	1 000	(20)		50	50	1 000	20	980
2	1 000	(10)		50	50	1 000	30	970
3	1 000	(70)	(80)	50	50	920	100	820

注：括号内的金额代表损失。

在后续资产负债表日，华新保险按照本准则第五十六条规定，将该贷款初始确认时的信用风险（基于初始未修改的现金流量）与资产负债表日的信用风险（基于修改后的现金流量）进行比较，以评估信用风险是否显著增加。

修改贷款合同再过两个期间之后（第五期），与修改日的预期相比，借款人的实际业绩明显好于其经营计划。而且，借款人所属行业的前景好于此前预测。通过使用以合理成本即可获得的、合理且有依据的信息进行评估，华新保险发现该贷款的整体信用风险和在整个存续期内的违约风险率下降，因此华新保险在第五期期末调整了借款人的内部信用评级。

考虑到这一进展，华新保险对该贷款信用状况进行了重新评估，并确定该贷款的信用风险已经下降，与初始确认时的信用风险相比已无显著增加。因此，华新保险重新按12个月内预期信用损失计量该贷款的损失准备。

二、金融资产减值与利息收入的计算

（一）未发生信用减值的资产

对于处于信用减值第一和第二阶段的金融资产，以及按照2017版CAS22号之第六十三条规定适用实务简化处理的应收款项、合同资产和租赁应收款，企业应当按照该金融资产的账面余额（即不考虑减值影响）乘以实际利率的金额确定其利息收入。

（二）已发生信用减值的资产

当对金融资产预期未来现金流量具有不利影响的一项或多项事件发生时，该金融资产成为已发生信用减值的金融资产。金融资产已发生信用减值的证据包括下列可观察信息：一是发行方或债务人发生重大财务困难；二是债务人违反合同，如偿付利息或本金违约或逾期等；三是债权人出于与债务人财务困难有关的经济或合同考虑，给予债务人在任何其他情况下都不会做出的让步；四是债务人很可能破产或进行其他财务重组；五是发行方或债务人财务困难导致该金融资产的活跃市场消失；六是以大幅折扣购买或源生一项金融资产，该折扣反映了发生信用损失的事实。显而易见，金融资产发生信用减值，有可能是多个事件的共同作用所致，未必是可单独识别的事件所致。

已发生信用减值的金融资产分两种情形：一是对于购买或源生时未发生信用减值、但在后续期间发生信用减值的金融资产，企业应当在发生减值的后续期间，按照该金融资产的摊余成本（即账面余额减已计提减值）乘以实际利率（初始确认时确定的实际利率，不因减值的发生而变化）的金额确定其利息收入；二是对于购买或源生时已发生信用减值的金融资产，企业应当自初始确认起，按照该金融资产的摊余成本乘以经信用调整的实际利率（即购买或源生时将减值后的预计未来现金流量折现为摊余成本的利率）的金额确定其利息收入。

三、金融工具减值的账务处理

（一）减值准备的计提和转回

企业应当在资产负债表日计算金融工具（或金融工具组合）预期信用损失。如果在当期的资产负债表日测试的未来信用损失大于该工具（或组合）当前已经计提的减值准备账面金额时，保险公司应当将其差额确认为当期的减值损失，借记“信用减值损失”科目，根据金融工具的种类，贷记“债权投资减值准备”或“其他综合收益”（用于以公允价值计量且其变动计入其他综合收益的债权类资产）等相关科目。如果资产负债表日计算的预期信用损失小于该工具（或组合）当前减值准备的账面金额，则应当将差额确认为减值利得，作相反的会计分录。

（二）已发生信用损失金融资产的核销

企业实际发生信用损失，认定相关金融资产无法收回，经批准予以核销的，应当根据批准的核销金额，借记“债权投资减值准备”等科目，贷记相应的资产科目，如“贷款”“应收债券”“应收账款”“合同资产”“应收融资租赁款”等。若核销金额大于已计提的损失准备，还应按其差额借记“信用减值损失”科目。

【例 11－3】 华新保险对其持有的摊余成本计量的金融资产进行未来信用风险测试。于 2×20 年 12 月 31 日，该债权投资本金 5 000 万元，年利率 4%，每年 12 月 31 日付息，2×25 年 12 月 31 日还本。假设不考虑交易费用，该项目实际利率为 4%。

2×21 年 12 月 31 日，按约定向浙华公司收取利息。华新保险评估认为该贷款信用风险自初始确认以来未显著增加，并计算其未来 12 个月预期信用损失为 80 万元。

2×22 年 12 月 31 日，按约定向浙华公司收取利息。华新保险评估认为该贷款信用风险自初始确认以来已经显著增加，并计算剩余存续期预期信用损失为 300 万元。

2×23 年 6 月 30 日，通过相关渠道，获知浙华公司面临重大财务困难，认定该贷款已发生减值。同日，华新保险计算剩余存续期预期信用损失为 800 万元。

2×23 年 12 月 31 日，未能如期收到浙华公司利息。华新保险计算剩余存续期预期信用损失为1 200万元。

2×24年6月30日，华新保险计算剩余存续期预期信用损失为1 600万元，并以3 500万元价格将该贷款所有风险和报酬转让给信光辉资产管理公司。

根据上述资料，华新保险的相关账务处理如下（不考虑税费影响）：

1. 2×20年12月31日，发生该项投资时的会计分录如下：

借：债权投资　　50 000 000
　　贷：银行存款　　50 000 000

2. 2×21年12月31日，如期确认利息收入和收到利息时的会计分录如下：

利息收入＝账面余额×实际利率＝5 000×4%＝200（万元）

借：应收利息　　2 000 000
　　贷：利息收入　　2 000 000
借：银行存款　　2 000 000
　　贷：应收利息　　2 000 000

计提减值准备：

借：信用减值损失　　800 000
　　贷：债权投资减值准备　　800 000

3. 2×22年12月31日，如期确认利息收入和收到利息时的会计分录如下：

借：应收利息　　2 000 000
　　贷：利息收入　　2 000 000
借：银行存款　　2 000 000
　　贷：应收利息　　2 000 000

补提减值准备：

借：信用减值损失　　2 200 000
　　贷：债权投资减值准备　　2 200 000

4. 2×23年6月30日，确认实际减值前利息收入及其相应的会计分录如下：

利息收入＝账面余额×实际利率＝50 000 000×$[(1+4\%)^{0.5}-1]$
＝990 195（元）

借：应收利息　　990 195

　　贷：利息收入　　990 195

补提减值准备：

借：信用减值损失　　5 000 000

　　贷：债权投资减值准备　　5 000 000

5. 2×23 年 12 月 31 日，未能收到利息，确认实际减值后利息收入及其相应的会计分录如下：

利息收入 = 摊余成本 × 实际利率 = （50 000 000 + 990 195 − 8 000 000）× $[(1+4\%)^{0.5}-1]$ = 851 374（元）

借：应收利息　　851 374

　　贷：利息收入　　851 374

补提减值准备：

借：信用减值损失　　4 000 000

　　贷：债权投资减值　　4 000 000

6. 2×24 年 6 月 30 日，确认利息收入：

利息收入 = 摊余成本 × 实际利率

= （50 000 000 + 990 195 + 851 374 − 12 000 000）× $[(1+4\%)^{0.5}-1]$

= 789 019（元）

借：应收利息　　789 019

　　贷：利息收入　　789 019

补提减值准备：

借：信用减值损失　　4 000 000

　　贷：债权投资减值　　4 000 000

实现资产转移，并终止确认贷款时的会计分录如下：

借：银行存款　　35 000 000

　　债权投资减值　　16 000 000

　　投资收益　　1 630 588

　　贷：债权投资　　50 000 000

　　　　应收利息　　2 630 588

第三节　债务重组会计

一、债务重组的定义

对于保险公司来说，债务重组时经常处于债权人地位。债务重组是指在债务人发生财务困难的情况下，债权人按照其与债务人达成的协议或法院的裁定作出让步的事项。债务重组定义中的“债务人发生财务困难”，是指债务人出现资金周转困难或经营陷入困境导致其无法或者没有能力按原定条件偿还债务；“债权人作出让步”，是指债权人同意发生财务困难的债务人现在或者将来以低于重组债务账面价值的金额或者价值偿还债务。“债权人作出让步”的情形主要包括：债权人减免债务人部分债务本金或者利息、降低债务人应付债务的利率等。债务人发生财务困难，是债务重组的前提条件，而债权人作出让步是债务重组的必要条件。

二、债务重组的方式

债务重组主要有以下几种方式：

（1）以资产清偿债务，是指债务人转让其资产给债权人以清偿债务的债务重组方式。债务人通常用于偿债的资产主要有：现金、存货、固定资产、无形资产、股权投资等。这里的现金，是指货币资金，即库存现金、银行存款和其他货币资金，在债务重组的情况下，以现金清偿债务，通常是指以低于债务的账面价值的现金清偿债务，如果以等量的现金偿还所欠债务，则不属于本章所指的债务重组。

（2）债务转为资本，是指债务人将债务转为资本，同时债权人将债权转为股权的债务重组方式。但债务人根据转换协议，将应付可转换公司债券转为资本的，则属于正常情况下的债务转资本，不能作为债务重组处理。

债务转为资本时，对股份有限公司而言为将债务转为股本；对其他企业而言，是将债务转为实收资本。债务转为资本的结果是，债务人因此而增加股本（或实收资本），债权人因此而增加股权。

（3）修改其他债务条件，是指修改不包括上述第一、第二种情形在内的债务条件进行债务重组的方式，如减少债务本金、降低利率、免去应付未付的利息等。

（4）以上三种方式的组合，是指采用以上三种方法共同清偿债务的债务重组形式。例如，以转让资产清偿某项债务的一部分，另一部分债务通过修改其他债务条件进行债务重组。主要包括以下可能的方式：①债务的一部分以资产清偿，另一部分则转为资本；②债务的一部分以资产清偿，另一部分则修改其他债务条件；③债务的一部分转为资本，另一部分则修改其他债务条件；④债务的一部分以资产清偿，一部分转为资本，另一部分则修改其他债务条件。

三、债务重组的会计确认与计量

（一）以资产清偿债务时的会计处理

1. 以现金清偿债务

这里的现金，是指货币资金，即库存现金、银行存款和其他货币资金，在债务重组的情况下，以货币资金清偿债务，通常是指以低于债务的账面价值的货币资金清偿债务，如果以等量的现金偿还所欠债务，则不属于这里所指的债务重组。

债务人以现金清偿债务的，债务人应在债务重组日，将重组债务的账面价值与实际支付现金之间的差额，确认为债务重组利得，计入当期损益。

债务人以现金清偿债务的，债权人应在债务重组日，将重组债权的账面余额与收到的现金之间的差额，先冲减已提取的损失准备，未提取损失准备的或损失准备不足冲减的部分，则将该差额确认为债务重组损失，计入当期损益。

【例 11-4】 2×19 年 1 月 8 日，某保险公司拆借给宏源公司资金 351 000 元。当年 2 月 25 日，宏源公司财务发生困难，无法按合同规定偿还债务，经双方协议，保险公司同意减免宏源公司 50 000 元债务，余额用现金立即偿清。保险公司未对债权计提坏账准备。根据重组协议，银行应分别作如下会计处理：

借：银行存款	301 000	
营业外支出——债务重组损失	50 000	
贷：拆出资金		351 000

2. 以非现金资产清偿债务

以非现金资产清偿债务的，债务人应将重组债务的账面价值与转让的非现金资产公允价值之间的差额确认为债务重组利得，计入当期损益。转让的非现金资产的公允价值与其账面价值的差额确认为转让资产损益，计入当期损益。非现金资产的账面价值，是指非现金资产的账面余额扣除有关准备后的余额，如固定资产的账面价值是指固定资产原值减去累计折旧及有关损失准备后的金额等。债务人在转让非现金资产的过程中发生的一些税费，如资产评估费、运杂费等，直接计入转让资产损益。

以非现金资产清偿债务的，债权人应当对受让的非现金资产按其公允价值入账，重组债权的账面余额与受让的非现金资产的公允价值之间的差额，先冲减已提取的损失准备，未提取损失准备的或损失准备不足冲减的部分，则将该差额确认为债务重组损失，计入当期损益。债权人发生的运杂费，保险费等，也应计入相关资产的价值。

（二）以债务转为资本清偿债务时的会计处理

债务人以债务转为资本清偿债务的，债务人应注意区别以下情况进行会计处理：

（1）债务人为股份有限公司的，债务人应按债权人因放弃债权而享有股份的面值总额确认股本，股份的公允价值总额与股本之间的差额确认为资本公积。重组债务的账面价值与股份的公允价值总额之间的差额确认为债务重组利得，计入当期损益。

（2）债务人为其他企业时，债务人应将债权人因放弃债权而享有的股权份额确认为实收资本；股权的公允价值与实收资本之间的差额确认为资本公积。重组债务的账面价值与股权的公允价值之间的差额作为债务重组利得，计入当期损益。

债务人将债务转为资本，即债权人将债权转为股权。在这种方式下，债权人在债务重组日，重组债权的账面余额与因放弃债权而享有的股权的公允价值之间的差额，先冲减已提取的损失准备，未提取损失准备的损失或准备不足冲减的部分，将该差额确认为债务重组损失，计入当期损益。以债务转为资本的，债权人应将因放弃债权而享有的股权按公允价值计量。发生的相关税费，分别按照长期股权投资或者金融工具确认计量的规定进行处理。

【例 11－5】 2×19 年 2 月 1 日，某保险公司拆借给宏源公司（股份有限公司）资金 412 000 元。8 月 1 日，宏源公司与保险公司协商，以其 30 000 股普通股抵偿该资金，每股面值 1 元，每股市价为每 12 元。股票登记手续已于

8月5日办理完毕，保险公司对其作为长期股权投资核算。不考虑其他税费。宏源公司和保险公司应分别作如下会计处理：

（1）保险公司：

①计算债务重组损失：

债务重组日，应收票据账面价值	412 000
减：所转股权的公允价值	360 000
债务重组损失	52 000

②会计分录：

借：长期股权投资　　360 000

　　营业外支出——债务重组损失　　52 000

　　贷：拆出资金　　412 000

（2）宏源公司：

第一，计算债务重组利得

债务重组日，重组债务的账面价值	412 000
减：股票的公允价值	360 000
债务重组利得	52 000

第二，计算应计入资本公积的金额

股票的公允价值	360 000
减：股票的面值总额	30 000
应计入资本公积	330 000

借：拆入资金　　412 000

　　贷：股本　　30 000

　　　　资本公积——股本溢价　　330 000

　　　　营业外收入——债务重组利得　　52 000

（三）修改其他债务条件时的会计处理

1. 债务人的会计处理

以修改其他债务条件进行债务重组的，债务人应当将修改其他债务条件后债务的公允价值作为重组后债务的入账价值。重组债务的账面价值与重组后债务的入账价值之间的差额，确认为债务重组利得，计入当期损益。

修改后的债务条款如涉及或有应付金额，且该或有应付金额符合或有事项准则中有关预计负债确认条件的，债务人应当将该或有应付金额确认为预计负债。重组债务的账面价值与重组后债务的入账价值和预计负债金额之和的差额，确认为债务重组利得，计入当期损益。

2. 债权人的会计处理

以修改其他债务条件进行债务重组的，如修改后的债务条款不涉及或有应收金额的，债权人应当将修改其他债务条件后的债权的公允价值作为重组后债权的入账价值，重组债权的账面余额与重组后债权的入账价值之间的差额确认为债务重组损失，计入当期损益。如果债权人已对该项债权计提了坏账准备，应当首先冲减已计提的坏账准备。

如果修改后的债务条款涉及或有应收金额的，债权人不应或有应收金额；或有应收金额收到时，作为当期收益处理。

【例11-6】志远保险公司2×19年12月31日应收中北公司欠款账面余额为183 600元，其中，3 600元为累计未付的利息，年利率4%。由于中北公司连年亏损，资金周转困难，不能偿付应于2×19年12月31日前支付的欠款。经双方协商，于2×19年1月8日进行债务重组。保险公司同意将债务本金减至150 000元；免去债务人所欠的全部利息；将利率从4%降低到2%（等于实际利率），并将债务到期日延至2×20年12月31日，利息按年支付。该项债务重组协议从协议签订日起开始实施。保险公司已为该项借款项计提了9 000元坏账准备。

保险公司和中北公司的会计处理如下：

（1）保险公司：

借款面余额	183 600
减：重组后债权公允价值	150 000
差额	33 600
减：已计提坏账准备	9 000
债务重组损失	24 600

①借：贷款——债务重组　　150 000
　　营业外支出——债务重组损失　　24 600
　　贷款减值准备　　9 000
　　贷：发放贷款　　183 600

②2×19年12月31日收到利息：

借：银行存款　　3 600

贷：利息支出　　3 600

③2×20 年 12 月 31 日收到本金和最后一年利息：

借：银行存款　　153 600

　贷：利息支出　　3 600

　　贷款——债务重组　　150 000

（2）中北公司：

应付账款的账面余额	183 600
减：重组后债务公允价值	150 000
债务重组利得	33 600

①借：应付账款　　183 600

　贷：应付账款——债务重组　　150 000

　　营业外收入——债务重组利得　　33 600

②2×19 年 12 月 31 日支付利息：

借：利息支出　　（180 000×2%）3 600

　贷：银行存款　　3 600

③2×20 年 12 月 31 日偿还本金和最后一年利息：

借：应付账款——债务重组　　150 000

　利息支出　　3 600

　贷：银行存款　　153 600

（四）采用以上三种方式的组合清偿债务的会计处理

根据组合方法不同，以上三种方式可以组合出多种不同的方式。主要有以下几种：（1）以现金、非现金资产两种方式的组合清偿某项债务；（2）以现金、债务转为资本两种方式的组合清偿某项债务；（3）以非现金资产、债务转为资本两种方式的组合清偿某项债务；（4）以现金、非现金资产、债务转为资本三种方式的组合清偿某项债务；（5）以资产、债务转为资本等方式清偿某项债务的一部分，并对该项债务的另一部分以修改其他债务条件进行债务重组。

需要注意的是，采用以上三种方式的组合清偿债务，债务人和债权人在进行会计处理时，应依据债务清偿的顺序。一般情况下，应先考虑以现金清偿，接下来是以非现金资产清偿或以债务转为资本方式清偿，最后是修改其他债务条件。

第十二章 会计政策、会计估计变更和差错更正

本章精要

本章阐述三个相互关联甚至经常被混淆的问题。

首先，在掌握会计变更的原因及具体情形前提下，分层次来解析：一是会计政策概述及其变更的原因，分析会计政策的含义、会计政策变更的原因；二是会计估计概述、特点及其变更的原因，还要掌握对会计政策和会计估计的基本要求。

其次，在上述内容基础上，要分别掌握会计政策、会计估计变更的会计处理。关于会计政策变更的会计处理，要掌握会计政策变更的会计处理方法的选择：追溯调整法和未来适用法，明确运用追溯调整法的步骤和每一步的具体方法；掌握未来适用法是指对某项交易或事项变更会计政策时，新的会计政策适用于变更当期及未来期间发生的交易或事项的方法。还要关注会计政策变更在会计报表附注中的披露。对会计估计变更，应采用未来适用法。作为难点，需要掌握会计政策变更和会计估计变更不易划分的会计处理。在这种情况下，如果不易区别会计政策变更和会计估计变更，按规定视为会计估计变更，按会计估计变更的未来适用法进行处理。

最后，是前期差错及其更正。明确前期差错的定义及产生的原因，前期差错通常包括计算错误、应用会计政策错误、疏忽或曲解事实以及舞弊产生的影响等。对重要的前期差错，采用追溯重述法进行更正。如果确定前期差错累积影响数不切实可行的，可以从可追溯重述的最早期间开始调整留存收益的期初余额，财务报表其他相关项目的期初余额也应当一并调整，也可以采用未来适用法。对非重大前期差错，采用未来适用法进行更正。

第一节　会计变更管制概述

会计变更包括会计政策变更和会计估计变更，现分别阐述。

一、会计政策概述及其变更的原因

（一）会计政策概述

1. 会计政策的含义

会计政策，是指企业在确认、计量和报告中所采用的原则、基础和会计处理方法。其中：原则，是指企业在会计核算过程中按照《企业会计准则》和统一会计制度规定的原则所制定的、适合于本企业的会计制度所采用的会计原则。基础，是指企业在会计核算中按照《企业会计准则》规定的所采用的会计计量基础。会计处理方法，是指企业在会计核算中对于诸多可选择的会计处理方法中所选择的适合于本企业的会计处理方法。

2. 会计政策的特点

会计政策具有以下特点：（1）会计政策由国家统一的会计制度规定；（2）会计政策是在允许的会计原则、基础和会计处理方法中作出的具体选择；（3）会计政策是企业进行会计核算的直接依据；（4）会计政策应保持前后各期的一致性。

3. 会计政策的主要内容

保险公司在会计核算中所采纳的会计政策，通常应在会计报表附注中加以披露，保险公司至少应当需要披露的重要会计政策包括长期股权投资、投资性房地产、固定资产、无形资产、非货币性资产交换、资产减值、职工薪酬、股份支付、债务重组、或有事项、收入、建造合同、政府补助、借款费用、所得税、外币折算、合并、租赁、金融工具确认和计量、金融资产转移、套期保值、合并财务报表、每股收益、分部报告、金融工具列报等。

（二）会计政策变更的原因

会计政策变更，是指企业对相同的交易或事项由原来采用的会计政策改用另一会计政策的行为。

为保证会计信息的可比性，使会计报表使用者在比较企业一个以上期间的会计报表时，能够正确判断企业的财务状况、经营成果、现金流量和所有者权益变动的趋势，一般情况下，保险公司应在每期采用相同的会计政策，不应也不能随意变更会计政策。否则，势必削弱会计信息的可比性，使会计报表使用者在比较保险公司的经营业绩时发生困难。但是，也不能认为会计政策不能变更，按规定，符合下列条件之一的，应改变原采用的会计政策：（1）法律、行政法规或者国家统一的会计制度要求变更；（2）会计政策变更能够提供更可靠、更相关的会计信息。

二、会计估计概述及其变更的原因

（一）会计估计概述

1. 会计估计的含义

会计估计，是指企业对其结果不确定的交易或事项以最近可利用的信息为基础所作的判断。保险公司为了定期、及时提供有用的会计信息，将保险公司延续不断的营业活动人为地划分为各个阶段，如年度、季度、月度，并在权责发生制的基础上对保险公司的财务状况和经营成果进行定期确认和计量。在确认、计量过程中，当记入的交易或事项涉及未来事项不确定性时，例如，关于未来事项是否发生的不确定性以及关于未来事项的影响或时间的不确定性，必须予以估计入账。

2. 会计估计的特点

会计估计具有以下特点：（1）会计估计的存在是由于经营活动中内在的不确定因素造成的；（2）会计估计的基础应当是最近可利用的信息或资料；（3）进行会计估计并不会削弱会计核算的可靠性，合理的会计估计是会计核算中不可缺少的组成部分。

3. 会计估计的主要内容

会计核算中经常存在各种估计，会计估计和会计政策都是进行会计核算的基础。常见的需要进行会计估计的项目包括：各种准备金的计提；固定资产的耐用年限与净残值；无形资产的受益期；长期待摊费用的分摊期间；预计负债；收入确认中的估计等。

（二）会计估计变更的原因

会计估计变更，是指由于资产和负债的当前状况及预期未来经济利益和义务发生了变化，从而对资产或负债的账面价值或者资产的定期消耗金额进行的重估和调整。

保险公司在会计核算过程中，估计是不可或却的。其原因是保险公司经营活动中内在的不确定因素，许多财务报表项目不能准确地计量，只能加以估计，比如发生的各种准备金的计提、应计折旧固定资产的使用年限等等，都需要进行估计。但是，估计毕竟是根据过去或现有状况而对未来所作的判断，随着时间的推移，如果赖以进行估计的基础发生变化，或者由于取得了新的信息、积累了更多的经验以及后来的发展变化，可能需要对估计进行修订。

三、对会计政策和会计估计的基本要求

保险公司应当按照 CAS28 号会计政策、会计估计变更和差错更正准则的规定，结合本企业的实际情况，确定会计政策和会计估计，经股东大会或董事会、经理会议或类似机构批准，按照法律、行政法规等的规定报送有关各方备案。

保险公司的会计政策和会计估计一经确定，不得随意变更。如需变更，应重新履行上述程序，并按规定处理。

第二节　会计变更处理方法

一、会计政策变更的会计处理

（一）会计政策变更的会计处理方法的选择

会计政策变更的会计处理方法的选择应根据具体情况，分别按照以下规定处理：

1. 保险公司依据法律或会计准则等行政法规、规章的要求变更会计政策

如果国家发布相关的会计处理办法，按照国家发布的相关会计处理规定进行处理。例如，由于 2006 年 2 月《企业会计准则——基本准则》和 38 项具体准则发布后，涉及的会计政策发生了较大的变动，为此，财政部专门制定了 CAS38 号首次执行企业会计准则，明确了在首次执行日，哪些事项应采用追溯调整，哪些事项不应采用追溯调整，保险公司在执行新制度过程中对

于会计政策变更的处理，就应按照该准则规定进行处理。

实务中某项交易或者事项的会计处理，具体会计准则或其应用指南未作规范的，应当根据《企业会计准则——基本准则》规定的原则、基础和方法进行处理；待作出具体规定时，从其规定。

2. 由于经济环境、客观情况的改变而变更会计政策

如果由于经济环境、客观情况的改变，保险公司需要变更会计政策，以便提供有关财务状况、经营成果、现金流量和所有者权益等更可靠、更相关的会计信息，则应采用追溯调整法进行会计处理。

3. 会计政策变更的累积影响数不能合理确定

如果会计政策变更的累积影响数不能合理确定，无论属于法规、规章要求变更会计政策，还是经济环境、客观情况的改变而变更会计政策，均采用未来适用法进行会计处理。例如，企业如果因账簿、凭证超过法定保存期限而销毁，或因不可抗力而毁坏，遗失，如火灾、水灾等，或因人为因素，如盗窃、故意毁坏等，也可能使会计政策变更的累积影响数无法计算。在这种情况下，会计政策的变更可以采用未来适用法进行处理。

（二）会计政策变更的会计处理方法

会计政策变更的会计处理方法有两种（如果国家没有发布相关的会计处理规定），即追溯调整法和未来适用法。

1. 追溯调整法

（1）追溯调整法的主要内容。追溯调整法，是指对某项交易或事项变更会计政策时，视同该项交易或事项初次发生时就开始采用变更后的会计政策，并以此对财务报表相关项目进行调整的方法。追溯调整如同新的会计政策在一开始时就采用，但不需要重编以前年度会计报表。在追溯调整法下，应计算会计政策变更累积影响数，并将会计政策变更的累积影响数调整期初留存收益。

运用追溯调整法的步骤如下：

第一步，计算会计政策变更的累积影响数；

第二步，相关的账务处理；

第三步，调整会计报表相关项目；

第四步，附注说明。

（2）累积影响数的确定。运用追溯调整法对会计政策变更进行账务处理

时，关键在于确定累积影响数。会计政策变更的累积影响数，是指按变更后的会计政策对以前各期追溯计算的变更年度期初留存收益应有的金额与现有的金额之间的差额。即会计政策变更的累积影响数，是以下两个金额之间的差额：

①在变更会计政策的当年，按变更后的会计政策对以前各期追溯计算，所得到的年初留存收益金额；

②变更会计政策当年年初的留存收益。

上述留存收益金额，包括当年和要求年度的未分配利润和按照相关规定提取并累积的盈余公积。调整期初留存收益是指对期初未分配利润和盈余公积两个项目的调整。

累积影响数通常可以通过以下各步计算获得：

第一步，根据新的会计政策重新计算受影响的前期交易或事项；

第二步，计算两种会计政策下的差异；

第三步，计算差异的所得税影响金额；

第四步，确定前期中的每一期的税后差异；

第五步，计算会计政策变更的累积影响数。

采用追溯调整法时，会计政策变更的累积影响数应包括在变更当期期初留存收益中；如果提供可比会计报表，对于比较会计报表期间的会计政策变更，应调整该期间各净损益项目和会计报表其他相关项目，视同该政策在比较会计报表期间一直采用，对于比较会计报表可比期间以前的会计政策变更的累积影响数，应调整比较会计报表最早期间的期初留存收益，会计报表其他相关项目的数字也应一并调整。

【例12-1】 甲财产保险股份有限公司2×19年12月购入一座办公楼，入账价值为500 000元，购入后即投入管理部门使用。该办公楼预计用10年，预计净残值为零，采用年限平均法计提折旧。该楼自2×22年1月1日起，改用双倍余额递减法计提折旧。该公司适用的所得税率为25%，按净利润的15%提取盈余公积。假定税法规定按年限平均法计提折旧，办公楼的账面价值与其计税基础不一致，形成了可抵扣暂时性差异。该公司所得税采用资产负债表债务法核算。

第一步，根据资料，甲公司应计算由年限平均法改为双倍余额递减法的累积影响数如表12-1所示。

表 12－1　　会计政策变更的累积影响数　　金额单位：元

年度	按年限平均法提取的折旧额	按双倍余额递减法提取的折旧额	所得税前差异	所得税影响额	累计影响额
2×20	50 000	100 000	50 000	12 500	37 500
2×21	50 000	80 000	30 000	7 500	22 500
合计	100 000	180 000	80 000	20 000	60 000

第二步，对该项会计政策变更进行如下账务处理：

①调整会计政策变更累积影响数：

借：利润分配——未分配利润　　60 000

　　递延所得税资产　　20 000

　　贷：累计折旧　　80 000

②调整盈余公积：

借：盈余公积　　（60 000×15%）9 000

　　贷：利润分配——未分配利润　　9 000

第三步，调整2×22年度会计报表相关项目，如表12－2、表12－3、表12－4所示。

表 12－2　　资产负债表（局部）

编制单位：甲公司　　2×22 年 12 月 31 日　　金额单位：元

资产	年初数			负债和所有者权益	年初数		
	调整前	调增（减）	调整后		调整前	调增（减）	调整后
累计折旧	600 000	80 000	680 000	盈余公积	86 000	（9 000）	77 000
递延所得税资产	0	20 000	20 000	未分配利润	322 450	（51 000）	271 450

表 12－3　　利润表（局部）

编制单位：甲公司　　2×22 年　　金额单位：元

项目	上年数		
	调整前	调增（减）	调整后
减：管理费用	50 000	30 000	80 000
二、营业利润	580 000	（30 000）	550 000
三、利润总额	580 000	（30 000）	550 000
减：所得税费用	191 400	（7 500）	183 900
四、净利润	388 600	（22 500）	366 100

表 12－4　　所有者权益变动表（局部）

编制单位：甲公司　　2×22 年　　金额单位：元

项目	上年金额					
	实收资本（或股本）	资本公积	减：库存股	盈余公积	未分配利润	所有者权益合计
一、上年金额				86 000	322 450	
加：会计政策变更				（9 000）	（51 000）	
前期差错更正						
二、本年年初余额				77 000	271 450	

2. 未来适用法

未来适用法，是指对某项交易或事项变更会计政策时，新的会计政策适用于变更当期及未来期间发生的交易或事项的方法。即采用未来适用法时，会计政策的变更只影响变更当期及未来各期，不需要计算会计政策变更的累积影响数，也不需要重编以前年度会计报表。例如，企业因账簿、凭证超过法定保存期限而销毁，或因火灾、水灾等不可抗力而毁坏、遗失，或因故意毁坏、盗窃等人为因素，使会计政策变更累积影响数无法计算，在这种情况下，会计政策的变更也可以采用未来适用法。

（三）会计政策变更在会计报表附注中的披露

保险公司应在附注中披露如下与会计政策变更有关的信息：

（1）会计政策变更的性质、内容和原因。

（2）当期和各个列报前期财务报表中受影响的项目名称和调整金额。

（3）无法进行追溯调整的，说明该事实和原因以及开始应用变更后的会计政策的时点、具体应用情况。

例如，对【例 12－1】所述情形，应在附注中披露如下信息：本公司对办公楼计提折旧的方法，从 2×19 年起改用双倍余额递减法，此项会计政策变更已采用追溯调整法。调整了盈余公积及未分配利润的期初数、利润表中的利润数。此项会计政策变更的累积影响数为 53 600 元；2×19 年度的净利润调减了 20 100 元；调减 2×19 年期初盈余公积 8 040 元，未分配利润 45 560 元。

二、会计估计变更的会计处理

（一）会计估计变更会计处理方法

会计估计变更应采用未来适用法，其处理方法为：

（1）如果会计估计的变更仅影响变更当期，有关估计变更的影响应于当期确认。

（2）如果会计估计的变更既影响变更当期又影响未来期间，有关估计变更的影响在当期及以后各期确认。

（3）如果以前期间的会计估计变更的影响数计入特殊项目，则以后期间也相应计入特殊项目。

【例 12－2】 东方保险股份有限公司对于 2×19 年 1 月 1 日起计提折旧的办公楼，价值 50 000 元，估计使用年限为 8 年，净残值为 2 000 元，按年限平均法计提折旧。至 2×23 年初，由于技术的快速发展等原因，需要对原估计的使用年限和净残值作出修正，修改后该办公楼的耐用年限为 6 年，净残值为 1 000 元。

甲公司对上述估计变更的处理方式如下：不调整以前各期折旧，也不计算累积影响数；变更日以后发生的经济业务改按新估计使用年限提取折旧。

按原估计，每年折旧额为 6 000 元，已提折旧 4 年，共计 24 000 元，固定资产净值为 26 000 元，则第五年相关科目的期初余额为：固定资产原值 50 000 元，累计折旧 24 000 元，固定资产净值 26 000 元。

改变估计使用年限后，2×23 年起每年计提的折旧费用为 12 500 元［(26 000－1 000)÷(6－4)］。2×23 年不必对以前年度已提折旧进行调整，只需按重新预计的使用年限和净残值计算确定的年折旧费用，编制会计分录如下：

借：管理费用	12 500	
贷：累计折旧		12 500

（二）会计估计变更在会计报表附注中的披露

企业应当在附注中披露与会计估计变更有关的下列信息：

（1）会计估计变更的内容和原因。

（2）会计估计变更对当期和未来期间的影响数。

（3）会计估计变更的影响数不能确定的，披露这一事实和原因。

例如，对【例 12－2】所述情形，应在附注中披露如下信息：本公司办公楼，原始价值 50 000 元，原估计使用年限为 8 年，预计净残值 2 000 元，按年限平均法计提折旧。由于新技术的发展，该设备已不能按原估计使用年限计提折旧，本公司于 2×23 年初变更该设备的耐用年限为 6 年，预计净残值为 1 000 元，以反映该设备的真实耐用年限和净残值。此估计变更影响本年度净利润减少数为 4 355 元［(12 500 - 6 000) × (1 - 33%)］。

三、会计政策变更和会计估计变更不易划分的会计处理

保险公司应当正确划分会计政策变更和会计估计变更，并按不同的方法进行相关会计处理。但有时很难区分会计估计变更和会计政策变更，例如，某银行原对贷款按余额的5%计提减值准备，现改按账龄分析法计提减值。对于这一事项如果从会计政策变更角度考虑，坏账准备由应收账款余额百分比法改为账龄分析法，属于会计政策变更；但从计提比例看，计提坏账准备的比例发生了变化，属于会计估计变更。在这种情况下，如果不易区别会计政策变更和会计估计变更，按规定视为会计估计变更，按会计估计变更的未来适用法进行处理。

第三节　前期差错及其更正

一、前期差错的定义及产生的原因

前期差错，是指由于没有运用或错误运用以下两种信息，而对前期财务报表造成遗漏或误报。

(1) 编报前期财务报表时能够合理预计取得并应当加以考虑的可靠信息。

(2) 前期财务报表批准报出时能够取得的可靠信息。

保险公司在会计核算过程中可能会发生各种各样的差错，产生错账。会计差错按发生的原因分为会计政策使用上的差错、会计估计上的差错和其他差错。按发现及归属期间分为本期发现的、属于本期的会计差错以及本期发现、属于以前年度的会计差错，即前期差错。前期差错通常包括：

(1) 计算错误。

(2) 应用会计政策错误。

(3) 疏忽或曲解事实产生的错误。

(4) 舞弊产生的错误。人为或故意的采用法律或国家统一会计制度等行政法规、规章所不允许的会计政策，或滥用会计政策变更。

(5) 固定资产盘盈。固定资产盘盈，应按照会计准则规定“企业如有盘盈固定资产的，应作为前期差错记入‘以前年度损益调整’科目”。

二、前期差错更正的会计处理

（一）前期差错更正的会计处理方法

保险公司发现前期差错时，应当根据差错的性质及时纠正。前期差错的更正应按以下规定处理：

(1) 采用追溯重述法进行更正。追溯重述法，是指在发现前期差错时，视同该项前期差错从未发生过，从而对财务报表相关项目进行更正的方法。追溯重述法的会计处理与追溯调整法相同。

(2) 采用未来适用法进行更正。确定前期差错累积影响数不切实可行的，可以从可追溯重述的最早期间开始调整留存收益的期初余额，财务报表其他相关项目的期初余额也应当一并调整，也可以采用未来适用法。即对于前期重要差错，本应追溯重述，但因无法取得数据等原因无法重述，则不重述。

（二）非重大前期差错更正的会计处理

非重大前期差错，是指不足以影响会计报表使用者对企业财务状况、经营成果、现金流量和所有者权益变动作出正确判断的会计差错。对于本期发现的，属于与前期相关的非重大会计差错，不调整会计报表相关项目的期初数，但应调整发现当期与前期相同的相关项目，属于影响损益的，应直接计入本期与上期相同的净损益项目；属于不影响损益的，应调整本期与前期相同的相关项目。

【例12-3】 某保险公司在2×19年12月31日发现，2×19年漏记了分支机构人员工资3 000元。

则2×19年应编制更正此差错的会计分录为：

借：管理费用	3 000	
贷：应付职工薪酬——应付工资		3 000

（三）重大前期差错更正的会计处理

重大前期差错，指企业发现的使公布的会计报表不再具有可靠性的会计差错。重大前期差错一般是指金额比较大，通常某项交易或事项的金额占该类交易或事项的金额10%及以上，则认为金额比较大，如某保险公司提前确认未实现的收入占全部收入的10%及以上，则认为是重大前期差错。保险公司发现的重大前期差错，如不加以调整，会使公布的会计报表所反映的信息不可靠，并有可能误导投资者、债权人及其他会计报表使用者的决策或判断。因此，重大前期差错应调整期初留存收益，及会计报表其他相关项目的期初数。

第十三章
资产负债表日后事项

本章精要

“日后”并不等于“事后”。本章专门探讨资产负债表日后事项的处理。

第一，要从时间关系上认清、理解资产负债表日后事项的定义，即资产负债表日后事项，是指资产负债表日至财务报告批准报出日之间发生的有利或不利事项。当然，并不是指在这个特定期间内发生的全部事项，而是指与资产负债表日存在状况有关的事项，或者虽然与资产负债表日存在状况无关，但对保险公司财务状况具有重大影响的事项。

第二，日后事项的会计处理适用于保险公司处于持续经营状态，不涉及资产负债表日前、资产负债表日或资产负债表日后确定的终止营业。掌握资产负债表日后事项涵盖的期间和资产负债表日后事项的内容，即对调整事项、调整事项的特点、内容提要和非调整事项特点、内容，以及二者的异同。

在资产负债表日后事项的会计处理上，区别掌握调整事项会计处理的原则和方法，如涉及损益事项，通过“以前年度损益调整”核算，涉及利润分配调整的事项，直接通过“利润分配——未分配利润”核算；不涉及损益和利润分配的事项，直接调整相关的资产、负债及所有者权益；对非调整事项会计处理，也要掌握其披露的原则与方法。

第一节　资产负债表日后事项管制概述

一、资产负债表日后事项的定义

资产负债表日后事项，是指资产负债表日至财务报告批准报出日之间发生的有利或不利事项。财务报告批准报出日，是指董事会或类似机构批准财务报告报出的日期。

理解资产负债表日后事项定义时，应明确以下几个问题：

(1) 资产负债表日，在我国一般是指年度资产负债表日，即12月31日。根据《中华人民共和国会计法》的规定，“会计年度自公历1月1日起至12月31日止”，因此，资产负债表日是指“年度资产负债表日”。

(2) 财务报告批准报出日，是指董事会或类似机构批准财务报告报出的日期。通常是指对财务报告的内容负有法律责任的单位或个人批准财务报告向企业外部公布的日期。其中“对财务报告的内容负有法律责任的单位或个人”一般是指所有者、所有者中的多数、董事会或类似的管理单位。

(3) 资产负债表日后事项包括所有有利或不利的事项，即对于资产负债表日后事项在会计处理中采用同一原则进行处理。

(4) 资产负债表日后事项不是指在这个特定期间内发生的全部事项，而是指与资产负债表日存在状况有关的事项，或者虽然与资产负债表日存在状况无关，但对企业财务状况具有重大影响的事项。

(5) 资产负债表日后事项及其会计处理适用于企业处于持续经营状态，不涉及资产负债表日前、资产负债表日或资产负债表日后确定的终止营业。

二、资产负债表日后事项涵盖的期间

资产负债表日后事项所涵盖的期间是指资产负债表日后至财务报告批准报出日之间。对于上市公司在这个期间内涉及完成财务报告编制日、注册会计师出具审计报告日、董事会批准财务报告可以对外公布日、实际对外公布日等几个日期。其中审计报告日期是指注册会计师完成外勤审计工作的日期；实际对外公布日通常不会早于董事会批准财务报告对外公布的日期。这几个日期如图 13－1 所示：

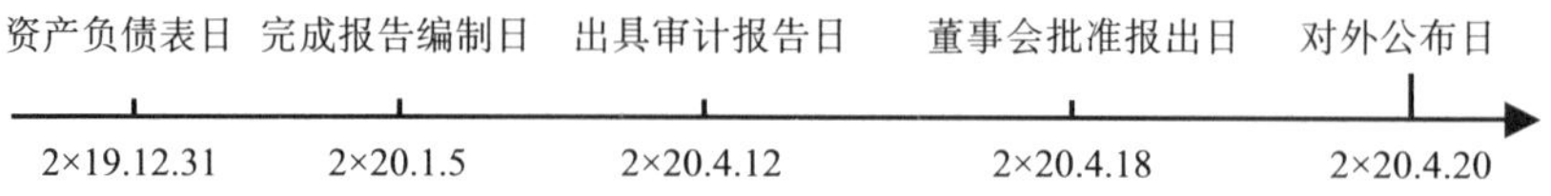

图 13－1　资产负债表日后事项时间示意图

资产负债表日后事项是以报告年度次年的 1 月 1 日起（含 1 月 1 日，下同），但应以哪个日期为截止日期？即要明确资产负债表日后事项涵盖的期间，是以报告年度次年的 1 月 1 日至董事会批准财务报告可以对外公布的日期。即以董事会批准财务报告可以对外公布的日期为截止日期。

【例 13－1】 某上市保险公司 2×19 年的年度财务报告于 2×20 年 1 月 5 日编制完成，注册会计师完成整个年度审计工作并签署审计报告的日期为 2×20年 4 月 12 日，经董事会批准财务报告可以对外公布的日期为 2×20 年 4 月 20 日（注：本章凡涉及经批准财务报告对外公布日，均假定为 4 月 20 日），财务报告实际对外公布日期为 2×20 年 4 月 24 日，股东大会召开日期为 2×20 年 5 月 15 日。

本例中，财务报告批准报出日为 2×20 年 4 月 20 日，资产负债表日后事项涵盖的期间为 2×20 年 1 月 1 日至 2×20 年 4 月 20 日。

如果本公司在 4 月 20 日至 24 日之间发生了重大事项，按规定需要调整会计报表相关项目的数字或需要在会计报表附注中披露的，经调整或说明后的财务报告再经董事会批准的报出日期为 2×20 年 4 月 28 日，实际对外公布的日期为 2×20 年 4 月 30 日，则资产负债表日后事项涵盖的期间为 2×20 年 1 月 1 日至 2×20 年 4 月 28 日。

三、资产负债表日后事项的内容

（一）调整事项

调整事项，是指对资产负债表日已经存在的情况提供了新的或进一步证据的事项。这类事项所提供的新的或进一步的证据，表明依据资产负债表日存在状况编制的会计报表已不再具有有用性，应依据新发生的情况对资产负债表日存在状况的有关金额作出重新估计，并据此对资产负债表日所反映的收入、费用、资产、负债以及所有者权益进行调整。

1. 调整事项的特点

调整事项的特点体现在以下两个方面：

（1）在资产负债表日或以前已经存在，资产负债表日后得以证实的事项。

（2）对按资产负债表日存在状况编制的会计报表产生重大影响的事项。

2. 调整事项的内容

调整事项的内容通常包括资产负债表日后诉讼案件结案，已确定支付的赔偿；已证实资产发生减损；购入资产的成本或售出资产的收入发生了变化；发现了财务报表舞弊或差错。具体举例说明如下：

（1）诉讼案件结案，已确定支付的赔偿。这一事项是指，在资产负债表日以前，或资产负债表日已经存在的诉讼案件已估计了与该诉讼案件相关的预计负债，而在资产负债表日后期间诉讼案件结案，法院判决证实了企业在资产负债表日已经存在现时义务，确定了企业需要支付的赔偿款，这一事项的发生需要调整原先确认的与该诉讼案件相关的预计负债，或确认一项新负债，应对资产负债表日编制的会计报表进行调整。

【例 13－2】东方财产保险股份有限公司与乙企业签订一项合同，东方公司因为违约致使乙企业发生经济损失，乙企业于 2×19 年 11 月提出起诉，要求东方公司赔偿违约经济损失 600 000 元。由于案件尚在审理过程中，法院尚未作出最终判决，东方公司于 2×19 年 12 月 31 日根据当时的资料判断很可能会败诉，估计赔偿金额为 300 000 元，并按此估计金额入账。但在财务报告批准报出前的 3 月 10 日经法院判决，东方公司需赔偿乙企业经济损失为 500 000 元，双方均接受此判决，不再上诉。

本例中，东方公司于 2×19 年 12 月 31 日结账时已经知道根据本企业违约和当时的资料判断很可能会败诉（即在 2×19 年 12 月 31 日资产负债表日，东方公司违约和很可能败诉的事实已经存在），但没有得到法院的最终判决，按 300 000 元入账，借记“营业外支出”科目，贷记“预计负债”科目，并编制了 2×19 年 12 月 31 日资产负债表、2×19 年度的利润表和所有者（或股东，下同）权益变动表。2×20 年 3 月 10 日接到法院判决通知，已确定赔偿金额，这就对 2×19 年 12 月 31 日存在的状况提供了新的证据，表明根据 2×19 年 12 月 31 日存在情况提供的资产负债表所估计的预计负债和利润表所估计的营业外支出以及由此引起的盈余公积、未分配利润等已不能真实反映企业的实际情况，因此，应据此对资产负债表日编制的会计报表相关项目的数字进行调整。

（2）已证实资产发生减损。这一事项是指，在年度资产负债表日以前，或在年度资产负债表日，根据当时资料判断某项资产可能发生了损失或永久性减值，但没有最后确定是否会发生，因而按照当时最好的估计金额反映在会计报表中。但在年度资产负债表日后期间，取得了确凿证据，表明该项资产已经发生了损失或永久性减值，应对资产负债表日所作的估计进行修正。

【例13-3】 甲保险公司于2×19年6月1日贷款给乙企业600 000元，按合同约定应在2×19年8月1日前收回贷款。在2×19年12月31日结账时东方保险股份公司尚未收回这笔贷款，并已知乙企业财务状况不佳，近期内难以偿还债务，东方保险股份公司对该笔贷款提取3%的坏账准备。2×20年3月10日，在东方保险股份公司报出财务报告之前收到乙企业已宣告破产通知，无法偿付全部欠款。

本例中，东方保险股份公司于2×19年12月31日结账时已经知道乙企业财务状况不佳（即在2×19年12月31日资产负债表日，乙企业财务状况不佳的事实已经存在），但未得到乙企业破产的确切证据。2×20年3月10日东方保险股份公司正式收到乙企业通知，得知乙企业已破产，并且无法偿付全部货款，即2×20年3月10日对2×19年12月31日存在的情况提供了新的证据，表明根据2×19年12月31日存在情况提供的资产负债表所反映的应收账款（乙企业）已全部成为坏账，据此应对会计报表相关项目的数字进行调整。

（3）购入资产的成本或售出资产的收入发生了变化。这一事项是指，在资产负债表日以前或资产负债表日，根据合同规定所购入资产已经收到，按照当时确定的资产价值已经入账；或者保险产品已经销售，当时认为与该保险产品所有权相关的风险和报酬已经转移，相关款项能够收回，确认了收入。即在资产负债表日企业已经确认为资产或收入，并在会计报表上反映，但在资产负债表日后期间所取得的证据证明，已确认为资产的物资确实已经退货或销售的保险产品确实已经退回，应作为调整事项进行相关的账务处理，并调整资产负债表日编制的会计报表有关项目的数字。

（4）发现了财务报表舞弊或差错。这一事项是指，在资产负债表日后期间所取得的证据证明资产负债表日编制的财务报表有舞弊行为或差错问题，对于这些问题应作为调整事项，调整资产负债表日编制的会计报表有关项目的数字。一般来说财务舞弊均是重要事项。但发生的差错，可能是重要差错或非重要差错。

（二）非调整事项

非调整事项，是指表明资产负债表日后才发生或存在情况的事项。这类事项在资产负债表日并不存在、而是其后才发生或存在的事项，其事项不影响资产负债表日存在的状况，但为了对外提供更有用的会计信息，必须以适当的方式披露这类事项。

1. 非调整事项的特点

非调整事项的特点体现在以下两个方面：

（1）在资产负债表日并没有发生或者存在，完全是在其后新发生的事项。

（2）对理解和分析财务报告有重大影响的事项。

2. 非调整事项的内容

非调整事项的内容通常包括：发生重大诉讼、仲裁、承诺；资产价格、税收政策、外汇汇率发生重大变化；因自然灾害导致资产发生重大损失；发行股票和债券以及其他巨额举债；资本公积转增资本；发生巨额亏损；发生企业合并或处置子公司。具体说明如下：

（1）发生重大诉讼、仲裁、承诺；

（2）资产价格、税收政策、外汇汇率发生重大变化；

（3）因自然灾害导致资产发生重大损失；

（4）发行股票和债券以及其他巨额举债；

（5）资本公积转增资本；

（6）发生巨额亏损；

（7）发生企业合并或处置子公司。

（三）调整事项和非调整事项的异同

调整事项和非调整事项的区别在于：调整事项是事项存在于资产负债表日或以前，资产负债表日后提供了证据对以前已存在的事项所作的进一步说明；而非调整事项是在资产负债表日尚未存在，但在财务报告批准报出日之前发生或存在。

调整事项和非调整事项的共同点体现在：调整事项和非调整事项都是在资产负债表日后至财务报告批准报出日之间发生的，对报告年度的财务报告所反映的财务状况、经营成果都将产生重大影响。

第二节　资产负债表日后事项会计处理

一、调整事项会计处理的原则和方法

（一）调整事项会计处理的原则

保险公司发生的资产负债表日后调整事项，应当如同资产负债表所属期间发生的事项一样，作出相关账务处理，并对资产负债表日已编制的资产负债表、利润表、所有者权益变动表及现金流量表附注中作出相应的调整。

由于资产负债表日后事项发生在次年，上年度的有关账目已经结转，特别是损益类账户在结账后已无余额。因此，资产负债表日后发生的调整事项，应当分别以下情况进行账务处理：

（1）涉及损益的事项，通过“以前年度损益调整”科目核算。该科目属于损益类会计科目，贷方登记调整增加以前年度利润或调整减少以前年度亏损的事项，及其调整减少的所得税费用（即收入的增加或费用的减少）；该科目的借方调整减少以前年度利润或调整增加以前年度亏损的事项，以及调整增加的所得税费用（即收入的减少或费用的增加）。期末将本科目贷方或借方余额，转入“利润分配——未分配利润”科目，结转后本科目应无余额。“以前年度损益调整”科目核算的内容用T形账户表示如图13－2所示：

以前年度损益调整

调整减少以前年度利润； 调整增加以前年度亏损； 因以前年度损益调整增加的所得税费用； 将本科目余额转入“利润分配——未分配利润”	调整增加以前年度利润； 调整减少以前年度亏损； 因以前年度损益调整减少的所得税； 将本科目余额转入“利润分配——未分配利润”

图13－2

（2）涉及利润分配调整的事项，直接调增或调减“利润分配——未分配利润”科目。

（3）不涉及损益和利润分配的事项，直接调整相关的资产、负债及所有者权益。

（4）通过上述账务处理后，还应同时调整会计报表相关项目的数字，包括：资产负债表日编制的会计报表相关项目的数字；当期编制的会计报表相关项目的年初数；提供比较会计报表时，还应调整相关会计报表的上年数；经过上述调整后，如果涉及会计报表附注内容的，还应当调整会计报表附注相关项目的数字。

（二）调整事项的具体会计处理方法

（1）资产负债表日后诉讼案件结案，法院判决证实了保险公司在资产负债表日已经存在现时义务，需要调整原先确认的与该诉讼案件相关的预计负债，或确认一项新负债。

【例 13-4】 沿用前例且假定甲保险公司已经支付了赔偿款 500 000 元（注：以下所有例子均假定 2×20 年 4 月 20 日为财务报告批准报出日；所得税率为 25%，按净利润的 15% 提取盈余公积，提取盈余公积之后，不再作其他分配；涉及需要调整现金流量表附注有关项目的数字略）。假定甲、乙双方 2×19 年所得税汇缴清算在 2×20 年 2 月 15 日完成，所得税采用资产负债表债务法核算。

对该项调整事项，甲公司应进行如下处理：

（1）支付赔偿款。

①借：以前年度损益调整　　200 000（调整营业外支出）
　　贷：其他应付款　　200 000

②借：预计负债　　300 000
　　其他应付款　　200 000
　　贷：银行存款　　500 000

应说明的是：资产负债表日后发生的调整事项如果涉及现金收支项目的，均不调整报告年度资产负债表的货币资金项目和现金流量表各项目数字。本例中，虽然已支付了赔偿款，但在调整会计报表相关数字时，只需调整上述第一笔会计分录，第二笔会计分录作为 2×20 年的会计事项处理。

（2）调整应交所得税。

借：递延所得税资产　　50 000
　　贷：以前年度损益调整
　　　　（200 000×25%）50 000（调整所得税费用）

注：2×19 年末负债账面价值 500 000 元，在 2×20 年所得税申报时可抵扣，而产生可抵扣暂时性差异 500 000 元；因确认预计负债 300 000 元时已确认相应的递延所得税资产，所以日后事项处理时再确认增加的 200 000 元负债对应的递延所得税资产。

（3）将“以前年度损益调整”科目余额转入利润分配。

借：利润分配——未分配利润　　150 000

　　贷：以前年度损益调整　　（200 000 - 50 000）150 000

（4）因净利润变动，调整盈余公积。

借：盈余公积　　22 500

　　贷：利润分配——未分配利润　　（150 000 × 15%）22 500

（5）调整报告年度（2×19 年）会计报表相关项目的数字（会计报表略）。

①调整资产负债表有关数字：调增其他应付款 200 000 元；调增递延所得税资产 50 000 元；调减盈余公积 22 500 元；调减未分配利润 127 500（150 000 - 22 500）元。

②调整利润表有关数字：调增营业外支出 200 000 元；调减所得税费用 50 000 元。

③调整所有者权益变动表有关数字：调减提取盈余公积 22 500 元；调减未分配利润 127 500 元。

（6）调整 2×20 年 3 月份资产负债表相关项目的年初余额。甲保险公司在编制 2×20 年 1 月份的会计报表时，按照调整前的数字作为资产负债表的年初数，由于发生了资产负债表日后调整事项，甲公司除了调整 2×19 年度会计报表相关项目的数字外，还应当调整 2×20 年 3 月份资产负债表相关项目的年初余额，其年初数按照上述调整后的数字填列。

对该项调整事项，乙企业应进行如下处理：

（1）记录已收到赔偿款。

①借：其他应收款　　500 000

　　贷：以前年度损益调整　　（调整营业外收入）500 000

②借：银行存款　　500 000

　　贷：其他应收款　　500 000

（2）调整应交所得税。

借：以前年度损益调整　　　　　（调整所得税费用）125 000

　　贷：递延所得税负债　　　　　　（500 000×25%）125 000

（3）将“以前年度损益调整”科目余额转入利润分配。

借：以前年度损益调整　　　　　　　　　　　　375 000

　　贷：利润分配——未分配利润　　（500 000－125 000）375 000

（4）因净利润增加，补提盈余公积。

借：利润分配——未分配利润　　　　　　　　　56 250

　　贷：盈余公积　　　　　　　　　（375 000×15%）56 250

（5）调整报告年度会计报表相关项目的数字：

①调整资产负债表有关数字：调增其他应收款 500 000 元；调增递延所得税负债 125 000 元；调增盈余公积 56 250 元；调增未分配利润 318 750（375 000－56 250）元。

②调整利润表有关数字：调增营业外收入 500 000 元；调增所得税费用 125 000 元。

③调整所有者权益变动表有关数字：调增提取盈余公积 56 250 元；调增未分配利润 318 750 元。

（6）调整 2×20 年 3 月份资产负债表相关项目的年初余额。乙企业在编制 2×20 年 1、2 月份的会计报表时，按照调整前的数字作为资产负债表的年初数，由于发生了资产负债表日后调整事项，乙企业除了调整 2×19 年度会计报表相关项目的数字外，还应当调整 2×20 年 3 月份资产负债表相关项目的年初余额，其年初数按照上述调整后的数字填列。

（2）资产负债表日后取得确凿证据，表明某项资产在资产负债表日后发生了减值或者需要调整该项资产原先确认的减值金额。

二、非调整事项会计处理的原则和方法

资产负债表日后事项如属于非调整事项，由于这类事项与资产负债表日存在状况无关，调整会计报表是不恰当的，因为这样做通常会导致在赚取收益或发生费用的日期之前报告这些金额。因此，对于非调整事项，不需要进行账务处理，也不需要调整会计报表。但是，财务报告应当反映最近期的相关信息，以满足财务报告及时性的要求，同时，由于这类事项可能很重大，如不加以说明，将会影响财务报告的使用者对企业财务状况、经营成果作出

正确的估价和决策，因而需要在会计报表附注中说明事项的内容、估计其对财务状况、经营成果的影响，以提供会计数据来补充资产负债表日编制的财务报告的信息。如无法对资产负债表日后才发生或存在的事项对财务报告数据的影响作出估计，应说明其原因。

第四篇

财务报告篇

开篇有益

本篇是保险公司会计产品提供的把关篇章，规范了保险公司如何编制会计报表的各个方面、各个环节。学习本篇，务必充分吸收相关的新内容，比如，基于资产负债观的理念，更加关注资产负债表，并增设股东权益变动表，同时，对利润表进行完善，并强调了现金流量表。这样，“四表一注”乃财务家族成员。

除了年度报表之外，其他报表也都需要关注：中期财务报告、分部报告编制、关联关系披露、合并报表编制和金融工具列报，也都应当掌握与理解。

当然，本章除了阐述保险公司各种会计报表的科学编制之外，还对财务分析进行相应的阐述。“死数据，活情况”，只能通过科学的分析，才能揭示其隐藏于背后的内在实质与发展规律。因此，拟从常规分析方法、实用分析指标和综合分析体系三个层面为读者提供财务分析的“金钥匙”。

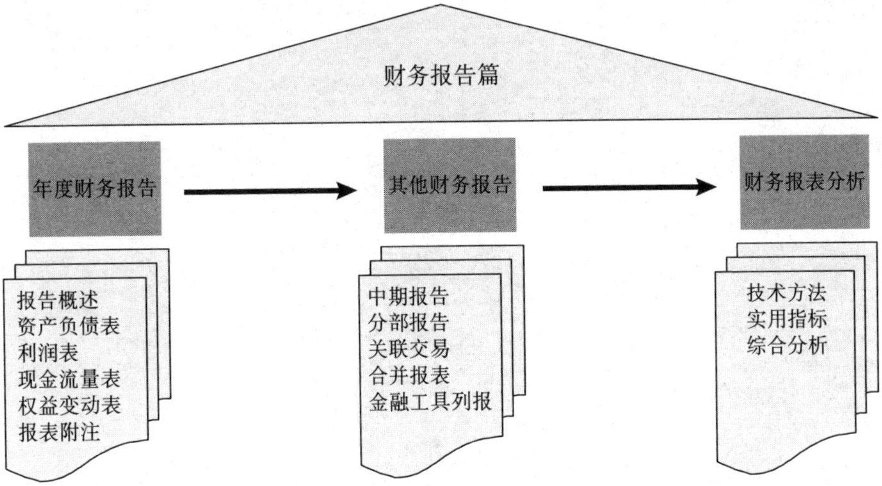

第十四章
年度财务报告

本章精要

财务报告是会计人员直接创造的产品，也是经理层甚至全体成员的劳动成果，当然也与投资者和其他报表使用者的利益息息相关。正是基于这样的背景，我们需要对本章内容特别加以关注。

第一是厘清财务会计报告的前提。明确财务会计报告的概念、种类，年度财务会计报告应当包括：会计报表；会计报表附注和财务情况说明书三个层次，而会计报表至少应当包括资产负债表、利润表、现金流量表、所有者权益变动表、附注。

第二是资产负债表，要掌握资产负债表的结构和内容，明确结构与内容后，才能对流动资产、非流动资产、流动负债、非流动负债和所有者权益做到心中有数、取数科学。

第三是利润表，需要从利润表的逻辑结构上来逐层分析，并对构成营业利润、利润总额、净利润的各项要素进行渐进式分析与填列。

第四是现金流量表，要在准确分析判断经营活动产生的现金流量、投资活动产生的现金流量和筹资活动产生的现金流量的基础上，掌握其列报方法：直接法和间接法，通晓其编制程序：工作底稿法和 T 形账户法。

第五是所有者权益变动表，认知所有者权益变动表的意义和作用，对所有者权益变动表的结构和内容以及编制技术进行掌握。

第六是财务报表附注。要深刻理解其价值所在，并掌握保险公司财务报表附注的披露内容。

第一节 财务会计报告概述

一、财务会计报告的概念

财务会计报告是指保险公司对外提供的反映保险公司某一特定日期财务状况和某一会计期间经营成果、现金流量的文件。通常由会计报表、会计报表附注和财务情况说明书组成。会计报表又称为财务报表，是对保险公司财务状况、经营成果和现金流量的结构性表述。会计报表是财务会计报告的核心，它是根据保险公司日常会计核算资料归集、加工和整理后形成的，是保险公司会计核算的最终成果。

财务会计报告是提供会计信息的重要手段，是会计作为“商业语言”的载体，是决策者进行决策的重要经济信息来源。但是，财务会计报告所提供的信息只是一种工具，它与其他工具一样，对于那些有能力并愿意去使用的人们有直接的助益。而编制财务会计报告本身并不能确定或影响各种决策的结果，它只为人们使用这种信息提供前提条件。

二、财务会计报告的种类

财务会计报告分为年度、半年度、季度和月度财务会计报告。年度财务会计报告应当包括：会计报表；会计报表附注和财务情况说明书。会计报表至少应当包括下列组成部分：资产负债表；利润表；现金流量表；所有者权益（或股东权益，下同）变动表；附注。

会计报表附注是为便于会计报表使用者理解会计报表的内容而对在资产负债表、利润表、现金流量表和所有者权益变动表等报表中列示项目的文字描述或明细资料，以及对未能在这些报表中列示项目的说明等。

财务情况说明书是以文字形式记载保险公司某一会计期间的经营情况，并就该期间的经营情况加以说明、分析、总结的书面文件。财务情况说明书至少应当对下列情况作出说明：保险公司经营的基本情况；利润实现和分配情况；资金增减和周转情况；对保险公司财务状况、经营成果和现金流量有重大影响的其他事项。

会计报表可以根据需要，按照不同的标准进行分类。

（1）按会计报表的编报时间，可以分为月报、季报、半年报和年报。其中，月报、季报和半年报称为中期财务报告。

（2）按会计报表反映财务活动方式的不同，可以分为：静态报表和动态报表。静态报表是指综合反映企业某一特定日期资产、负债和所有者权益状况的报表，如资产负债表；动态报表是指综合反映企业一定时期的经营情况或现金流动情况的报表，如利润表或现金流量表。

（3）按会计报表编制范围不同，可以分为：个别会计报表和合并会计报表。个别会计报表是独立核算的企业用来反映其自身经营活动和财务状况的会计报表；合并会计报表是由母公司编制的，一般包括所有控股子公司会计报表的有关内容，反映整个企业集团经营成果和财务状况的会计报表。

（4）按会计报表服务的对象不同，可以分为：内部会计报表和外部会计报表。内部会计报表，是为企业内部管理需要而提供的报表，一般包括费用明细表、销售利润表等。外部会计报表，是供企业外部的政府部门、投资者和债权人等使用的会计报表，如资产负债表、利润表、现金流量表、所有者权益变动表等。

三、会计报表的编制要求

（一）作好编制会计报表的准备工作：

（1）对发生的所有经济业务全部登记入账；

（2）核对账簿，做到账证、账账相符；

（3）清查财产物资和往来账项，做到账实相符；

（4）收集与会计报表所反映内容有关的重要信息资料。

（二）编制会计报表的具体要求：

（1）内容完整。会计报表要提供全面的会计信息，不得少报、漏报。对于应当填列的，无论是表内项目还是表外项目，都应填报齐全。对于一些重要信息，应以适当形式予以披露。

（2）计算准确。会计报表要做到数字准确，不得用估计数代替实际数。在日常的会计核算中，会计人员要严格遵守会计准则和各项会计法规制度，对发生的经济业务和会计事项进行准确地确认、计量和记录。要做好财产物资的清查盘点工作，经常进行账证核对、账账核对、账表核对，以保证账实相符，计算准确。只有作好上述工作，才能保证会计报表的真实性和准确性。

（3）数字真实。会计报表反映的各种数据要真实准确，不得弄虚作假，掩盖真相。

（4）编报及时。会计报表必须按照国家和有关部门规定的期限和程序，及时编制。为此，应科学地组织日常的会计核算，平时认真做好记账、算账、对账、报账和财产清查工作。在会计报表的编制过程中，会计人员应密切配合，加强协作，提高效率。

四、年度决算报告的编制流程

一般而言，编制年度财务决算报告，通过全面核对并调整相关账务、清理资金、盘点财产实物，能够综合体现保险公司的业务经营活动和财务成果，对于保险公司总结计划完成情况，改善经营管理，并为下一年度制定计划奠定基础。

作好年度决算报告编制需要从事前准备工作和决算日两个方面进行：

在决算之前，需要作好以下准备工作：一是全面核对内外账务。账账核对相符、账款核对相符、账据核对相符、账实核对相符、账表核对相符、内外核对相符；二是清理查对各项资金。清理货币资金、清理结算资金、清理投资资金；三是盘点实物财产；四是核实收支与损益；五是试算平衡。

在决算当日，需要作好以下各项工作：一是组织当日业务全部入账；二是核对账务、检查库存；三是年终账务调整：包括计提固定资产折旧、提取和转回未到期责任准备金、提取和转回未决赔款准备金、提取保险保障基金，再编制调整后的试算表、结转损益等。

五、财务会计报告列报的基本要求

（一）保险公司应当以持续经营为基础编报财务会计报告

保险公司应当以持续经营为基础，根据实际发生的交易和事项，按照企业会计准则的规定进行确认和计量，在此基础上编制财务报表。保险公司不应以附注披露代替确认和计量。如果以持续经营为基础编制财务报表不再合理的，保险公司应当采用其他基础编制财务报表，并在附注中披露这一事实。

（二）财务报表项目列示的一致性

财务报表项目的列报应当在各个会计期间保持一致，不得随意变更，但下列情况除外：（1）会计准则要求改变财务报表项目的列报；（2）企业经营业务的性质发生重大变化后，变更财务报表项目的列报能够提供更可靠、更相关的会计信息。

（三）财务报表项目的单独列示

性质或功能不同的项目，应当在财务报表中单独列报，但不具有重要性的项目除外。性质或功能类似的项目，其所属类别具有重要性的，应当按其类别在财务报表中单独列报。所谓重要性，是指财务报表某项目的省略或错报会影响使用者据此作出经济决策的，该项目具有重要性。重要性应当根据保险公司所处环境，从项目的性质和金额大小两方面予以判断。

（四）财务报表项目的相互抵销

财务报表中的资产项目和负债项目的金额、收入项目和费用项目的金额不得相互抵销，但其他会计准则另有规定的除外。这里需要强调的是，资产项目按扣除减值准备后的净额列示，不属于抵销。非日常活动产生的损益，以收入扣减费用后的净额列示，不属于抵销。

（五）比较信息的提供

除国家另有规定外，当期财务报表的列报，至少应当提供所有列报项目上可比会计期间的比较数据，以及与理解当期财务报表相关的说明。

财务报表项目的列报发生变更的，应当对上期比较数据按照当期的列报要求进行调整，并在附注中披露调整的原因和性质，以及调整的各项目金额。对上期比较数据进行调整不切实可行的，应当在附注中披露不能调整的原因。所谓不切实可行，是指企业在作出所有合理努力后仍然无法采用某项规定。

（六）披露的内容

保险公司应当在财务报表的显著位置至少披露下列各项：编报保险公司的名称；资产负债表日或财务报表涵盖的会计期间；人民币金额单位；财务报表是合并财务报表的，应当予以标明。

（七）保险公司至少应当按年编制财务报表

年度财务报表涵盖的期间短于一年的，应当披露年度财务报表的涵盖期间，以及短于一年的原因。对外提供中期财务报告的，还应遵循中期财务报告的规定。

第二节　资产负债表

一、资产负债表的性质与作用

资产负债表是反映保险公司在某一特定日期财务状况的会计报表，它是根据“资产＝负债＋所有者权益”这一会计等式，按照一定的分类标准和顺序，把保险公司一定日期的资产、负债和所有者权益各项目予以适当排列，并对日常工作中发生的经济业务和事项产生的数据进行整理后编制而成的。资产负债表反映的是保险公司在某一特定日期资产、负债、所有者权益的总体规模和结构。通过资产负债表可以看出保险公司拥有多少资产，在这些资产中，流动资产、非流动资产各有多少；流动资产中，货币资金有多少，应收款项有多少等。通过资产负债表可以看出保险公司所承担的债务有多少，这些债务中，流动负债有多少，长期负债有多少；通过资产负债表可以看出保险公司所有者权益有多少，在所有者权益中，实收资本（或股本，下同）有多少，资本公积有多少，盈余公积有多少，未分配利润有多少等。

资产负债表反映保险公司在某一特定日期所掌握的经济资源、债权人和投资者在保险公司所拥有的权益。从资产负债表的功能上说，主要有四个方面的作用：一是反映资产的构成及其分布状况；二是表明保险公司所承担的债务及其偿还时间；三是反映净资产的构成及其形成原因；四是提供财务分析所需基本资料。

二、资产负债表的结构和内容

（一）资产负债表的结构和内容

1. 资产负债表的结构

资产负债表一般包括表首和正表两部分。其中，表首列示资产负债表的名称、编制单位、编制日期、报表编号、货币名称等。正表是资产负债表的主体，列示了用以说明企业财务状况的资产、负债和所有者权益各项目的期初和期末数。

2. 资产负债表的内容

资产负债表的项目分为资产、负债和所有者权益三类。资产类项目主要按照项目的流动性排列，按照流动资产和非流动资产分项列示。把资产分成这样几类，就是让会计信息使用者看到流动资产就知道1年内它能够变现；看到非流动资产就知道变现期要超过1年等。而且从上往下看，变现能力逐渐减弱。如果保险公司需要钱，需要把资产变现，流动资产比较容易变现，但是要想把固定资产、无形资产等变现则比较困难。因此，读表时会发现，非流动资产占的比重越大，保险公司变现能力就越差。

符合下列条件之一的资产，应当归为流动资产：

（1）预计在一个正常营业周期中变现、出售或耗用；经营周期是指从购买用于加工的资产到其收回现金或现金等价物的这段时间；

（2）主要为交易目的而持有的；

（3）预期在自资产负债表日起1年内变现的；

（4）在自资产负债表日起1年内，交换其他资产或清偿负债的能力不受限制的现金或现金等价物。

流动资产以外的资产应当归类为非流动资产，并应按其性质分类列示。

负债类项目一般按照债务偿还期限的长短分为流动负债和长期负债并分项列示。这样分类的目的是使报表使用者看到流动负债就知道保险公司将在1年内要清偿的债务有多少，看到长期负债就知道保险公司偿还期在1年以上的债务有多少，从而判断保险公司的财务状况。

负债满足下列条件之一的，应当归类为流动负债：

（1）预计在一个正常营业周期中清偿；

（2）主要为交易目的而持有；

（3）在资产负债表日起1年内到期应予以清偿；

（4）企业无权自主地将清偿推迟至资产负债表日后1年以上。

当没有可靠证据表明企业的营业周期超过1年，或者同行业大多数企业的营业周期均不超过1年时，企业应当以1年作为划分流动负债与非流动负债的标准。

流动负债以外的负债，应当归类为非流动负债。非流动负债应当按照长期负债的性质分类列示。

对于在资产负债表日起1年内到期的负债，企业预计能够自主地将清偿义务展期至资产负债表日起1年以上的，应当归类为非流动负债；不能自主地将清偿义务展期的，即使在资产负债表日后、财务报表批准报出日前签订了重新安排清偿计划协议，该项负债仍应归类为流动负债。

企业在资产负债表日或之前违反了长期借款协议，导致贷款人可随时要求清偿的负债，应当归类为流动负债。

贷款人在资产负债表日或之前同意提供在资产负债表日起1年以上的宽限期，企业能够在此期限内改正违约行为，且贷款人不能要求随时清偿，该项负债应当归类为非流动负债。

所有者权益则按实收资本（或股本）、资本公积、盈余公积、未分配利润等项目分项列示。资产负债表中的所有者权益类应当包括所有者权益的合计项目。

资产负债表应当列示资产总计项目，负债和所有者权益总计项目。资产类项目金额的合计与负债和所有者权益类项目的合计数必须相等。资产项目和负债项目的金额不得相互抵销。资产项目按扣除减值准备后的净额列示，不属于抵销。

保险公司由于在经营内容上不同于一般的工商企业，导致其资产、负债、所有者权益的构成项目也与一般工商企业有所区别。在资产负债表上列示时，资产通常需要列示（1）货币资金；（2）拆出资金；（3）交易性金融资产；（4）衍生金融资产；（5）买入返售金融资产；（6）应收利息；（7）具有本行业特点的应收款项（如应收保费、应收代位追偿款、应收分保账款、应收分保合同准备金）；（8）债权投资；（9）其他债权投资；（10）其他权益工具投资；（11）长期股权投资；（12）投资性房地产；（13）固定资产；（14）无形资产；（15）递延所得税资产；（16）其他资产。

负债也按流动性大小列示：（1）短期借款；（2）拆入资金；（3）交易性金融负债；（4）衍生金融负债；（5）卖出回购金融资产；（6）具有本行业特点的各类应付和预售款项（应付保单红利、应付分保账款、未到期责任准备金、保险责任准备金）；（7）应付职工薪酬；（8）应交税费；（9）应付利息；（10）预计负债；（11）长期借款；（12）应付债券；（13）应付债券；（14）递延所得税负债。

所有者权益，按实收资本、资本公积、盈余公积、一般风险准备、未分配利润等项目分项列示。

另外，资产负债表除了列示各项资产、负债和所有者权益项目的期末余额以外，至少还应当提供所有列报项目上一可比会计期间的比较数据，即这些项目的年初余额，通过对年初、期末数的比较，可以看出各项资产、负债及所有者权益项目的变动情况。

（二）资产负债表的格式

资产负债表有两种格式：一种是账户式格式，另一种是报告式格式。账户式资产负债表是左右结构，左边列示资产，右边列示负债和所有者权益，资产各项目的金额合计等于负债和所有者权益各项目的金额合计。我国采用的是账户式的资产负债表。

保险公司资产负债表的格式如表 14－1 所示：

表 14－1 **保险公司资产负债表** 会保 01 表

编制单位： 年 月 日 单位：元

资产	期末余额	年初余额	负债和所有者权益（或股东权益）	期末余额	年初余额
资 产：			负 债：		
货币资金			短期借款		
拆出资金			拆入资金		
交易性金融资产			交易性金融负债		
衍生金融资产			衍生金融负债		
买入返售金融资产			卖出回购金融资产款		
应收利息			预收保费		
应收保费			应付手续费及佣金		
应收代位追偿款			应付分保账款		
应收分保账款			应付职工薪酬		
应收分保未到期责任准备金			应交税费		
应收分保未决赔款准备金			应付赔付款		
应收分保寿险责任准备金			应付保单红利		
应收分保长期健康险责任准备金			保户储金及投资款		
保户质押贷款			未到期责任准备金		
定期存款			未决赔款准备金		
债权投资			寿险责任准备金		
其他债权投资			长期健康险责任准备金		
其他权益工具投资			长期借款		

续表

资产	期末余额	年初余额	负债和所有者权益（或股东权益）	期末余额	年初余额
长期股权投资			应付债券		
存出资本保证金			独立账户负债		
投资性房地产			递延所得税负债		
固定资产			其他负债		
无形资产			负债合计		
独立账户资产			所有者权益（或股东权益）：		
递延所得税资产			实收资本（或股本）		
其他资产			资本公积		
			减：库存股		
			盈余公积		
			一般风险准备		
			未分配利润		
			所有者权益（或股东权益）合计		
资产总计			负债和所有者权益（或股东权益）总计		

另外，资产负债表除了列示各项资产、负债和所有者权益项目的期末余额外，通常还列示这些项目的年初余额，通过对年初数与年末数的比较，可以看出各项资产、负债及所有者权益的变动。所以，这种资产负债表称为比较资产负债表。

三、资产负债表的编制方法

（一）资产负债表编制的基本方法

会计报表的编制，主要是通过对日常会计核算记录的数据加以归集、整理，使之成为有用的财务信息。我国保险公司资产负债表各项目数据的来源，主要通过以下几种方式取得：

1. 根据总账账户余额直接填列

资产负债表各项目的数据来源，大多是根据总账账户期末余额直接填列，如“应收利息”项目，应根据“应收利息”总账科目的期末余额直接填列。

2. 根据总账账户余额计算填列

资产负债表的某些项目不能直接根据总账账户的期末余额填列，而是要根据若干个总账账户的期末余额合并计算填列。如“货币资金”项目，应根据“所有现金”“银行存款”“其他货币资金”账户的期末余额合计数计算填列。

3. 根据明细账户余额计算填列

资产负债表的某些项目不能根据总账账户的期末余额或若干个总账账户的期末余额计算填列，而是需要根据有关账户所属的相关明细账户的期末余额分析计算填列。如“应付账款”项目，应根据“应付账款”“预付账款”科目所属相关明细科目的期末贷方余额计算填列。

4. 根据总账账户和明细账户余额分析计算填列

资产负债表的某些项目不能根据总账账户的期末余额或若干个总账账户的期末余额计算填列，也不能根据有关账户所属的相关明细账户的期末余额分析计算填列，而是要根据总账账户和明细账户的期末余额计算填列。如“长期借款”项目，应根据“长期借款”总账账户期末余额，扣除“长期借款”账户所属明细分类账户中反映的、将于 1 年内到期的长期借款部分，分析计算填列。

5. 根据账户余额减去其备抵项目后的净额填列

资产负债表的某些项目应当反映账面价值，应根据有关账户余额减去其备抵项目后的净额填列。如“固定资产”项目，应根据“固定资产”账户的期末余额，减去“累计折旧”和“固定资产减值准备”备抵账户余额后的净额填列；又如，“无形资产”项目，应根据“无形资产”账户的期末余额，减去“累计摊销”和“无形资产减值准备”备抵账户余额后的净额填列。

（二）资产负债表编制的具体方法

1. 资产负债表“年初余额”栏的填列方法

在我国，资产负债表的“年初余额”栏内各项数字，应根据上年末资产负债表“期末余额”栏内各项数字填列。如果当年度资产负债表规定的各个项目的名称和内容同上年度不相一致，则按编报当年的口径对上年年末资产负债表各项目的名称和数字进行调整，填入本表“年初余额”栏内。

2. 资产负债表“期末余额”栏的内容和填列方法

资产负债表的“期末余额”栏内各项数字，应根据各项目期末情况填列。

第三节　利润表

一、利润表的结构

概括地说，利润表提供了不同方面能够形成保险公司利润的相关指标，它主要反映以下几方面的内容：

一是构成营业利润的各项要素。营业利润是保险公司在经营活动过程中形成的利润，它从营业收入出发，减去营业支出、税金及附加、销售费用、管理费用、利息支出、资产减值净损失、信用减值损失，加上公允价值变动净收益（或减去公允价值变动净损失），再加上投资净收益（或减去投资净损失）后得出。

二是构成利润总额的各项要素。利润总额（或亏损总额）在营业利润的基础上，加上营业外收入，减去营业外支出后得出。

三是构成净利润的各项要素。净利润（或净亏损）在利润总额（或亏损总额）的基础上，减去本期计入损益的所得税费用后得出。

四是反映保险公司投资者每个单位投资额的回报情况，包括每股收益和稀释每股收益。

从利润表的格式性结构来看，由于不同国家和地区对会计报表的信息要求不完全相同，利润表的格式也不完全相同。目前，利润表的格式主要有多步式利润表和单步式利润表两种。我国保险公司的利润表一般采用多步式。

单步式利润表是将本期发生的所有收入收益汇集在一起，将所有的费用损失汇集在一起，然后将收入收益合计减去费用损失合计，得出本期净利润。在单步式下，利润表分为营业收入和收益、销售费用和损失、净利润三部分。营业收入和收益包括营业收入、公允价值变动净收益、投资净收益、营业外收入等。销售费用和损失包括营业支出、税金及附加、销售费用、管理费用、利息支出、资产减值损失、信用减值损失、投资损失、公允价值变动净损失、营业外支出、所得税费用等。净利润是两者计算的结果。单步式利润表对于营业收入和收益、销售费用和损失，在各类内排列时不区分先后顺序。

多步式利润表是通过多步计算，最后确定的净利润。通常分为以下几步：

第一步，反映营业利润。从营业收入出发，减去营业成本、税金及附加、销售费用、管理费用、利息支出、资产减值损失加上公允价值变动净收益和投资收益，计算出营业利润。

第二步，反映利润总额（或亏损总额）。在营业利润（或亏损总额）的基础上，加上营业外收入，减去营业外支出，计算出利润总额（或亏损总额）。

第三步，反映净利润（或净亏损）。在利润总额（或亏损总额）的基础上，减去本期计入损益的所得税费用后，计算出净利润（或净亏损）。

第四步，反映从保险公司投资者视角的当期净利润额情况，包括每股收益和稀释每股收益。

二、利润表的编制方法

（一）利润表的编制方法概述

利润表中的“本期金额”栏反映各项目的本期实际发生数，应根据本期实际发生额填列。本表“上期金额”栏内各项数字，反映上期的实际发生额，应根据上期利润表“本期金额”栏内数字填列。在编制年度利润表时，“本期金额”为报表年度全年的累计实际发生额。“上期金额”为上年度全年的累计实际发生额，应根据上年度利润表“本期金额”栏内数字填列，如果上年度利润表规定的各个项目的名称和内容同本年度不一致，应对上年度利润表各项目的名称和数字按本年度的规定进行调整，填入本表“上期金额”栏内。

（二）利润表格式

根据保险公司会计准则的规定，我国保险公司的利润表包括报表项目和补充资料两部分，表 14－2 列示了保险公司的利润表格式。

表 14－2 保险公司利润表 会保 02 表

编制单位： 年 月 单位：元

项 目	本期金额	上期金额
一、营业收入		
已赚保费		
保险业务收入		
其中：分保费收入		
减：分出保费		
提取未到期责任准备金		

续表

项　目	本期金额	上期金额
投资收益（损失以“－”号填列）		
其中：对联营企业和合营企业的投资收益		
公允价值变动收益（损失以“－”号填列）		
汇兑收益（损失以“－”号填列）		
其他业务收入		
二、营业支出		
退保金		
赔付支出		
减：摊回赔付支出		
提取保险责任准备金		
减：摊回保险责任准备金		
保单红利支出		
分保费用		
税金及附加		
手续费及佣金支出		
业务及管理费		
减：摊回分保费用		
其他业务成本		
资产减值损失		
信用减值损失		
三、营业利润（亏损以“－”号填列）		
加：营业外收入		
减：营业外支出		
四、利润总额（亏损总额以“－”号填列）		
减：所得税费用		
五、净利润（净亏损以“－”号填列）		
六、每股收益：		
（一）基本每股收益		
（二）稀释每股收益		

（三）利润表各项目的内容及其填列方法

利润表中的各项目，主要根据各损益类账户的发生额填列。

保险公司的利润表主要包括下列信息：（1）营业收入，其中包括保费收入、投资收益、公允价值变动收益、汇兑收益、其他业务收入等；（2）营业支出，其中包括保单红利支出、分保费用、税金及附加、业务及管理费、资产减值损失、其他业务成本等；（3）营业外收入；（4）营业外支出；（5）所得税费用；（6）净利润。

利润表“本期金额”栏内各项数字一般根据损益类科目的发生额分析填列，其填列方法如下：

（1）“已赚保费”项目，反映保险公司保险业务已实现的保费收入。本项目根据“保费收入”和“分保费收入”科目发生额，减去“分出保费”和“提取来到期责任准备金”科目发生额后的金额填列。

（2）“保险业务收入”项目，反映保险公司因原保险合同和再保险合同实现的保费收入和分保费收入，其中“分保费收入”为再保险合同实现的保费收入。本项目根据“保费收入”和“分保费收入”科目发生额分析填列。

（3）“提取未到期责任准备金”项目，反映保险公司未到期责任准备金净额的变动数。本项目根据“提取未到期责任准备金”科目发生额分析填列。

（4）“投资收益”项目，反映保险公司资金运用取得的净收益，包括长期股权投资取得的投资收益或投资损失。投资性房地产的租金收入和处置损益，处置交易性金融资产、交易性金融负债、可供出售金融资产实现的损益以及持有至到期投资和买入返售金融资产在持有期间取得的投资收益和处置损益。定期存款的利息收入也在此列报。本项目根据“投资收益”“利息收入”科目的发生额分析填列。

（5）“公允价值变动收益”项目，反映保险公司在初始确认时划分为以公允价值计量且其变动计入当期损益的金融资产或金融负债（包括交易性金融资产或金融负债和直接指定为以公允价值计量且其变动计入当期损益的金融资产或金融负债）以及采用公允价值模式计量的投资性房地产、衍生工具和套期业务中公允价值变动形成的应计入当期损益的利得或损失。本项目根据“公允价值变动损益”科目发生额分析填列。

（6）“汇兑收益”项目，反映保险公司外币货币性项目因汇率变动而形成的收益或损失。本项目根据“汇兑损益”科目发生额分析填列。

（7）“其他业务收入”项目，反映保险公司确认的与经常性活动相关的其他活动收入，第三方管理的收入也在其他业务收入列报。本项目根据“其他业务收入”等科目发生额分析填列。

(8)“退保金”项目，反映保险公司寿险原保险合同提前解除时按照约定应当退还投保人的保单现金价值。本项目根据“退保金”科目发生额分析填列。

(9)“赔付支出”项目，反映保险公司的赔付总成本。本项目根据“赔款支出”“满期给付”“年金给付”“死伤医疗给付”“分保赔付支出”科目发生额分析填列。

(10)“摊回赔付支出”项目，反映再保险分出人向再保险接受人摊回的赔付成本，其内容包括再保险分出人应向再保险接受人摊回的赔款支出、满期给付、死伤医疗给付。本项目根据“摊回赔付支出”科目发生额填列。

(11)“提取保险责任准备金”项目，反映保险公司未决赔款准备金、寿险责任准备金和长期健康险责任准备金的本期变动数。本项目根据“提取保险责任准备金”科目或“提取未决赔款准备金”“提取寿险责任准备金”“提取长期健康险责任准备金”科目的发生额分析填列。

(12)“摊回保险责任准备金”项目，反映再保险分出人按照相关再保险合同的约定，应向再保险接受人摊回的保险责任准备金的本期变动数，包括未决赔款准备金、寿险责任准备金、长期健康险责任准备金的摊回数等的本期变动数。本项目根据“摊回保险责任准备金”或“摊回未决赔款准备金”“摊回寿险责任准备金” “摊回长期健康险责任准备金”科目发生额分析填列。

(13)“保单红利支出”项目，反映保险公司按原保险合同约定支付给投保人的红利。本项目根据“保单红利支出”科目发生额分析填列。

(14)“分保费用”项目，反映再保险接受人向再保险分入人支付的分保费用。本项目根据“分保费用”科目发生额分析填列。

(15)“税金及附加”项目，反映保险经营活动发生的营业税、城市维护建设税、资源税和教育费附加等相关税费以及与投资性房地产相关的房产税、土地使用税。本项目根据“税金及附加”科目发生额分析填列。

(16)“手续费及佣金支出”项目，反映保险公司支付给保险中介人的手续费和佣金。本项目根据“手续费及佣金支出”科目发生额分析填列。

(17)“业务及管理费”项目，反映保险公司在业务经营和管理过程中所发生的各项费用，包括折旧费、业务宣传费、业务招待费、电子设备运转费、安全防范费、邮电费、劳动保护费、外事费、印刷费、低值易耗品摊销、职工工资、差旅费、水电费、修理费、职工教育经费，工会经费、税金、会议费、诉讼费、公证费、咨询费、无形资产摊销、长期待摊费用摊销、取暖降温费、聘请中介机构费、技术转让费、绿化费、董事会费、财产保险费、劳动保险费、待业保险费、住房公积金、物业管理费、研究费用、提取的保险保障基金等。本项目根据“业务及管理费”的科目发生额分析填列。

(18)“摊回分保费用”项目，反映再保险分出人向再保险接受人摊回的分保费用。本项目根据“摊回分保费用”科目发生额分析填列。

(19)“其他业务成本”项目，反映保险公司确认的与经常性活动相关的其他活动支出。本项目根据“其他业务成本”等科目发生额分析填列。保险公司如果发生了利息支出，则可以填列此项。

(20)“资产减值损失”项目，反映保险公司根据资产减值等准则计提各项资产减值准备所形成的损失。本项目根据“资产减值损失”科目发生额分析填列。

(21)“信用减值损失”项目，反映保险公司根据金融工具准则对持有的金融工具所计提的未来信用减值损失。本项目根据“信用减值损失”科目发生额分析填列。

(22)“营业外收入”项目，反映保险公司发生的与其经营活动无直接关系的各项净收入，主要包括处置非流动资产利得、非货币性资产交换利得、债务重组利得、罚没利得、政府补助利得、确实无法支付而按规定程序经批准后转作营业外收入的应付款项等。本项目根据“营业外收入”科目发生额分析填列。

(23)“营业外支出”项目，反映保险公司发生的与其经营活动无直接关系的各项净支出，包括处置非流动资产损失、非货币性资产交换损失、债务重组损失、罚款支出、捐赠支出、非常损失等。部分以往列支在营业外支出的减值损失和处置损失分别在新会计报表的“资产减值损失”和“投资收益”项目反映。

第四节　现金流量表

一、现金及现金流量的含义与内容

（一）现金流量的含义

现金流量也称“现金净流量”，指现金和现金等价物的流入和流出的净额。

现金流量表是以现金为基础编制的，这里的现金包括现金和现金等价物。具体包括以下内容：

（1）现金，是指保险公司库存现金以及可以随时用于支付的存款。不能随时用于支付的存款不属于现金。应注意的是，银行存款和其他货币资金中有些不能随时用于支付的存款，如，不能随时支取的定期存款等，不应作为现金，而应列作投资。

（2）现金等价物，是指保险公司持有的期限短、流动性强、易于转换为已知金额现金、价值变动风险很小的投资。期限短，一般是指从购买日起3个月内到期。现金等价物通常包括3个月内到期的债券投资等。权益性投资变现的金额通常不确定，因而不属于现金等价物。保险公司应当根据具体情况，确定现金等价物的范围，一经确定不得随意变更。现金等价物的定义本身，包含了判断一项投资是否属于现金等价物的四个条件：①期限短（一般是指从购买之日起3个月内到期）；②流动性强；③易于转换为已知金额的现金；④价值变动风险很小。其中，期限短、流动性强，强调了变现能力，而易于转换为已知金额的现金、价值变动风险较小，则强调了支付能力的大小。

（二）现金流量的分类

现金流量是现金流量表所要反映的一个重要指标，它反映了保险公司各类活动形成的现金流量的最终结果，它产生于不同的来源，也有不同的用途，如保险公司可通过销售保险商品、提供劳务收回现金，对外投资分红收到现金等；购买固定资产、对外投资、支付职工工资等需要用现金进行支付。所以，编制现金流量表首先应对现金流量进行合理的分类。CAS31号现金流量表准则将一般保险公司现金流量分为三类，即：经营活动产生的现金流量、投资活动产生的现金流量、筹资活动产生的现金流量。

1. 经营活动产生的现金流量

经营活动是指保险公司投资活动和筹资活动以外的所有交易和事项。也就是说，除归属于保险公司投资活动和筹资活动以外的所有交易和事项，都可归属于经营活动。经营活动主要包括：保险公司的保险业务、再保险业务等等。

2. 投资活动产生的现金流量

投资活动是指保险公司长期资产的购建和不包括在现金等价物范围内的投资及其处置活动，包括实物资产的投资，也包括金融资产投资。这里的长期资产是指固定资产、无形资产、在建工程、其他资产等持有期限在 1 年或一个营业周期以上的资产。

一般来说，投资活动产生的现金流入项目主要有：收回投资所收到的现金，取得投资收益所收到的现金，处置固定资产、无形资产和其他长期资产所收回的现金净额和收到的其他与投资活动有关的现金。

投资活动产生的现金流出项目主要有：购建固定资产、无形资产和其他长期资产所支付的现金，投资所支付的现金，取得子公司及其他营业单位支付的现金净额和支付的其他与投资活动有关的现金。

3. 筹资活动产生的现金流量

筹资活动是指导致保险公司资本及债务规模和构成发生变化的活动。这里所说的资本，包括实收资本（股本），也包括资本溢价（股本溢价）；这里所说的债务，指对外举债，包括向银行借款、发行债券等。

一般来说，筹资活动产生的现金流入项目主要有：吸收投资收到的现金，发行债券所收到的现金和收到的其他与筹资活动有关的现金。

筹资活动产生的现金流出项目主要有：偿还债务所支付的现金，分配股利、利润或偿付利息所支付的现金，支付的其他与筹资活动有关的现金。

需要注意的是：在日常活动之外保险公司可能还会偶然遇到一些特殊的、不经常发生的项目，如捐赠等。现金流量表通过揭示保险公司现金流量的来源和用途，为分析现金流量前景提供信息，对于那些日常活动之外特殊的、不经常发生的项目，CAS31 号现金流量表准则规定应当归并到相关类别中，并单独反映，也就是在现金流量相应类别下单设一项。比如属于固定资产损失的，应当列入投资活动产生的现金流量。如果不能确指，则可以列入经营活动产生的现金流量。捐赠收入和支出，可以列入经营活动。当然，如果特殊项目的现金流量金额不大，则可以列入现金流量类别下的“其他”项目，不单列项目。

二、现金流量表的编制程序和方法

（一）现金流量表的列报方法

现金流量表的列报方法有两种：直接法和间接法，它们通常也被称为经营活动产生的现金流量表的报告方法。

1. 直接法

直接法是指按现金收入和现金支出的主要类别，直接反映保险公司经营活动产生的现金流量。采用直接法编报的现金流量表，便于分析保险公司经营活动产生的现金流量的来源和用途，预测和评价保险公司现金流量的未来前景。

2. 间接法

间接法是指以净利润为起点，调整不涉及现金的收入、费用、营业外收支等有关项目，据此计算出经营活动产生的现金流量。采用间接法编报的现金流量表，便于将净利润与经营活动产生的现金流量净额进行比较，了解净利润与经营活动产生的现金流量差异的原因，从现金流量的角度分析净利润的质量。

由于采用直接法编制“现金流量表”可以直接揭示经营活动产生的现金流量的收支总额，预测和评价保险公司现金流量的未来前景，所以国际会计准则鼓励采用直接法编制现金流量表；我国的 CAS31 号现金流量表准则也规定保险公司应当采用直接法编报现金流量表，同时要求提供在净利润基础上调节经营活动产生的现金流量的信息。

（二）现金流量表的格式

财政部颁发的 CAS31 号现金流量表准则应用指南规定：现金流量表格式分别按一般企业、商业银行、保险公司、证券公司等企业类型予以规定。保险公司应当根据其经营活动的性质，确定本保险公司适用的现金流量表格式。

直接法下保险公司现金流量表包括主表和现金流量表补充资料两部分。保险公司现金流量表格式如表 14－3 所示。

表 14－3　　现金流量表　　会保 03 表

编制单位：　　年　月　　单位：元

项　目	本期金额	上期金额
一、经营活动产生的现金流量：		
收到原保险合同保费取得的现金		
收到再保业务现金净额		
保户储金及投资款净增加额		
收到其他与经营活动有关的现金		
经营活动现金流入小计		
支付原保险合同赔付款项的现金		
支付手续费及佣金的现金		
支付保单红利的现金		
支付给职工以及为职工支付的现金		
支付的各项税费		
支付其他与经营活动有关的现金		
经营活动现金流出小计		
经营活动产生的现金流量净额		
二、投资活动产生的现金流量：		
收回投资收到的现金		
取得投资收益收到的现金		
收到其他与投资活动有关的现金		
投资活动现金流入小计		
投资支付的现金		
质押贷款净增加额		
购建固定资产、无形资产和其他长期资产支付的现金		
支付其他与投资活动有关的现金		
投资活动现金流出小计		
投资活动产生的现金流量净额		
三、筹资活动产生的现金流量：		
吸收投资收到的现金		
发行债券收到的现金		
收到其他与筹资活动有关的现金		
筹资活动现金流入小计		

续表

项　目	本期金额	上期金额
偿还债务支付的现金		
分配股利、利润或偿付利息支付的现金		
支付其他与筹资活动有关的现金		
筹资活动现金流出小计		
筹资活动产生的现金流量净额		
四、汇率变动对现金的影响		
五、现金及现金等价物净增加额		
加：期初现金及现金等价物余额		
六、期末现金及现金等价物余额		

（三）现金流量表的编制程序

编制现金流量表的程序可以分为两种：一种是工作底稿法，一种是T形账户法。

1. 工作底稿法

采用工作底稿法编制现金流量表，就是以工作底稿为手段，以利润表和资产负债表数据为基础，对每一个项目进行分析并编制调整分录，从而编制出现金流量表。在直接法下，整个工作底稿纵向分成三段，第一段是资产负债表项目，其中又分为借方项目和贷方项目两部分；第二段是利润表项目；第三段是现金流量表项目。工作底稿横向分为五栏，在资产负债表部分，第一栏是项目栏，填列资产负债表各项目名称；第二栏是期初数，用来填列资产负债表项目的期初数；第三栏是调整分录的借方；第四栏是调整分录的贷方；第五栏是期末数，用来填列资产负债表项目的期末数。在利润表和现金流量表部分，第一栏也是项目栏，用来填列利润表和现金流量表项目名称；第二栏空置不填；第三、第四栏分别是调整分录的借方和贷方；第五栏是本期数，利润表部分这一栏数字应和本期利润表数字核对相符，现金流量表部分这一栏的数字可直接用来编制正式的现金流量表。

采用工作底稿法编制现金流量表的程序是：

第一步，将资产负债表的期初数和期末数过入工作底稿的期初数栏和期末数栏。

第二步，对当期业务进行分析并编制调整分录。调整分录大至分为如下几类：第一类涉及利润表中的收入、成本和费用项目以及资产负债表中的资产、负债及所有者权益项目，通过调整，将权责发生制下的收入费用转换为现金基础；第二类是涉及资产负债表和现金流量表中的投资、筹资项目，反映投资和筹资活动的现金流量；第三类是涉及利润表和现金流量表中的投资和筹资项目，目的是将利润表中有关投资和筹资方面的收入和费用列入现金流量表投资、筹资现金流量中去。此外，还有一些调整分录并不涉及现金收支，只是为了核对资产负债表项目的期末期初变动。在调整分录中，有关现金和现金等价物的事项，并不直接借记或贷记现金，而是分别记入“经营活动产生的现金流量”、“投资活动产生的现金流量”、“筹资活动产生的现金流量”有关项目，借记表明现金流入，贷记表明现金流出。

第三步，将调整分录过入工作底稿中的相应部分。

第四步，核对调整分录，借贷合计应当相等，资产负债表项目期初数加减调整分录中的借贷金额以后，应当等于期末数。

第五步，根据工作底稿中的现金流量表项目部分编制正式的现金流量表。

2. T形账户法

采用T形账户法，就是以T形账户为手段，以利润表和资产负债表数据为基础，对每一个项目进行分析并编制调整分录，从而编制出现金流量表。采用T形账户法编制现金流量表的程序如下：

第一步，为所有的非现金项目（包括资产负债表项目和利润表项目）分别开设T形账户，并将各自的期末期初变动数填至各该账户。

第二步，开设一个大的“现金及现金等价物”T形账户，两侧均分为经营活动、投资活动和筹资活动三个部分，左边记现金流入，右边记现金流出。与其他账户一样，填入期末期初变动数。

第三步，以利润表项目为基础，结合资产负债表分析每一个非现金项目的增减变动，并据此编制调整分录：

第四步，将调整分录填入各T形账户，并进行核对，该账户借贷相抵后的余额与原先填入的期末期初变动数应当一致。

第五步，根据大的“现金及现金等价物”T形账户编制正式的现金流量表。

（四）现金流量表的编制方法

保险公司应采用直接法报告经营活动的现金流量，即通过现金收入和现金支出的主要类别反映来自保险公司经营活动的现金流量。现金流量表应分别经营活动、投资活动和筹资活动报告保险公司的现金流量。现金流量一般应分别按现金流入和现金流出总额反映。但代客户收取或支付的现金以及周转快、金额大、期限短的项目的现金收入和现金支出，应以净额列示。

保险公司外币现金流量以及境外子公司的现金流量，应以现金流量发生日的汇率或平均汇率折算。汇率变动对现金的影响，应作为调节项目，在现金流量表中单独列示。

有些特殊项目，应根据发生业务的性质，分别归并到前述现金流量的类别中。

采用直接法时，有关经营活动现金流量的信息，可通过以下途径之一取得：（1）保险公司的会计记录；（2）根据以下项目对利润表中的营业收入、营业成本以及其他项目进行调整：①经营性应收和应付项目的变动；②固定资产折旧、无形资产摊销等其他非现金项目；③其现金影响属于投资或筹资活动现金流量的其他项目。

（五）现金流量表项目的填报要点

1. 经营活动产生的现金流量

（1）“收到原保险合同保费取得的现金”项目，反映保险公司办理保险业务向投保人实际收取的现金保费，包括本期收到的现金保费收入、本期收到的前期应收保费和本期预收的保费，本项目可以根据“库存现金”“银行存款”“应收保费”“预收保费”“保费收入”等科目的记录分析填列。

（2）“收到再保险业务现金净额”项目，反映保险公司从事分保业务形成的现金的净增加额或净减少额。包括本期收到的现金分保费收入、本期收到的前期分保业务往来和本期预收的分保赔款以及摊回的分保赔款和费用。本项目可以根据“库存现金”“银行存款”“应收分保账款”“应付分保账款”“预收分保赔款”“分保费收入”“摊回分保赔付款”“摊回分保费用”“分出保费”“分保赔款支出”“分保费用支出”“预付赔款”“存入保证金”“存出保证金”等科目的记录分析填列。

（3）“保户储金及投资款净增加额”项目，反映保险公司开展以储金利息作为保费收入的保险业务收到的保户缴存的储金和投资型保险业务的投资本金的净增加额或净减少额，本项目可以根据“库存现金”“银行存款”“保户储金”或“保户投资款”等科目的记录分析填列。

（4）“收到的其他与经营活动有关的现金”项目。反映保险公司除了上述项目外，收到的其他与经营活动有关的现金，本项目可以根据“库存现金”“银行存款”“其他收入”“营业外收入”“其他应付款”等科目的记录分析填列。

（5）“支付原保险合同赔付款项的现金”项目，反映保险公司以现金支付和预付给被保险人的赔款，本项目根据“库存现金”“银行存款”“预付赔款”“应付赔付款”“赔付支出”或“赔款支出”“满期给付”“年金给付”“死伤医疗给付”等科目的记录分析填列。

（6）“支付手续费及佣金的现金”项目，反映保险公司以现金支付给保险中介人的手续费和佣金，本项目可以根据“库存现金”“银行存款”“应付手续费及佣金”“手续费及佣金支出”等科目的记录分析填列。

（7）“支付保单红利的现金”项目，反映保险公司按合同约定以现金支付的保单红利，本项目可以根据“库存现金”“银行存款”“应付保单红利”“保户红利支出”等科目的记录分析填列。

（8）“支付给职工以及为职工支付的现金”项目，反映保险公司实际支付给职工以及为职工支付的现金，包括本期实际支付给职工的工资、奖金、各种津贴和补贴等以及为职工支付的养老保险、待业保险、住房公积金等，不包括支付给在建工程施工人员的工资，本项目要根据“库存现金”“银行存款”“业务及管理费”“应付职工薪酬”等科目的记录分析填列。

（9）“支付的各项税费”项目，反映保险公司以现金支付的各项税费。本项目根据“应交税费”“其他应付款”“业务及管理费用”“其他业务成本”、“库存现金”、“银行存款”等科目的记录分析填列。

（10）“支付与其他经营活动有关的现金”项目，反映保险公司除上述项目外，支付的其他与经营活动有关的现金，如退保金、购买低值易耗品、支付的差旅费、存出保证金、捐赠的现金支出等。本项目可以根据“库存现金”“银行存款”“退保金”“业务及管理费用”“其他支出”“存出保证金”“存入保证金”“存出资本保证金”“营业外支出”等科目的记录分析填列。

2. 投资活动产生的现金流量

（1）“收回投资所收到的现金”项目，反映保险公司出售、转让或到期收回除现金等价物以外的投资本金而收到的现金，本项目可以根据“交易性金融资产”“买入返售金融资产”“拆出资金”“持有到期投资”“可供出售的金融资产”“长期股权投资”“库存现金”“银行存款”等科目的记录分析填列。

（2）“取得投资收益收到的现金”项目，反映保险公司因投资取得收益而收到的现金，本项目可以根据“应收股利”“应收利息”“库存现金”“银行存款”“投资收益”等科目的记录分析填列。

（3）“收到的其他与投资活动有关的现金”项目，反映保险公司除上述各项以外，收到的其他与投资活动有关的现金，本项目可以根据“库存现金”“银行存款”和其他有关科目的记录分析填列。

（4）“投资支付的现金”项目，反映保险公司为取得投资支付的现金。本项目可以根据“交易性金融资产”“买入返售金融资产”“拆出资金”“持有到期投资”“可供出售的金融资产”“长期股权投资”“库存现金”“银行存款”等科目的记录分析填列。

（5）“质押贷款净增加额”项目，反映保险公司本期发放保户质押贷款的净额。本项目可以根据“保户质押贷款”“库存现金”“银行存款”等科目的记录分析填列。

（6）“购置固定资产”“无形资产”和“其他长期资产所支付的现金”项目，反映保险公司购买、建造固定资产、取得无形资产支付的现金，不包括为购建固定资产而发生的借款利息资本化部分以及融资租入固定资产支付的租赁费，借款利息和融资租入固定资产支付的租赁费在筹资活动产生的现金流量中单独反映，本项目可以根据“固定资产”“无形资产”“在建工程”“库存现金”“银行存款”等科目的记录分析填列。

（7）“支付的其他与投资活动有关的现金”项目，反映保险公司除上述项目以外，支付的其他与投资活动有关的现金，本项目可以根据“现金”“银行存款”和其他有关科目记录分析填列。

3. 筹资活动产生的现金流量

（1）“吸收投资收到的现金”项目，反映保险公司以发行股票等方式筹集资金实际收到的款项，减去直接支付给金融企业的佣金、手续费、宣传费、咨询费、印刷费等发行费用后的净额。本项目可以根据“实收资本（股本）”“资本公积”“盈余公积”“银行存款”等科目的记录分析填列。

（2）“发行债券收到的现金”项目，反映保险公司以发行债券方式筹集资金实际收到的款项，减去直接支付给其他金融企业的佣金、手续费、宣传费、咨询费、印刷费等发行费用后的净额。本项目可以根据“银行存款”“应付债券”等科目的记录分析填列。

（3）“收到的其他与筹资活动有关的现金”项目，反映保险公司除上述各项外，收到的其他与筹资活动有关的现金，本项目可以根据“库存现金”“银行存款”“拆入资金”“卖出回购金融资产款”“长期借款”“交易性金融负债”等有关科目的记录分析填列。

（4）“偿还债务支付的现金”项目，反映保险公司以现金偿还债务的本金，公司偿还的借款利息不包括在本项目内。本项目可以根据“银行存款”“应付债券”“长期借款”“拆入资金”“卖出回购金融资产款”等科目的记录分析填列。

（5）“分配股利、利润或偿还利息支付的现金”项目，反映保险公司实际支付的现金股利、支付给其他投资单位的利润或用现金支付的借款利息、债券利息。本项目可以根据“银行存款”“利润分配”“应付利息”“应付股利”“长期应付款”等科目的记录分析填列。

（6）“支付的其他与筹资活动有关的现金”项目，反映保险公司除上述各项外，支付的其他与筹资活动有关的现金。本项目可以根据“库存现金”“银行存款”和其他有关科目的记录分析填列。

4. 汇率变动对现金的影响

“汇率变动对现金的影响”项目反映下列项目之间的差额：

（1）企业外币现金流量折算为记账本位币时，所采用的现金流量发生日的即期汇率或按照系统合理的方法确定的、与现金流量发生日即期汇率近似的汇率折算的金额（编制合并现金流量表时还包括折算境外子公司的现金流量，应当比照处理）；

（2）“现金及现金等价物净增加额”中外币现金净增加额按期末汇率折算的金额。

（六）现金流量表补充资料的编制方法

保险公司应当采用间接法在现金流量表附注中披露将净利润调节为经营活动现金流量的信息。现金流量表补充资料的格式参见表 14－4。

表 14－4　　现金流量表补充资料

补充资料	本期金额	上期金额
1. 将净利润调节为经营活动现金流量：		
净利润		

续表

补充资料	本期金额	上期金额
加：资产减值准备		
固定资产折旧		
无形资产摊销		
长期待摊费用摊销		
处置固定资产、无形资产和其他长期资产的损失（收益以“-”号填列）		
固定资产报废损失（收益以“-”号填列）		
公允价值变动损失（收益以“-”号填列）		
利息支出（收益以“-”号填列）		
投资损失（收益以“-”号填列）		
递延所得税资产减少（增加以“-”号填列）		
递延所得税负债增加（减少以“-”号填列）		
经营性应收项目的减少（增加以“-”号填列）		
经营性应付项目的增加（减少以“-”号填列）		
其他		
经营活动产生的现金流量净额		
2. 不涉及现金收支的重大投资和筹资活动：		
债务转为资本		
一年内到期的可转换公司债券		
融资租入固定资产		
3. 现金及现金等价物净变动情况：		
现金的期末余额		
减：现金的期初余额		
加：现金等价物的期末余额		
减：现金等价物的期初余额		
现金及现金等价物净增加额		

（1）“将净利润调节为经营活动现金流量”部分的内容及填列方法。

①资产减值准备。本项目反映保险公司计提的各项资产的减值准备（包括金融工具的信用减值准备），例如坏账准备、长期投资减值准备、固定资产减值准备、无形资产减值准备等。保险公司计提的各项资产的减值准备，包

括在利润表中，从利润中扣除却没有发生现金流出。所以，在将净利润调节为经营活动现金流量时，需要进行“增加”调节。本项目可根据“资产减值损失”“信用减值损失”等科目的记录分析填列。

②固定资产折旧。本项目反映保险公司本期累计提取的折旧。保险公司计提的固定资产折旧，包括在管理费用中。计入管理费用中的部分，作为期间费用在计算净利润时从中扣除，却没有发生现金流出，所以，在将净利润调节为经营活动现金流量时，需要予以加回。本项目可根据“累计折旧”科目的贷方发生额分析填列。

③无形资产摊销、长期待摊费用摊销。这两个项目分别反映保险公司本期累计摊入成本费用的无形资产的价值及长期待摊费用。保险公司摊销无形资产时，计入管理费用；长期待摊费用摊销时，有的计入管理费用，有的计入销售费用。计入管理费用、销售费用中的部分，作为期间费用在计算净利润时从中扣除，却没有发生现金流出，所以，在将净利润调节为经营活动现金流量时，需要予以加回。这两个项目可根据“累计摊销”“长期待摊费用”科目的贷方发生额分析填列。

④处置固定资产、无形资产和其他长期资产的损失（减：收益）。本项目反映保险公司本期由于处置固定资产、无形资产和其他长期资产而发生的净损失。保险公司处置固定资产、无形资产和其他长期资产发生的损益，属于投资活动产生的损益，不属于经营活动产生的损益，所以，在将净利润调节为经营活动现金流量时，需要予以调节。本项目可根据“营业外收入”“营业外支出”等科目所属有关明细科目的记录分析填列；如为净收益，以“-”号填列。

⑤固定资产报废损失。本项目反映保险公司本期固定资产盘亏（减：盘盈）后的净损失。保险公司发生的固定资产报废损益，属于投资活动产生的损益，不属于经营活动产生的损益，所以，在将净利润调节为经营活动现金流量时，需要予以调节。本项目可根据“营业外支出”“营业外收入”等科目所属有关明细科目中固定资产盘亏损失减去固定资产盘盈收益后的差额填列。

⑥公允价值变动损失（减：收益）。由于公允价值计量与原账面价值的差额计入了当期损益，但不影响现金流量，故增加利润时调减，减少利润时调增。

⑦利息支出。本项目反映保险公司本期发生的应属于投资活动或筹资活动的利息支出。保险公司发生的利息支出，可以分别归属于经营活动、筹资活动和投资活动。其中，属于经营活动的部分，本身就应该在计算净利润时予以扣除，所以，在将净利润调节为经营活动现金流量时，不需要调节。与此相对应，属于投资活动、筹资活动的部分，在计算净利润时也从中扣除，但是，这部分发生的现金流出不属于经营活动范畴，所以，在将净利润调节为经营活动现金流量时，需要予以加回。本项目可根据“利息支出”科目的本期借方发生额分析填列；如为收益，以“－”号填列。

⑧投资损失（减：收益）。本项目反映保险公司本期投资所发生的损失减去收益后的净损失。保险公司发生的投资损益，属于投资活动产生的损益，不属于经营活动产生的损益，所以，在将净利润调节为经营活动现金流量时，需要予以调节。本项目可根据利润表中“投资收益”项目的数字填列；如为投资收益，以“－”号填列。

⑨递延所得税资产减少（减：增加）。本项目反映保险公司本期期末递延所得税资产比期初减少的金额，保险公司发生递延所得税资产，与其相对应的是所得税的减少，增加了本期的净利润。而保险公司本期期末递延所得税资产比期初减少意味着本期转回递延所得税资产比本期发生的递延所得税资产多，因而增加了本期所得税费用，但却没有发生现金流出，所以，在将净利润调节为经营活动现金流量时，需要予以加回；“递延所得税资产”的期末数大于期初数的差额，以“－”号填列。

⑩递延所得税负债增加（减：减少）。本项目反映保险公司本期期末递延所得税负债比期初减少的金额，保险公司发生递延所得税负债，与其相对应的是所得税的增加，减少了本期的净利润。而保险公司本期期末递延所得税负债比期初增加意味着本期发生递延所得税负债比本期转回的递延所得税负债多，因而增加了本期所得税费用，但却没有发生现金流出，所以，在将净利润调节为经营活动现金流量时，需要予以加回；“递延所得税负债”的期末数小于期初数的差额，以“－”号填列。

⑪经营性应收项目的减少（减：增加）。本项目反映保险公司本期经营性应收项目的减少（减：增加）。如果某一期间经营性应收项目期末余额大于经营性应收项目期初余额，说明本期销售收入中有一部分没有收回现金，但是，在计算净利润时这部分销售收入已包括在内，所以，在将净利润调节为经营

活动现金流量时，需要从中扣除；反之，如果某一期间经营性应收项目期末余额小于经营性应收项目期初余额，说明本期收回的现金大于利润表中所确认的销售收入，所以，在将净利润调节为经营活动现金流量时，需要予以加回。

⑫经营性应付项目的增加（减：减少）。本项目反映本期经营性应付项目（包括应交税费、其他应付款中与经营活动有关的部分等）的增加（减：减少）。

⑬其他。本项目反映影响保险公司损益但不包括在以上项目的其他项目。如，保险公司在编制会计差错更正处理当年的现金流量表时，除将会计差错更正对有关科目的影响分别反映于“净利润”有关调节项目外，还应将其对本年留存收益的影响作为“净利润”的调节因素反映于“其他”项目中。

（2）“不涉及现金收支的重大投资和筹资活动”项目的内容和填列方法。

本项目反映保险公司一定期间内影响资产或负债但不形成该期现金收支的所有重大投资和筹资活动的信息。这些投资和筹资活动虽然不涉及现金收支，但对以后各期的现金流量有重大影响。

①“债务转为资本”项目，反映保险公司本期转为资本的债务金额。

②“一年内到期的可转换公司债券”项目，反映保险公司一年内到期的可转换公司债券的本息。

③“融资租入固定资产”项目，反映保险公司本期融资租入固定资产计入“长期应付款”科目的金额。

（七）现金流量表的披露要求

CAS31 号现金流量表准则第十六条规定：保险公司应当在附注中披露将净利润调节为经营活动现金流量的信息，至少应当单独披露对净利润进行调节的下列项目：

（1）资产减值准备；

（2）固定资产折旧；

（3）无形资产摊销；

（4）长期待摊费用摊销；

（5）待摊费用；

（6）预提费用；

（7）处置固定资产、无形资产和其他长期资产的损益；

（8）固定资产报废损失；

（9）公允价值变动损益；

（10）利息支出；

（11）投资损益；

（12）递延所得税资产和递延所得税负债；

（13）经营性应收项目；

（14）经营性应付项目。

CAS31号现金流量表准则第十七条规定：保险公司应当在附注中以总额披露当期取得或处置子公司及其他营业单位的下列信息：

（1）取得或处置价格；

（2）取得或处置价格中以现金支付的部分；

（3）取得或处置子公司及其他营业单位收到的现金；

（4）取得或处置子公司及其他营业单位按照主要类别分类的非现金资产和负债。

CAS31号现金流量表准则第十八条规定：企业应当在附注中披露不涉及当期现金收支、但影响企业财务状况或在未来可能影响企业现金流量的重大投资和筹资活动。

CAS31号现金流量表准则第十九条规定：企业应当在附注中披露与现金和现金等价物有关的下列信息：

（1）现金和现金等价物的构成及其在资产负债表中的相应金额；

（2）企业持有但不能由母公司或集团内其他子公司使用的大额现金和现金等价物金额。

第五节　所有者权益变动表

一、所有者权益变动表的意义和作用

所有者权益变动表是反映保险公司在一定会计期间股东权益变动情况的会计报表。保险公司所有者权益的变动，反映了当期保险公司净资产的增加或减少情况，除了资本的投入、回购或股利分配外，所有者权益变动综合体

现了保险公司当期经营活动对净资产的影响。所有者权益变动表一般一年编制一次，属于年度报表。同时，该表反映的是一定期间所有者权益变动的信息，又属于动态报表。

所有者权益变动表具有以下意义：第一，所有者权益变动表除列示直接计入所有者权益的利得和损失外，同时包含最终属于所有者权益变动的净利润，在一定程度上体现保险公司综合收益的特点。第二，所有者权益变动表反映各项交易和事项导致的所有者权益增减变动，以及所有者权益各组成部分增减变动的结构性信息，便于信息使用者分析保险公司净资产的构成、来源和去向。

二、所有者权益变动表的结构和内容

（一）所有者权益变动表的结构

所有者权益变动表包括表首和正表两部分。其中，表首列示所有者权益变动表的名称、编制单位、所属报表期间、报表编号、货币名称等。正表是所有者权益变动表的主体，列示构成保险公司所有者权益各项目变动情况的本年金额和上年金额。

纵向态势与横向态势。纵向是从上年末、调整产生的本年初、本年增减过程及其年末结果；横向呈现本年与上年的对比情况。

表 14－5 列示了保险公司的所有者权益变动表的样式。

（二）所有者权益变动表的内容

所有者权益变动表项目分为上年年末余额、本年年初余额、本年增减变动金额和本年年末余额四项。其中：

1. 本年年初余额是在上年所有者权益年末余额的基础上，加上（或减去）会计政策变更和前期会计差错更正等对上年所有者权益的影响金额。

2. 本年增减变动金额项目是本表的主要部分，主要包括会计期间形成的综合收益总额，直接计入所有者权益的利得和损失，所有者投入和减少的资本，利润分配，所有者权益内部结转等项目对所有者权益增减变动的影响。

三、所有者权益变动表的编制方法

所有者权益变动表反映企业报告年度内所有者权益（或股东权益）增减变动的情况。本表应根据所有者权益账户及其所属的各明细分类账户的发生

表 14－5

所有者权益变动表

会金融 04 表

编制单位：×××保险股份有限公司　　20××年度　　单位：元

资产	本年金额												上年金额											
	实收资本（或股本）	其他权益工具			资本公积	减：库存股	其他综合收益	盈余公积	一般风险准备	未分配利润	所有者权益合计	实收资本（或股本）	其他权益工具			资本公积	减：库存股	其他综合收益	盈余公积	一般风险准备	未分配利润	所有者权益合计
		优先股	永续股	其他									优先股	永续股	其他							
一、上年年末余额：																								
加：会计政策变更																								
前期差错更正																								
其他																								
二、本年年初余额																								
三、本年增减变动额（减少以“－表示”）																								
（一）综合收益总额																								
（二）所有者投入和减少资本																								
1. 所有者投入的普通股																								
2. 其他权益工具持有者投入资本																								
3. 股份支付计入所有者权益金额																								
4. 其他																								
（三）利润分配																								
1. 提取盈余公积																								

续表

资产	本年金额											上年金额										
	实收资本（或股本）	其他权益工具			资本公积	减：库存股	其他综合收益	盈余公积	一般风险准备	未分配利润	所有者权益合计	实收资本（或股本）	其他权益工具			资本公积	减：库存股	其他综合收益	盈余公积	一般风险准备	未分配利润	所有者权益合计
		优先股	永续股	其他									优先股	永续股	其他							
2. 提取一般风险准备																						
3. 对所有者（或股东）的分配																						
4. 其他																						
（四）所有者权益内部结转																						
1. 资本公积转增资本（或股本）																						
2. 盈余公积转增资本（或股本）																						
3. 盈余公积弥补亏损																						
4. 设定受益计划转增留存收益																						
5. 其他综合收益转留存收益																						
6. 其他																						
四、本年年末余额																						

额分析填列。所有者权益变动表采取矩阵式列示方法。

从左到右，按照静态构成所有者权益的项目排列，包括实收资本（股本）、其他权益工具（优先股、永续债、其他）、资本公积、盈余公积、未分配利润等，并考虑到库存股。并且同时列出当年与上年，便于直观对比本年与上年的情况变化莫测，“上年金额”栏，根据上年“所有者权益变动表”中的“本年金额”栏填列的数据填列。“本年金额”栏，根据本年“本年利润”“实收资本（或股本）”“资本公积”“库存股”“盈余公积”“利润分配”账户及其所属明细账户的记录分析填列。

从上而下，按照综合收益和与所有者之间的交易事项进行列示。本表“本年金额”栏各项目的内容及填列方法：

1. “上年年末余额”项目，反映上年年末各所有者权益各项目的余额。该项目直接根据上年所有者权益变动表的“本年年末余额”项目填列。

2. “会计政策变更”项目，反映企业由于会计政策变更对上年所有者权益各项目（主要是盈余公积、未分配利润项目）的影响金额。该项目应根据“盈余公积”“利润分配”账户所属明细分类账户分析填列。

3. “前期差错更正”项目，反映企业由于前期会计差错对以前年度所有者权益各项目（主要是盈余公积、未分配利润项目）的影响金额。该项目应根据“盈余公积”“利润分配”账户所属明细分类账户分析填列。

4. “本年年初余额”项目，反映经过调整后的上年年末余额。该项目根据所有者权益各项目的“上年年末余额”加上（或减去）“会计政策变更”和“会计政策变更”对所有者权益各项目的影响金额。

5. “本年增减变动金额”项目，反映企业当期形成的综合收益（以净利润为基础的调整结果）、所有者投入和减少的资本、利润分配、所有者内部划转等对本年所有者权益的影响金额。该项目根据该项目下的“（一）综合收益总额”“（二）所有者投入和减少资本”“（三）利润分配”“（四）所有者权益内部结转”等项目对所有者权益的影响金额的合计填列。如果是减少金额，以“－”号填列。

6. “四、本年年末余额”项目，在前述“二、本年年初余额”与“三、本年增减变动金额”的基础上加总计算。

实际工作中，对于具体数据，根据“实收资本（股本）”“其他权益工具”“资本公积”“盈余公积”“其他综合收益”“利润分配”“库存股”“以前年度损益调整”等分析填列。

特别需要说明的是，“其他综合收益结转留存收益”项目，主要反映：(1) 企业指定为以公允价值计量且其变动计入其他综合收益的非交易性权益工具投资终止确认时，之前计入其他综合收益的累计利得或损失从其他综合收益中转入留存收益的金额；(2) 企业指定为以公允价值计量且其变动计入当期损益的金融负债终止确认时，之前由企业自身信用风险变动引起而计入其他综合收益的累计利得或损失从其他综合收益中转入留存收益的金额等。

第六节　财务报表附注

一、财务报表附注的作用

保险公司财务报表附注是对在资产负债表、利润表、现金流量表和所有者权益变动表等报表中列示项目的文字描述或明细资料，以及对未能在这些报表中列示项目的说明等。

附注是财务报表的重要组成部分，是对财务报表的补充说明，它对财务报表未能包括的内容，或者披露不详尽的内容，作进一步的解释和说明，从而有助于财务报告使用者理解和使用会计信息。

例如，财务报表采用报表格式，由于形式的限制，只能按照大类设置项目，反映总括情况，具有一定的固定性和规定性，至于各项目的构成明细等情况难以在表内反映，从而使其反映的会计信息受到一定的限制。再如，在可比性原则下，对于同样的经济业务，要求保险公司采用同样的会计方法和程序。此外，它要求前后各期采用的会计政策保持一致，不得随意变更。在实际工作中，由于会计法规发生变化，或者为了更加公允地反映保险公司的实际情况，保险公司有可能改变财务报表中某些项目的会计政策，由于不同期间的财务报表中同一项目采用了不同的会计政策，影响不同期间财务报表的可比性。为了帮助财务报表使用者掌握会计政策的变化，也需要在财务报表附注中加以说明。

需要注意的是，财务报表附注不能代替确认和计量。

二、财务报表附注的披露内容

财务报表附注应当披露财务报表的编制基础，相关信息应当与资产负债表、利润表、现金流量表和所有者权益变动表等报表中列示的项目相互参照。

财务报表附注应当按照顺序披露以下内容：

1. 财务报表的编制基础；

2. 遵循企业会计准则的声明；

3. 重要会计政策的说明，包括财务报表项目的计量基础和会计政策的确定依据等；

4. 重要会计估计的说明，包括下一会计期间内很可能导致资产、负债账面价值重大调整的会计估计的确定依据等；

5. 会计政策和会计估计变更以及差错更正的说明；

6. 对已在资产负债表、利润表、现金流量表和所有者权益变动表中列示的重要项目的进一步说明，包括终止经营税后利润的金额及其构成情况等；

7. 或有和承诺事项、资产负债表日后非调整事项、关联方关系及其交易等需要说明的事项。

此外，保险公司还应当在附注中披露在资产负债表日后、财务报告批准报出日前提议或宣布发放的股利总额和每股股利金额（或向投资者分配的利润总额）。

下列各项未在与财务报表一起公布的其他信息中披露的，保险公司应当在附注中披露：

1. 保险公司注册地、组织形式和总部地址；

2. 保险公司的业务性质或主要经营活动；

3. 母公司以及集团最终母公司的名称。

三、保险公司财务报表附注的内容

保险公司应当按照规定披露附注信息，主要包括十大类内容：

第一，保险公司的基本情况。

第二，财务报表的编制基础。

第三，遵循企业会计准则的声明。

第四，重要会计政策和会计估计。

第五，会计政策和会计估计变更以及差错更正的说明。

以上五项，应当比照一般企业进行披露。

第六，报表重要项目的说明。

(1) 应收保费账龄结构的披露格式如表 14－6 所示：

表 14－6　　应收保费账龄结构的披露格式

账　龄	期末账面余额	年初账面余额
3 个月以内（含 3 个月）		
3 个月至 1 年（含 1 年）		
1 年以上		
合　计		

(2) 应收代位追偿款。

①应收代位追偿款账龄结构的披露格式如表 14－7：

表 14－7　　应收代位追偿款账龄结构的披露格式

账　龄	期末账面余额	年初账面余额
1 个月以内（含 1 个月）		
1 个月至 3 个月（含 3 个月）		
3 个月至 1 年（含 1 年）		
1 年以上		
合　计		

②金额重大代位追偿款产生的原因和未确认的理由。

(3) 定期存款的披露格式如表 14－8 所示。

表 14－8　　定期存款的披露格式

到期期限	期末账面余额	年初账面余额
1 个月至 3 个月（含 3 个月）		
3 个月至 1 年（含 1 年）		
1 年至 2 年（含 2 年）		
2 年至 3 年（含 3 年）		
3 年至 4 年（含 4 年）		
4 年至 5 年（含 5 年）		
5 年以上		
合　计		

债券投资到期期限结构，比照上述格式披露。

（4）其他资产的披露格式如表 14－9 所示。

表 14－9　　其他资产的披露格式

项　目	期末账面价值	年初账面价值
应收股利		
损余物资		
——		
其他		
合　计		

注：损余物资产生的原因、所处置损余物资的账面价值、实现的损益，应同时予以披露。

（5）保户储金（或保户投资款）的披露格式如表 14－10 所示。

表 14－10　　保户储金（或保户投资款）的披露格式

到期期限	期末账面余额	年初账面余额
1 年以内（含 1 年）		
1 年至 3 年（含 3 年）		
3 年至 5 年（含 5 年）		
5 年以上		
合　计		

（6）保险合同准备金。

①保险合同准备金增减变动情况的披露格式如表 14－11 所示：

表 14－11　　保险合同准备金增减变动情况的披露格式

项　目	年初账面余额	本期增加额	本期减少额				期末账面余额
			赔付款项	提前解除	其他	合计	
未到期责任准备金							
原保险合同							
再保险合同							
未决赔款准备金							
原保险合同							
再保险合同							

续表

项目	年初账面余额	本期增加额	本期减少额				期末账面余额
			赔付款项	提前解除	其他	合计	
寿险责任准备金							
原保险合同							
再保险合同							
长期健康险责任准备金							
原保险合同							
再保险合同							
合计							

②保险合同准备金未到期期限的披露格式如表 14－12 所示：

表 14－12　　保险合同准备金未到期期限的披露格式

项目	期末账面余额		年初账面余额	
	1 年以下（含 1 年）	1 年以上	1 年以下（含 1 年）	1 年以上
未到期责任准备金				
原保险合同				
再保险合同				
未决赔款准备金				
原保险合同				
再保险合同				
寿险责任准备金				
原保险合同				
再保险合同				
长期健康险责任准备金				
原保险合同				
再保险合同				
合计				

③原保险合同未决赔款准备金的披露格式如表 14－13 所示：

表 14－13　　原保险合同未决赔款准备金的披露格式

未决赔款准备金	期末账面余额	年初账面余额
已发生已报案未决赔款准备金		
已发生未报案未决赔款准备金		
理赔费用准备金		
合　计		

（7）其他负债的披露格式如表 14－14 所示。

表 14－14　　其他负债的披露格式

项　目	期末账面余额	年初账面余额
应付利息		
——		
合　计		

（8）保险公司应当分别原保险合同和再保险合同披露提取未到期责任准备金的本期发生额和上期发生额。

（9）赔付支出。

①赔付支出按保险合同列示的披露格式如图 14－15 所示：

表 14－15　　赔付支出按保险合同列示的披露格式

项　目	本期发生额	上期发生额
原保险合同		
再保险合同		
合　计		

②赔付支出按内容列示的披露格式如表 14－16 所示：

表 14－16　　赔付支出按内容列示的披露格式

项　目	本期发生额	上期发生额
赔款支出		
满期给付		
年金给付		
死伤医疗给付		
——		
合　计		

（10）提取保险责任准备金。

①提取保险责任准备金按保险合同列示的披露格式如表 14－17 所示：

表 14－17　　提取保险责任准备金按保险合同列示的披露格式

项　目	本期发生额	上期发生额
提取未决赔款准备金		
原保险合同		
再保险合同		
提取寿险责任准备金		
原保险合同		
再保险合同		
提取长期健康险责任准备金		
原保险合同		
再保险合同		
合　计		

②提取原保险合同未决赔款准备金按构成内容列示的披露格式如表 14－18所示：

表 14－18　　提取原保险合同未决赔款准备金按构成内容列示的披露格式

提取未决赔款准备金	本期发生额	上期发生额
已发生已报案未决赔款准备金		
已发生未报案未决赔款准备金		
理赔费用准备金		
合　计		

（11）摊回保险责任准备金的披露格式如表 14－19 所示：

表 14－19　　摊回保险责任准备金的披露格式

项　目	本期发生额	上期发生额
摊回未决赔款准备金		
摊回寿险责任准备金		
摊回长期健康险责任准备金		
合　计		

（12）分部报告。

①主要报告形式是业务分部的披露格式如表14－20所示：

表14－20　主要报告形式是业务分部的披露格式

项目	××业务		××业务		……	其他		抵销		合计	
	本期	上期	本期	上期	……	本期	上期	本期	上期	本期	上期
一、营业收入											
二、销售费用											
三、营业利润（亏损）											
四、资产总额											
五、负债总额											
六、补充信息											
1. 折旧和摊销费用											
2. 资本性支出											
3. 折旧和摊销以外的非现金费用											

注：主要报告形式是地区分部的，比照业务分部格式进行披露。

②在主要报告形式的基础上，对于次要报告形式，保险公司还应披露对外交易收入、分部资产总额。

（13）投资连结产品。

①投资连结产品基本情况，包括名称、设立时间、账户特征、投资组合规定、投资风险等；

②独立账户单位数及每一独立账户单位净资产；

③独立账户的投资组合情况；

④风险保费、独立账户管理费计提情况；

⑤投资连结产品采用的主要会计政策；

⑥独立账户资产的估值原则。

（14）除以上项目以外的其他项目，应当比照商业银行进行披露。

第七，或有事项。

比照商业银行进行披露。

第八，资产负债表日后事项。

比照商业银行进行披露。

第九，关联方关系及其交易。

比照商业银行进行披露。

第十，风险管理。

1. 保险风险

（1）风险管理目标和减轻风险的政策。

①管理资产负债的技术，包括保持偿付能力的方法等。

②选择和接受可承保保险风险的政策，包括确定可接受风险的范围和水平等。

③评估和监控保险风险的方法，包括内部风险计量模型、敏感性分析等。

④限制和转移保险风险的方法，包括共同保险、再保险等。

（2）保险风险类型。

①保险风险的内容。

②减轻保险风险的因素及程度，包括再保险等。

③可能引起现金流量发生变动的因素。

（3）保险风险集中度。

①保险风险集中的险种。

②保险风险集中的地域。

（4）不考虑分出业务的索赔进展信息的披露格式如表 14－21 所示：

表 14－21　　不考虑分出业务的索赔进展信息的披露格式

项　目	前四年	前三年	前二年	前一年	本年	合计
本年末累计赔付款项估计额						
一年后累计赔付款项估计额						
二年后累计赔付款项估计额						
三年后累计赔付款项估计额						
四年后累计赔付款项估计额						
累计赔付款项估计额						
累计支付的赔付款项						
以前期间调整额						
尚未支付的赔付款项						

扣除分出业务后的索赔进展信息，照上述不考虑分出业务的索赔进展信息的格式进行披露。

（5）与保险合同有关的重大假设。

与保险公司有关的重大假设包括以下几方面内容：

①重大假设，包括死亡率、发病率、退保率、投资收益率等；

②对假设具有重大影响的数据的来源；

③假设变动的影响及敏感性分析；

④影响假设不确定性的事项和程度；

⑤不同假设之间的关系；

⑥描述过去经验和当前情况；

⑦假设与可观察到的市场价格或其他公开信息的符合程度。

2. 除保险风险以外的其他风险，应当比照商业银行进行披露。

第十五章
其他财务报告

本章精要

在上一章阐述年度财务报告这一主要内容之后，还要分析中期报告、分部报告与合并报告。

第一是中期报告。中期是指短于一个完整的会计年度的报告期间。中期财务报告至少应当包括资产负债表、利润表、现金流量表和附注。在了解中期报告的定义的基础上，要进一步了解保险公司中期报告的内容、确认、计量以及差错更正的会计处理。

第二是分部报告。通过学习，能够掌握保险公司分部会计信息的披露要求，即重点明确业务分部和地区分部的确定，再认知保险公司应当以业务分部或地区分部为基础确定报告分部。确定分部后，保险公司应按照一定的标准对业务分部或地区分部进行测试，符合测试标准的业务分部或地区分部，方可作为报告分部在财务报告中披露其相关的会计信息。

第三是关联方披露概述。会计不能禁止关联方交易，但需要披露关联方关系，是非功过全由会计报告使用者评说。要在新准则之下，了解关联方关系的认定，明确关联方关系与不构成关联方关系的一条红线。关于其关联方交易的类型，需要分别理清，包括购买或销售商品或其他资产、提供或接受劳务、经济担保、提供资金、贷款或股权投资、租赁、代理等十类情形。对关联方的披露，则要区别对待，规范披露。

第四是合并财务报表。明确合并旨在反映母公司和其全部子公司形成的企业集团整体财务状况、经营成果和现金流量态势。要以“控制”为标准来确定合并范围，同时处理好抵销项目和编制程序。

第五是金融工具列报。这是一个相对陌生而又极为重要的问题，需要渐进式掌握。

第一节　中期财务报告

一、中期财务报告的概念

中期财务报告是指以中期为基础编制的财务报告。

中期是指短于一个完整的会计年度的报告期间。中期应是在某一会计年度之内、但短于一个会计年度的会计报告期间，它既可以是一个月、一个季度或者半年度，也可以是其他短于一个会计年度的期间，例如1月1日至11月30日。

二、中期财务报告的内容

中期财务报告至少应当包括资产负债表、利润表、现金流量表和附注。但是，中期财务报告不仅限于3张报表和附注，还可以在中期财务报告中提供有助于中期财务报告使用者进行经济决策的其他相关信息。例如，保险公司可以在中期财务报告中提供所有者权益（或股东权益）变动方面的信息。

三、中期财务报告的编制

保险公司在确认、计量和报告各中期财务报表项目时，对项目重要性程度的判断，应当以中期财务数据为基础，不应以年度财务数据为基础。中期会计计量与年度财务数据相比，可在更大程度上依赖于估计，但是，保险公司应当确保所提供的中期财务报告包括了相关的重要信息。CAS32号中期财务报告准则对中期财务报表和中期财务报表附注的编制要求不同。

（一）中期财务报表

中期资产负债表、利润表和现金流量表应当是完整报表，其格式和内容应当与上年度财务报表相一致。当年新施行的会计准则对财务报表格式和内容作了修改的，中期财务报表应当按照修改后的报表格式和内容编制，上年度比较财务报表的格式和内容，也应当做相应调整。基本每股收益和稀释每股收益应当在中期利润表中单独列示。

1. 中期财务报告涉及的合并财务报表和母公司财务报表

上年度编制合并财务报表的，中期期末应当编制合并财务报表。上年度财务报告除了包括合并财务报表，还包括母公司财务报表的，中期财务报告也应当包括母公司财务报表。上年度财务报告包括了合并财务报表，当报告中期内处置了所有应当纳入合并范围的子公司的，中期财务报告只需提供母公司财务报表，但上年度比较财务报表仍应当包括合并财务报表，上年度可比中期没有子公司的除外。

2. 中期财务报表涉及的比较财务报表

保险公司在中期期末除需编制中期资产负债表、中期利润表、中期现金流量表外，还应当编制前期比较财务报表，以提高财务报表信息的可比性和有用性。

（1）中期财务报告中比较财务报表的种类。

①本中期末的资产负债表和上年度末的资产负债表。

②本中期的利润表、年初至本中期末的利润表以及上年度可比期间的利润表（上年度可比期间的利润表包括上年度可比中期的利润表和上年度年初至可比中期末的利润表）。

③年初至本中期末的现金流量表和上年度年初至本可比本中期末的现金流量表。

【例 15 -1】 2×20 年 6 月 30 日，甲保险公司按照规定编制第 2 季度财务报告。

本例中，甲保险公司在第 2 季度财务报告中应提供以下财务报告（见表 15 -1）：

表 15 -1

报表类别	本年度中期财务报表时间	上年度比较财务报表时间
资产负债表	2×20 年 6 月 30 日	2×19 年 12 月 31 日
利润表（本中期）	2×20 年 4 月 1 日至 6 月 30 日	2×19 年 4 月 1 日至 6 月 30 日
利润表（年初至本中期末）	2×20 年 1 月 1 日至 6 月 30 日	2×19 年 1 月 1 日至 6 月 30 日
现金流量表	2×20 年 1 月 1 日至 6 月 30 日	2×19 年 1 月 1 日至 6 月 30 日

（2）提供比较财务报表时应注意的事项。

①保险公司在中期内如果由于新的会计准则或有关法规的要求，对财务报表项目的列报或分类进行了调整或者修订，或者保险公司出于便于报表使用者阅读和理解的需要，对财务报表项目做了调整，从而导致本年度中期财务报表项目及其分类与比较财务报表项目及其分类出现不同，比较财务报表中的有关金额应当按照本年度中期财务报表的要求予以重新分类，同时还应当在会计报表附注中说明财务报表项目重新分类的原因及其内容。

②保险公司如果在中期内发生了会计政策变更或者重大会计差错更正事项，则应当调整相关比较财务报表期间的净损益和其他相关项目，视同该项会计政策在比较财务报表期间一贯采用或者该重大会计差错在产生的当期已经得到了更正。对于比较财务报表可比期间以前的会计政策变更的累积影响数或者重大会计差错，应当根据规定调整比较财务报表最早期间的期初留存收益，财务报表其他相关项目的金额也应当一并调整。

③对于本年度中期内发生的调整以前年度损益事项，保险公司应当调整本年度财务报表相关项目的年初数，同时中期财务报告中相应的比较财务报表也应当为已经调整以前年度损益后的报表。

（二）中期财务报表附注

中期财务报告中的附注应当以年初至本中期末为基础编制，披露自上年度资产负债表日之后发生的，有助于理解保险公司财务状况、经营成果和现金流量变化情况的重要交易或者事项。对于理解本中期财务状况、经营成果和现金流量有关的重要交易或者事项，也应当在附注中作相应披露。中期财务报告中的附注至少应当包括下列信息：

（1）中期财务报表所采用的会计政策与上年度财务报表相一致的声明。会计政策发生变更的，应当说明会计政策变更的性质、内容、原因及其影响数；无法追溯调整的，应当说明原因。

（2）会计估计变更的内容、原因及其影响数。影响数不能确定的，应当说明原因。

（3）前期差错的性质及其更正金额。无法进行追溯重述的，应当说明原因。

（4）存在控制关系的关联方发生变化的情况；关联方之间发生交易的，应当披露关联方关系的性质、交易类型和交易要素。

(5) 合并财务报表的合并范围发生变化的情况。

(6) 对性质特别或者金额异常的财务报表项目的说明。

(7) 证券发行、回购和偿还情况。

(8) 向所有者分配利润的情况，包括在中期内实施的利润分配和已提出或者已批准但尚未实施的利润分配情况。

(9) 根据CAS35号分部报告准则规定应当披露分部报告信息的，应当披露主要报告形式的分部收入与分部利润（亏损）。

(10) 中期资产负债表日至中期财务报告批准报出日之间发生的非调整事项。

(11) 上年度资产负债表日以后所发生的或有负债和或有资产的变化情况。

(12) 企业结构变化情况，包括企业合并，对被投资单位具有重大影响、共同控制或者控制关系的长期股权投资的购买或者处置，终止营业等。

(13) 其他重大交易或者事项，包括重大的长期资产转让及其出售情况、重大的固定资产和无形资产取得情况、重大的研究和开发支出、重大的资产减值损失情况等。

保险公司在提供上述4、9有关联方交易、分部收入与分部利润（亏损）信息时，应当同时提供本中期（或者本中期末）和本年度年初至本中期末的数据，以及上年度可比中期（或者可比期末）和可比年初至本中期末的比较数据。

【例15-2】 甲保险公司按季度编制季度财务报表，2×19年4月10日，甲保险公司向股东实施了上年度财务报告中提出的“每10股送2股并派发现金股利0.6元”的利润分配方案，分配方案的基数为上年度末总股本10 000 000股。

本例中，甲保险公司编制第2季度财务报告的财务报表附注中应作如下披露：

利润分配情况的说明：

2×19年4月10日，本公司以2×18年12月31日的10 000 000股总股本为基数，向全体股东实施了2×18年度财务报告中提出的“每10股送2股并派发现金股利0.6元”的利润分配方案，共计送股2 000 000股，派发现金600 000元，其中每股派发现金股利为0.6元（含税）。

四、中期财务报告的确认和计量

1. 保险公司在中期财务报表中应当采用与年度财务报表相一致的会计政策。

2. 保险公司上年度资产负债表日之后发生了会计政策变更，且变更后的会计政策将在年度财务报表中采用的，中期财务报表应当采用变更后的会计政策，并应当在附注中说明会计政策变更的性质、内容、原因及其影响数；无法追溯调整的，应当说明原因。

会计政策变更的累积影响数能够合理确定、且涉及本年度以前中期财务报表相关项目数字的，应当予以追溯调整，视同该会计政策在整个会计年度一贯采用，同时上年度可比财务报表也应当作相应调整。

3. 保险公司财务报告的频率不应当影响其年度结果的计量，中期会计计量应当以年初至本中期期末为基础。

4. 在同一会计年度内，以前中期财务报表项目在以后中期发生了会计估计变更的，以后中期财务报表应当反映该会计估计变更后的金额，但对以前中期财务报表项目金额不作调整。同时，应当在以后中期财务报表附注中披露会计估计变更的内容、原因及其影响数；影响数不能确定的，应当说明原因。

5. 保险公司取得的季节性、周期性或者偶然性收入，应当在发生时予以确认和计量，不应在中期财务报表中预计或者递延。但是，会计年度末允许预计或者递延的季节性、周期性或者偶然性收入，允许在中期财务报表中预计或者递延。

6. 保险公司在会计年度中不均匀发生的费用，应当在发生时予以确认和计量，不应当在中期财务报表中预提或者待摊。但是，会计年度末允许预提或者待摊的费用，允许在中期财务报表中预提或者待摊。

五、中期会计政策变更的处理

保险公司在中期如果发生了会计政策的变更，应当按照 CAS28 号会计政策、会计估计变更和差错更正准则的规定处理，并在财务报表附注中做相应披露。会计政策变更的累积影响数能够合理确定、且涉及本会计年度以前中期财务报表相关项目数字的，应当予以追溯调整，视同该会计政策在整个会计年度一贯采用；同时，上年度可比财务报表也应当作相应调整。

第二节　分部报告编制

一、分部报告的概念

分部报告是指保险公司对外提供的财务会计报告中，按照确定的内部组成部分（地区分部或业务分部）提供的各组成部分有关收入、资产和负债等有关信息的报告。

二、业务分部和地区分部的确定

（一）业务分部

1. 业务分部的概念

业务分部是指保险公司内可区分的能够提供单项或一组相关保险产品或劳务的组成部分。该组成部分承担了不同于其他组成部分的风险和报酬。业务分部与一般意义上的部门并不完全相同。对于某些保险公司来说，某一业务部门可以是一个业务分部，也可以由若干个业务部门组成一个分部；可以将某一提供保险产品或某种金融服务的部门组成一个业务分部，也可以将若干种保险产品或金融服务提供的部门组成一个业务分部。

2. 确定业务分部的因素

保险公司应该根据 CAS35 号分部报告准则的规定，在确定业务分部时，保险公司应当结合内部管理要求，并考虑下列因素：（1）各单项保险产品或服务的性质；（2）经营或服务过程的性质；（3）保险产品或服务的客户类型，包括大宗户、零散客户等；（4）其他应该考虑的因素。

（二）地区分部

1. 地区分部的概念

地区分部是指保险公司内可区分的、能够在一个特定的经济环境内提供金融产品或服务的组成部分。该组成部分承担了不同于在其他经济环境内提供金融产品或服务的组成部分的风险和报酬。

2. 确定地区分部的因素

地区分部可以按资产所在地为基础确定，也可以按客户所在地为基础确定。在确定地区分部时，保险公司应当结合内部管理要求，并考虑下列因素：

（1）所处经济、政治环境的相似性，包括境外经营所在地区经济和政治的稳定程度等。

（2）在不同地区经营之间的关系。

（3）经营的接近程度大小。

（4）与某一特定地区经营相关的特别风险。如果某一地区在经营上存在着特定的风险，则不能将其与其他地区分部合并作为一个地区分部处理。

（5）外汇管理规定，即境外经营所在地区是否实行外汇管制。外汇管制的规定直接影响着保险公司内部资金的调度和转移，从而影响着保险公司经营风险。

（6）外汇风险。

（三）分部的合并

两个或两个以上的业务分部或地区分部同时满足下列条件时，可以将他们予以合并：

（1）具有相近的长期财务业绩，包括具有相近的长期平均毛利率、资金回报率、未来现金流量等。

（2）确定业务分部或地区分部所考虑的因素类似。

三、报告分部的确定

保险公司应当以业务分部或地区分部为基础确定报告分部。确定分部后，保险公司应按照一定的标准对业务分部或地区分部进行测试，符合测试标准的业务分部或地区分部，方可作为报告分部在财务报告中披露其相关的会计信息。

第一，业务分部或地区分部的大部分收入是对外交易收入，且满足下列条件之一的，应当将其确定为报告分部：

（1）该分部的收入占所有分部收入合计的10%或者以上。但当某一分部仅对内部其他分部提供金融产品或服务，并不对外销售金融产品或提供服务时，则不能将其作为报告分部对待。

（2）该分部的分部利润（亏损）的绝对额，占所有盈利分部利润合计额或者所有亏损分部亏损合计额的绝对额两者中较大者的10%或者以上。

（3）该分部的分部资产占所有分部资产合计额的10%或者以上。但当某一分部的营业收入、营业利润或营业亏损及其可辨认的资产，每一项均达到全部分部合计数90%以上时，则合并财务报表即可以提供该分部风险及经营业绩的会计信息。此时，只需在财务报表附注中予以说明即可，而无需提供分部报告。

业务分部或地区分部未满足以上条件的，可以作以下处理：

（1）不考虑该分部的规模，直接将其指定为报告分部。

（2）不将该分部直接指定为报告分部的，可将该分部与一个或一个以上类似的、未满足以上条件的其他分部合并为一个报告分部。

（3）不将该分部直接指定为报告分部且不与其他分部合并的，应当披露分部信息时，将其作为其他项目单独披露。

第二，报告分部的对外交易收入合计额占合并总收入或企业总收入的比重未达到75%的，应当将其他的分部确定为报告分部，即使该分部未满足上述（一）中的条件，直到该比重达到75%。也就是说，保险公司的业务分部或地区分部符合上述（一）中条件被确认为报告分部后，确定为报告分部的各业务分部或地区分部对外交易收入合计额应达到企业合并总收入或企业总收入的75%。

四、分部信息的披露

（一）主要报告形式和次要报告形式

保险公司应当区分主要报告形式和次要报告形式披露分部信息。保险公司可以采用业务分部作为主要报告形式，也可以采用地区分部作为主要报告形式。在确定分部信息的主要报告形式和次要报告形式时，应当以保险公司的风险和报酬的主要来源和性质为依据，同时结合保险公司的内部组织结构、管理结构以及向董事会或类似机构的内部报告制度。

保险公司的风险和报酬的主要来源和性质，主要与其提供的金融产品或服务，或者经营所在国家或地区密切相关。保险公司在分析其所承担的风险和报酬时，应当注意以下相关因素：（1）所提供金融产品或服务的性质、过程、客户类型、销售方式等；（2）所提供金融产品或服务受法律、行政法规的影响等；（3）所处经济、政治环境等。保险公司的内部组织结构、管理结构以及向董事会或类似机构内部报告制度的安排，通常会考虑或结合保险公司风险和报酬的主要来源和性质等相关因素。

（1）风险和报酬主要受金融产品和服务差异影响的，披露分部信息的主要形式应当是业务分部，次要形式是地区分部。

（2）风险和报酬主要受企业在不同的国家或地区经营活动影响的，披露分部信息的主要形式应当是地区分部，次要形式是业务分部。

（3）风险和报酬同时受金融产品和服务差异以及经营活动所在国家或地区差异影响的，披露分部信息的主要形式应当是业务分部，次要形式是地区分部。

（二）主要报告形式披露的内容

保险公司在确定报告分部和主要报告形式之后，应当按照确定的报告分部以及其主要报告形式，进行分部会计信息的披露。对于主要报告形式，保险公司应当在附注中披露分部收入、分部费用、分部利润（亏损）、分部资产总额和分部负债总额等。

（1）分部收入，是指可归属于分部的对外交易收入和对其他分部交易收入。分部的对外交易收入和对其他分部交易收入，应当分别披露。分部收入主要由可归属于分部的对外交易收入构成，通常为营业收入，不包括营业外收入，如处置固定资产、无形资产等产生的净收益。

（2）分部费用，是指可归属于分部对外交易费用和对其他分部交易费用。分部的折旧费用、摊销费用以及其他重大的非现金费用，应当分别披露。分部费用主要由可归属于分部的对外交易费用构成，通常包括营业成本、税金及附加、销售费用等，不包括与保险公司整体相关的管理费用、其他费用和营业外支出，如处置固定资产、无形资产等发生的净损失。

（3）分部利润（亏损），是指分部收入减去分部费用后的余额。在合并利润表中，分部利润（亏损）应当在调整少数股东损益前确定。

（4）分部资产，是指分部经营活动使用的可归属于该分部的资产，包括用于分部经营活动的流动资产、固定资产（包括融资租入的固定资产）以及无形资产等，不包括用于保险公司总部一般用途的资产及递延所得税资产。分部资产的披露金额应当按照扣除相关累计折旧或摊销额以及累计减值准备后的金额确定。保险公司资产总额中不归属于任何一个分部的资产应作为未分配项目，在分部报告中列示。

（5）分部负债，是指分部经营活动中形成的可归属于该分部的负债，不包括递延所得税负债。保险公司负债总额中不归属于任何一个分部的负债，应当作为未分配项目在分部报告中列示。

保险公司披露的分部信息，应当与合并财务报表或企业财务报表中的总额信息相衔接。分部收入应当与保险公司的对外交易收入（包括保险公司对外交易取得的、未包括在任何分部收入中的收入）相衔接；分部利润（亏损）应当与保险公司营业利润（亏损）和保险公司净利润（净亏损）相衔接；分部总资产总额应当与保险公司资产总额相衔接；分部负债总额应当与保险公司负债总额相衔接。

（三）次要报告形式披露的内容

（1）分部信息的主要报告形式是业务分部的，应当就次要报告形式披露下列信息：

①对外交易收入占保险公司对外交易收入总额10%或者以上的地区分部，以外部客户所在地为基础披露对外交易收入。

②分部资产占所在地区分部资产总额10%或者以上的地区分部，以资产所在地为基础披露分部资产总额。

（2）分部信息的主要报告形式是地区分部的，应当就次要报告形式披露下列信息：

①对外交易收入占保险公司对外交易收入总额10%或者以上的业务分部，应当披露对外交易收入。

②分部资产占所有业务分部资产总额10%或者以上的业务分部，应当披露分部资产总额。

第三节　关联管制披露

一、关联方关系的认定

关联方关系的存在是以控制、共同控制或重大影响为前提条件的。在判断是否存在关联方关系时，应当遵守实质重于形式原则。从一个保险公司的角度出发，与其存在关联方关系的各方包括：

（1）该企业的母公司，不仅包括直接或间接控制该企业的其他企业，也包括能够对该企业直接控制的部门、单位等。

①某一企业直接控制一个或多个企业。例如，母公司控制一个或若干个子公司，则母公司和子公司之间存在关联方关系。

②某一企业通过一个或者若干个中间企业间接控制一个或多个企业。例如，母公司通过其子公司，间接控制子公司的子公司，表明母公司与其子公司的子公司存在关联方关系。

③一个企业直接地和通过一个或者若干个中间企业间接控制一个或多个企业。例如，母公司对某一企业的投资虽然没有达到控股程度，但由于其子公司也拥有该企业的股份或权益，如果母公司与其子公司对该企业的投资之和达到拥有该企业一半以上表决权资本的控制权，则母公司直接或间接的控制该企业，表明母公司与该企业之间存在着关联方关系。

（2）该企业的子公司，包括直接或间接被该企业控制的其他企业，也包括直接或间接地被该企业控制的单位、信托基金等。

（3）与该企业同受同一母公司控制的其他企业。例如，A 公司和 B 公司共同控制 C 公司，同时 A 公司和 D 公司共同控制 E 公司，由于 C 公司和 E 公司同时受到 A 公司的共同控制，因此，C 公司和 E 公司之间构成关联方关系。

（4）对该企业实施共同控制的投资方。这里的共同控制包括直接的共同控制和间接的共同控制。对企业实施直接或间接共同控制的投资方与该企业之间是关联方关系。但这些投资方之间并不能仅仅因为共同控制了同一家企业而视为存在关联方关系。例如，A、B、C 三个企业共同控制 D 企业，从而 A 和 D、B 和 D 以及 C 和 D 成为关联方关系。如果不存在其他关联方关系，A 和 B、A 和 C 以及 B 和 C 之间不构成关联方关系。

（5）对该企业施加重大影响的投资方。这里的重大影响包括直接的重大影响和间接的重大影响。对企业实施重大影响的投资方与该企业之间是关联方关系，但这些投资方之间并不能仅仅因为对同一家企业具有重大影响而视为存在关联方关系。

（6）该企业的合营企业。合营企业是以共同控制为前提的。两方或多方共同控制某一企业时，该企业则为投资者的合营企业。例如，A、B、C、D 企业各占 F 企业有表决权资本的 25%，按照合同规定，投资各方按照出资比例控制 F 企业，由于出资比例相同 F 企业由 A、B、C、D 企业共同控制，在这种情况下，A 和 F、B 和 F、C 和 F 以及 D 和 F 之间构成关联方关系。

（7）该企业的联营企业。联营企业和重大影响是相联系的，如果投资者能对被投资企业施加重大影响，则该被投资企业视为投资者的联营企业。

（8）该企业的主要投资者个人及与其关系密切的家庭成员。主要投资者个人，是指能够控制、共同控制一个企业或者对一个企业施加重大影响的个人投资者。

①某一企业与其主要的投资者个人之间的关系。例如，张三是A保险公司的主要投资者，则A保险公司与张三构成关联方关系。

②某一企业的主要投资者个人关系密切的家庭成员之间的关系。例如，A保险公司主要的投资者张三的儿子与A保险公司构成关联方关系。

（9）该企业或其母公司的关键管理人员及与其关系密切的家庭成员。关键管理人员，是指有权力并负责计划、指挥和控制企业活动的人员。与主要投资者个人或关键管理人员关系密切的家庭成员，是指在处理与企业的交易时可能影响该个人或受该个人影响的家庭成员。

①某一企业与其关键管理人员的关系。例如，A企业的总经理与A企业构成关联方关系。

②某一企业与其关键管理人员关系密切的家庭成员关系。例如，A保险公司总经理张三的儿子与A保险公司构成关联方关系。

（10）该企业主要投资者个人、关键管理人员或与其关系密切的家庭成员控制、共同控制或施加重大影响的其他企业。对于这类关联方，应当根据主要投资者个人、关键管理人员或与其关系密切的家庭成员的实际影响力具体分析判断。

①某一企业与受该企业主要投资者个人直接控制的其他企业之间的关系。例如，A保险公司的主要投资者H拥有B企业60%的表决权资本，则A和B存在关联方关系。

②某一企业与受该企业主要投资者个人关系密切的家庭成员直接控制的其他企业之间的关系。例如，A保险公司的主要投资者Y的妻子拥有B企业60%的表决权资本，则A和B存在关联方关系。

③某一企业与受该企业关键管理人员直接控制的其他企业之间的关系。例如，A保险公司的关键管理人员H控制了B企业，则A和B存在关联方关系。

④某一企业与受该企业关键管理人员关系密切的家庭成员直接控制的其他企业之间的关系。例如，A保险公司的财务总监Y的妻子是B企业的董事

长，则A和B存在关联方关系。

二、不构成关联方关系的情况

（1）与该企业发生日常往来的资金提供者、公用事业部门、政府部门和机构，以及与该企业发生大量交易而存在经济依存关系的单个客户、供应商、特许商、经销商和代理商之间，不构成关联方关系。

（2）与该企业共同控制合营企业的合营者之间，通常不构成关联方关系。

（3）仅仅同受国家控制而不存在控制、共同控制或重大影响关系的企业，不构成关联方关系。

三、关联方交易的类型

存在关联方关系的情况下，关联方之间发生的交易为关联方交易，关联方的交易类型主要有：

（1）购买或销售商品。购买或销售商品是关联方交易较常见的交易事项。例如，企业集团成员企业之间互相购买或销售商品，形成关联方交易。

（2）购买或销售除商品以外的其他资产。例如，母公司出售给其子公司设备或建筑物等。

（3）提供或接受劳务。

（4）担保。

（5）提供资金（贷款或股权投资）。

（6）租赁。

（7）代理。代理主要是依据合同条款，一方可为另一方代理某些事务，如代理销售货物，或代理签订合同等。

（8）研究与开发项目的转移。

（9）许可协议。当存在关联方关系时，关联方之间可能达成某项协议。允许一方使用另一方商标等，从而形成了关联方之间的交易。

（10）代表企业或由企业代表另一方进行债务结算。

（11）关键管理人员薪酬。企业支付给关键管理人员的报酬，也是一项主要的关联方交易。

四、关联方的披露

（1）企业无论是否发生关联方交易，均应当在附注中披露与该企业之间存在直接控制关系的母公司和子公司有关的信息。母公司不是该企业最终控制方的，还应当披露企业集团内对该企业享有最终控制权的企业（或主体）的名称。母公司和最终控制方均不对外提供财务报表的，还应当披露母公司之上与其最相近的对外提供财务报表的母公司名称。

(2) 企业与关联方发生关联方交易的，应当在附注中披露该关联方关系的性质、交易类型及交易要素。

(3) 对外提供合并财务报表的，对于已经包括在合并范围内各企业之间的交易不予披露。

第四节　合并报表编制

一、合并财务报表概述

合并财务报表，是指反映母公司和其全部子公司形成的企业集团（以下简称企业集团）整体财务状况、经营成果和现金流量的财务报表。

与个别财务报表相比，合并财务报表反映的是企业集团整体的财务状况、经营成果和现金流量，反映的对象是通常由若干个法人（包括母公司和其全部子公司）组成的会计主体，是经济意义上的主体，而不是法律意义上的主体。

(一) 合并范围的确定

合并财务报表的合并范围应当以控制为基础加以确定。

控制，是指一个企业能够决定另一个企业的财务和经营政策，并能据以从另一个企业的经营活动中获取利益的权力。控制通常具有如下特征：

(1) 控制的主体是唯一的，不是两方或多方。即对被投资单位的财务和经营政策的提议不必要征得其他方同意，就可以形成决议，付诸被投资单位执行。

(2) 控制的内容是另一个企业的日常生产经营活动的财务和经营政策，这些财务和经营政策一般是通过表决权来决定的。在某些情况下，也可以通过法定程序严格限制董事会、受托人或管理层对特殊目的主体经营活动的决策权。如规定除设立者或发起人外，其他人无权决定特殊目的主体经营活动的政策。

（3）控制的目的是为了获取经济利益，包括为了增加经济利益、维持经济利益、保护经济利益，或者降低所分担的损失等。

（4）控制的性质是一种权力，是一种法定权力，也可以是通过公司章程或协议、投资者之间的协议授予的权力。这种权力可以实际行使，也可以不实际行使。有权力实施控制力并不一定意味着有能力实施控制力。

（二）控制标准的具体应用

1. 母公司拥有其半数以上的表决权的被投资单位应当纳入合并财务报表的合并范围

母公司直接或通过子公司间接拥有被投资单位半数以上的表决权表明母公司能够控制被投资单位，应当将该被投资单位认定为子公司，纳入合并财务报表的合并范围。但是，有证据表明母公司不能控制被投资单位的除外。

母公司拥有被投资单位半数以上表决权，通常包括如下三种情况：

（1）母公司直接拥有被投资单位半数以上表决权。

（2）母公司间接拥有被投资单位半数以上表决权。间接拥有半数以上表决权，是指母公司通过子公司而对子公司的子公司拥有半数以上表决权。

（3）母公司直接和间接方式合计拥有被投资单位半数以上表决权。直接和间接方式合计拥有半数以上表决权，是指母公司以直接方式拥有某一被投资单位半数以下的表决权，同时又通过其他方式如通过子公司拥有该被投资单位表决权，两者合计拥有该被投资单位半数以上的表决权。

2. 母公司拥有其半数以下的表决权的被投资单位纳入合并财务报表的合并范围的情况

母公司拥有被投资单位半数或以下的表决权，满足下列条件之一的，视为母公司能够控制被投资单位，应当将该被投资单位认定为子公司，纳入合并财务报表的合并范围。但是，有证据表明母公司不能控制被投资单位的除外：

（1）通过与被投资单位其他投资者之间的协议，拥有被投资单位半数以上的表决权。

（2）根据公司章程或协议，有权决定被投资单位的财务和经营政策。这种情况是指在被投资单位的公司章程等文件中明确母公司对其财务和经营政策能够实施控制。

(3) 有权任免被投资单位的董事会或类似机构的多数成员。

(4) 在被投资单位董事会或类似机构占多数表决权。

在母公司拥有被投资单位半数或以下的表决权满足上述四个条件之一，合并报表准则视为母公司能够控制被投资单位，应当将该被投资单位认定为子公司，纳入合并财务报表的合并范围。但是，如果有证据表明母公司不能控制被投资单位的除外。

(三) 所有子公司都应纳入母公司的合并财务报表的合并范围

母公司应当将其全部子公司纳入合并财务报表的合并范围。即，只要是由母公司控制的子公司。不论子公司的规模大小、子公司向母公司转移资金能力是否受到严格限制，也不论子公司的业务性质与母公司或企业集团内其他子公司是否有显著差别，都应当纳入合并财务报表的合并范围。

需要说明的是，受所在国外汇管制及其他管制，资金调度受到限制的境外子公司，在这种情况下，该被投资单位的财务和经营政策仍然由本公司决定。本公司也能从其经营活动中获取利益，资金调度受到限制并不妨碍本公司对其实施控制，因此，应将其纳入合并财务报表的合并范围。

下列被投资单位不是母公司的子公司，不应纳入母公司的合并财务报表的合并范围：

(1) 宣告被清理整顿的原子公司；

(2) 已宣告破产的原子公司；

(3) 母公司不能控制的其他被投资单位。

二、合并财务报表的编制程序

合并财务报表编制有其特殊的程序，主要包括如下几个方面：

(1) 编制合并工作底稿。合并工作底稿的作用是为合并财务报表的编制提供基础。在合并工作底稿中，对母公司和子公司的个别财务报表各项目的金额进行汇总和抵销处理，最终计算得出合并财务报表各项目的合并金额。

(2) 将母公司、子公司个别资产负债表、利润表、现金流量表、所有者权益变动表各项目的数据过入合并工作底稿，并在合并工作底稿中对母公司和子公司个别财务报表各项目的数据进行加总，计算得出个别资产负债表、利润表、现金流量表、所有者权益变动表各项目合计金额。

(3) 在合并工作底稿中编制调整分录和抵销分录，将内部交易对合并财务报表有关项目的影响进行抵销处理。编制抵销分录，进行抵销处理是合并财务报表编制的关键和主要内容，其目的在于将个别财务报表各项目的加总金额中重复的因素予以抵销。但是，对属于非同一控制下企业合并中取得的子公司的个别财务报表进行合并时，还应当首先根据母公司为该子公司设置的备查簿的记录，以记录的该子公司各项可辨认资产、负债及或有负债等在购买日的公允价值为基础，通过编制调整分录，对该子公司提供的个别财务报表进行调整，以使子公司的个别财务报表反映为在购买日公允价值基础上确定的可辨认资产、负债及或有负债在本期资产负债表日的金额。对于子公司所采用的会计政策与母公司不一致的和子公司的会计期间与母公司不一致的。如果母公司自行对子公司的个别财务报表进行调整，也应当在合并工作底稿中通过编制调整分录予以调整。在编制合并财务报表时，对子公司的长期股权投资调整为权益法。也需要在合并工作底稿中通过编制调整分录予以调整，而不改变母公司“长期股权投资”账簿记录。

在合并工作底稿中编制的调整分录和抵销分录，借记或贷记的均为财务报表项目（即资产负债表项目、利润表项目、现金流量表项目和所有者权益变动表项目），而不是具体的会计科目。比如，在涉及调整或抵销固定资产折旧、固定资产减值准备等均通过资产负债表中的“固定资产”项目，而不是“累计折旧”“固定资产减值准备”等科目来进行调整和抵销。

（4）计算合并财务报表各项目的合并金额。即在母公司和子公司个别财务报表各项目加总金额的基础上，分别计算出合并财务报表中各资产项目、负债项目、所有者权益项目、收入项目和费用项目等的合并金额。其计算方法如下：

①资产类各项目，其合并金额根据该项目加总金额，加上该项目抵销分录有关的借方发生额，减去该项目抵销分录有关的贷方发生额计算确定。

②负债类各项目和所有者权益类各项目。其合并金额根据该项目加总金额，减去该项目抵销分录有关的借方发生额，加上该项目抵销分录有关的贷方发生额计算确定。

③有关收入类各项目和有关所有者权益变动各项目，其合并金额根据该项目加总金额，减去该项目抵销分录的借方发生额，加上该项目抵销分录的贷方发生额计算确定。

④有关费用类项目。其合并金额根据该项目加总金额，加上该项目抵销

分录的借方发生额，减去该项目抵销分录的贷方发生额计算确定。

(5) 填列合并财务报表。即根据合并工作底稿中计算出的资产、负债、所有者权益、收入、费用类以及现金流量表中各项目的合并金额，填列生成正式的合并财务报表。

三、合并资产负债表

合并资产负债表是反映企业集团在某一特定日期财务状况的财务报表，由合并资产、负债和所有者权益各项目组成。保险公司编制合并报表和其他企业编制合并报表有相同之处，比如两者都涉及长期股权投资的抵销；但是两者之间也有很大的差别，比如保险公司的合并报表的编制很少涉及内部商品购销和内部购销固定资产的抵销。

(一) 对子公司的个别财务报表进行调整

在编制合并财务报表时，首先应对各子公司进行分类，分为同一控制下企业合并中取得的子公司和非同一控制下企业合并中取得的子公司两类。

1. 属于同一控制下企业合并中取得的子公司

对于属于同一控制下企业合并中取得的子公司的个别财务报表，如果不存在与母公司会计政策和会计期间不一致的情况，则不需要对该子公司的个别财务报表进行调整，即不需要将该子公司的个别财务报表调整为公允价值反映的财务报表，只需要抵销内部交易对合并财务报表的影响即可。

2. 属于非同一控制下企业合并中取得的子公司

对于属于非同一控制下企业合并中取得的子公司，除了存在与母公司会计政策和会计期间不一致的情况，需要对该子公司的个别财务报表进行调整外，还应当根据母公司为该子公司设置的备查簿的记录，以记录的该子公司的各项可辨认资产、负债及或有负债等在购买日的公允价值为基础，通过编制调整分录，对该子公司的个别财务报表进行调整，以使子公司的个别财务报表反映为在购买日公允价值基础上确定的可辨认资产、负债及或有负债在本期资产负债表日的金额。

(二) 按权益法调整对子公司的长期股权投资

合并报表准则规定，合并财务报表应当以母公司和其子公司的财务报表为基础。根据其他有关资料，按照权益法调整对子公司的长期股权投资后，由母公司编制。

在合并工作底稿中，按权益法调整对子公司的长期股权投资时，应按CAS2号长期股权投资准则所规定的权益法进行调整。

合并报表准则也允许企业直接在对子公司的长期股权投资采用成本法核算的基础上编制合并财务报表但是所生成的合并财务报表应当符合合并报表准则的相关规定。

（三）编制合并资产负债表时应进行抵销处理的项目

合并资产负债表是以母公司和子公司的个别资产负债表为基础编制的。个别资产负债表则是以单个企业为会计主体进行会计核算的结果，它从母公司本身或从子公司本身的角度对自身的财务状况进行反映。这样，对于内部交易，从发生内部交易的企业来看，发生交易的各方都在其个别资产负债表中进行了反映。在这种情况下，资产、负债和所有者权益类各项目的加总金额中，必然包含有重复计算的因素。作为反映企业集团整体财务状况的合并资产负债表，必须将这些重复计算的因素予以扣除，对这些重复的因素进行抵销处理。这些需要扣除的重复因素，就是合并财务报表编制时需要进行抵销处理的项目。

编制合并资产负债表时需要进行抵销处理的主要有如下项目：

1. 长期股权投资与子公司所有者权益的抵销处理

母公司对子公司进行的长期股权投资，一方面反映为长期股权投资以外的其他资产的减少，另一方面反映为长期股权投资的增加，在母公司个别资产负债表中作为资产类项目中的长期股权投资列示。子公司接受这一投资时，一方面增加资产，另一方面作为实收资本（或股本，下同）处理，在其个别资产负债表中一方面反映为实收资本的增加，另一方面反映为相对应的资产的增加。从企业集团整体来看，母公司对子公司进行的长期股权投资实际上相当于母公司将资本拨付下属核算单位，并不引起整个企业集团的资产、负债和所有者权益的增减变动。因此，编制合并财务报表时，应当在母公司与子公司财务报表数据简单相加的基础上，将母公司对子公司长期股权投资项目与子公司所有者权益项目予以抵销。

子公司所有者权益中不属于母公司的份额，即子公司所有者权益中抵销母公司所享有的份额后的余额，在合并财务报表中作为“少数股东权益”处理，“少数股东权益”项目应当在“所有者权益”项目下单独列示。

当母公司对子公司长期股权投资的金额与在子公司所有者权益中所享有

的份额不一致时，应按其差额计入“商誉”项目。

2. 内部债权与债务的抵销处理

母公司与子公司、子公司相互之间的债权和债务项目，是指母公司与子公司、子公司相互之间因销售金融商品、提供金融服务以及发生结算业务等原因产生的应收利息与应付利息、其他应收款与其他应付款、持有至到期投资与应付债券等项目。发生在母公司与子公司、子公司相互之间的这些项目，企业集团内部企业的一方在其个别资产负债表中反映为资产，而另一方则在其个别资产负债表中反映为负债。但从企业集团整体角度来看，它只是内部资金运动，既不能增加企业集团的资产，也不能增加负债。因此，为了消除个别资产负债表直接加总中的重复计算因素，在编制合并财务报表时应当将内部债权债务项目予以抵销。

在某些情况下，债券投资企业持有的企业集团内部成员企业的债券并不是从发行债券的企业直接购进，而是在证券市场上从第三方手中购进的。在这种情况下，持有至到期投资中的债券投资与发行债券企业的应付债券抵销时，可能会出现差额，应当计入合并利润表的投资收益或利息支出项目。

同时，保险公司在合并报表时，如果母子公司之间存在相互销售商品、销售固定资产的情况，也需要对存货价值中包含的未实现内部销售损益和内部固定资产交易进行抵销处理。当然，保险公司在合并报表时，出现这种情况的可能性相对而言较低。

（四）母公司在报告期内增减子公司在合并资产负债表中的反映

1. 母公司在报告期内增加子公司在合并资产负债表中的反映

母公司因追加投资等原因控制了另一个企业即实现了企业合并。根据CAS20号企业合并准则的规定，企业合并形成母子公司关系的，母公司应当编制合并日或购买日的合并资产负债表。但是，在企业合并发生当期的期末和以后会计期间，母公司应当根据合并报表准则的规定编制合并资产负债表。合并报表准则规定，在编制合并资产负债表时，应当区分同一控制下的企业合并增加的子公司和非同一控制下的企业合并增加的子公司两种情况。

（1）因同一控制下企业合并增加的子公司，编制合并资产负债表时，应当调整合并资产负债表的期初数。

（2）因非同一控制下企业合并增加的子公司，不应当调整合并资产负债表中的期初数。

2. 母公司在报告期内处置子公司在合并资产负债表中的反映

在报告期内，如果母公司失去了决定被投资单位的财务和经营政策的能力，不再能够从其经营活动中获取利益，则母公司不再控制被投资单位。被投资单位从本期开始不再是母公司的子公司，即母公司在报告期内处置子公司。母公司处置子公司可能因绝对或相对持股比例变化所产生的，如降低投资比例；也可能由于其他原因不再控制原先的子公司，比如，子公司被政府、人民法院等接管，母公司就失去了对该子公司的控制权。合并报表准则规定，母公司在报告期内处置子公司，编制合并资产负债表时，不应当调整合并资产负债表的期初数。

四、合并利润表

（一）编制合并利润表时应进行抵销处理的项目

合并利润表应当以母公司和子公司的利润表为基础，在抵销母公司与子公司、子公司相互之间发生的内部交易对合并利润表的影响后，由母公司合并编制。

利润表作为以单个企业为会计主体进行会计核算的结果，分别从母公司本身和子公司本身反映其在一定会计期间经营成果。在以母子公司个别利润表为基础计算的收入和费用等项目的加总金额中，也必然包含有重复计算的因素。因此，编制合并利润表时，也需要将这些重复的因素予以剔除。

编制合并利润表时需要进行抵销处理的，主要有如下项目：

1. 内部营业收入和内部营业成本的抵销处理

内部营业收入是指企业集团内部母公司与子公司、子公司相互之间发生的商品销售（或劳务提供，下同）活动所产生的营业收入。内部营业成本是指企业集团内部母公司与子公司、子公司相互之间发生的销售商品的营业成本。

在企业集团内部母公司与子公司、子公司相互之间发生内部购销交易的情况下，母公司和子公司都从自身的角度，以自身独立的会计主体进行核算反映其损益情况。从销售企业来说，以其内部销售确认当期销售收入并结转相应的销售成本，计算当期内部销售商品损益。从购买企业来说，其购进的商品可能用于对外销售，也可能是作为固定资产、工程物资、在建工程、无形资产等资产使用。

在这种情况下，从销售企业来说，销售给企业集团内其他企业的商品与销售给企业集团外部企业的情况下的会计处理相同，即在本期确认销售收入、结转销售成本、计算销售商品损益，并在其个别利润表中反映；对于购买企业来说，一方面要确认向企业集团外部企业的销售收入，另一方面要结转销售内部购进商品的成本，在其个别利润表中分别作为营业收入和营业成本反映，并确认销售损益。这也就是说，对于同一购销业务，在销售企业和购买企业的个别利润表中都作了反映。但从整个企业集团来看，这一购销业务只是实现了一次对外销售，其销售收入只是购买企业向企业集团外部企业销售该产品的销售收入，其销售成本只是销售企业向购买企业销售该商品的成本。销售企业向购买企业销售该商品实现的收入属于内部销售收入，相应地，购买企业向企业集团内部销售该商品的销售成本，属于内部销售成本。因此，在编制合并利润表时必须将重复反映的内部营业收入和营业成本予以抵消。

2. 内部投资收益（利息收入）和利息费用的抵销处理

企业集团内部母公司与子公司、子公司相互之间可能发生相互提供信贷，以及相互之间持有对方债券的内部交易。在内部提供信贷的情况下提供贷款的企业确认利息收入，并在其利润表反映为营业收入（利息收入）；而接受贷款的企业则支付利息费用。在其利润表反映为利息支出（本节为了简化合并处理，假定所发生的利息费用全部计入当期损益，不存在资本化的情况）。在持有母公司或子公司发行的企业债券（或公司债券，下同）的情况下，发行债券的企业支付的利息费用作为利息支出处理，并在其个别利润表“利息支出”项目中列示；而持有债券的企业将购买的债券在其个别资产负债表“持有至到期投资”（假定购买债券的企业将该债券投资归类为持有至到期投资）项目中列示，当期获得的利息收入则作为投资收益处理，并在其个别利润表“投资收益”项目中列示。在编制合并财务报表时，应当在抵销内部发行的应付债券和持有至到期投资等内部债权债务的同时，将内部应付债券和持有至到期投资相关的利息费用与投资收益（利息收入）相互抵销，即将内部债券投资收益与内部发行债券的利息费用相互抵销。

3. 母公司与子公司、子公司相互之间持有对方长期股权投资的投资收益的抵销处理

内部投资收益是指母公司对子公司或子公司对母公司、子公司相互之间的长期股权投资的收益，即母公司对子公司的长期股权投资在合并工作底稿

中按权益法调整的投资收益，实际上就是子公司当期营业收入减去营业成本和期间费用、所得税费用等后的余额与其持股比例相乘的结果。在子公司为全资子公司的情况下，母公司对某一子公司在合并工作底稿中按权益法调整的投资收益，实际上就是该子公司当期实现的净利润。编制合并利润表时实际上是将子公司的营业收入、营业成本和期间费用视为母公司本身的营业收入、营业成本和期间费用同等看待，与母公司相应的项目进行合并，是将子公司的净利润还原为营业收入、营业成本和期间费用，也就是将投资收益还原为合并利润表中的营业收入、营业成本和期间费用处理。因此，编制合并利润表时，必须将对子公司长期股权投资收益予以抵销。

由于合并所有者权益变动表中的本年利润分配项目是站在整个企业集团角度，反映对母公司股东和子公司的少数股东的利润分配情况，因此子公司的个别所有者权益变动表中本年利润分配各项目的金额，包括提取盈余公积、对所有者的分配和期末未分配利润金额都必须予以抵销。

在子公司为非全资子公司的情况下，母公司本期对子公司长期股权投资按权益法调整的投资收益、本期少数股东损益和期初未分配利润与子公司本年利润分配项目也应相抵销。

（二）合并利润表的编制

在编制合并利润表时，母公司首先应当设计合并工作底稿，将母公司、子公司个别利润表的数据过入合并工作底稿，并计算利润表各项目的合计金额。其次，编制调整分录，按照母公司备查簿中所记录的子公司可辨认资产、负债及或有负债在购买日的公允价值的资料调整子公司的财务报表，将子公司的财务报表调整成以购买日可辨认资产、负债及或有负债的公允价值为基础编制的财务报表，按照权益法调整母公司对子公司的长期股权投资。最后，编制抵销分录，将母公司与子公司之间的内部交易对合并利润表的影响予以抵销。

五、合并现金流量表

合并现金流量表是综合反映母公司及其所有子公司组成的企业集团在一定会计期间现金和现金等价物流入和流出的报表。现金流量表作为一张主要报表已经为世界上一些主要国家的会计实务所采用，合并现金流量表的编制也成各国会计实务的重要内容。

现金流量表要求按照收付实现制反映企业经济业务所引起的现金流入和流出，其有关经营活动活动产生的现金流量的编制方法有直接法和间接法两种。CAS31 号现金流量表准则明确规定企业应当采用直接法列示经营活动产生的现金流量。在采用直接法的情况下，以合并利润表有关项目的数据为基础，调整得出本期的现金流入和现金流出；分别经营活动产生的现金流量、投资活动产生的现金流量、筹资活动产生的现金流量三大类，反映企业集团在一定会计期间的现金流量情况。

需要说明的是，某些现金流量在进行抵销处理后，站在企业集团的角度，重新对其进行分类。

合并现金流量表的编制原理、编制方法和编制程序与合并资产负债表、合并利润表的编制原理、编制方法和编制程序相同。即首先编制合并工作底稿。将母公司和所有子公司的个别现金流量表各项目的数据全部过入同一合并工作底稿；然后根据当期母公司与子公司以及子公司相互之间发生的影响其现金流量增减变动的内部交易，编制相应的抵销分录，通过抵销分录将个别现金流量表中重复反映的现金流入量和现金流出量予以抵销；最后，在此基础上计算出合并现金流量表的各项目的合并金额，并填制合并现金流量表。

合并现金流量表补充资料，既可以以母公司和所有子公司的个别现金流量表为基础，在抵销母公司与子公司、子公司相互之间发生的内部交易对合并现金流量表的影响后进行编制，也可以直接根据合并资产负债表和合并利润表进行编制。

（一）编制合并现金流量表时应进行抵销处理的项目

现金流量表作为以单个企业为会计主体进行会计核算的结果，分别从母公司本身和子公司本身反映其在一定会计期间现金流入和现金流出。在以其个别现金流表为基础计算的现金流入和现金流出项目的加总金额中也必然有重复计算因素，因此在编制现金流量表时，也需要将这些重复的因素予以剔除。

（1）母公司与子公司、子公司相互之间当期以现金投资或收购股权增加的投资所产生的现金流量应当抵销。

（2）母公司与子公司、子公司相互之间当期取得投资收益收到的现金，应当与分配股利、利润或偿付利息支付的现金相互抵销。

（3）企业集团内部以现金结算债权与债务所产生的现金流量的抵销处理。

（4）企业集团内部当期销售商品所产生的现金流量的抵销处理。

（5）集团内部处置固定资产等收回的现金净额与购建固定资产等支付的现金的抵销处理。

（二）合并现金流量表中有关少数股东权益项目的反映

合并现金流量表编制与个别现金流量表相比，一个特殊的问题就是在子公司为非全资子公司的情况下，涉及到子公司与其少数股东之间的现金流入和现金流出的处理问题。

对于子公司与少数股东之间发生的现金流入和现金流出，从整个企业集团来看，也影响到其整体的现金流入和流出数量的增减变动，必须在合并现金流量表中予以反映。子公司与少数股东之间发生的影响现金流入和现金流出的经济业务包括：少数股东对子公司增加权益性投资、少数股东依法从子公司中抽回权益性投资、子公司向其少数股东支付现金股利或利润等。为了便于企业集团合并财务报表使用者了解掌握企业集团现金流量的情况，有必要将与子公司少数股东之间的现金流入和现金流出的情况单独予以反映。

对于子公司的少数股东增加在子公司中的权益性投资，在合并现金流量表中应当在“筹资活动产生的现金流量”之下的“吸收投资收到的现金”项目下“其中：子公司吸收少数股东投资收到的现金”项目反映。

对于子公司向少数股东支付现金股利或利润，在合并现金流量表中应当在“筹资活动产生的现金流量”之下的“分配股利、利润或偿付利息支付的现金”项目下“其中：子公司支付给少数股东的股利、利润”项目反映。

对于子公司的少数股东依法抽回在子公司中的权益性投资，在合并现金流量表应当在“筹资活动产生的现金流量”之下的“支付其他与筹资活动有关的现金”项目反映。

六、合并所有者权益变动表

合并所有者权益变动表是反映构成企业集团所有者权益的各组成部分当期的增减变动情况的财务报表。

合并报表准则规定，合并所有者权益变动表应当以母公司和子公司的所有者权益变动表为基础，在抵销母公司与子公司、子公司相互之间发生的内部交易对合并所有者权益变动表的影响后，由母公司合并编制。合并所有者权益变动表也可以根据合并资产负债表和合并利润表进行编制。

所有者权益变动表作为以单个企业为会计主体进行会计核算的结果，分别从母公司本身和子公司本身反映其在一定会计期间所有者权益构成及其变动情况。在以母子公司个别所有者权益变动表为基础计算的各所有者权益构成项目的加总金额中，也必然包含重复计算的因素，因此，编制合并所有者权益变动表时，也需要将这些重复的因素予以剔除。

编制合并所有者权益变动表时需要进行抵销处理的项目，主要有如下项目：

（1）母公司对子公司的长期股权投资与母公司在子公司所有者权益中所享有的份额相互抵销，其抵销处理参见本节有关“长期股权投资与子公司所有者权益抵销”。

（2）母公司对子公司、子公司相互之间持有对方长期股权投资的投资收益应当抵销。

（3）母公司与子公司、子公司相互之间发生的其他内部交易对所有者权益变动的影响应当抵销。

第五节 金融工具列报

一、金融工具列报概述

金融工具列报是金融工具会计处理的重要组成部分，包括金融工具在财务报表内列示（即金融工具列示）和在附注中的披露（即金融工具披露）。其中，金融工具列示所涉及的问题，主要包括权益工具和金融负债的区分、混合工具的分拆、金融资产和金融负债相互抵销的条件等；金融工具披露所涉及的问题，主要包括金融工具一般信息如何披露、金融工具风险如何披露等。

保险公司在披露金融工具（包括已确认和未确认的金融工具）信息时应当根据所披露金融工具的性质和特征将金融工具进行恰当归类，同时还应提供足够的信息使之与财务报表内的项目反映的信息有机地联系起来。例如在对金融资产和金融负债进行披露时，应当将其归为以摊余成本后续计量和以其他基础后续计量的金融资产和金融负债。又如，对衍生工具进行披露时，也应当将其恰当归类，如按外汇衍生工具、利率衍生工具、信用衍生工具等归类。保险公司所披露的金融工具信息，应当有助于财务报告使用者就金融工具对保险公司财务状况和经营成果影响的重要程度作出合理评价。此外，还应当使财务报告使用者清楚地了解保险公司所面临的金融工具风险以及管理这些风险所运用的策略和方法。

二、权益负债区分管制

权益工具是指能证明拥有某个企业在扣除所有负债后的资产中的剩余权益的合同。从权益工具的发行方看，权益工具属于其所有者权益的组成内容。比如保险公司发行的普通股，保险公司发行的、使持有者有权以固定价格购入固定数量该保险公司普通股的认股权证等权益工具，就属于保险公司所有者权益的组成部分。

保险公司发行金融工具，应当按照该金融工具的实质以及金融资产、金融负债和权益工具的定义，在初始确认时将该金融工具或其组成部分确认为金融资产、金融负债或权益工具。

通常情况下保险公司比较容易分辨所发行金融工具是权益工具还是金融负债，但也会遇到比较复杂的情况。例如，保险公司发行的、须用自身权益工具进行结算的金融工具。可能因为结算方式不同，导致所确认结果不同。

保险公司发行金融工具时，如果该工具合同条款中没有包括交付现金或其他金融资产给其他单位的合同义务，也没有包括在潜在不利条件下与其他单位交换金融资产或金融负债的合同义务，那么该工具应确认为权益工具。如果保险公司发行的该工具将来须用或可用自身权益工具进行结算，还需要继续区分不同情况进行判断。如果该工具是非衍生工具，且保险公司没有义务交付非固定数量的自身权益工具进行结算，那么该工具应确认为权益工具；如果该工具是衍生工具，且保险公司只有通过交付固定数量的自身权益工具（此处所指权益工具不包括需要通过收取或交付企业自身权益工具进行结算的合同），换取固定数额的现金或其他金融资产进行结算，那么该工具也应确认为权益工具。

【例 15-1】 ABC 保险公司于 2×19 年 2 月 1 日向 EFG 公司发行以自身普通股为标的的看涨期权。根据该期权合同，如果 EFG 公司行权（行权价为 102 元），EFG 公司有权以每股 102 元的价格从 ABC 保险公司购入普通股

1 000 股。

其他有关资料如下：

(1) 合同签定日：2×19 年 2 月 1 日

(2) 行权日（欧式期权）：2×20 年 1 月 31 日

(3) 2×19 年 2 月 1 日每股市价：100 元

(4) 2×19 年 12 月 31 日每股市价：104 元

(5) 2×20 年 1 月 31 日每股市价：104 元

(6) 2×20 年 1 月 31 日应支付的固定行权价格：102 元

(7) 期权合同中的普通股数量：1 000 股

(8) 2×19 年 2 月 1 日期权的公允价值：5 000 元

(9) 2×19 年 12 月 31 日期权的公允价值：3 000 元

(10) 2×20 年 1 月 31 日期权的公允价值：2 000 元

假定不考虑其他因素，ABC 保险公司的账务处理如下：

情形 1：期权将以现金净额结算

ABC 保险公司：2×20 年 1 月 31 日向 EFG 公司支付相当于本公司普通股 1 000 股市值的金额。

EFG 公司：同日，向 ABC 保险公司支付 1 000 股×102 元＝102 000 元。

(1) 2×19 年 2 月 1 日，确认发行的看涨期权：

借：银行存款　　5 000

　　贷：衍生工具——看涨期权　　5 000

(2) 2×19 年 12 月 31 日，确认期权公允价值减少：

借：衍生工具——看涨期权　　5 000

　　贷：公允价值变动损益　　5 000

(3) 2×20 年 1 月 31 日，确认期权公允价值减少：

借：衍生工具——看涨期权　　2 000

　　贷：公允价值变动损益　　2 000

在同一天，EFG 公司行使了该看涨期权，合同以现金净额方式进行结算。ABC 保险公司有义务向 EFG 公司交付 104 000 元（104×1 000）。并从 EFG 公司收取 102 000 元（102×1 000），ABC 保险公司实际支付净额为 2 000 元。反映看涨期权结算的账务处理如下：

借：衍生工具——看涨期权　　2 000

贷：银行存款　　2 000

情形2：以普通股净额结算

除期权以普通股净额结算外，其他资料与情形1相同。因此除以下账务处理外，其他账务处理与情形1相同。

2×20年1月31日：

借：衍生工具——看涨期权　　2 000
　贷：股本　　19.2
　　资本公积——股本溢价　　1 980.8

情形3：以现金换普通股方式结算

采用以现金换普通股方式结算，是指EFG公司如行使看涨期权，ABC保险公司将交付固定数量的普通股，同时从EFG公司收取固定金额的现金。

（1）2×19年2月1日，发行看涨期权；确认该期权下，一旦EFG公司行权将导致ABC保险公司发行固定数量股份，并收到固定金额的现金。

借：银行存款　　5 000
　贷：资本公积——股本溢价　　5 000

（2）2×19年12月31日，不需进行账务处理。因为没有发生现金收付。

（3）2×20年1月31日，反映EFG公司行权。该合同以总额进行结算，ABC保险公司有义务向EFG公司交付1 000股本公司普通股。同时收取102 000元现金。

借：银行存款　　102 000
　贷：股本　　1 000
　　资本公积——股本溢价　　101 000

【例15-2】XYZ保险公司于2×19年2月1日与MNO公司签订一项期权合同。根据该合同。XYZ保险公司有权要求MNO公司于2×20年1月31日购入XYZ保险公司普通股1 000股，对价为98 000元，即每股98元。因此，XYZ保险公司实际购入了以股份为标的的看跌期权。

如XYZ保险公司到时不行权，不需要作出任何支付。

其他有关资料如下：

（1）合同签定日：	2×19年2月1日
（2）行权日（欧式期权。仅能在到期时行权）：	2×20年1月31日
（3）2×19年2月1日每股市价：	100元

(4) 2×19 年 12 月 31 日每股市价：　　95 元

(5) 2×20 年 1 月 31 日每股市价：　　95 元

(6) 2×20 年 1 月 31 日应支付的固定行权价格：　　98 元

(7) 期权合同中的普通股数量：　　1 000 股

(8) 2×19 年 2 月 1 日期权的公允价值：　　5 000 元

(9) 2×19 年 12 月 31 日期权的公允价值：　　4 000 元

(10) 2×20 年 1 月 31 日期权的公允价值：　　3 000 元

假定不考虑其他因素，XYZ 保险公司的账务处理如下：

情形 1：期权将以现金净额结算

(1) 2×19 年 2 月 1 日，确认购入看跌期权：

期权合同签定日，普通股的市场价格为 100 元；期权合同的初始公允价值为 5 000 元，此为 XYZ 保险公司于合同签定日支付给 MNO 公司的金额。合同签定日，期权的内在价值为零，仅有时间价值，因为其行权价格 98 元低于股票当时的市场价格 100 元。也就是说，对 XYZ 保险公司而言，行权是“不经济”的，该期权属于价外期权。

借：衍生工具——看跌期权　　5 000

　　贷：银行存款　　5 000

(2) 2×19 年 12 月 31 日，确认期权的公允价值下降：

股票的公允价值下降为 95 元，看跌期权的公允价值下降为 4 000 元，其中 3 000 元［(98－95)×1 000］属于内在价值，1 000 元属于剩余的时间价值。

借：公允价值变动损益　　1 000

　　贷：衍生工具——看跌期权　　1 000

(3) 2×20 年 1 月 31 日，确认期权公允价值下降：

股票的公允价值仍然为 95 元，期权合同的公允价值下降为 3 000 元［(98－95)×1 000］，均属于内在价值，因为不再剩余时间价值。

借：公允价值变动损益　　1 000

　　贷：衍生工具——看跌期权　　1 000

在同一天，MNO 公司行使了该看跌期权，合同以现金净额方式进行结算。MNO 公司有义务向 XYZ 保险公司交付 98 000 元（98×1 000），XYZ 保险公司有义务向 MNO 公司支付 95 000 元（95×1 000），XYZ 保险公司实际收到净额为 3 000 元。确认期权合同的结算：

借：银行存款 3 000

　　贷：衍生工具——看跌期权 3 000

情形 2：以普通股净额结算

除要求以普通股净额结算而不是以现金净额结算外，其他资料如情形 1。因此，与情形 1 相比，只有 2×20 年 1 月 31 日的账务处理不同。

2×20 年 1 月 31 日，XYZ 保险公司行权且以普通股净额结算。MNO 公司有义务向 XYZ 保险公司交付与 98 000 元（98×1 000）等值的 XYZ 保险公司普通股，XYZ 保险公司有义务向 MNO 公司交付与 95 000 元（95×1 000）等值的 XYZ 保险公司普通股。两者相抵，MNO 公司有义务向 XYZ 保险公司交付与 3 000 元等值的 XYZ 保险公司普通股 31.6 股（3 000/95）

借：股本 31.6

　　资本公积——股本溢价 2 968.4

　　贷：衍生工具——看跌期权 3 000

情形 3：以现金换普通股方式结算

采用以现金换普通股方式结算，是指 XYZ 保险公司如行权，MNO 公司将收到固定数量 XYZ 保险公司普通股。同时向 XYZ 保险公司支付固定金额的现金。除此结算方式外，其他资料与情形 1 和情形 2 相同。因此，XYZ 保险公司的固定行权价为 98 元。如果 XYZ 保险公司行权，将以每股 98 元的价格向 MNO 公司出售本公司普通股 1 000 股。

（1）2×19 年 2 月 1 日，确认支付期权费获得期权：

借：资本公积——股本溢价 5 000

　　贷：银行存款 5 000

（2）2×19 年 12 月 31 日，不需进行账务处理。因为没有现金收付，且期权合同符合 XYZ 保险公司权益工具的定义。

（3）2×20 年 1 月 31 日，反映 XYZ 保险公司行权。该合同以总额进行结算。MNO 公司有义务从 XYZ 保险公司购入 1 000 股 XYZ 保险公司普通股，同时支付 98 000 元现金：

借：银行存款 98 000

　　贷：股本 1 000

　　　　资本公积——股本溢价 97 000

三、混合工具分拆处理

保险公司发行的某些非衍生金融工具，即混合工具，既含有负债成分，又含有权益成分。如可转换公司债券等。对此，保险公司应当在初始确认时将负债和权益成分进行分拆，分别进行处理。

在进行分拆时应当先确定负债成分的公允价值并以此作为其初始确认金额，再按照该金融工具整体的发行价格扣除负债成分初始确认金额后的金额确定权益成分的初始确认金额。

发行该非衍生金融工具发生的交易费用，应当在负债成分和权益成分之间按照各自的相对公允价值进行分摊。

【例 15－3】 甲保险公司 2×19 年 1 月 1 日按每份面值 1 000 元发行了 2 000份可转换债券，取得总收入 2 000 000 元。该债券期限为 3 年，票面年利息为 6%。利息按年支付；每份债券均可在债券发行 1 年后的任何时间转换为 2.50 股普通股。甲公司发行该债券时，二级市场上与之类似但没有转股权的债券的市场利率为 9%。假定不考虑其他相关因素，甲保险公司将发行的债券划分为以摊余成本计量的金融负债。

（1）先对负债部分进行计量债券发行收入与负债部分的公允价值之间的差额则分配到所有者权益部分。负债部分的现值按 9% 的折现率计算如表 15－2 所示：

表 15－2　　折现率计算表　　单位：元

本金的现值： 第 3 年年末应付本金 2 000 000 元 （复利现值系数为 0.7721835）	1 544 367
利息的现值： 3 年期内每年应付利息 120 000 元 （年金现值系数为 2.5312917）	303 755
负债部分总额	1 848 122
所有者权益部分	151 878
债券发行总收入	2 000 000

（2）甲保险公司的账务处理如下：

2×19 年 1 月 1 日，发行可转换债券：

借：银行存款　　2 000 000
　　应付债券——利息调整　　151 878
　　贷：应付债券——面值　　2 000 000
　　　　资本公积——其他资本公积（股份转换权）　　151 878

2×19年12月31日，计提和实际支付利息：

计提债券利息时：

借：利息支出　　166 331
　　贷：应付利息　　120 000
　　　　应付债券——利息调整　　46 331

实际支付利息时：

借：应付利息　　120 000
　　贷：银行存款　　120 000

2×20年12月31日，债券转换前。计提和实际支付利息：

计提债券利息时：

借：利息支出　　170 501
　　贷：应付利息　　120 000
　　　　应付债券——利息调整　　50 501

实际支付利息时：

借：应付利息　　120 000
　　贷：银行存款　　120 000

至此，转换前应付债券的摊余成本为1 944 954（1 848 122+46 331+50 501）元。

假定至2×20年12月31日，甲公司股票上涨幅度较大，可转换债券持有方均于当日将持有的可转换债券转为甲公司股份。由于甲公司对应付债券采用摊余成本后续计量，因此，于转换日，转换前应付债券的摊余成本应为1 944 954元，而权益部分的账面价值仍为151 878元。同样是在转换日，甲公司发行股票数量为500 000股。对此，甲公司的账务处理如下：

借：应付债券——面值　　2 000 000
　　贷：资本公积——股本溢价　　444 954
　　　　股本　　500 000
　　　　应付债券——利息调整　　55 046

借：资本公积——其他资本公积（股份转换权）　　151 878
　　贷：资本公积——股本溢价　　151 878

四、资产负债相互抵销

（一）金融资产和金融负债相互抵销的条件

金融资产和金融负债应当在资产负债表内分别列示，不得相互抵销。但是，同时满足下列条件的，应当以相互抵销后的净额在资产负债表内列示：

（1）保险公司具有抵销已确认金额的法定权利，且该种法定权利现在是可执行的；

（2）保险公司计划以净额结算，或同时变现该金融资产和清偿该金融负债。

不满足终止确认条件的金融资产转移，转出方不得将已转移的金融资产和相关负债进行抵销。例如甲公司与乙公司有长期合作关系，为简化结算，甲公司和乙公司合同明确约定，双方往来款项定期以净额结算。这种情况满足金融资产和金融负债相互抵销的条件应当在资产负债表中以净额列示相关的应收款项或应付款项。

（二）不符合相互抵销条件不能将相关金融资产和金融负债相互抵销的情形

（1）保险公司将浮动利率长期债券与收取浮动利息、支付固定利息的互换组合在一起，合成为一项固定利率长期债券。这种组合的各单项金融工具形成的金融资产或金融负债不能相互抵销。

（2）保险公司将某项金融资产充作金融负债的担保物，该金融资产不能与被担保的金融负债抵销。

（3）保险公司与外部交易对手进行多项金融工具交易，同时签订总抵销协议。根据该协议，一旦某单项金融工具交易发生违约或解约，保险公司可以将所有金融工具交易以单一净额进行结算，以减少交易对手可能无法履约造成损失的风险。在这种情况下，只有交易对手违约或解约时，相关的金融资产和金融负债才可以相互抵销；否则，不得相互抵销。

（4）保险公司在保险合同下的应收分保保险责任准备金，不能与相关保险责任准备金抵销。

五、金融工具披露内容

（一）金融工具一般信息披露要求

1. 编制财务报表方面

保险公司应当披露编制财务报表时对金融工具所采用的重要会计政策、计量基础等信息，主要包括：

（1）对于指定为以公允价值计量且其变动计入当期损益的金融资产或金融负债，应当披露下列信息：①指定的依据；②指定的金融资产或金融负债的性质；③指定后如何消除或明显减少原来由于该金融资产或金融负债的计量基础不同所导致的相关利得或损失在确认或计量方面不一致的情况，以及是否符合正式书面文件载明的风险管理或投资策略的说明。

（2）指定金融资产为可供出售金融资产的条件。

（3）确定金融资产已发生减值的客观依据以及计算确定金融资产减值损失所使用的具体方法。

（4）金融资产和金融负债的利得和损失的计量基础。

（5）金融资产和金融负债终止确认条件。

（6）其他与金融工具相关的会计政策。

2. 单项金融资产方面

保险公司将单项或一组贷款或应收款项指定为以公允价值计量且其变动计入当期损益的金融资产的，应当披露如下信息：

（1）资产负债表日该贷款或应收款项使企业面临的最大信用风险敞口金额，以及相关信用衍生工具或类似工具分散该信用风险的金额。信用风险，是指金融工具的一方不能履行义务，造成另一方发生财务损失的风险。

（2）该贷款或应收款项本期因信用风险变化引起的公允价值变动额和累计变动额，相关信用衍生工具或类似工具本期公允价值变动额以及自该贷款或应收款项指定以来的累计变动额。

3. 金融负债披露方面

保险公司将某项金融负债指定为以公允价值计量且其变动计入当期损益的金融负债的，应当披露下列信息：

（1）该金融负债本期因相关信用风险变化引起的公允价值变动额和累计变动额。

（2）该金融负债的账面价值与到期日按合同约定应支付金额之间的差额。

4. 资产减值损失方面

保险公司应当披露每类金融资产减值损失的详细信息包括前后两期可比的金融资产减值准备期初余额、本期计提数、本期转回数、期末余额之间的调节信息等。

5. 其他相关信息

保险公司在披露金融资产或金融负债的公允价值信息时，除非这些金融资产或金融负债是账面价值与公允价值相差很小的短期金融资产或金融负债，或者是在活跃市场中没有报价的权益工具投资，以及与该权益工具挂钩并须通过交付该权益工具结算的衍生工具，否则应当按照每类金融资产和金融负债披露下列公允价值信息：

（1）确定公允价值所采用的方法，包括全部或部分直接参考活跃市场中的报价或采用估值技术等。采用估值技术的，按照各类金融资产或金融负债分别披露相关估值假设。包括提前还款率、预计信用损失率、利率或折现率等。

（2）公允价值是否全部或部分采用估值技术确定，而该估值技术没有以相同金融工具的当前公开交易价格和易于获得的市场数据作为估值假设。这种估值技术对估值假设具有重大敏感性的披露这一事实及改变估值假设可能产生的影响，同时披露采用这种估值技术确定的公允价值的本期变动额计入当期损益的数额。

保险公司在判断估值技术对估值假设是否具有重大敏感性时，应当综合考虑净利润、资产总额、负债总额、所有者权益总额（适用于公允价值变动计入所有者权益的情形）等因素。

金融资产和金融负债的公允价值应当以总额为基础披露（在资产负债表中金融资产和金融负债按净额列示的除外），且披露方式应当有利于财务报告使用者比较金融资产和金融负债的公允价值和账面价值。

保险公司在作上述披露时，对于不存在活跃市场的金融资产或金融负债，其计量不是以实际交易价格为基础，而是采用更公允的相同金融工具的公开交易价格或估值结果计量的，应当按照金融资产或金融负债的类别披露下列信息：

（1）在损益中确认原实际交易价格与公允价值之间形成的差异所采用的

会计政策。

（2）该项差异的期初和期末余额。

6. 其他一般信息

保险公司应披露金融工具的其他一般信息，包括金融资产和金融负债的公允价值、金融资产转移、套期保值、担保物、金融工具有关的收入、费用、利得或损失等方面的信息。

（二）金融工具风险信息披露要求

1. 总体要求

保险公司既应披露金融工具风险的描述性信息。同时还应披露金融工具风险的数量信息。

（1）描述性信息。

①风险敞口及其形成原因；

②风险管理目标、政策和过程以及计量风险的方法。

上述描述性信息在本期发生改变的，应当作相应说明。

（2）数量信息。

①资产负债表日风险敞口总括数据。保险公司在提供该数据时，应当以内部提供给关键管理人员的相关信息为基础。保险公司运用多种方法管理风险的。应当说明哪种方法能提供最相关和可靠的信息。

②信用风险、流动性风险、市场风险等方面的数量信息。

③资产负债表日风险集中信息。风险集中信息应当包括管理层如何确定风险集中点的说明、确定各风险集中点的参考因素（包括交易对手、地理区域、货币种类、市场类型等）、各风险集中点相关的风险敞口金额。

上述数量信息不能代表保险公司本期风险敞口情况的，应当进一步提供相关信息。

2. 信用风险信息

（1）保险公司应当披露与每类金融工具信用风险有关的下列信息：

①在不考虑可利用的担保物或其他信用增级（如不符合相互抵销条件的净额结算协议等）的情况下，最能代表保险公司资产负债表日最大信用风险敞口的金额，以及可利用担保物或其他信用增级的信息。

②尚未逾期和发生减值的金融资产的信用质量信息。

未逾期金融资产指本金和利息都没有逾期的金融资产。

③原已逾期或发生减值但相关合同条款已重新商定过的金融资产的账面价值。假如这些金融资产在保险公司资产负债表日又出现逾期，就作为已逾期金融资产披露。

（2）最能代表保险公司资产负债表日最大信用风险敞口的金融资产金额，应当是金融资产的账面余额扣除下列两项金额后的余额：

①满足金融资产和金融负债相互抵销条件、已抵销的金额。

②已对该金融资产确认的减值损失。

【例 15－4】 某保险公司在不考虑可利用的担保物或其他信用增级的情况下，最能代表其资产负债表日最大信用风险敞口的金额如表 15－3 所示：

表 15－3　　最大信用风险敞口的金额　　单位：万元

项　　目	金　　额
拆放同业	94 510
买入返售资产	34 560
交易性金融资产	121 300
指定为公允价值变动计入当期的金融资产	3 300
衍生金融资产	30 000
可供出售金融资产	345 678
持有至到期投资	67 890
客户贷款及垫款	12 390 210
其他资产（背书和承兑等）	9 360
财务担保和其他信用相关的或有负债	9 966
贷款承诺和其他信用相关的承诺	3 036
2×20 年 12 月 31 日合计	13 109 810

（3）保险公司应当按照类别披露已逾期或发生减值的金融资产的下列信息：

①资产负债表日已逾期但未减值的金融资产的期限分析。

②资产负债表日单项确定为已发生减值的金融资产信息，以及判断该金融资产发生减值所考虑的因素。

已逾期金融资产指本金或利息逾期 1 天或以上的金融资产，已发生减值金融资产指单独进行减值测试后确定的已发生减值的金融资产。

③保险公司持有的、与各类金融资产对应的担保物和其他信用增级对应

的资产及其公允价值。相关公允价值确实难以估计的，应当予以说明。

（4）保险公司本期因债务人违约而处置担保物或其他信用增级对应的资产所取得的金融资产或非金融资产满足资产确认条件的，应当披露下列信息：

①所取得资产的性质和账面价值。

②这些资产不易转换为现金的，应当披露处置这些资产或拟将其用于日常经营的计划等。

3. 流动性风险信息

（1）保险公司应当披露金融资产和金融负债按剩余到期日所作的到期期限分析，以及管理这些金融资产和金融负债流动风险的方法。

流动风险是指保险公司在履行与金融负债有关的义务时遇到资金短缺的风险。

（2）保险公司在披露金融资产和金融负债到期期限分析时，应当运用职业判断确定适当的时间段。列入各时间段内的金融资产和金融负债金额，应当是未经折现的合同现金流量。

保险公司可以但不限于按下列时间段进行到期期限分析：

① 1 个月以内（含本数，下同）；

② 1 个月至 3 个月以内；

③ 3 个月至 1 年以内；

④ 1 年至 5 年以内；

⑤ 5 年以上。

（3）债权人可以选择收回债权时间的。债务人应当将相应的金融负债列入债权人要求收回债权的最早时间段内。

债务人应付债务金额不固定的，应当根据资产负债表日的情况确定用于到期期限分析的金额。

债务人承诺分期支付金融负债的，债权人应当把每期将收取的款项列入相应的最早时间段内；债务人应当把每期将支付的款项列入相应的最早时间段内。

债权人吸收的活期存款以及其他具有活期性质的存款，应当列入最早的时间段内。

4. 市场风险信息

金融工具的市场风险，是指金融工具的公允价值或未来现金流量因市场价格变动而发生波动的风险，包括外汇风险、利率风险和其他价格风险。其中，外汇风险，是指金融工具的公允价值或未来现金流量因外汇汇率变动而发生波动的风险；利率风险，是指金融工具的公允价值或未来现金流量因市场利率变动而发生波动的风险；其他价格风险，是指外汇风险和利率风险以外的市场风险。

（1）保险公司应当披露与敏感性分析有关的下列信息：

①资产负债表日所面临的各类市场风险的敏感性分析。该项披露应当反映资产负债表日相关风险变量发生合理、可能的变动时，将对保险公司当期损益或所有者权益产生的影响。

②本期敏感性分析所使用的方法和假设。该方法和假设与前一期不同的应当披露发生改变的原因。

（2）保险公司采用风险价值法或类似方法进行敏感性分析能够反映风险变量之间（如利率和汇率之间等）的关联性，且保险公司已采用该种方法管理财务风险的，可不按照上述（1）的要求进行披露，但应当披露下列信息：

①用于该种敏感性分析的方法、选用的主要参数和假设。

②所使用方法的目的以及使用该种方法不能充分反映相关金融资产和金融负债公允价值的可能性。

（3）如果按上述（1）或（2）对敏感性分析的披露不能反映金融工具内在市场风险的，保险公司应当披露这一事实及其原因。

第十六章 保险公司财务报表分析

本章精要

财务报表编制完成之后，需要进一步进行数据价值的挖掘，即开展财务报表分析。本章需要在掌握财务报表分析技巧方法的基础上，紧密结合保险公司的业务实际，开展具体的财务分析，并运用国际流行的杜邦分析体系来解剖公司的综合运行态势。

关于财务报表分析的技术方法，主要包括比率分析法、比较分析法、趋势分析法和结构分析法。这些方法更多地体现一种逻辑思路，是一种饱含启示性的技术工具。

关于保险公司财务分析的实用指标，包括了保险公司基本情况的分析、资产质量的分析、经营状况的分析、获利能力的分析、成本控制能力的分析，以及资金运用效益、收益质量、甚至社会贡献等方面的系列性指标。

在进行上述财务报表分析的同时，还可以进行全局性的综合体系分析，即杜邦分析法，这是一种能够追根求源的分析体系。整套分析层层递进，环环相扣，既联系资产负债表与利润表，又将经营分析指标串联了起来；既表现了个体，又体现了关联性，从而满足了通过财务报表分析进行绩效评价的需要，在经营目标发生异动时经营者能够及时查明原因并加以修正。

第一节 财务报表分析的技术方法

在具体展开财务分析之前，需要概括了解一下保险公司财务管理的基本内容，以便于进一步深入分析财务活动的规律和态势。

一、保险公司财务管理概述

（一）保险公司独一无二的特征

简单地说，不论是对社会公众，还是对专业学者，必须弄清楚保险公司和其他企业的区别，保险公司是不允许“倒闭”的！事实上，由于保险公司也是一个企业，一般企业可能发生的问题保险公司都有可能发生，也包括“破产”，但是有些保险合同周期长，为保障合同有效性，国家通过专门立法予以保障投保人的权益，这也社会风险管理框架下对最有效、最安全的保护体系。《保险法》第八十五条明确规定：“经营有人寿保险业务的保险公司，除分立合并外，不得解散。”还规定，被依法撤销或者依法宣告破产的，该公司持有的保险合同和保额准备金，必须转移给其他经营有人寿保险的公司，假如不能达成转让协议的，将由政府保险监管机构指定公司接受。另外，任何一个保险公司，在其成立之时都须按比例（目前是注册资本的20%）会向保监会指定银行缴存保证金，专门用于保险公司清算时的债务清偿。当然，保险公司在经营中还会通过精算而提取责任准备金，准备着在需要承担保险责任时依法使用。所有这些，都不得表现出保险公司作为一个社会风险管理的“稳定器”而区别于一般公司的最大特征。

（二）保险公司财务管理的含义

1. 财务管理的目标

财务管理的目标取决于企业的总目标。一般而言，企业的目标是生存、发展和获利。这就要求通过财务管理来筹措资金并有效地使用资金。保险公司财务管理的目标也是实现保险公司价值的最大化，并通过筹资、运用和分配决策来提高总体收益，降低经营风险，实现公司经营目标。保险公司财务管理与资金的获得及其合理使用的决策密切相关，并与保险市场前线的承保、理赔、给付等直接联系。财务管理的结果直接表现为保险公司资产、负债以及所有者权益的变化。

2. 财务管理的对象

一般而言，财务管理主要是资金管理，资金流转的起点和终点是现金，其他资产都是现金在流转中的转化形式。财务管理也会涉及成本、收入和利润等诸多问题。从财务观点看，成本和费用是现金的耗费，收入和利润是现金的来源。保险公司财务管理的对象就是保险资金及其流转过程。

3. 财务管理的内容

保险公司的财务管理是保险企业经营管理的重要环节，财务管理包括保险公司组织资金的过程，实际就是资金的筹集、使用和分配的过程。具体而言，保险公司财务管理的内容包括资金筹集、资产和负债管理、成本费用管理、财务成果的分配等等。由于资产业务的有效性及财务稳定性是保险经营中的突出问题，因此，保险资金运用管理与偿付能力管理成为保险公司财务管理的重要内容。

（三）保险公司财务管理的特点

1. 保险公司的资金运动具有特殊性

一般工商企业的资金来源，主要是企业所有者的投资。其资金运用过程是以货币资金购进材料（或商品），经过生产（或运输整理）和销售，又回到货币资金。如此循环往复，周而复始。显然，一般工商企业支付成本和费用在前，获得销售收入在后，且成本和费用的支出是可预测和控制的。保险公司的资金运动则完全不同，体现在：一是资金来源有一部分是资本金，大部分是保险费收入，而保险费收入是保险公司支付赔款和到期给付的预收资金，带有负债性质；二是保险公司的资金流动顺序是收入在先，支出在后，基本不需要垫付资金来保证成本和费用的支出，且从承保到理赔、给付等一个完整的经营周期持续时间相对较长，甚至长达二三十年；三是保险资金具有流入的确定性和流出的不确定性之特点。保险公司是先获得保费收入，后发生成本费用。在保险合同签订、保险费收取后即可基本确定资金流入量，但是未来资金的流出则具有不确定性。因为，未来保险事故的发生具有很大的随机性，保险公司只能根据经验数据，通过精算方式预先提取一部分准备金，以备支付的需要；四是保险产品定价有一定的预测性。保险费率主要是依据以前年度的平均保险事故发生率、平均费用率的统计数据以及利率和资金运用收益率的预测来制定的。由于以前年度的平均保险事故发生率、平均费用发生率与现在所承保的特定业务的保险事故发生率、费用率不可能完全一致，利率和资金运用收益率也会受到各种经济和非经济因素的影响而波动，所以费率的制定即保险产品价格的制定具有一定的预测性。

2. 保险公司的财务稳定性有特殊要求

一个企业的财务稳定性是该企业资金正常运转和及时融通的保证。保险公司的资金运转和融通能力，主要是偿付能力（包括赔款、给付和偿还其他债务的能力）。对于一般企业而言，如果财务状况不稳定或恶化，通常只是影响本企业的商品流转或再生产的持续进行，有时波及与本企业生产或流通相关联的企业，如供货商或经销商，但影响范围有限。而保险公司则不然。由于保险公司积聚了国民生产各部门的风险，一旦保险公司财务状况不稳定或出现危机，则其影响范围非常广泛，甚至会影响社会经济生活的安定。因此，每一个国家的政府都对于保险公司财务稳定性有着专门规定。

二、保险公司财务报表分析的通用技术方法

什么是保险公司财务报表分析的通用技术方法，言下之意，此分析方法绝非方法之全部，而主要是侧重于共同、普遍、一般性的方法工具。这种方法需要恰如其分地应用于特定条件下的专业分析，才能产生很好的作用。

（一）比率分析法

比率分析法是财务分析中运用最广泛的方法。它是将同期会计报表上有关数据加以比较求得各种比率，说明各项目之间的关系，以求发现和借以评价公司的财务状况和经营成果。西方会计界运用财务比率来评价和分析保险公司的财务状况经营成果，已经有近百年的历史。实践证明，借助于财务比率分析，可以有效地促进公司改善经营管理和提高经济效益，对于外部信息使用者准确地把握公司财务状况也是一种简单、快速的科学分析方法。

（二）比较分析法

没有比较就没有鉴别。比较分析法是将公司财务会计报告中的主要项目或财务指标与选定的基准相比较，确定其差异，并据以判断、衡量公司财务状况和经营成果等的一种分析方法。财务会计报告的绝对数值或财务比率或其他财务指标，除非与其他数值、比率或指标进行对比，否则毫无意义。通过比较分析，能够发现值得进一步分析的问题，即提出进一步应该分析的对象。

应用比较分析法时，需要合理选择比较的对象，并注意对比指标的可比性，还应该将多种比较形式科学地结合起来。通常应用比较多的案例是：与历史标准相比较、实际完成情况与计划或预算相比较、本公司与同行业公司比较、与绝对值标准比较。

（三）趋势分析法

趋势分析法是将两期或连续数期的财务会计报告中的相同指标进行对比，

确定其增减变动的方向、数额和幅度，以说明公司财务状况和经营成果的变动趋势的一种方法。这种方法能够化繁为简，提供一个明确的趋势概念，而且可以通过对过去的研究与观察，研究其变动规律，显示公司未来的发展趋势，为未来财务预测提供依据。

从趋势分析法的形式看，其主要形式有下述三种：绝对金额式趋势分析、环比式比率趋势分析和定基百分比趋势分析。

（四）结构分析法

结构分析法是分析某一经济现象在总体中所占的比重，进而从比重构成的分析中掌握事物的特点，借以认识事物的本质和客观规律性的一种方法。具体来讲，结构分析的特点就是把分析对象的总体视为100%，借以分析构成总体的各个部分所占的比重，以认识局部与总体的关系和影响。

第二节　财务报表分析的实用指标

一个科学、合理、有血有肉的财务报表分析，需要将上述分析方法完全融合在保险公司经营活动所体现的经济规律之中，即绝对不能简单地只用财务报表，还要结合保险公司的产品市场分析、客户价值分析、竞争力分析、客户市场调查和行业发展趋势调查等诸多因素。因为任何一个报表上的数据都是保险公司市场行为的结果反映。报表分析最忌讳的就是孤立地看问题。作为有能力的会计人和有智谋的经理人，看报表时一定要把握住整体，不能只见树木，不见森林。将反映整体的报表再结合保险公司经营状态的其他数据一并分析，构成一个完备的信息系统。

从保险公司财务分析的实用指标体系来看，通常由反映偿债能力、资产质量、成本控制、盈利创造、资本运营等方面的指标。

一、保险公司基本情况的分析

保险公司基本情况的分析是财务分析的第一道“门槛”。在没有对财务报表作进一步的详细分析之前，首先可以通过对财务报表的总体概览，了解保险公司财务预算状况、经营成果和现金流量的基本情况；然后通过财务报表趋势分析，研究公司资产、负债、权益、收入、费用 、利润、现金流入、现金流出等指标及其具体项目的变动情况，解释变动的原因。另外，通过财务报表的结构分析，揭示各项指标及其具体项目与其总额之间的内在关系，以反映哪些构成要素对这些指标存在重要影响，判断公司资产配置结构、筹资结构、收入、费用、利润结构、现金流量结构的合理性。

1. 保险公司财务的总体评价

（1）通过资产负债表，掌握保险公司资产、负债和所有者权益总体情况。浏览资产负债表，便可以获得以下重要信息：掌握公司的资产总额及在年度间的变化情况；掌握公司的负债总额及在年度间的变化情况；掌握公司的所有者权益总额及在年度间的变化情况。

（2）通过利润表，掌握保险公司收入、费用和利润的总体情况。既可以分析公司收入、支出总额和利润构成情况，从总体上把握公司的经营成果，也可以解剖营业利润的形成过程及其不同会计期间的变化情况，并掌握利润总额及其不同会计期间的变化、掌握净利润额及其不同会计期间的变化、掌握每股收益及其不同会计期间的变化情况。

（3）通过现金流量表，掌握保险公司现金流入、流出的总体情况。第一步，观察现金净流量总额即“现金及现金等价物净增加额”指标入手，来总体上掌握公司的财务状况；第二步，具体分析经营活动、投资活动和筹资活动等各类现金流的态势，深刻揭示其主导业务、投资活动与筹资领域的各自情况与得失。

2. 保险公司财务报表趋势分析

（1）资产负债表的趋势分析，“时点”与“时期”的关系是有机的。资产总额的变化受制于保险业务经营规模、对外投资与信用政、资产管理水平、会计政策等。（2）负债与所有者权益变动情况分析，在其他条件不变时，经营规模扩大，引起资产总额的增加，负债与所有者权益总额也必然随之增加。（3）利润表的趋势分析，不同时期的利润表对比，反映利润的形成情况和各有关项目的增减变化情况，揭示利润增减变化的原因，发现可能存在的问题，以判断公司盈利能力的变化趋势。（4）现金流量表的趋势分析，通过编制比较现金流量表来反映不同时期经营活动现金流量、投资活动现金流量、筹资活动现金流量等项目的增减变动额、增减幅度等指标来进行，以了解现金流量变动的一般趋势，找出影响现金流量变动的重点项目。

3. 保险公司财务报表的结构分析

（1）资产负债表的结构分析。结构分析就是把资产负债表中为数众多、繁杂的各项目数额转化为简明的百分数，揭示资产、负债、所有者权益及其具体项目与总额的关系，明确资产配置结构和筹资结构，了解公司资产的分布情况及各种资产组合、公司的资金结构及其对公司风险和偿付能力的影响，从而评价其结构的合理性。这种结构分析可以侧重于资产结构分析、资金结构分析等视角。

（2）保险公司利润表的结构分析。利润表的逻辑结构是沿着营业收入、营业利润、利润总额和净利润等指标渐次推进的，对于利润表相关指标的结构分析，可以分别视其相关指标总额为100%，其他项目均表示为该项目总额的百分数，并通过不同时期共同比报表的比较，反映各该项目占基准总额百分比的变动趋势，并通过不同时期共同比报表的比较，反映净利润构成和变动趋势。

（3）保险公司现金流量表的结构分析。现金流入结构分析是以公司现金流入总额为基数，分别将公司经营活动、投资活动和筹资活动等项目的现金流入数额及其具体项目与现金流入总额对比，得出各项活动、各明细现金流入项目所占的结构百分比，看出公司现金流入的主要来源和次要来源，进而分析原因，以便采取不同的对策，适当地扩大现金流入；现金流出结构是指公司的各项现金流出占公司当期现金流出总额的百分比，具体反映出公司的现金用于哪些方面。公司经营活动、投资活动和筹资活动等项目现金流出分别占现金流出总额的比重，以及各项活动内具体的明细构成项目所占的比重。通过现金流出结构分析，可以发现公司的主要现金流出项目，以便采取有效措施，适当控制公司的现金流出，加强管理，提高资金的使用效果；现金净流量结构分析是在现金流量表中以“现金净流量”为基数来对各项净流量表项目进行纵向分析。一般情况下，在现金流量表所反映的三类现金流量中，经营活动现金流量是由正常运营活动所引起的，它的稳定性与再生性是决定保险公司支付能力的关键，因而，它应占较大比重，也是关注的重点。

二、保险公司资产质量分析

资产有优良资产与不良资产或优质资产与劣质资产之分。传统工艺的资产负债表往往只重视资产的量，而忽视资产的质，导致了金融风险。因此，资产质量分析研究是保证需要会计信息质量的基本和条件。也是防范和化解种类风险的最好保障。资产质量分析研究包括资产变现能力考核成绩分析和营运能力考核成绩分析。资产的变现能力考核成绩反映了资产的周围速度，资产的营运能力则反映了资产的增值能力或使用效率。

1. 资产质量分析的意义

一是资产质量分析是传统财务分析的深化和补充。传统的资产负债表分析往往只注重资产的量，而忽视资产的质；二是资产质量分析是保证会计信息质量的基础和条件；三是资产质量分析是防范和化解各类风险的最好保障。

2. 资产的变现能力分析

资产质量分析包括资产的变现能力和营运能力分析。资产的变现能力反映了资产的周转速度。按照经济学的原理，公司的资产在经营过程中经常地发生形态的转换，从而形成资产的运转周期，周期越短即周转速度越快，则反映资产的运营效率越高。主要分析指标如下：

（1）应收保费率：即应收保费余额与保费收入的比率，比率越高，则风险越大。其计算公式为：应收保费率 = 本期应收保费余额/本期保费收入 ×100%

（2）不良资产比率。即不良资产平均余额与资产平均余额的比率，比率越高，则资产优良程度越低。其计算公式为：不良资产率 = 不良资产平均余额/资产平均余额 ×100%

（3）无息资产比率。即无息资产平均余额与总资产平均余额的比率，比率越高，则能够产生效益的资产则越小。其计算公式为：无息资产率 = 无息资产平均余额/总资产平均余额 ×100%

此外，还可以分析资产减值准备率等。

3. 资产运营能力考核分析

（1）应收保费周转率（或应收保费周转天数）：反映应收保费在一定期间内周转的次数。其计算公式为：应收保费周转率 = 保费收入/应收保费平均余额

（2）资产周转率，也称资产利用率，用于反映公司运用其总资产获取收益的能力。其计算公式为：资产周转率 = 营业收入/资产平均余额

（3）资金运用率：主要反映保险公司是否将应运用的保险资金全部进行运用，有无占用应运用资金进行固定资产投资等行为。其计算公式为：资金运用率 = 资金运用总额/应运用资金总额 ×100%

单类资金运用率：主要监测保险公司是否按照国务院批准的保险资金运用项目来运用保险资金以及各资金运用项目在总资金运用中的比重，避其资金运用风险集中。其计算公式为：单类资金运用率＝单类资金运用金额/资产总额×100%

三、保险公司经营状况分析

保险公司收入的直接来源是什么？收入有多少？保险合同中的责任准备多少？赔付多少？保险经营承包中费用是多少？它们持续性如何？计划完成情况如何？增减变动如何？控制如何？对公司经营承包状况的影响如何？这些都是保险公司时刻要面对的问题。通过对保费收入、分保状况、赔付支出、责任准备金及费用关键指标的趋势分析、结构式分析和比例分析，可以详细了解保险公司总体经营状况。

1. 保费收入分析

（1）保费收入的比较分析。包括的视角有：保费收入增长额和增长率的分析、与保费收入最高年度的比较分析。

（2）保费收入的趋势分析。收集基于会计期间的相同项目进行分析观察其发展变化的趋势，包括一定时期内的定基增长率和环比增长率。

（3）保费收入的计划完成情况分析。包括的视角有：全年保费收入计划完成率分析、当月保费收入计划完成率分析。

（4）保费收入的结构分析。在总保费收入中各单项保费所获得的收入与总收入之比。

2. 分保状况分析

（1）自留保费率：主要反映财产保险公司自留保费规模，其计算公式为：

自留保费率＝本期自留保费/（实收资本＋公积金）×100%

（2）净保费收入增长率：主要反映保险公司净保费（即自留保费）的增长情况，其计算公式为：

净保费收入增长率＝（本期净保费收入－上年同期净保费收入）/上年同期净保费收入×100%

3. 保险赔付分析

（1）保险赔款分析。最基础的是赔款率分析，赔款率是一定时期的赔款支出与保费收入的比率，用公式表示为：赔款率＝赔款支出－摊回分保赔款/

保费收入＋分入保费－分出保费×100%

进一步地，还可以分析赔款率集中趋势。赔款率集中趋势分析常用于计算综合赔款率或行业标准赔款率。主要介绍比较典型的两种方法，即简单算术平均法、二次算术平均法。

（2）保险给付分析。这一分析主要是针对寿险和长期健康险等长险业务的分析。其计算公式：

给付率＝[（满期给付＋死亡给付＋伤残给付＋医疗给付＋年金给付）－（摊回满期给付＋摊回死亡给付＋摊回伤残给付＋摊回医疗给付＋摊回年金给付）]/（寿险、长期健康险期初责任准备金余额＋寿险、长期健康险保费收入）×100%

（3）退保分析。

退保率＝当期退保金支出/期初寿险、长期健康险责任准备金余额＋当期寿险、长期健康险保费收入×100%

4. 提取保险责任准备金分析

（1）未决赔款准备金与赔款支出比。未决赔款准备金与赔款支出比是指分保后未决赔款准备金与摊回后赔款支出的比率，其计算公式为：

未决赔款准备金与赔款支出比＝提取未决赔款准备金－摊回未决赔款准备金/赔款支出－摊回分保赔款×100%

注意防范：未决赔案理念不清、存在不报漏报情况、损失金额估算不准确、未决赔案结案不及时以及撤案或拒赔的案件缺少统计。

（2）准备金变化率。指提取保险责任准备金的变化与保费收入变化的比率，其计算公式为：准备金变化率＝本年提取保险责任准备金－上年提取保险责任准备金/本年保费收入－上年保费收入×100%

（3）费用分析。费用分析以费用率（包括综合费用率、业务及管理费用率）分析为基础，进一步建立费用降低率、费用率指标完成情况、费用结构等分析体系。其计算公式为：

综合费用率＝（业务及管理费－摊回分保费用＋手续费及佣金支出＋分保费用＋税金及附加）/已赚保费×100%

业务及管理费率＝（业务及管理费－摊回分保费用）/已赚保费×100%

四、保险公司获利能力分析

尽管保险公司在日常管理方面盈利能力的管理更加富有挑战，但是，在分析长期偿付能力时，需特别关注保险公司的盈利能力。因为现金流的变化最主要的是取决于公司能获得的收入和必须付出的成本之间的差额及两者间的比例关系，盈利是长期负债所需资金的最可靠、最理想的来源，稳定的收益流是保险公司健康长期发展的重要保证。保险公司的盈利能力可以通过以下两方面的分析来获得：

第一，利润情况。包括各年度利润的增减对比情况，各利润率指标，如营业利润率、净资产利润率、资产利润率等指标的情况，及这些指标与同业公司的对比情况。

第二，营业收入情况。利润简单地说就是营业收入与营业支出的差额。已赚保费和投资收益作为保险公司营业收入两大重要来源应当重点关注：(1) 已赚保费是将保费收入中分出保费和未到期责任准备金（短期险保费中保险期限不在本会计期间的未赚保费）剔除出来。对已赚保费进行分析就是对保费收入进行分析。保费收入就是通常意义上保险公司为了承担一定风险而向投保人收取的保险费。一方面，可以通过保费的增长情况来衡量公司保险业务发展规模；另一方面，可以通过保费收入的类型分布、渠道构成、年期构成等情况来综合衡量公司保险业务发展活力。但是，由于各家保险公司对保费结构的披露口径均存在差异，很难横向对比；(2) 投资收益的效益性、稳定性。对于保险业务，保险公司收到保费一般低于未来实际发生的给付金额，为了保证到期拥有足够的给付资金，资金运用至关重要，投资成了保险公司的重要业务。新准则将投资收益作为营业收入的一个构成项目列示。投资收益的效益性可以通过历年投资收益的增减情况、投资收益率情况等来考量；投资效益的稳定性可以通过资产运营情况和保险公司投资资产的分布状况来考量。

五、保险公司成本控制能力指标

保险公司的成本控制能力直接决定着取得相同业绩的竞争能力，务必从严掌握控制。

1. 财险赔付率

本指标反映一定时期的赔款支出与保费收入的比率，其计算公式为：

赔付率 =（赔款支出 - 摊回分保赔款 + 分保赔款支出）÷（保费收入 - 分出保费 + 分入保费）×100%

本指标主要反映财产保险业务、意外伤害保险业务和短期健康保险业务的赔款支出状况，该指标越低越好。指标低，说明保险公司承保的保险标的出险率低、理赔质量高、支付赔款少，从而效益好。

2. 寿险给付率

本指标反映寿险及长期健康险业务保险给付状况，其计算公式为：

给付率 =（满期给付 + 死亡给付 + 伤残给付 + 医疗给付 + 年金给付）/（期初寿险、长期健康险责任准备金余额 + 当期寿险、长期健康险保费收入）×100%

该指标越低，说明保险公司效益越好。另外，在计算给付率时还应分个险和团险、分不同的险种进行，也可以分项目进行。

3. 退保率

本指标反映寿险及长期健康险业务保险退保状况，其计算公式为：

退保率 = 当期退保金支出 ÷（期初寿险、长期健康险责任准备金余额 + 当期寿险、长期健康险保费收入）×100%

在寿险业务中，退保合同的退保金一般比责任准备金要少，即保险人通过处理退保可以获得由此产生的营业利润。孤立地看，退保越高则利润越高。但退保产生的后续结果并不仅仅限于退保本身，它还会在经营上产生连锁反应，比如发生退保可能造成保户对保险业务的逆选择、费用上的亏损、虚假利润，影响人寿保险公司业务的正常经营。因此，退保率指标不宜过高。退保率过高，说明保险公司业务不稳定。

4. 费用率

其计算公式为：

费用率 = 销售费用 ÷ 营业收入 ×100%

该指标反映保险公司为取得营业收入而付出的费用。它可用来衡量保险公司费用的管理水平。该指标越低，说明保险公司费用的管理水平越好。

六、保险公司盈利能力指标

1. 承保利润率

本指标反映每 1 元的保费收入所带来的承保利润的多少，旨在反映保险公司的承保效益。其计算公式为：

承保利润率 = 承保利润 ÷ 保费收入 ×100%

承保利润指不包括投资收益和营业外收入等损益项目合计数。该指标值如果大于0，说明保险公司直接承保业务有利润，否则，直接业务将出现亏损。在当今保险市场中．由于竞争十分激烈，事故发生率逐渐提高，损失金额逐渐增大，有时承保利润可能出现负数，那么公司的利润要通过保险投资利润来实现。

2. 营业利润率

本指标反映每1元的保费收入所带来的营业利润的多少，其计算公式为：

营业利润率 = 营业利润 ÷ 保费收入 ×100%

由于营业利润中包含投资效益、利息收入、证券回购收益、独立账户收益。因此，该指标不仅能体现保险公司的承保效益，而且可以体现保险公司的投资效益。一般来说，该指标值应大于0。

3. 利润率

利润率反映保险公司每1元的营业收入所带来的净利润的多少，表明营业收入的收益水平。其计算公式为：

利润率 = 净利润 ÷ 营业收入 ×100%

营业收入也即保险业务收入，不仅包括保费收入，而且包括追偿款收入、分保费收入，它能更综合地反映公司所获得的收入创造利润的水平。从利润率的指标关系来看，净利润与利润率成正比例关系，而营业收入额与利润率成反比例关系。若保险公司在增加营业收入额的同时，必须相应地获得更多的净利润，才能使利润率保持不变或有所提高。通过分析利润率的指标的变动，可以促使保险公司在取得营业收入的同时，注意改进经营管理，提高盈利水平。

4. 净资产利润率

净资产利润率又称权益报酬率，是用来说明保险公司的净利润同资产净值的关系，其计算公式为：

净资产利润率 = 净利润 ÷ 资产净值平均余额 ×100%

式中资产净值是指资产减负债的差额，也即净资产或所有者权益，表明保险公司运用投资者投入的资本创造利润的能力。另外，该指标还可以用来衡量保险公司负债资金成本高低。一般来说，保险公司的净资产利润率越高越好。净资产利润率如果高于同期银行利率，则适度负债对投资者来说是有利的；反之，如果净资产利润率低于同期银行利率，则过高的负债率将损害投资者的利益。

5. 资产利润率

资产利润率表明保险公司运用全部资产创造利润的能力，它综合反映了保险公司资产的利用效果，其计算公式为：

资产利润率 = 净利润 ÷ 资产平均余额 × 100%

公司的资产是由投资者投入和举债形成的，净利润的多少与公司资产的多少、资产的结构、资产的营运状况有着密切的关系。

6. 每股净收益

每股净收益又称为每股盈余或每股税后利润，是指在某个会计年度内平均每股普通股获得的收益，反映了股东原始投资的获利水平，即股东原始投资对公司本期利润的要求，它会直接影响到股票市价，适合于上市保险公司，其计算公式为：

每股净收益 =（净利润 - 优先股股息）÷ 发行在外的普通股加权平均数股数

对上市的保险公司而言，在诸多指标中，每股净收益是一个颇受人们关注的指标，也是最具隐蔽性的比率之一，受到投资者和潜在投资者及其他利益相关者的极大重视。每股净收益可以认为是一家上市公司管理效率、盈利能力和股利分配来源的显示器，各个公司之间的业绩差异可以用每股净收益来解释，因此每股净收益是投资者进行投资决策的重要依据，通常在各上市公司之间的业绩比较中广泛运用。

七、反映资金运用效益指标

这一类指标，是专门分析保险公司投资部门在定时期内运用资金所获取的收益态势的指标。主要包括：

1. 资金运用收益率

本指标主要反映保险公司资金运用效益状况，其计算公式为：

资金运用收益率 =（投资收益 + 利息收入 + 买入返售证券收入 - 卖出回购证券支出 - 各项投资减值准备）÷ MAX（资金运用平均余额，各项责任准备金平均余额）

其中，MAX（）为取括弧中较大的一项。

资金运用平均余额 =（年初资金运用余额与至 N 季末的各季资金运用余额

之和）÷（N+1）

各项责任准备金平均余额 =（年初各项责任准备金余额与至N季末的各季各项责任准备金余额之和）÷（N+1）

2. 资金运用收益充足率

本指标主要反映经营寿险业务的保险公司寿险资金运用实际收益与应有最低收益的比较状况，其计算公式为：

资金运用收益充足率 = 资金运用净收益 ÷ 预定资金运用收益 ×100%

预定资金运用收益 =（年初责任准备金 + 年末责任准备金）÷2 × 各险种预定利率加权平均数

本指标值应大于100%。如果资金运用收益充足率低于100%，则意味着保险公司将产生利差损。

3. 存款收益率

本指标主要反映保险公司银行存款生息状态，其计算公式为：

存款收益率 = 银行存款利息收入 ÷ 银行存款平均余额

本指标中银行存款包括活期存款和定期存款，该指标不能过高，也不能太低。过高，说明手头可供周转的资金太少，影响赔付；太低，说明银行存款结构不合理，或者银行实际利率太低。

八、反映收益质量的指标

1. 保费收现比率

本比率反映当年保费收入在当年收现程度，它是衡量承保质量的重要指标。

其计算公式为：

保费收现比率 = 收到的现金保费 ÷ 保费收入

该指标等于或接近于1，说明本期收到的现金与本期发生的保费基本上一致，没有形成挂账，周转良好；该指标如果大于1，说明本期不仅收到了当期保费，而且还收回部分前期的应收保费；该指标如果小于1，说明账面收入高，变现收入低，挂账较多，公司必须关注应收保费的质量。

2. 利润变现比率

本指标主要反映公司经营活动现金净流量和净利润的差异，即保险公司利润品质的好坏。其计算公式为：

利润变现比率 = 经营活动现金净流量 ÷ 净利润

本比率说明公司每实现 1 元的账面利润中，实际有多少现金支撑。该指标数值越大，说明账面利润与现金流量的差异越少，利润的收现能力越强，资金的流动性和支付能力越强，公司的收益品质越好。通常，该比率应该大于 1；若远远小于 1，甚至为负值，则表明现金流量存在异常现象，公司收益可能存在严重的质量问题。

九、社会贡献能力指标

1. 社会贡献率

社会贡献率是衡量保险公司运用全部资产为国家、社会创造或支付价值能力的指标。其计算公式为：

社会贡献率 = 社会贡献总额 ÷ 平均资产总额 × 100%

社会贡献总额是指为国家社会创造或支付的价值总额，包括工资、劳保退休统筹及其他社会福利支出、利息支出净额、应交所得税、应交营业税及附加、其他税收、净利润等。

2. 上交积累率

上交积累率是衡量保险公司社会贡献总额中有多少用于上交国家财政的指标。其计算公式为：

上交积累率 = 交国家财政总额 ÷ 社会贡献总额 × 100%

上交国家财政总额包括应交营业税及附加、应交所得税、其他税收及利润等。

第三节　财务报表分析的综合体系

在围绕企业财务与运营的综合分析体系，最具备权威性和代表性的就是杜邦分析法，因此，本节主要阐述杜邦分析法在保险公司财务分析中的应用。

一、杜邦分析法的分析框架

杜邦分析法（The Du Pont System）是美国杜邦公司的非财务专业的经理人为了避免专业报表的繁琐，而自行设计的财务分析框架，是一种比较实用的财务比率分析。整套分析层层递进，环环相扣，既联系资产负债表与利润表，又将经营分析指标串联了起来，既体现了个体，又体现了关联性，从而满足了通过财务分析进行绩效评价的需要，在经营目标发生异动时经营者也能及时查明原因并加以修正。它是保险公司分析财务状况的一个重要工具。现将其分析流程列示如图 16－1 所示。

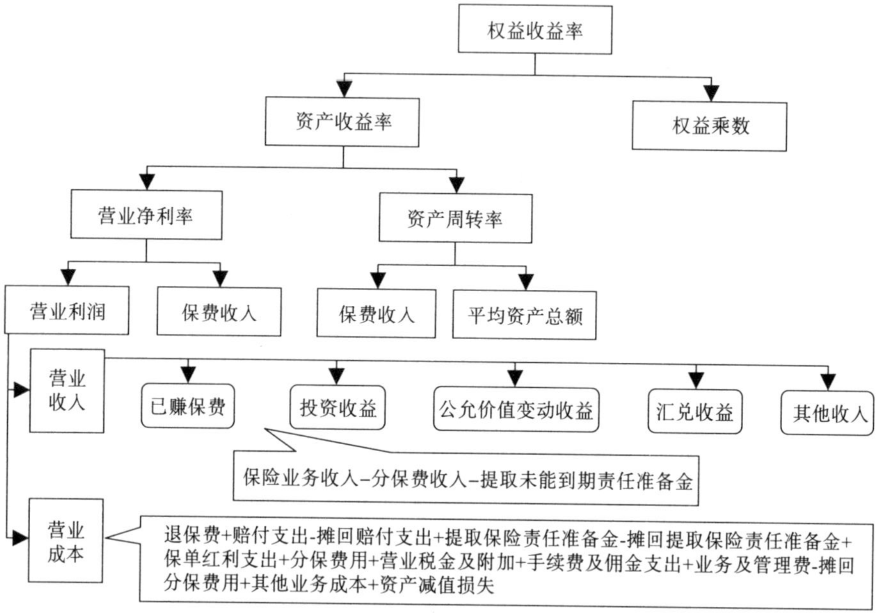

图 16－1　杜邦分析法在保险公司的应用示意图

二、杜邦分析法的逻辑关系

(1) 图 16－1 中最底层的营业收入构成与营业成本构成值得关注。

第一，营业收入＝已赚保费＋投资收益＋公允价值变动收益＋汇兑收益＋其他业务收入

其中，已赚保费＝保险业务收入(包括分保收入)－分出保费－提取未能到期责任准备金

第二，营业成本＝退保费＋赔付支出－摊回赔付支出＋提取保险责任准备金－摊回提取保险责任准备金＋保单红利支出＋分保费用＋税金及附加＋手续费及佣金支出＋业务及管理费－摊回分保费用＋其他业务成本＋资产减

值损失

因此，营业收入与营业成本相比，构成了营业利润。再加上营业外收支净额，就是利润总额。将利润总额减去所得税费用，就是利润表所反映的最后结果，即净利润。

净利润除以销售收入是销售净利润率，用公式表示：

营业净利率 = 净利润 ÷ 保费收入

营业净利率反映了保险公司净利润额与保险营业收入的关系。从这个意义上看，提高销售净利率是提高保险公司赢利能力的关键所在。

（2）资产构成可以分成两类，一类是流动资产，另一类是非流动资产，两者相加得到总资产；保费收入除以总资产为总资产的周转率，用公式表示：

总资产周转率 = 保费收入 ÷ 总资产

总资产周转率表明了资产对于销售的贡献能力，体现了资产运作效率的高低。保险公司要联系销售收入分析保险公司资产的使用是否合理，流动资产和非流动资产的比例安排是否恰当。此外，还必须对资产的内部结构以及影响资产周转率的各具体因素进行分析。

（3）总资产的周转率乘以销售利润率，就是资产的净利润率，用公式表示：

资产净利率 = 销售净利率 × 总资产周转率

资产净利率反映保险公司全部资产能给保险公司带来多少净利。资产净利率也是一个重要的财务比率，综合性比较强。它是销售净利率和资产周转率的乘积，因此，要进一步从销售成果和资产营运两个方面来分析。

（4）在权益乘数中，实收资本，加上资本公积、盈余公积、未分配利润，为所有者权益，也叫作净资产。净资产和总资产之间的关系，就是财务杠杆，在这里我们定位为权益乘数。权益乘数乘以资产净利率，就是权益净利率，也被称为股东回报率，用公式表示：

权益净利率 = 资产净利率 × 权益乘数

权益净利率是一个综合性很强的财务比率，是杜邦分析系统的核心。它反映所有者投入资本的获利能力，同时反映保险公司筹资、投资、资产运营等活动的效率。它的高低取决于总资产利润率和权益总资产率的水平。

总之，权益乘数是总资产与所有者权益的比率，可以称为财务杠杆，用公式表示：

权益乘数 = 总资产 ÷ 所有者权益

又可以表示为：

权益乘数 = 1 ÷ (1 − 资产负债率)

权益乘数反映所有者权益同资产的关系，同时也能够反映保险公司负债程度，权益乘数越大，保险公司负债程度越高。在总资产需要量既定的前提下，保险公司适当开展负债经营，相对减少所有者所占份额，可使权益乘数提高，这样能给保险公司带来较大的财务杠杆利益，但同时保险公司也需要承受较大的财务风险压力。因此，保险公司既要合理使用全部资产，又要妥善安排好资金结构。

三、杜邦分析法的管理延伸

我们也可以把保险公司每月的经营分析用杜邦分析法延伸下去。怎么延伸呢？保险公司每月的股东回报率实际上是跟每月每个部门的经营绩效指标联系在一起，这样就变成了财务指标和绩效考核指标的衔接。也就是说，让经理人每个月的工作绩效跟财务指标的结果牢牢地联系在一起。

把标准的资产负债表、损益表和现金流量表组合在一起，很大程度上能够帮助我们发现管理背后的问题。作为一位经理人，要善于把财务的指标引申到管理的考核中去，通过财务指标的变动发现保险公司经营中的问题。这是需要每一个经营管理者认真思考的。

在实际管理中，少数公司不注重经营与管理改善、经营与财务风险的平衡。有些保险公司盲目扩大规模，实际上也影响了股东回报率。因此，这也是不可忽视的。权益乘数是表现股东控制资产规模的指标，是保险公司风险指标。对于高速发展，以融资手段为主进行扩张的保险公司来说，必须更关注这个指标。

第五篇

相关管理篇

开篇有益

本篇是保险公司会计核算之后转型升级篇章，即在掌握了保险公司日常会计核算之后，需要进一步学习和掌握保险公司财会人员在工作中的视野与技能。其中，偿付能力与资金运用则是两个相当重要的主题。学习本章，既要理解这两个保险行业独特活动的规律与监管领域的大致历史演化，更要基本掌握现行的相关原理、要求与基本操作技术，以便进一步深刻把握未来条件下的走向。

最基础的也是最为重要的知识点，就在于理解和掌握偿付能力管理的基本框架，尤其是认可资产、认可负债的确认、计量标准，以及不同偿付能力充足率之下的对应监管措施。在此基础上，适应中国保险监管水平提升的需要，理解建设第二代偿付能力监管制度体系采用三支柱的整体框架（资本充足要求、风险管理要求和信息披露要求），并掌握这种以我国国情为基础、接轨国际保险监管规则、以风险为导向的全新规则、内容与众多知识点。

保险公司资金运用也是一个富有挑战性的主题，在投资与承担两轮驱动的公司生存与发展情形下，资金运用的市场化、效益性与风险监管的矛盾及协同是一个重要课题。这也需要在掌握投资渠道、市场商机的同时，注重投资的监管红线。“死数据，活情况”，只有通过科学的分析，才能揭示其隐藏于背后的内在实质与发展规律。因此，拟从常规分析方法、实用分析指标和综合分析体系三个层面为读者提供财务分析的“金钥匙”。

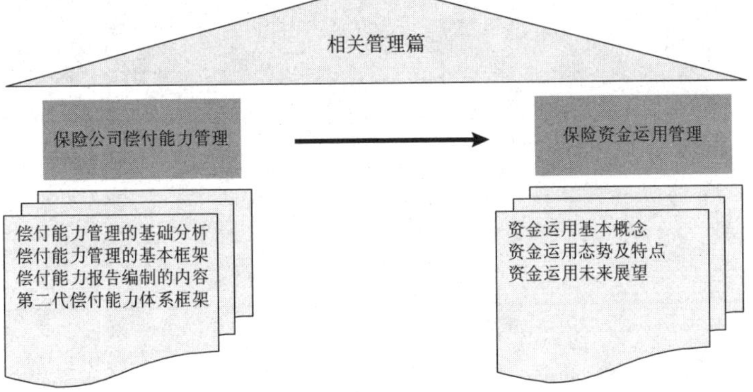

第十七章 保险公司偿付能力管理

本章精要

保险公司偿付能力管理是一个事关全局的重大问题，这是由保险公司作为一个关系到千千万万投保人在未来某一时刻所享有的法定权益能不能真正实现的大问题，其涉及群体的广泛性、延展时间的持久性、利益关联的强烈性，都无一不要求对这个行业实施一系列让老百姓、让子孙后代放心的政府监管措施。所以，保险业的偿付能力监管理念远远强过一般企业对偿债能力（如资产负债率、偿债能力等）指标的要求。

因此，偿付能力早已经上升成为政府保险监管的核心内容，从最初意义上分析，保险公司偿付能力决定了保险公司在正常和非正常年景下对所承担的风险能否具有足额的赔偿或给付能力，是保险公司是否具有良好财务稳定性和可信度的集中表现，关系到社会秩序的正常与稳定能否得到维护。正是从这种境界来分析，需要首先理解偿付能力的概念与意义、影响因素等；再结合前述所有保险公司会计核算的资产与负债要素，对偿付能力视角下的资产价值与负债金额从特定的认可度上进行分析和认定，这是整个传统偿付能力知识体系的基础。

当然，对保险公司偿付能力的科学分析与判断始终是一种挑战，因此，不能局限于单纯的量化认可，新一代偿付能力则更加全面、深刻地使用三维观（资本充足观、风险管理观和信息披露观）来评价一家保险公司的偿付能力强弱，这自然是一种国际趋势，也是目前中国保险业探索前行的征程。需要我们一起来且行且珍惜，细细地品味和领会。

第一节 偿付能力的基础分析

前述各章，主要讲解保险公司的会计核算业务与财务分析。保险公司作为一个完全不同于一般企业的社会组织，其最核心的财务指标也是监管指标也需要财会人士简要掌握。因此，本章将在全面诠释保险公司财务分析的基础上，再探讨其特有的偿付能力管理。

保险业作为经营风险的特殊行业，承担了对被保险人的风险损失进行赔偿和给付的责任。保险公司必须具有充足的资产来保证其履行这些偿付承诺，保险公司的偿付能力是否充足，直接决定了被保险人能否得到切实可靠的保障，也决定了保险公司的财务稳定性及其持续稳定健康发展。因此，保证保险公司具有充足的偿付能力，既是保险公司追求的首要目标，也是保险监管的核心。偿付能力（Solvency）是保险公司偿付债务的能力，即公司对所承担的风险依法履行赔偿或给付义务的经济能力，特别在发生超出正常年景的赔偿或给付时的经济补偿实力。对投保人来说，“养兵千日，用兵一时”，故此，偿付能力成为政府保险监管的核心内容，也是保险公司赖以存在并持续经营的重要条件。保险公司是否具有偿付能力，显然具有特别重要的意义：偿付能力决定了保险公司在正常和非正常年景下对所承担的风险能否具有足额的赔偿或给付能力，是保险公司是否具有良好财务稳定性和可信度的集中表现，关系到社会秩序的正常与稳定能否得到维护，在中国不断走向世界的今天，偿付能力还意味着中国保险业能否通过发展，增强竞争力，积极应对国际竞争。

一、保险公司偿付能力的概念与意义

保险公司偿付能力的概念是由亚当·斯密最早提出的，在其《国富论》中，他认为：“保险业者要想与他人以保障，他自己就必须有很大的一宗资本。”这可以说是保险公司偿付能力概念的雏形。随着保险业的发展，人们对保险公司偿付能力概念的认识不断深化，对偿付能力概念的界定也更加明确。原中国保监会副主席魏迎宁认为：偿付能力是保险人赔偿和给付保险金的能力，保险企业对所承担的风险在发生超出正常年景损失总量时的经济补偿能

力。简单来说，保险公司的偿付能力是指在任何时候，保险公司履行其所有合同下义务的能力。它体现了保险公司资产和负债之间的一种关系，也是检验保险公司资产充足性的重要指标，其内涵还可引申为保险公司的现金资产在任何时点上足以支付到期债务。

偿付能力是保险公司总体经营水平的综合反映，不仅是保险公司稳定发展的基础，也是保险监管机构进行监督管理的核心和焦点。强化偿付能力监管，不论对保险人、还是对投保人，甚至对行业、国家和社会而言，都具有特别重要的意义：

（一）偿付能力监管是保险公司健康持续发展的保证

本质上，保险公司的业务经营过程就是风险集中和分散风险的过程，投保人缴纳的保险费是根据数理模型在各种假设条件下预测出损失概率等重要因素而确定的。理论上纯保费正好能够满足赔付和给付的需要，但在实际中，由于各种因素的影响，往往导致实际发生的损失率与预期损失概率之间存在偏差，当前者大于后者时，保费收入不足以支付赔偿和给付，保险公司需要用保费以外的资金来偿付。因此，保险公司的偿付能力就要考虑所承担的风险在发生超出正常出险概率下的赔偿和给付能力。对保险公司的偿付能力进行监管，可以促使保险公司不断扩充资本金，吸纳更多的资本流向保险行业，督促保险公司提升经营管理水平，促进保险公司专业化经营。而保险公司的偿付能力决定了保险公司承担风险的能力和业务规模，关系到保险公司的形象和信誉。保险公司只有具备雄厚的偿付能力，才能够健康持续地发展。

（二）偿付能力监管是保障被保险人利益的重要手段

保险合同是保险公司对投保人在约定的保险事故发生时，履行赔偿或给付保险金义务的承诺，此承诺能否兑现的关键，在于保险人是否具有偿付能力。由于保险交易中双方信息不对称、保险精算及其经营又具有极强的技术性等多方面原因，投保人、被保险人无法衡量或监视保险人的偿付能力，从而无法实现真正的自我保护。因此采取必要的措施对保险公司进行偿付能力监管，可以保证保险公司具有偿付能力，进而增强保险公司履行对被保险人责任的可靠程度。

（三）偿付能力监管对保险业乃至整个国民经济的健康平稳发展至关重要

保险业是一个具有公共性质的行业，它的经营原理就是通过大数法则分摊损失和经济补偿，因此不可避免地要涉及大量的投保人，保险公司经营的好坏直接影响到被保险人的利益。同时，保险业在国民经济中占有重要的地位，具有“社会稳定器”的作用，保险公司的偿付能力是保证其履行社会稳定职能的核心能力，一个国家的经济越发达，其保险业承担的社会稳定作用就越大，对保险公司偿付能力的要求就越高。由于保险公司的自有资本比例通常较低，当一家保险公司因缺乏流动性而破产将引发诸多严重危害，它不仅损害被保险人的利益，影响到保险业的经营秩序乃至整个金融业的安全，而且威胁到社会经济的稳定和人民的生活安定，将给社会造成极大的负面影响。

二、影响保险公司偿付能力高低的主要因素

保险公司偿付能力是其整体运营的综合结果，依赖于产品定价、准备金提取、再保险安排等一系列参数。保险公司内部和外部多因素的变动都会给保险公司带来风险，它们通过影响保险公司的资产或负债，进而影响其偿付能力。

（一）偿付能力的构成

从构成偿付能力的资金组合看，偿付能力一般包括以下五项内容：

1. 资本金

资本金是每一家保险公司得以设立和运作的基础，与业务规模相适应的资本金是保障保险公司正常经营的重要条件，也是其积累资金的坚强后盾。各国法律对设立保险公司的注册资本一般都严格规定了最低限额。我国 1995 年《保险法》规定，设立保险公司其注册资本的最低限额为 2 亿元人民币。1999 年《保险公司管理规定》要求，注册资本金达到 5 亿元人民币可从注册时起在全国范围经营。这些资金当然可以依照法定条件参与营运。

2. 保险责任准备金

保险责任准备金是保险公司为处理未到期责任和未决赔款而从保费收入中提取的准备金。保险合同准备金包括未到期责任准备金、未决赔款准备金、寿险责任准备金和长期健康险责任准备金。这些准备金就是依法分散提取后，集中起来专门用于偿付的资金来源。

3. 保险保证金

政府监管强行指定相当比例的法定保证金，掌握一部分实有资本来保证保险公司的变现资金数量。目前，有关法规规定，保险公司应将其注册资本

总额的20%作为法定保证金，存入保险监督管理部门指定的银行，仅用于保险公司因解散或清算时清偿债务。

4. 保险保障基金

依法由政府监管机构集中掌管使用的专项保险基金。我国的《保险法》规定："为了保障被保险人利益，支持保险公司稳健经营，保险公司应当按照金融监督管理部门的规定提存保险保障基金；保险保障基金应当集中管理，统筹使用。"保险公司的保险保障基金在税前按当年自留保费收入的1%提取，该项基金提取余额达到保险公司总资金的6%时停止提取该项基金。保险保障基金由各保险公司总公司于每年决算日按当年全系统保险费收入统一提取，在国有独资保险公司专户存储。当保险公司出现偿付能力严重不足或濒临破产，需动用保险保障基金时，需报经保险监督管理部门、主管财政机关批准后方可动用。

5. 总准备金

总准备金属于所有者权益，是保险公司为发生周期较长、后果难以预料的巨灾和巨额危险而提留的准备资金，是构成保险公司偿付能力的重要因素。保险公司经财政机关或公司董事会批准提取的总准备金主要用于巨灾风险的补偿，只能在当年业务收入和其他准备金不足以支付赔款时动用，不得用于分红或转增资本金。提存总准备金并使其积累到适度规模有助于保险业的发展，对保障保险公司的偿付能力和保障被保险人利益十分重要。

（二）影响保险公司偿付能力的内部因素

影响保险公司偿付能力的内部因素主要可以分为以下几个方面：

1. 承保风险

保险公司面临的最基本的风险就是纯粹承保风险，即承保保险业务收取的保费相对于承保风险不足，或实际赔付超过预期情况，从而造成保单支付缺口，影响到保险公司的偿付能力。造成纯粹承保风险的原因主要有：根据过去的资料估计未来损失分布时，由于数据不足或假设前提错误造成的估计错误。一般说来，保险公司可以通过承保大量的、独立的风险单位来分散纯粹承保风险。

2. 经营管理因素

与其他企业一样，保险公司的经营管理水平影响着盈利水平。保险公司面临的多种管理风险都会影响到其自身的偿付能力，经营管理的风险具体表现在承保管理、理赔管理、再保险管理、成本费用管理等各个方面，提高经营管理水平，降低经营成本和费用是改善保险公司经营成果、增加利润，进而增强偿付能力的良好途径。

3. 资产结构安排

资产结构是指保险公司的各种资产与负债的形态与比例，包括资产与负债的比例、流动资产与固定资产的比例、所有者权益与资产的比例等。如果保险公司的资产中现金与银行存款占比过大，虽然可以保持较高的安全性和偿付能力，但却会降低保险公司的盈利性，不利于公司竞争力的提高和长远的发展。若保险公司的固定资产占比过大或所有者权益占比过小，则偿付能力又无法保证。因此，保险公司的资产负债匹配反映了保险公司综合考虑安全性、流动性和盈利性后在资产和负债持有的形态和比例上作出的安排。

4. 投资因素

保险资金的运用，是指保险公司在经营过程中，将积聚的保险资金部分用于投资，使保险资金增值的业务活动。保险公司的利润来源于承保利润和投资收益，由于保险业竞争不断加剧，保险费率不断下降，而保险承保范围和承保责任却不断扩大，导致了保险公司承保业务盈利减少，有些保险公司甚至出现承保业务亏损，保险资金投资收益成了保险公司的重要利润来源，这在人寿保险公司的经营中表现得尤为突出。投资因素对偿付能力的影响主要在于：资金的利用比例太高，资金的流动性差，不能满足索赔波动所带来的赔付需要；投资项目失败，比如投资不熟悉的领域、高风险领域等等，造成投资损失。投资风险发生必然降低保险公司的投资收益，这将严重地威胁到保险公司的偿付能力。而合理的资金利用比例、良好的投资收益不仅可以弥补承保业务的亏损，维持保险公司的业务经营，还可以扩大利润，增强保险公司的偿付能力和经营的稳定性。因此，保险投资的收益率对保险公司的偿付能力具有重要影响。

（三）影响保险公司偿付能力的外部因素

公司外部因素又可以分为两个层面：整个社会经济环境层面和保险市场层面。保险市场层面的因素主要来自于两方面：一方面是消费者需求的变化对保险公司保费收入的影响，另一方面是同业竞争者的竞争行为对保险公司产品销售的影响，它主要是通过制约保险公司收支状况对偿付能力产生影响。从整个社会经济环境层面来看，以下几种因素会影响到保险公司的偿付能力：

1. 政治、法律等社会经济因素

政治、法律等外部环境永远是影响宏观经济环境的重要条件，对于保险业也是这样。在保险公司的经营过程中，国家和地区经济环境的变化，如国家经济体制改革的变化，经济结构的调整，发生经济、金融危机等；或国家和地区政策法规的变化，如财政金融政策的调整，这些因素都会直接或间接地影响保险公司的经营成果，使其偿付能力随之发生变化，威胁其经营的连续性和稳定性。

2. 资本市场的价格因素

资本市场的价格波动会影响到保险公司的资产价值，从而影响其偿付能力。保险公司的资产包括现金、银行存款、股票、债券、房地产、直接投资等。股票市场价格的波动、发行债券的企业无力支付利息及本金、房地产市场价格的波动等原因，都会造成保险公司资产价值的下降，从而影响保险公司的偿付能力。

3. 利率因素

利率变动导致其他投资工具如债券市场和股票市场盈利率的变化，而又由于当期利率是保险公司制定保单费率的基础，两者之间有段时间延迟。当利率降低时，不但降低了银行存款的价值，还会引起其他资本市场价格的变化，如债券市场、股票市场的价格变化。因此利率变动是造成保险公司资产贬值的重要因素，从而影响保险公司的偿付能力。

4. 自然因素

自然条件恶劣和自然灾害造成的财产损失将直接削弱保险公司的偿付能力。由于自然灾害的随机性具有高度的不可预测性，导致财产损失保险的单一赔案损失在金额和时间上的高度不确定性，这就是通常所说的索赔率波动。同时，自然灾害也会造成的一些被保险人的人身伤亡，保险公司将向他们支付大量的医疗费赔付及人身伤亡给付。如果索赔率发生的随机波动较大，就会明显影响到保险公司的偿付能力。

三、保险公司偿付能力监管的层次

由于保险公司承担着广大被保险人可能发生保险事故而引致的赔偿或给付责任，所以只有保险公司本身具有充足的偿付能力，才能保障被保险人的利益，增进投保人的信心。尽管世界各国保险监管的侧重点、方式和方法各不相同，但监管的核心都是确保保险公司的偿付能力。所谓偿付能力监管，即国家通过立法对保险企业的偿付能力进行监督管理，以确保保险企业有足够偿付能力，促使其正常经营和发展，并保护被保险人、受益人的利益。通常将偿付能力监管分为以下两个层次：

1. 正常层次的监管

正常层次的监管，包括对资本金的要求、保险条款和费率的规定、投资数额及范围的规定、准备金的提存、再保险的规定等。从理论上讲，如果在正常年度没有巨灾发生，只要监督保险公司上述项目使其适当、公平、合理，保险公司就能有足够的资金应付赔偿与给付，维持其偿付能力。

2. 偿付能力额度监管

偿付能力额度监管类似于银行的资本充足率的概念，是衡量保险公司偿付能力的重要指标。在非正常年度，很可能发生巨额赔偿和给付，使实际发生的赔偿或给付超过预定的额度，投资收益也可能偏离预定的目标，而且保费的测算和准备金的提存是基于一些经验假设的，本身也会产生偏差，这就要求保险公司的实际资产减去负债后要保持的一定的余额，以应付可能产生的偏差风险。这个余额就称为保险公司的偿付能力额度或偿付能力保证金（Solvency Margin）。从不同的管理需要的角度出发，偿付能力额度可以引申出以下两个概念：

（1）实际偿付能力额度。它是保险公司所实际具备的偿付能力额度，是指保险公司根据经济状况、业务规模等因素实际保持的偿付能力，通常由保险公司的精算师采用静态和动态的方式加以测试。《保险公司偿付能力管理规定》（保监会令〔2008〕1号）第8条规定：“保险公司的实际资本，是指认可资产与认可负债的差额。”由于实际偿付能力额度表现的是保险公司实实在在的财务能力，所以通过对实际偿付能力额度绝对值的观察，并通过与其他公司实际偿付能力额度相对值的比较，以及与最低偿付能力额度的比较，至少能确切地看出保险公司的实际偿付能力的大小。一般来说，保险公司在经营管理过程中始终要注意使其实际偿付能力额度大于最低偿付能力额度，这样经营比较稳妥，一般能较好地应付突发事故的赔付。

（2）最低偿付能力额度。这是保险监管机构要求保险公司必须具有的最低偿付能力额度。《关于实施〈保险公司偿付能力管理规定〉有关事项的通知》（保监发〔2008〕89号）中“关于最低资本评估标准”章节对财产保险公司、人寿保险公司和再保险公司的最低偿付能力额度作出了明确规定。但是，如果有时保险公司的实际偿付能力额度不能达到保险监管机构规定的最低偿付能力额度，这并不能说明保险公司已无力偿还未来的负债。实际上，只要保险公司认可资产大于认可负债，保险公司始终有清偿能力。设立最低偿付能力额度的目的是当保险公司实际偿付能力额度低于最低偿付能力额度时，保险监管机构可以通过监管措施，责令其追加资本或限制业务规模等，帮助其改善不利的财务状况，以求在保险公司财务状况恶化并在实际破产前恢复其财务的稳定性。虽然保险公司的实际偿付能力额度可能时时变化，但不管在任何时点，实际偿付能力额度应当不低于最低偿付能力额度。

第二节　偿付能力管理的基本框架

一、保险公司最低偿付能力额度分析

对保险公司进行偿付能力的分析，可以从最低偿付能力额度、偿付能力指标两个方面进行分析。

基于偿付的需要，将资产大于负债的差额界定在一定额之上，这个超过的一定额度就是最低偿付能力。保险公司只有达到最低偿付能力的要求，才能使投保人的利益得到现实的保证。当然，保险公司应具有与其业务规模相适应的最低偿付能力。

中国保监会在《保险公司偿付能力额度及监管指标管理规定》[①] 中明确要示财险公司和寿险保险公司不同的最低偿付能力额度计算要求：

对于财险公司，其最低偿付能力额度为下述两项中较大的一项：即最近会计年度自留保费减营业税及附加后人民币 1 亿元以下部分的 18% 和 1 亿元以上部分的 16% 、最近 3 年年平均赔付金额人民币 7 000 万元以下部分的 26% 和 7 000 万元以上部分的 23% 。对于经营期间不满 3 年的保险公司，采用第 1 项规定的标准。

对于寿险业务，其最低偿付能力额度为下述两项之和：投资连结类产品

---

① 保监会：《保险公司偿付能力额度及监管指标管理规定》，2003 年 3 月 24 日。

期末寿险责任准备金的1%和其他寿险产品期末寿险责任准备金的4%（其中的寿险责任准备金是指中国保监会规定的法定最低责任准备金）、保险期间小于3年的定期死亡保险风险保额的0.1%，保险期间为3～5年的定期死亡保险风险保额的0.15%，保险期间超过5年的定期死亡保险和其他险种风险保额的0.3%。

对于再保险公司，其最低偿付能力额度等于其财险业务和寿险业务分别按照本规定第四、第五条规定计算的最低偿付能力额度之和。

二、保险公司认可资产、认可负债及差额

根据《保险公司偿付能力额度及监管指标管理规定》第七条规定，保险公司实际偿付能力额度等于认可资产减去认可负债的差额。同时，该《管理规定》具体规定了认可资产、认可负债的具体确认口径：

1. 认可资产及认可资产表编报

认可资产是指保险监管机构对保险公司进行偿付能力考核时，按照一定的标准予以认可，纳入偿付能力额度计算的资产。根据确认原则、谨慎原则、合法原则，在认可资产表中列示的认可资产有：

（1）银行存款：银行的存款为认可资产。但有迹象表明以及公司预计到期不能支取的银行存款确认为非认可资产。公司在非银行金融机构的存款不在此项反映。

（2）政府债券：持有的不带有返售协议的国债。政府债券为认可资产。

（3）金融债券：持有的金融机构发行的债券。金融债券为认可资产，但违反保监会比例限制持有的部分为非认可资产。

（4）企业债券：持有的由非金融机构企业发行的债券。目前，保监会批准保险公司可购买的电力、铁路、三峡、电信通讯类企业债券为认可资产；但违反保监会比例限制持有的部分以及保险公司在《保险法》实施前已经持有或者在《保险法》实施后违规持有的其他企业债券，均为非认可资产。

（5）股权投资：以获取股利收入或资本利得为目的所进行的权益资本投资。股权投资为认可资产，但《保险法》或《外资保险公司管理条例》实施后违规持有的股权投资为非认可资产。

（6）证券投资基金：在证券交易所市场购买的各类证券投资基金。证券

投资基金为认可资产，但违反保监会比例限制持有的部分为非认可资产。

（7）保单质押贷款：按照保险合同向保单持有人提供的质押贷款余额。保单质押贷款为认可资产。

（8）买入返售证券：在银行间拆借市场或交易所市场以合同或协议的方式按一定的价格买入证券，到期日再按合同或协议的价格卖出该批证券，以获取买入价和卖出价的差价收入。买入返售证券为认可资产。

（9）拆出资金：在《保险法》实施前对外拆出或《保险法》实施后违规拆出的资金。拆出资金为非认可资产。

（10）现金：现金为认可资产。

（11）其他投资资产：包括不动产投资、在证券营业部等非银行金融机构的各类存款，以及其他无法归入本表独立项目的投资资产。对《保险法》实施前持有的不动产投资，以计提减值准备后的账面净额作为认可资产价值，减值准备列示于"非认可价值"栏内；在证券营业部的保证金存款为认可资产。

（12）融资资产风险扣减：因从事证券回购交易而被用于质押的证券的价值，以及公司通过证券回购等方式融入资金购买的投资资产的风险扣减额。其"账面价值"计为零，"非认可价值"等于认可负债表中"卖出回购证券"余额的50%，"净认可价值"等于"账面价值"减去"非认可价值"。

（13）现金和投资资产小计：等于第1项至第12项的加总数。

（14）应收保费：指长期人身险业务以外的保险业务，按保险合同规定应向投保人收取而暂时未收取的保费。账龄小于1年的应收保费为认可资产；账龄等于或大于1年的应收保费为非认可资产。对账龄小于1年的应收保费，保险公司应合理预期其可收回程度，计提坏账准备，并反映在"非认可价值"一栏内。

（15）应收分保账款：开展分保业务而发生的各种应收未收款项。分保应收账款以扣除合理预期的坏账准备后的金额确认为认可资产，但不得超过最高认可比例：账龄不长于3个月的，最高按账面价值的100%，确认为认可资产；账龄不长于6个月的，最高按账面价值的70%确认为认可资产；账龄超过6个月但小于1年的，最高按账面价值的30%确认为认可资产；账龄等于或大于1年的，全额确认为非认可资产。

（16）应收利息：指保险公司的各类存款、债券、保单质押贷款等资产产生的应收或应计利息。如果生息的基础资产是认可资产，则相对应的应收利息也是认可资产；反之则为非认可资产。

（17）预付赔款：在处理各种赔案过程中按照合同约定预先支付的赔款。账龄不超过1年的预付赔款为认可资产，其余为非认可资产。

（18）存出分保准备金：分保业务中分入公司按照合同约定存出的准备金。存出分保准备金最高按账面价值的80%确认为认可资产。

（19）其他应收款：指保险公司除应收保费、应收分保账款、应收利息以外的各种应收、暂付款项，以及存出保证金。保险公司根据这些应收款项的可收回程度谨慎地计提坏账准备。外国保险公司分公司对总公司的应收款项为非认可资产。

（20）应收及预付款项小计：等于第14项到第19项的加总数。

（21）固定资产：包括固定资产净值、在建工程和固定资产清理科目的余额。保险公司按计提固定资产减值准备后的金额确认认可资产。固定资产确认为认可资产的最高金额为资产负债表中实收资本、资本公积、盈余公积三项之和的50%。

（22）无形资产：指保险公司以提供保险服务、对外出租或管理需要为目的而持有的没有实物形态的非货币性长期资产。在无形资产中，除土地使用权为认可资产外，其余均为非认可资产。如果有证据表明土地使用权的预计可回收金额低于账面价值，则应对其计提减值准备。

（23）其他资产：指保险公司的材料物品、低值易耗品、待摊费用、递延资产、抵债物资、待处理固定资产净损失，以及其他无法归人本报表独立项目的各类资产。其他资产为非认可资产。

（24）非独立账户资产小计：等于第13、20、21、22、23等五项加总数。

（25）独立账户资产：根据投资连结保险合同的约定而设立单独进行资金运用和核算的投资账户中的资产。投资连结保险投资账户内的投资资产有市场价格的，应以市价计价。独立账户资产为认可资产。

（26）资产合计：等于第24项和第25项的加总。

2. 认可负债及认可负债表编报

《保险公司偿付能力额度及监管指标管理规定》第九条规定，保险公司的认可负债是指保险监管机构对保险公司进行偿付能力考核时，按照一定的标准予以认可，纳入偿付能力额度计算的负债。

对保险公司认可负债的认定主要集中在公司是否足额谨慎地提取了各种技术准备金上。一般说来，历年准备金变化率的趋势与保费收入增长率的趋势是一致的，准备金变化率波动较大，说明可能有新险种介人、险种结构调整、准备金提取方法有较大变动等非正常原因。

（1）未到期责任准备金：指保险公司对保险期不超过1年的非寿险保单，为承担报表日后的保单责任而提取的赔款准备。未到期责任准备金由两部分组成：一是未赚保费准备金，二是保费不足准备金。未赚保费准备金是从未到期保单的自留保费中计提的尚未实现的保费收入。未赚保费准备金可以年（1/2法）、季（1/8法）、月（1/24法）和日（1/365法）为基础计提；但方法一经确定，不得随意变更。如发生变更，应说明原因，并披露方法变更对未赚保费准备金的影响金额。如果提取的未赚保费准备金小于预期的未来赔付（含理赔费用），则应按其差额提取保费不足准备金。

（2）未决赔款准备金：指保险公司对在保单有效期内发生的未决赔款提取的赔款准备。未决赔款准备金包括已发生已报告赔款准备金和已发生未报告赔款准备金。保险公司可按照《保险公司财务制度》的有关规定提取未决赔款准备金，但如果按照精算方法计算的准备金大于按照《保险公司财务制度》提取的准备金，则可取大者为报表数。

（3）长期财产险责任准备金：指保险期在1年以上的财险业务的责任准备金，包括：①对长期工程险、再保险等按业务年度结算损益的保险业务提取的责任准备金；②对长期工程险等以外的不需要按照业务年度结算损益的长期财产险业务提取的责任准备金。对其中第①项责任准备金在未到结算损益年度之前，按业务年度营业收支差额提存；对第②项责任准备金，按精算结果提取。

（4）寿险责任准备金：指保险公司对寿险保单为承担未来保险责任而按规定提取的准备金。寿险责任准备金按照保监会的有关精算规定计提，其中独立账户的对应负债在本表的“独立账户负债”中反映。

（5）长期健康险责任准备金：指保险公司对1年期以上的健康险业务为承担未来保险责任而按规定提取的准备金。长期健康险责任准备金按照保监会的有关精算规定计提。

（6）准备金负债小计：等于第1~5项的加总数。

（7）预收保费：指保险公司在保单责任生效前向投保人预收的保险费。

（8）保户储金：指保险公司开办的以储金利息作为保费收入的保险业务而收到保户交存的储金。

（9）应付保户红利：指保险公司已宣告但尚未支付给保单持有人的红利。

（10）累计生息保单红利：指保险公司已派发的保单红利中，因为保单持有人选择保单红利留存保险公司生息而产生的本利之和。

（11）应付佣金：指保险公司应向个人代理人和保险经纪公司支付的报酬。应付佣金按期末余额列报。

（12）应付手续费：指保险公司应向保险代理机构支付的报酬。应付手续费按期末余额列报。

（13）应付分保账款：指保险公司之间发生分保业务而产生的应付款项。

（14）预收分保赔款：指分保业务中分出公司按照分保合同预收的分保赔款。

（15）存入分保准备金：指分保业务中分出公司按照合同约定接受分入公司缴存的准备金。

（16）应付工资和福利费：指保险公司应付未付的职工工资和按规定提取的福利费。

（17）应交税金：指保险公司应交未交的各种税金。

（18）保险保障基金：指保险公司按规定提取的保险保障基金。

（19）应付利润：指保险公司应付未付给投资者的利润。

（20）卖出回购证券：指保险公司在银行间拆借市场或交易所市场以合同或协议的方式，按一定的价格卖出证券，到期日再按合同或协议的价格买回该批证券，以获卖出该批证券后所得资金的周转使用权。

（21）其他负债：指保险公司的短期借款、长期借款、拆入资金、存入资本金、预提费用、长期应付款、货币兑换以及其他无法归入本报表独立项目的各类负债。

（22）非准备金负债小计：等于第7～21项的加总数。

（23）独立账户负债：指保险公司根据投资连结保险合同的约定需设立单独进行资金运用和核算的投资账户，保险公司应按合同的约定将与该投资账户相关的责任确认为独立账户负债。

（24）或有负债：指保险公司过去的交易或事项形成的潜在义务，其存在须通过未来不确定事项的发生或不发生予以证实。如未决诉讼、未决仲裁、债务担保、可能补交的税款等。如果预期该义务最终发生的可能性大于50%，则确认为认可负债。

（25）认可负债合计：等于第6项、第22项、第23项和第24项的加总数。

三、保险公司偿付能力分类监管线

（一）财险公司的偿付能力监管指标分析

根据《保险公司偿付能力额度及监管指标管理规定》第十一条规定，可以将财险公司的偿付能力监管指标整理列表如表17－1所示：

表17－1　　财险公司的偿付能力监管指标

偿付能力监管指标	正常范围	特殊备注
保费增长率	－10%～60%	若经营不满一年，则为999%
自留保费增长率	－10%～60%	当年开业或上年自留保费≤0，或上年经营不满一年，则为999%
毛保费规模率	不大于900%	若（认可资产与认可负债）≤0，则为999%
实际偿付能力额度变化率	－10%～30%	若本年或上年实际偿付能力额度≤0，则为999%
两年综合成本率	小于103%	
资金运用收益率	小于3%	
速动比率	大于95%	若速动资产为零或负数，则为999%
融资风险率	不大于50%	
应收保费率	不大于8%	
认可资产负债率	小于90%	
资产认可率	不小于85%	

（二）寿险公司监管指标分析

根据《保险公司偿付能力额度及监管指标管理规定》第十一条规定，可以将寿险公司的偿付能力监管指标整理列表如表17－2所示：

表 17－2　　寿险公司的偿付能力监管指标

长期险保费收入增长率	0%～80%	若本年开业或上年经营不满 1 年，则取 999%
短期险自留保费增长率	-10%～60%	若本年开业或上年自留保费≤0，或上年经营不满 1 年度，则为 999%
实际偿付能力额度变化率	-10%～30%	本年或上年实际偿付能力额度≤0，则 999%
险种组合变化率	不大于 8%	
认可资产负债率	小于 90%	
资产认可率	不小于 85%	
短期险两年赔付率	小于 65%	
投资收益充足率	125%～900%	
盈余缓解率	25%～25%	（认可资产－认可负债）≤0，则 999%
资产组合变化率	小于 5%	
融资风险率	不大于 50%	
退保率	小于 5%	

四、偿付能力额度和监管指标的管理措施

目前，正常的偿付能力额度和监管指标的管理工作主要是通过如下两个方面进行的。

（一）保险公司偿付能力报告制度

《保险公司偿付能力额度及监管指标管理规定》第十三条规定：保险公司应于每年 4 月 30 日前将注册会计师审计后的上一会计年度的偿付能力和监管指标报告一式两份送达中国保监会。公司对报告内容的真实性、完整性负责，由法定代表人、精算责任人和财务负责人签字并加盖公章。

中国保监会可根据需要，调整各公司或单个公司的报告报送频率。

《保险公司偿付能力额度及监管指标管理规定》第十四条规定：保险公司应当根据中国保监会的有关规定，对偿付能力额度和监管指标信息进行披露。

保险公司在产品介绍和商业性广告中不得使用本公司或其他公司的偿付能力额度和监管指标信息。

《保险公司偿付能力额度及监管指标管理规定》第十五条规定：保险公司在任何时点实际偿付能力额度低于最低偿付能力额度，公司法定代表人、精算责任人、财务负责人及其他高级管理人员应及时向中国保监会报告，并采

取有效措施，使其实际偿付能力额度达到最低偿付能力额度。

（二）偿付能力充足率分级管理

《保险公司偿付能力额度及监管指标管理规定》以偿付能力充足率作为标准，将处于不同偿付能力状况的保险公司划分为三个等级，使各等级分别采取相应的处理措施。

《保险公司偿付能力额度及监管指标管理规定》第十六条规定：偿付能力充足率等于实际偿付能力额度除以最低偿付能力额度。对偿付能力充足率小于100%的保险公司，中国保监会可将该公司列为重点监管对象，根据具体情况采取以下监管措施：

（1）对偿付能力充足率在70%以上的公司，中国保监会可要求该公司提出整改方案，并限期达到最低偿付能力额度要求；逾期未达到的，可对该公司采取要求增加资本金、责令办理再保险、限制业务范围、限制向股东分红、限制固定资产购置、限制经营费用规模、限制增设分支机构等必要的监管措施，直至其达到最低偿付能力额度要求。

（2）对偿付能力充足率在30%～70%之间的公司，中国保监会除采取前款所列措施外，还可责令该公司拍卖不良资产、责令转让保险业务、限制高级管理人员的薪酬水平和在职消费水平、限制公司的商业性广告、责令停止开展新业务，以及采取中国保监会认为必要的其他措施。

（3）对偿付能力充足率小于30%的公司，中国保监会除采取前两款所列措施外，还可根据《保险法》的规定对保险公司进行接管。

《保险公司偿付能力额度及监管指标管理规定》第十七条规定：在奉规定施行前按本规定计算的偿付能力充足率已经小于100%的保险公司，应积极采取有效措施改善自身的偿付能力状况。除适用第十六条的规定外，中国保监会还可根据各公司的特殊情况，采取必要的监管措施，促使公司提高偿付能力。

《保险公司偿付能力额度及监管指标管理规定》第十八条规定：监管指标旨在对可能出现偿付危机的保险公司作出预警。若保险公司有4个或4个以上监管指标值超过正常范围，中国保监会可根据具体情况决定是否采取以下措施：

①要求保险公司提交报告说明指标超正常范围的原因、对偿付能力的影响和改进方案；

②对保险公司进行全面检查以评估其实际偿付能力的状况和趋势；

③根据评估结果，按照本规定的相关条款采取必要的监管措施。

《保险公司偿付能力额度及监管指标管理规定》第十九条规定：再保险公司的监管指标暂时参照财险公司监管指标执行。在具体执行过程中，应对部分指标所使用的报表项目和科目做相应调整。

《保险公司偿付能力额度及监管指标管理规定》第二十条规定：对不直接经营保险业务的保险控股公司，其偿付能力额度和监管指标的管理另作规定。

第三节　偿付能力报告编制的内容

保险公司偿付能力报告包括年度报告、季度报告和临时报告。偿付能力报告是保险公司偿付能力监管制度体系的重要组成部分，偿付能力报告信息质量的高低直接影响偿付能力监管的效率和效果。保监会发布的《保险公司偿付能力报告编报规则第 12 号：年度报告的内容与格式》和《保险公司偿付能力报告编报规则第 13 号：季度报告》中分别就年度报告和季度报告的格式、内容等作了规范，进一步完善了偿付能力报告制度。下面以季度报告为例介绍编报基本内容。

《保险公司偿付能力报告编报规则第 13 号：季度报告》规定，季度报告应包括董事会及管理层声明、主要指标、管理层分析及预测、内部风险管理变动说明、最低资本和实际资本六部分。

一、董事会及管理层声明

保险公司应当在董事长和管理层声明部分披露以下信息：

（1）董事长和管理层对季度报告所载内容真实、准确、完整、合规的保证和承担法律责任的承诺。保险公司应当在季度报告正文的首页载明“公司董事长和管理层保证本报告所载资料不存在任何虚假记载、误导性陈述或者重大遗漏，内容真实、准确、完整、合规，并对我们的保证承担个别和连带的法律责任。”

（2）董事长和有关高级管理人员的签名及公司的印章。其中，有关高级管理人员是指符合中国保监会有关规定并经中国保监会核准任职资格的以下人员：

①总经理或具有相同职权的负责人；

②财务负责人，是指财务总监、首席财务官、分管财务的副总经理等行使相同职权的负责人；

③精算责任人，是指保险公司的总精算师或行使相同职权的负责人；

④合规负责人。

（3）如果公司的董事长和有关高级管理人员无法保证季度报告内容的真实性、准确性、完整性、合规性或对此存在异议的，应当单独陈述其意见及理由并签名。

二、主要指标

保险公司应当在季度报告中披露：（1）主要经营指标的本季度数和上季度数；（2）主要偿付能力指标的本季度数、上季度数和下一季度预测数。

1. 主要经营指标

（1）各类保险公司均应当披露的经营指标有：

①保险业务收入，即利润表中的保险业务收入。

②净利润，即利润表中的净利润。

③基本每股收益，指根据《企业会计准则第 34 号——每股收益》计算的基本每股收益。

④净资产收益率＝净利润÷〔（期初股东权益＋期末股东权益）÷2〕×100%。

⑤总资产收益率＝净利润÷〔（期初总资产＋期末总资产）÷2〕×100%。

⑥净资产，即保险公司资产负债表中的净资产。

⑦经营活动净现金流量，即保险公司现金流量表中的经营活动净现金流量。

（2）除上述七项指标外，还有一些指标分别适用于产险公司、寿险公司和再保险公司。

仅适用于产险公司的经营指标有：

①未决赔款准备金与赔款支出比＝分保后未决赔款准备金÷（赔付支出－摊回赔付支出）×100%。

②综合费用率 =（业务及管理费 + 手续费及佣金 + 分保费用支出 + 税金及附加 - 摊回分保费用）÷ 自留保费 ×100%。

③综合赔付率 =（赔付支出 + 未决赔款准备金变动额 - 摊回赔付支出）÷（自留保费 - 未到期责任准备金变动额）×100%。

④车险车均保费 = 车险新单保费收入 ÷ 新承保车辆。

⑤新单保额与新单保费比 = 新单保额 ÷ 新单保费。

仅适用于寿险公司（包括健康险公司）的经营指标有：

①标准保费，指寿险公司根据《关于在寿险业建立标准保费行业标准的通知》（保监发〔2004〕102 号）等有关规定计算的标准保费。

②首年保费与保费收入比 =（新单首年期交保费 + 趸交保费）÷ 保费收入 ×100%。

③内含价值，指寿险公司根据中国保监会有关规定计算的内含价值。

④13 个月续保率 =（上年相同季度末的长期寿险有效保单在本季度末仍然有效的保单数量 ÷ 上年相同季度末的长期寿险有效保单数量）×100%。

⑤个人营销渠道的件均保费 = 个人营销渠道的首年保费 ÷ 个人营销渠道的新单件数 =（个人营销渠道的新单首年期交保费 + 个人营销渠道的趸交保费）÷ 个人营销渠道的新单件数。

⑥人均保费 = 个人营销渠道的首年标准保费 ÷ 个人营销员的平均数量。

其中，首年标准保费是指寿险公司根据《关于在寿险业建立标准保费行业标准的通知》（保监发〔2004〕102 号）等有关规定将首年保费折算确定的标准保费，个人营销员的平均数量 =（季度初个人营销员数量 + 季度末个人营销员数量）÷2。

⑦营销员脱落率 = 报告期内离职的营销员的数量 ÷（期初营销员数量 + 报告期内招聘的营销员数量）×100%。

仅适用于再保险公司的经营指标有：

①未决赔款准备金与赔款支出比 = 分保后未决赔款准备金 ÷（赔付支出 - 摊回赔付支出）×100%。

②综合费用率 =（业务及管理费 + 手续费及佣金 + 分保费用支出 + 税金及附加 - 摊回分保费用）÷ 自留保费 ×100%。

③综合赔付率 =（赔付支出 + 未决赔款准备金变动额 - 摊回赔付支出）÷（自留保费 - 未到期责任准备金变动额）×100%。

2. 主要偿付能力指标

(1) 认可资产；

(2) 认可负债；

(3) 实际资本 = 认可资产 - 认可负债；

(4) 最低资本（即最低偿付能力额度）；

(5) 偿付能力溢额 = 实际资本 - 最低资本；

(6) 偿付能力充足率 = 实际资本 ÷ 最低资本 ×100%。

三、管理层分析及预测

保险公司管理层应当在季度报告中对报告期内的经营情况、偿付能力变动和影响偿付能力的重大事项进行讨论与分析，以帮助报告使用者了解公司的经营情况和偿付能力状况。保险公司可以运用逐季比较、数据列表或其他方式对相关事项进行分析说明，以增进报告使用者的理解。讨论与分析不能只重复可以从季度报告其他部分获得的数据信息，也不能只列举可以从报表上计算出来的季度间的变动数，而应当着重披露造成公司经营情况变动或偿付能力变动的原因。管理层分析及预测包括以下内容：

1. 公司基本情况和经营情况变动的说明

保险公司应当披露以下信息：

(1) 基本情况的变动信息：

①主要股东的变更情况。如果报告期内持股数量居前十位的股东发生了变化，保险公司应当分别披露本季度末和上季度末按持股比例排序的前十位股东名称、持股数量和持股比例。

②董事及高管人员的变更情况。如果报告期内保险公司的董事及高管人员发生变化，应当披露新任和离任董事、高管人员的姓名和职务。

(2) 主要经营情况，保险公司应当说明本季度公司的主要经营情况：

①分支机构的批筹和开业情况。如果报告期内保险公司有新批筹和开业的分支机构，应当披露新批筹和开业的分支机构的数量、经营地域、本季度取得的保费收入等情况。

②业务结构的变化。保险公司应当分别披露本季度和上季度保费收入占前三位的险种名称、保费收入、保费收入占总保费收入的比例。

③销售渠道的变化。保险公司应分别披露本季度和上季度的销售渠道类

型、各渠道的保费收入、各渠道的保费收入占总保费收入的比例。

④投资结构的变化。保险公司应当分别披露本季度末与上季度末账面价值占所有投资资产账面价值的比例居前五位的投资资产类别和期末账面价值。保险公司应当按照《保险公司偿付能力报告编报规则第2号：投资资产》中对投资资产的一级分类来划分投资类别，具体分为：政府债券、金融债、企业债券、资产证券化产品、信托资产、权益投资、贷款、其他投资资产。

⑤盈利能力分析。保险公司应当从主要产品的盈利能力、投资收益、费用等角度分析本季度的盈利情况。

⑥公司经营的季节性或周期性特征。如果保险公司的销售或赔付与季节变化明显相关或具有明显的周期性波动，则应用文字形式披露该季节性或周期性特征产生的原因、变动规律及对公司偿付能力的影响。

（3）报告期内的重大事项：主要包括：①重大保险合同；②重大再保险合同；③重大赔付事项；④重大投资行为；⑤重大投资损失；⑥重大融资事项；⑦重大关联方交易；⑧重大诉讼事项；⑨担保事项；⑩其他重大事项。

2. 与上季度偿付能力状况的对比分析

这一部分旨在分析季度间偿付能力变动情况及原因，包括以下三部分内容：

（1）季度间偿付能力变动原因分析。保险公司应当对季度间偿付能力变动的原因进行分析，偿付能力变动原因包括但不限于：增资扩股，募集次级债，业务规模的扩大，经营亏损或盈利，准备金评估政策的变化，核保、核赔、再保、投资等重大经营决策的变化，监管政策的变化，宏观经济环境的变化。在分析的过程中，若能够计算出对偿付能力的影响金额的，还应说明影响金额。

（2）对变动幅度较大的项目的说明。保险公司应当说明下列项目的变动情况及其原因：

①与上一季度相比，认可资产表中变动幅度超过20%且占认可资产总额10%以上的项目；

②与上一季度相比，认可负债表中变动幅度超过20%且占认可负债总额10%以上的项目；

③与上一季度相比，综合收益表中变动幅度较大、对综合收益有重大影响的项目。

（3）审计调整说明。当年度报告有审计调整时，保险公司披露的年度报告会与第4季度报告不同。在这种情况下，在公司披露次年的第2季度报告时，应将其中的上季度数据（即第1季度数据）根据上年度审计调整事项进行相应的调整，并应将与第1季度报告的差异（包括项目及金额的差异）在此处说明。在分析差异时，不能简单罗列相关审计调整事项，而应当着重分析差异产生的原因。

3. 与上季度预测的偿付能力状况的对比分析

本规则第6条规定，保险公司应当预测下一季度的偿付能力。对于上一季度预测值与本季度实际值之间的差异情况，保险公司应当在季度报告中进行分析，披露以下信息：

（1）本季度偿付能力的实际值与上季度报告中对本季度偿付能力的预测值之间的差异情况。保险公司应当主要列示偿付能力充足率、偿付能力溢额、最低资本和实际资本的实际值与预测值之间的差异。如果某项指标的实际值和预测值无差异，也应当明确说明“无差异”。

（2）如果本季度偿付能力充足率、偿付能力溢额、最低资本和实际资本的实际值与上季度预测值之间的差额占实际值的比例大于或等于20%，保险公司应当在季度报告中解释出现差异的原因。

4. 对下一季度偿付能力预测的说明

保险公司应当在季度报告中对下一季度的偿付能力状况进行预测，并披露以下信息：

（1）预测假设，例如，投资收益率假设、死亡率假设、疾病率假设、事故发生率假设、费用假设、退保率假设和新业务假设等；

（2）预测结果，即下一季度偿付能力的预测值。

四、内部风险管理变动说明

内部风险管理变动说明旨在披露保险公司报告期内内部风险管理的重大变化，保险公司应当披露以下三方面的信息：

（1）公司内部风险管理组织架构的重大变化。

（2）内部风险管理关键环节的重大变化。保险公司应当从COSO发布的《企业风险管理——整合框架》所提出的企业风险管理八要素角度说明公司内部风险管理关键环节的变化。COSO八要素包括：内部环境、目标设定、事项识别、风险评估、风险应对、控制活动、信息与沟通、监控。

(3) 公司面临的主要风险的变化。公司可以从资产风险、承保风险、资产负债匹配风险、信用风险等方面分析公司目前面临的主要风险的变化。

五、最低资本

最低资本，目前是指最低偿付能力额度。保险公司应当在季度报告中披露关于最低资本的以下信息：

(1) 最低资本计算表，目前最低资本计算表是指《关于实施〈保险公司偿付能力管理规定〉有关事项的通知》(保监发〔2008〕89 号) 规定的最低偿付能力额度计算表，保险公司应当按照规定计算和披露本季度末和上季度末的最低资本计算表。

(2) 最低资本明细表，是指偿付能力报告编报规则中规定的、与最低资本相关的明细表。最低资本明细表主要列示最低资本计算表各项目的明细信息。目前尚未规定最低资本明细表。

(3) 最低资本报表附注，是指偿付能力报告编报规则中规定应当披露的、与最低资本相关的报表附注。目前尚未规定最低资本报表附注。

六、实际资本

保险公司应当按照编报规则及其他相关规定编制和披露关于实际资本的以下信息：

(1) 本季度末和上季度末的实际资本表、认可资产表、认可负债表。

(2) 本季度和上季度的综合收益表。

(3) 实际资本明细表。

保险公司应当严格按照有关编报规则、实务指南和问题解答中的格式和要求编制实际资本明细表，不得更改明细表的格式和内容。

(4) 实际资本报表附注。

实际资本报表附注包括以下几部分内容：

(1) 保险公司偿付能力报告编报规则中规定的应当披露的报表附注。保险公司应当按照编报规则的序号顺序排列各项编报规则所要求披露的报表附注。

(2) 重要的会计政策和会计估计说明。例如，金融工具确认和计量的标准，责任准备金评估方法等。

（3）认可标准变更情况的说明，并披露对实际资本的影响数。

（4）重要的会计政策变更和会计估计变更说明。保险公司应当根据《企业会计准则》和保险公司偿付能力报告编报规则的有关规定披露重要的会计政策变更和会计估计变更的相关信息。

（5）期后事项。保险公司应当根据《企业会计准则》和保险公司偿付能力报告编报规则的有关规定披露期后事项的有关信息。

（6）或有事项。保险公司应当根据《企业会计准则》和保险公司偿付能力报告编报规则的有关规定披露或有事项的有关信息。

（7）有助于理解和分析实际资本报表需要说明的其他事项。

第四节　第二代偿付能力体系的基本框架

作为现代经济的重要产业和风险管理的基本手段，中国保险业将在“新国十条”布局的“大保险、大保障”宏大篇章中，赢得更大更好的历史发展机会。而保险业自身的偿付能力监管问题，显然是一个事关经济健康发展和社会平稳运行的敏感问题。作为对保险行业偿付能力监管的制度体系建设，在经历了偿付能力充足率（偿一代）的数年实践后，中国保监会在2012年初发布《中国第二代偿付能力监管制度体系建设规划（简称偿二代)》，提出要用3至5年时间，形成一套既与国际接轨、又与我国保险业发展阶段相适应的偿付能力监管制度体系。2015年2月份，《中国保监会关于印发〈保险公司偿付能力监管规则（1~17号)〉的通知》（保监发〔2015〕22号）正式发文，将研制完成的偿二代全部主干技术标准共17项监管规则予以了发布，标志着我国保险业正式开始过渡到新一代偿付能力监管体系下。同时，这一中国保险业偿付能力监管的顶层设计制度已经从2016年开始付诸实施，这必将成就中国保险在新时期获得保险发展“中国梦”的监管之魂。

一、第二代偿付能力体系的总体目标及其框架

（一）第二代偿付能力体系的总体目标

简单地说，偿二代的总体目标可以概括为三个方面：一是科学全面地计

量保险公司面临的风险，使资本要求与风险更相关；二是守住风险底线，确定合理的资本要求，提高我国保险业的竞争力；建立有效的激励机制，促进保险公司提高风险管理水平，促进保险行业科学发展；三是积极探索适合新兴市场经济体的偿付能力监管模式，为国际偿付能力监管体系建设提供中国经验。

（二）第二代偿付能力体系的整体框架

偿二代的整体框架由制度特征、监管要素和监管基础三大部分构成。

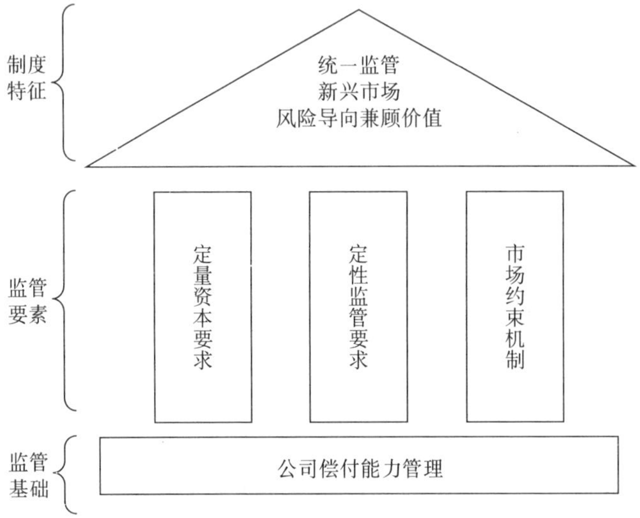

1. 制度特征

偿二代的制度特征是基于我国保险市场环境和发展阶段特征的一种现实选择，是开展偿付能力监管各项工作的出发点，体现在偿二代体系的具体原则、方法和标准之中。

（1）统一监管。中国保监会根据国务院授权，履行行政管理职能，依照法律、法规统一监督管理全国保险市场，包括对全国所有保险公司的偿付能力实施统一监督和管理。统一监管不同于部分国家和地区的分散监管模式，充分体现了我国偿付能力监管的特点。

偿二代可以充分发挥统一监管效率高、执行力强、执行成本低的优势。同时，由于我国地域辽阔，在制定统一监管政策的同时，还需要充分考虑各地差异，适应不同地域保险市场监管需要。在定量监管方面，主要是保监会机关对保险公司总公司资本充足性的监管，监管标准需要尽量统一；在定性监管和市场约束方面，对于与分支机构相关的风险，可以体现一定的地域差异。保监会机关和派出机构分工协作，共同实施偿付能力监管。

（2）新兴市场。我国保险市场仍处于发展的初级阶段，属于新兴保险市场，在市场规模、发展速度、产品特征、风险管理能力、人才储备、国际活跃度等方面与成熟保险市场存在一定差异。

基于新兴市场特征，与成熟的偿付能力监管制度相比，偿二代更加注重保险公司的资本成本，提高资本使用收益；更加注重定性监管，充分发挥定性监管对定量监管的协同作用；更加注重制度建设的市场适应性和动态性，以满足市场快速发展的需要；更加注重监管政策的执行力和约束力，及时识别和化解各类风险；更加注重各项制度的可操作性，提高制度的执行效果。

（3）风险导向兼顾价值。防范风险是偿付能力监管的永恒主题，是保险监管的基本职责。偿二代的资产负债评估，能及时、恰当地反映保险公司面临的实际风险状况及变动；最低资本要求要更加全面、准确地反映保险公司的各类风险；监管措施更加具有风险针对性。

对风险的防范，应具有底线思维。守住区域性、系统性风险的底线，科学计量潜在的风险损失，在此基础上科学确定所需要的监管资本底线，尽可能避免资本冗余，降低保险公司经营的资本占用，提高保险业资本使用效率和效益，提升保险公司的个体价值和整个行业的整体价值。

在技术目标层面，既不能将偿二代简单化为只是为市场中的保险公司划出一条及格线或风险预警线，也不能将其复杂化为对保险公司进行完美而理想的经济价值评估。基于新兴市场的偿二代，需要在风险预警目标和价值评估目标之间，寻求平衡与和谐。

2. 监管基础

保险公司内部偿付能力管理是企业内部的管理行为，在偿付能力监管中具有十分重要的作用，主要体现在两个方面：

（1）内部偿付能力管理是外部偿付能力监管的前提、基础和落脚点。特定阶段外部偿付能力监管必须与当时的行业内部偿付能力管理水平相适应。两者既相互依存、又相互制约、相互促进。好的偿付能力监管体系，能够激励保险公司不断提升其内部偿付能力管理水平。

（2）内部偿付能力管理是保险公司的“免疫系统”和“反应系统”。科学有效的内部偿付能力管理制度和机制，可以主动识别和防范各类风险，对各类风险变化作出及时反应。

3. 监管要素

监管要素是偿付能力监管的三支柱，是偿付能力监管的重要组成部分。三支柱分别从定量资本要求、定性监管要求和市场约束机制三个方面对保险公司的偿付能力进行监督和管理，主要规范偿付能力监管的内容、原则、方法和标准。

（1）第一支柱定量资本要求。第一支柱定量资本要求主要防范能够量化的风险，通过科学地识别和量化各类风险，要求保险公司具备与其风险相适应的资本。

在第一支柱中，能够量化的风险应具备三个特征：第一，这些风险应当是保险公司经营中长期稳定存在的；第二，通过现有的技术手段，可以定量识别这些风险的大小；第三，这些风险的计量方法和结果是可靠的。

第一支柱定量资本要求主要包括五部分内容：一是第一支柱量化资本要求，具体包括：保险风险资本要求；市场风险资本要求；信用风险资本要求；宏观审慎监管资本要求，即对顺周期风险、系统重要性机构风险等提出的资本要求；调控性资本要求，即根据行业发展、市场调控和特定保险公司风险管理水平的需要，对部分业务、部分公司提出一定期限的资本调整要求。二是实际资本评估标准，即保险公司资产和负债的评估标准和认可标准。三是资本分级，即对保险公司的实际资本进行分级，明确各类资本的标准和特点。四是动态偿付能力测试，即保险公司在基本情景和各种不利情景下，对未来一段时间内的偿付能力状况进行预测和评价。五是监管措施，即监管机构对不满足定量资本要求的保险公司，区分不同情形，可采取的监管干预措施。

（2）第二支柱定性监管要求。第二支柱定性监管要求，是在第一支柱的基础上，进一步防范难以量化的风险，如操作风险、战略风险、声誉风险、流动性风险等。

保险公司面临许多非常重要的风险，但这些风险无法量化或难以量化。特别是，我国保险市场是一个新兴市场，采用定量监管手段来计量这些风险存在较大困难，因此，需要更多地使用第二支柱的定性监管手段来评估和防范。例如，操作风险难以量化，我国也没有积累这方面的历史数据，现阶段难以通过定量监管手段进行评估。因此，对于不易量化的操作风险、战略风险、声誉风险等将通过第二支柱进行定性监管。

第二支柱共包括四部分内容：一是风险综合评级，即监管部门综合第一支柱对能够量化的风险的定量评价，和第二支柱对难以量化风险（包括操作风险、战略风险、声誉风险和流动性风险）的定性评价，对保险公司总体的偿付能力风险水平进行全面评价。二是保险公司风险管理要求与评估，即监管部门对保险公司的风险管理提出具体监管要求，如治理结构、内部控制、管理架构和流程等，并对保险公司风险管理能力和风险状况进行评估。三是监管检查和分析，即对保险公司偿付能力状况进行现场检查和非现场分析。四是监管措施，即监管机构对不满足定性监管要求的保险公司，区分不同情形，可采取的监管干预措施。

(3) 第三支柱市场约束机制。第三支柱市场约束机制，是引导、促进和发挥市场相关利益人的力量，通过对外信息披露等手段，借助市场的约束力，加强对保险公司偿付能力的监管，进一步防范风险。其中，市场力量主要包括社会公众、消费者、评级机构和证券市场的行业分析师四类。

第三支柱主要包括两项内容：一是通过对外信息披露手段，充分利用除监管部门之外的市场力量，对保险公司进行约束；二是监管部门通过多种手段，完善市场约束机制，优化市场环境，促进市场力量更好地发挥对保险公司风险管理和价值评估的约束作用。

第三支柱市场约束机制是新兴保险市场发展的客观要求，是我国偿付能力监管体系的重要组成部分。第一，市场力量是对保险公司进行监管的有效手段和重要组成部分，可以有效约束保险公司的经营管理行为，应当充分利用。第二，我国现阶段监管资源有限，更应该充分调动和发挥市场力量的约束作用，成为监管机构的有力补充。第三，现阶段，我国市场约束力量对保险公司的监督作用没有充分发挥，急需监管机构进一步完善市场约束机制，优化市场环境。

(4) 三个支柱的关系。与保险公司内部偿付能力管理不同，三个支柱都是保险公司外部的偿付能力监管。三个支柱的作用各不相同，在防范风险方面各有侧重：第一支柱是通过定量监管手段，防范能够量化的偿付能力相关风险；第二支柱是通过定性监管手段，防范难以量化的偿付能力风险；第三支柱是通过信息披露等手段，发挥市场约束力量，可以强化第一支柱和第二支柱的效果，并且更加全面地防范保险公司的各类偿付能力风险。三个支柱相互配合，相互补充，成为完整的风险识别、分类和防范的体系。

二、第二代偿付能力体系的技术原则

（一）偿付能力充足指标

（1）评价保险公司偿付能力状况的指标有三个：核心偿付能力充足率、综合偿付能力充足率和风险综合评级。

（2）核心偿付能力充足率，是指核心资本与最低资本的比率，反映保险公司核心资本的充足状况。

（3）综合偿付能力充足率，是指核心资本和附属资本之和与最低资本的比率，反映保险公司总体资本的充足状况。

（4）风险综合评级，综合第一支柱对能够量化的风险的定量评价，和第二支柱对难以量化风险的定性评价，对保险公司总体的偿付能力风险水平进行全面评价所得到的评级，评级结果反映了保险公司综合的偿付能力风险。

（5）核心偿付能力充足率、综合偿付能力充足率反映公司量化风险的资本充足状况，风险综合评级反映公司与偿付能力相关的全部风险的状况。

（二）实际资本

（1）实际资本，是指保险公司在持续经营或破产清算状况下可以吸收损失的经济资源。实际资本等于保险公司认可资产减去认可负债后的余额。

（2）认可资产是保险公司依据中国保监会的有关规定，以偿付能力监管为目的所确认和计量的资产。偿付能力监管体系中的认可资产，不同于财务会计报告体系中的资产，需要根据偿付能力监管的目的，进一步考虑确认和计量的差异，对资产金额进行适当调整。例如，有迹象表明保险公司到期不能处置或者对其处置受到限制的资产（如被依法冻结的资产、由于战乱等原因无法处置的境外资产等），在偿付能力监管体系中，不能确认为认可资产，或者其确认和计量的原则不同于财务会计报告体系中的资产。

（3）认可负债是保险公司依据中国保监会的有关规定，以偿付能力监管为目的所确认和计量的负债。偿付能力监管体系中的认可负债，不同于财务会计报告体系中的负债，需要根据偿付能力监管的目的，进一步考虑确认和计量的差异，对负债金额进行适当调整。例如，保险公司的资本性负债，在偿付能力监管体系中，其确认和计量的原则可能会不同于财务会计报告体系中的负债。

（4）实际资本应符合以下特性：①存在性，即保险公司的资本应当是实缴或承诺的资本；②永续性，即保险公司的资本应当没有到期日或具有一定期限；③次级性，即保险公司资本的清偿顺序应当在保单负债和一般债务之后；④本息约束，即保险公司资本的本金和股息的偿付应当具备一定的约束条件。

（5）根据损失吸收能力的大小，实际资本分为核心资本和附属资本。核心资本和附属资本应该保持合理的数量关系，确保资本质量。

（三）最低资本

（1）最低资本，是指保险公司为了应对市场风险、信用风险、保险风险等各类风险对偿付能力的不利影响，依据监管机构的规定而应当具有的资本数额。

（2）确定最低资本时，必须处理好风险防范与价值增长的关系，建立恰当的最低资本标准，既能有效防范风险，又能避免资本冗余。偿二代的最低资本是集中反映不同利益诉求、兼顾各方利益的均衡、公允的资本。

（四）风险分类

（1）保险公司的风险分为两大类：能够量化的风险和难以量化的风险。能够量化的风险包括市场风险、信用风险和保险风险，在第一支柱反映；难以量化的风险包括操作风险、战略风险、声誉风险和流动性风险等，在第二支柱反映。

（2）各类风险的定义如下：

①市场风险，是指由于利率、汇率、权益价格和商品价格等的不利变动而遭受非预期损失的风险。

②信用风险，是指由于交易对手不能履行或不能按时履行其合同义务，或者信用状况的不利变动而导致的风险。

③保险风险，是指由于死亡率、疾病率、赔付率、退保率等假设的实际经验与预期发生不利偏离而造成损失的风险。

④操作风险，是指由于不完善的内部操作流程、人员、系统或外部事件而导致直接或间接损失的风险，包括法律及监管合规风险（但不包括战略风险和声誉风险）。

⑤战略风险，是指由于战略制定和实施的流程无效或经营环境的变化，而导致战略与市场环境和公司能力不匹配的风险。

⑥声誉风险，是指保险公司的经营管理或外部事件等原因导致利益相关

方对保险公司负面评价从而造成损失的风险。

⑦流动性风险，是指保险公司无法及时获得充足资金或无法以合理成本及时获得充足资金以支付到期债务的风险。

（五）第一支柱资产和负债的评估原则

（1）产险公司和寿险公司的资产负债评估原则应尽可能保持一致。

（2）相同的保险业务应适用相同的资产负债评估原则。相同的保险业务，无论其由寿险公司还是非寿险公司、直接保险公司还是再保险公司经营，应适用相同的资产负债评估原则。

（3）资产的评估原则应与负债的评估原则应尽可能一致，减少由于评估原则的不一致而导致的资产负债不匹配问题。

（4）资产负债评估原则应能及时、恰当地反映出保险公司资产和负债在市场环境中所面临的实际风险状态及其变动。

（5）偿付能力的资产负债评估应充分利用保险公司现存的财务会计系统，在基础数据、计量原则和方法、报告系统等方面尽可能地实现共享和协调，以便有效降低偿付能力评估和管理的实施成本。

（6）计算第一支柱量化资本要求时所使用的资产负债评估原则，应当与计算实际资本时所使用的资产负债评估原则保持一致。

（7）资产负债评估原则应客观反映中国实际，充分考虑对保险行业的影响，标准的设定应适度、可行。

（六）第一支柱量化资本要求的基本原则

（1）第一支柱量化资本要求原则上采用在险价值（Value at Risk）方法，时间参数为1年，置信水平将以我国国情为基础，依据行业定量测试结果确定，例如99.5%或其他数值。

（2）第一支柱量化资本要求的计量基础为净资产，即在计算最低资本时，考虑各类风险因素对保险公司认可资产和认可负债的综合影响。

（3）计算第一支柱量化资本要求时，原则上采用标准模型，条件成熟时，逐步引入内部模型。

（4）在计算资产风险的资本要求时，风险暴露中不应包括非认可资产，因为非认可资产已从实际资本中扣除。

（5）第一支柱量化资本要求的计量，原则上不考虑新增业务。

（6）第一支柱量化资本要求的计量应考虑风险分散效应，采用相关系数矩阵法。

（七）第一支柱量化资本要求的计量方法

（1）第一支柱量化资本要求的计量采用自下而上的方法，从最底层开始按照规定的方法计算各风险模块的资本要求，然后按照规定的汇总方法进行逐级汇总。汇总时，考虑风险模块之间的风险分散效应，通过相关系数矩阵法对各个风险模块的结果进行汇总，得到整个公司的资本要求。

（2）第一支柱最底层风险模块资本要求的计算可选择情景法或者风险因子系数法。不同的风险模块可以选用不同的方法。

（八）第二支柱流动性监管

（1）流动性风险与其他风险关联性较强，信用风险、市场风险、保险风险、操作风险等风险同样会导致保险公司的流动性不足，因此，流动性风险通常被视为一种综合性风险。流动性风险管理除了应当做好流动性安排之外，还应当有效管理其他各类主要风险。

（2）对于流动性风险，持有额外的资本不是最恰当的监管方法，而应当主要通过定性监管手段防范流动性风险。

（3）保险公司应建立健全流动性风险管理治理结构、管理策略、政策和程序，建立全方位的流动性风险识别、计量、监测、控制体系，提升流动性风险管理水平。

（4）流动性监管应当同时考虑单个公司层面和整个集团层面的流动性风险，应当监测当前和未来一段时间内的流动性风险，应当考虑基本情景（即正常经营情况下）和极端不利情景下的流动性风险。

（九）第二支柱风险综合评级

（1）偿付能力监管应反映保险公司所有与偿付能力相关的风险，包括能够量化的风险和难以量化的风险。能够量化的风险，如市场风险、承保风险、信用风险，在三支柱体系中的第一支柱反映；难以量化的风险，如操作风险、战略风险、声誉风险、流动性风险等，在第二支柱反映。同时，在第二支柱中对保险公司所有与偿付能力相关的风险进行综合评价。

（2）风险综合评级包括三部分内容，分别是：对能够量化风险的评价（在第一支柱反映）、对难以量化风险的评价（在第二支柱反映）和对所有风险的综合评价（在第二支柱反映）。

（3）风险综合评级既包括对保险公司总公司的评级，也包括对保险公司分支机构的评级。

（十）第二支柱保险公司风险管理要求与评估

（1）第二支柱保险公司风险管理要求和评估，是对保险公司与偿付能力相关的全部风险的管理要求和对保险公司风险管理能力的评价，不仅包括可量化的风险，还包括不可量化的风险。

（2）保险公司应定期对自身的风险管理能力、特定风险和总体风险状况进行自评估，并向监管机构报告，作为风险综合评级的重要依据。

（3）监管机构可以根据保险公司风险管理能力、水平和实际状况，对保险公司的最低资本要求进行调整。

（4）第二支柱风险管理要求是对保险公司风险管理的最低要求，保险公司可以在监管要求的基础上，建立更高标准的内部风险管理制度。

（十一）第三支柱公开信息披露

（1）偿付能力公开信息披露应遵循充分性原则。保险公司应当充分披露有助于信息使用者了解保险公司偿付能力风险状况的所有重大相关信息。

（2）偿付能力公开信息披露应遵循及时性原则。保险公司应当定期、及时披露偿付能力相关信息。

（3）偿付能力公开信息披露应遵循真实性原则。保险公司应确保信息披露的内容真实、准确、完整，且没有虚假、严重误导性陈述或重大遗漏。

（4）偿付能力公开信息披露应遵循公平性原则。保险公司应确保具有相关利益的社会公众平等获悉偿付能力相关信息，确保信息披露的集中性、可访问性和信息使用者的获取便利。

（5）偿付能力公开信息披露应遵循成本效益原则。

第十八章 保险资金运用的管理

本章精要

保险公司资金运用其实也可以称之为投资。在很大程度上，一个保险公司经营的盈亏情形取决于其投资业务的成功与否。在既定的保险债务条件下，对资产的有效利用和高效投资是一家保险公司能不能实现优良经营业绩的重要决定因素，因为保险公司呈现出“承保与投资”的双轮驱动械，而承保环节在财险或寿险都不可能成为直接的利润亮点，这势必导致投资业务是保险公司牵一发而动全身的敏感点。尽管保险公司都专设资产管理或投资部门，但是，作为财务部门也同样需要对投资进行包括但不限于确认、计理和报告的全方位认知。

关于保险资金运用的管理，是建立在前述核算基础之上的，对保险公司投资即金融资产的确认、计理和报告已经分别在前述有关章节进行了相应的探讨，本章将对保险业这样一来一个特殊的政府强制监管行业的投资业务进行业务管理方面的探讨。

首先是对保险资金运用基本概念的阐述，包括保险可运用资金的来源、保险资金运用的模式，保险资金运用的原则、保险资金运用的主要形式、主要投向以及投资所形成的各大类资产监管比例。其次是保险资金运用的态势及主要特点，如：保险可运用资金余额持续快速增长、投资标的以固定收益资产为主，其他金融资产为辅、投资收益率不断提高、资金运用监管环境不断改善。最后，简单阐述保险资金运用未来展望，尤其关注监管环境进一步改善。投资范围不断扩大、投资专业化趋势明显、投资业绩会持续改善，但波动性可能加剧。

本章对保险资金运用管理的探讨，其实侧重于一般读者从管理和监督的视角来认知和掌握其相关要求与规律。至于这些投资操作的专业技术，属于金融范畴，应该另当别论了。

第一节 保险资金运用的基本概念

保险资金运用是指保险公司在组织经济补偿活动中，将暂时闲置的积聚的保险资金（可投资部分资金）进行管理运行，使得投资收益最大化。对保险业而言，这种活动一方面能够扩大保险公司承保与赔付能力，另一方面可以提升公司的价值。保险资金运用产生的价值能够远高于公司运营净利润，不仅能强化偿付能力，还可以弥补公司运营的亏损，是保险公司业务的重要组成部分。对整个金融市场而言，保险公司庞大的资金规模使得其成为资本市场中最重要的机构投资者之一，保险资金运用的能力对于市场的发展和稳定有着重要的意义。

一、保险可运用资金的来源

目前我国保险资金主要由投保人保费与企业资本金组成，细分则可以认为由以下几个部分构成：

（一）自有资本金

资本金包含注册资本金与公积金转增资本金，前者按照保险法规定缴纳，可视为初始准备金，后者则为非经营收入形成资本增值的公积金，两者与从营业收入中按规定提存的盈余公积金共同形成了保险公司偿付能力的保障。因此，从用途上看，自有资本金实质上是一种备用资金，只有在发生了特大风险灾害且各项准备金难以完成偿付的情况下才需要用来承担保险责任。因此，在大部分情况下，自有资金实质上处于闲置状态，同时作为备用资金，还拥有长期性与稳定性的特点，是保险公司可投资部分资金中的重要组成部分，较为适用于长期投资。

（二）未分配利润

保险公司的未分配利润主要分为盈余公积金与用于分红等活动的其他资金。其中盈余公积金是按照保险法规定从利润中提取，与资本金形成了偿付能力的保障，大部分时间闲置，适用于长期投资。而其他资金部分除了可以作为分红，也可以被用于短期投资。

（三）责任准备金

保险公司的责任准备金是指保险公司在保险合同有效期内按照法律规定，将客户保费予以提存的各项金额，主要用于履行赔偿给付业务。对于寿险公司而言，责任准备金被用以负担合同期限内的给付与合同结束时的退保给付义务，具有长期性与稳定性的特征。因此，寿险公司的各项准备金较为适合投资中长期高收益的项目。而非寿险拥有保险期限短的特点，其责任准备金具备负债性质，是保险公司对保险人的负债，具有不确定性与短期性。因此非寿险公司的准备金较为注重流动性，适合短期投资。

（四）其他资金

保险公司在运营活动中可能会产生其他一些可用于投资的资金，比如企业债券、结算中形成的短期负债、公益金等。这些资金则可以根据其期限的不同被用于不同的投资。

二、保险资金运用的模式

从保险资产的管理模式上看，主要分为自主投资与委托投资，其中委托投资又分为自主委托与外部委托。小型的保险公司碍于规模与成本限制，往往选择委托外部非关联机构投资者运作自身保险资金，以较低的成本达成专业化的资金增值，但是整个投资过程较为难以控制，有遭遇投资歧视的可能性。中型的保险公司通常选择内设投资部门，以自主投资的方式完成保险资金的运用。尽管成本较外部投资更高而且专业化水平不足，但是整体投资过程受控，沟通便利，能够针对公司自身情况作出调整。大型保险企业往往设立全额或者控股的保险资产管理公司达成内部委托，投资专业性较自主投资更高，且沟通顺畅，避免了代理问题。但是专业化程度仍不及专业机构投资者，且成本较高。

三、保险资金运用的原则

基于保险资金的正宗使命在于赔偿与给付，而这就决定了保险资金的运用必须在严格遵循以下几个原则：

（一）稳健性原则

稳健性强调资金运用必须保证其本金安全返还，这是最起码的原则。否则，就会影响正常的补偿客户经济损失职能的发挥。如果为追求利润而过度冒险，就会危及正道大业，这种本末倒置的局面是千万行不通的。

（二）收益性原则

收益性就是谋求适当的经济收益，从而增强保险公司的经济实力。如果没有投资收益，则只能从投保人处多收取保费，这必然会增加投保人的负担，使保险业发展萎缩；反之则能促进行业的繁荣发展。所以，从低保费率到高投资收益率的良性循环与视线转移，正是发达国家保险业赖以成功的重要保证。

（三）流动性原则

流动性强调保险投资项目应具有较强的变现能力，便于在需要时能够及时地变现，确保赔款及给付工作的现金需要。因为客户出险具有随机性，引起保险公司随时可能承担赔款及给付责任，适当的流动性自然至关重要的。

四、保险资金运用的主要形式

根据中国保监会大类资产分类标准，目前，保险资金的主要投资渠道如下：

（一）流动性资产

流动性资产投资是指现金与现金等价物、活期存款、货币型基金、央票以及其他价值波动小、流动性高，能随时转换成定额现金的资产。此类资产由于安全性较好，流动性较强，对保险企业而言是较为稳妥的投资方式，但是收益极低。目前我国保险业规定流动性资产的投资比例不应低于5%。

（二）固定收益类资产

固定收益类投资主要为债券、银行存款、贷款、债权计划、信托计划、理财产品、资产支持证券、货币基金、债券型基金等。由于收益稳定，安全性较高，固定收益类产品占据我国保险行业86.9%的投资份额，而债券类产品占据投资额度75%以上，使得全球保险资金运作都出现了债券为主，趋向多元。

（三）权益类资产

权益类产品包括不动产、股票、央票股权投资、股票型基金、股权型基金和PE，尽管收益较高，但是同样伴随高风险。各国保险业对此往往受投资份额的限制，根据保监会最新规定，我国权益类资产投资比例不应高于30%。

（四）不动产类资产

不动产类资产指购买或者投资于土地、房产、其余依附于土地上的附着物，以及价值取决于上述资产价值变动的投资品。投资于不动产有利于分散保险投资组合的风险，而且投资收益较为可观，但是由于不动产投资本身需要大量资金而且价值波动较大，各国往往对此类投资标的有比例限制，在我国，投资于不动产的比例不应高于上季末保险公司总资产的30%。

（五）金融衍生品

衍生品包括远期、互换、期货、期权，特点是波动性极大，收益也极高。灵活运用金融衍生品可以有效对冲投资风险，但是由于我国此类投资标的相对缺乏，目前衍生品投资尚未成为我国保险行业投资结构的主流，占据比例极小。

（六）境外投资

境外投资是指投资于境外市场的股票、债券与衍生品，投资时需要考虑汇率变动因素。这种投资标在日本、英国和我国台湾地区较为流行。当前，我国保险行业尚未将境外投资作为主流，占据比例极小。

（七）其他金融资产

市场上还存在一些风险收益特征和流动性状况与上述金融资产有着明显差别而且并不被归纳为主要类别的可投资资产，例如自用性不动产和保险公司股权等。发达经济体的保险业对此有小规模的投资，但是在我国，其他金融资产尚未成为重要的投资标的。

五、保险资金运用的大类资产监管比例

为防范保险公司在资产配置上过于偏重于某一类资产而引起的风险与危机，监管机构对保险公司实施大类资产比例监管红线。从现行监管红线看，针对保险公司配置大类资产制定保险资金运用上限比例情形如下：一是对于投资权益类资产的账面余额，合计不高于本公司上季末总资产的30%，且重大股权投资的账面余额，不高于本公司上季末净资产。账面余额不包括保险公司以自有资金投资的保险类企业股权；二是对于投资不动产类资产的账面余额，合计不高于本公司上季末总资产的30%。账面余额不包括保险公司购置的自用性不动产。保险公司购置自用性不动产的账面余额，不高于本公司上季末净资产的50%；三是对于投资其他金融资产的账面余额，合计不高于

本公司上季末总资产的25%；四是对于境外投资余额，合计不高于本公司上季末总资产的15%。

此外，为防范资产配置过于集中而产生的风险，还针对保险公司投资单一资产和单一交易对手制定保险资金运用集中度上限比例。如规定：投资单一固定收益类资产、权益类资产、不动产类资产、其他金融资产的账面余额，均不高于本公司上季末总资产的5%。投资境内的中央政府债券、准政府债券、银行存款，重大股权投资和以自有资金投资保险类企业股权，购置自用性不动产，以及集团内购买保险资产管理产品等除外；投资上市公司股票，有权参与上市公司的财务和经营政策决策，或能够对上市公司实施控制的，纳入股权投资管理，遵循保险资金投资股权的有关规定。单一资产投资是指投资大类资产中的单一具体投资品种。投资品种分期发行，投资单一资产的账面余额为各分期投资余额合计。同时，投资单一法人主体的余额，合计不高于本公司上季末总资产的20%。投资境内的中央政府债券、准政府债券和以自有资金投资保险类企业股权等除外。单一法人主体是指保险公司进行投资而与其形成直接债权或直接股权关系的具有法人资格的单一融资主体。

此外，保险公司还需要设立风险监测比例，以防范资产的流动性、高波动性等风险，针对流动性状况、融资规模和类别资产等制定监测比例，主要用于风险预警。如：流动性监测方面，要求投资流动性资产与剩余期限在1年以上的政府债券、准政府债券的账面余额合计占本公司上季末总资产的比例低于5%，财产保险公司投资上述资产的账面余额合计占本公司上季末总资产的比例低于7%，未开展保险经营业务的保险集团（控股）公司除外。其他流动性风险指标，执行中国保监会相关规定。

第二节　保险资金运用的现行特点

在我国，保险产业已连续多年快速增长。据相关信息披露，保费收入实现第一个500亿元用了15年，实现第二个500亿元用了3年，而到2001年，保费1年就实现增长500亿元。自从十七大以来，保险业保持年均19.45%的增长速度，2014年，全国实现原保险保费收入20 233.6亿元，其中财产险保费收入达7 203.5亿元，人身险保费收入13 030.1亿元，保费收入世界排名第3位。目前全国共有保险公司180家，比2014年增加70家。根据Wind资讯数据与保监会2014年度行业报告，寿险（含健康险和意外险）在2014年的增长速度迅速加快，同比2013年有了10.3个百分点的上升，而财产险（包含车险与非车险）的增速相比2013年有所下降，但是总体增长仍十分强劲。其中寿险保费收入同比增长速度由2013年的7.9%上升至18.2%，产险保费收入同比增长速度由2013年的17.2%下降至16.4%。而总保费收入增长幅度从2013年的11.2%上升到了17.5%。这些数据都标志着我国的保险业发展已经上了一个新的台阶。

目前保险资金运用呈现以下主要特点：

一、保险可运用资金余额持续快速增长

我国保险可运用资金余额从2007年至2014年持续保持高速增长，年平均同比增长率高达21.86%，是同期中国GDP同比增长速度的两倍以上。2013年，我国保险可运用资金余额高达7.7万亿元，比年初增加12.15%，而2014年保险资金余额同比增长21.4%至9.3万亿元，随着保险业的推广与消费者观念改变，高速增长趋势仍在持续，如图18－1所示。

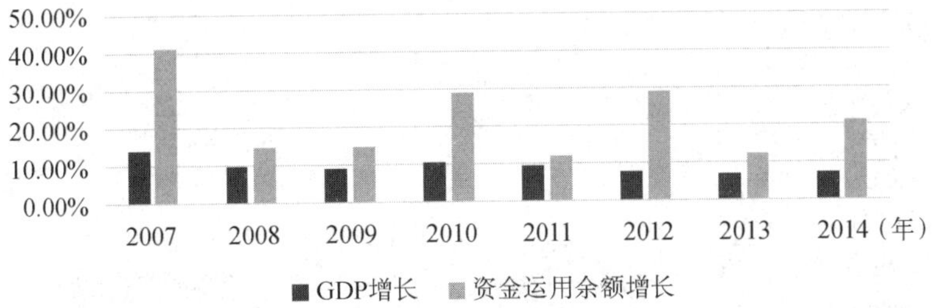

图18－1　我国保险业资金运用余额快速增长

二、投资标的以固定收益资产为主，其他金融资产为辅

在2014年，我国保险投资运用余额达到93 314.43亿元，其中银行存款为25 310.73亿元，占据27.12%；债券为35 599.71亿元，占据38.15%；股票和证券投资基金为10 325.58亿元，占比11.06%；而其他投资为22 078.41亿元，为总投资的23.67%。从投资标的分配比例上看，我国保险业以固定收益资产为主，以其他金融资产为辅的投资格局并没有改变。

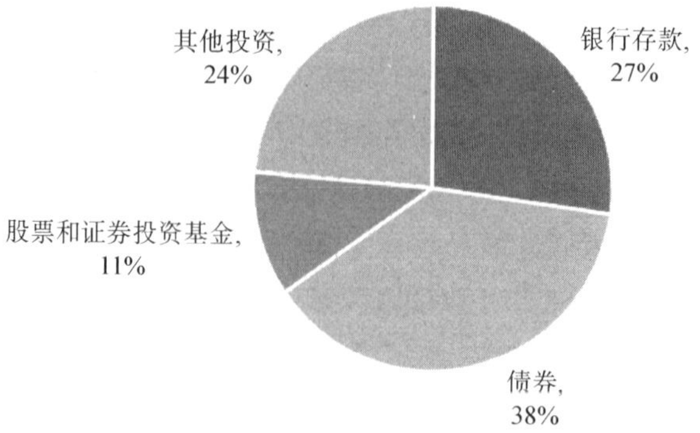

图 18－2　我国保险行业投资标的比例

三、投资收益率不断提高

我国保险业投资回报率在 2007 年达到历史高峰，随后由于遭遇 2008 年全球金融危机，投资收益大幅下降，触底后保险投资收益总体呈现上升趋势。2012 年，保险业平均投资收益率为 3.39%，这个数据在 2013 年上升至 5.04%，并且进一步提高到 2014 年的 6.30%。随着我国保险业资金运用限制逐步放开、投资理念逐步与国际接轨、费率市场化改革推进，行业投资收益率的持续上升趋势是较为明确的。

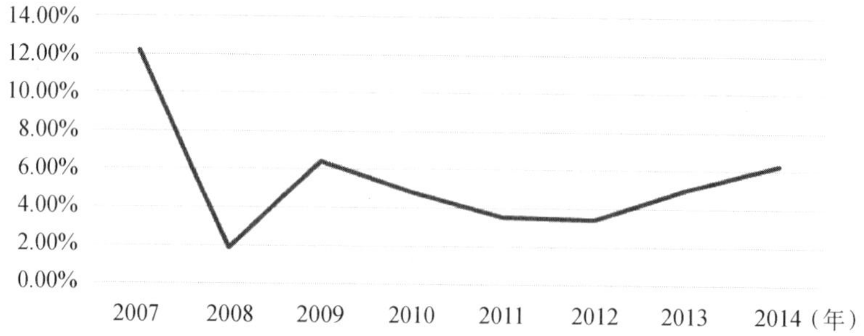

图 18－3　保险行业投资收益率变动

四、资金运用监管环境不断改善

我国保险业资金运用监管环境总体上呈现宽松化。监管环境趋向于放开前段，关注后端，不断拓宽保险资金运用范围，简化比例监管约束。保险企业在将来会更多地接受市场的检验，激发创新活力和解放经营动力。

第三节　保险资金运用的未来展望

一、监管环境进一步改善

党的十八届三中全会对我国经济的深化改革作出了总体部署，为了使得市场在资源配置中发挥决定性作用，保险业作为市场经济下对于风险管理的主要手段，面临着前所未有的发展机遇与严峻挑战。对此，保监会较早确立了“放开前端，管住后端”的监管新思路。一是，监管环境会越来越偏向市场化，监管层明确提出建立市场化的定价机制、资金运用机制和准入退出机制。二是，监管层的监管职能会有所改变，侧重点偏向于防范化解市场风险，维护消费者利益。

按照保监会“放开前端”的构想，监管层会着力推进市场体系改革创新，简政放权，减少对市场的直接干预，激发市场活力与动力，保险企业经营的自主程度会大力加强。市场的规律是优胜劣汰，优良企业能够通过适应环境获得更多的发展机遇，落后的企业则面临淘汰的风险。随着经营不善的保险企业破产淘汰，我国保险业的总体素质能够得到有效提升，然而当下，金融市场间关联性趋势愈发强化，企业的淘汰退出可能会带来一系列的负面影响。因此，坚持市场化改革推进，建立完善的市场准入退出机制是必要的。

保监会的另一个新的监管思想是“管住后端”，这项构想强调建立金融机构风险处置机制、完善金融监管协调机制，避免出现系统性与区域性的金融风险。对保险行业来说，“管住后端”既是守住其风险底线。另一个方面，我国对于保险行业偿付能力与风险管控的处理方式主要通过建立保险保障基金制度来完成，面临形势多变的市场风险，对于该项资金的运用往往面临着道德风险与逆向选择。因此，“管住后端”不仅仅意味着对整体风险的控制，也意味着对于监管层有着提升自身监管水平、落实风险防护制度建设的要求。

总的来说，监管环境会越来越往市场化方向推进，监管层对于市场的直接干预会减少，工作方向会转向对制度保障的建设和完善，以及保护消费者权益上。同时监管层会通过完善保险保障基金制度以建立市场化的风向管控救济制度和市场准入退出制度，以激发市场活力。在未来，监管层“以市场为主、放开前端，管住后端”的监管方向会愈发明确。

二、投资范围不断扩大

2013年9月30日，保监会下发《关于加强和改进保险资金运用比例监管的通知》，旨在推进保险资金运用的市场化改革，促进扩大投资范围，拉开了保险新政的序幕。保险新政并非对先前政策的简单修补，而是将保险资金投资标的重新分类后制定投资上限，取消对具体品种的投资限制。此外，保监会自2012年7月起就陆续出台了13个规范性文件，即“十三项新政”。对于资产配置、委托投资、债券、股权、不动产、基建投资、境外投资、融资融券、衍生品、创新产品以及托管方法等各方面活动作出了调整。“十三项新政”相比于原有规定，大幅度地降低了对保险公司投资渠道的限制，促进了保险资管公司的市场化竞争。同时，保险行业资金运用的收益来源也因为新政得以增加，因为监管层减少了对保险公司的投资渠道审批和限制，允许其更多地参与回报率更高的股权与不动产；同时，保险公司如今被允许参与融资融券、保险资产管理产品创新等活动，客观上增加了其投资工具。

整体看来，监管层自上而下的市场化改革大幅度放松了对保险公司投资渠道的限制，保险公司的投资范围扩大是必然的结果。

三、投资专业化趋势明显

近年来，随着经济快速发展、金融投资机构化，我国的资产管理行业得以快速发展。自2012年5月以来，资管行业持续迎来监管放松、业务创新的浪潮。2013年6月1日，《证券投资基金法》正式实施，新的基金法放开了对保险系资产管理公司、券商、私募这三类机构从事公募基金活动的政策限制。一轮轮放宽的监管实质上打破了证券公司、期货公司、银行、保险公司、公募基金、信托等机构投资者之间的竞争壁垒，加速了大资管时代的到来。在这样的背景下，各金融机构间的同业竞争会加剧。同时快速发展的资产管理业迫使各金融机构推进产品创新，而互联网的应用则为金融产品创新提供了前所未有的发展机遇，层出不穷的创新产品对传统金融产品造成了巨大冲击，从客观上要求了参与机构的投资行为向专业化转变。

保险行业的快速成长也导致保险资金投资必然向专业化方向转变。2013年，我国非寿险实际同比增长15.5%，保费规模达到世界第三位，市场主体达到64家；而寿险在同年度增长8.4%，年度保费收入高达11 009.98亿元，市场主体达174家。尽管我国保险市场集中程度仍然较高，但是CR4、HHI等衡量市场集中度的指标逐渐下降，竞争加强，市场活力进一步增强。在这样的背景下，保险公司势必对自身保险资产运用能力提出更高的要求，以满足偿付能力的增强和企业增值的需求，而非满足于专业化程度较低的自主投资。因此，在将来保险公司通过成立集团内部的资产管理公司以满足更加专业化的投资需求是较为明确的趋势。

此外，行业监管的不断放宽成为了保险资金运用专业化的前提。无论是2012年保监会提出的“十三条新政”，还是2013年保监会下发的征求意见稿都对保险投资渠道的限制进行了极大的宽松。而2013年2月发布的《关于保险资产管理公司开展资产管理产品业务试点有关问题的通知》则直接提出要支持保险资产管理公司开展资管产品业务试点。投资领域的拓宽无疑能够为保险资本管理带来新的机会，而随着保险新政的不断推出和落实，保险资产运用的专业化能够在制度层面上得到更大的支持。

互联网科技为保险资金运用的专业化进程提供了技术上的支持。大数据时代背景下，B2B、C2B等新的商业模式逐渐成熟，客观上为投资方式的革新提供了新的思路，保险资产被用于直接融资、风险价值投资的可行性大为上升，推进了保险投资的专业化进程。

四、投资业绩会持续改善，但波动性可能加剧

在当前监管宽松化、垄断市场逐渐分散化、金融行业蓬勃发展、同业竞争加剧的背景下，保险资产投资的业绩有持续改善的总趋势，然而由于会面临更多的外部冲击，资金运用的波动性可能加剧。

由于保险资金运作需要以长期绝对收益为投资目标，且保险业特殊的性质导致其整体风险管理能力突出，其投资在资本市场上会显得更具备稳定性，在低风险领域和养老理财产品等方面具有无可比拟的优势。同时保险投资的资金规模较大，约占总资产管理规模的25%，具有体量优势。而且保险资金管理的行业成长性较高，保费收入连年快速增长，而赔付支出则占据资金比例则不足40%，导致保费收入持续形成浮存金在保险公司积存。此外，2013年，证监会和保监会对于保险公司投资渠道的放宽使得保险资产可以进入私募与公募产品领域，从此保险资产管理的主要业务从被动的资金管理走向了

主动开展第三方资产管理业务。这些因素客观上形成了保险公司的相对竞争优势，也加强了保险投资业绩的好转预期。

另一方面，保险资金运用的市场化程度实质上较低，因为保险资产管理公司大多由相同集团名下的保险公司投资成立，直接承揽集团的资产管理业务，与保险公司联系性较强。这种自然垄断业务的运营形式使得保险资产管理公司缺乏市场竞争压力与创新动力，而在内部的人才队伍建设与分配机制建设上也显得不足。此外，我国金融市场发展突飞猛进，市场主体持续增加而金融产品创新层出不穷，而保险资金运作由于监管层面改革较晚，投资领域开放步伐落后，以及运营模式特殊等原因导致自身专业化水平有限，在同业竞争中处于不利的地位。面临当前大资管时代的冲击，保险投资收益可能因为业务水平的不足和竞争的加剧而导致波动性骤然增大。

主要参考文献
Reference

1. 中华人民共和国财政部制定：《企业会计准则 2006》，经济科学出版社 2006 年 6 月版。

2. 财政部会计司编写组编著：《〈企业会计准则第 22 号——金融工具确认和计量〉应用指南 2018》，中国财政经济出版社 2018 年 7 月版。

3. 财政部会计司编写组编著：《〈企业会计准则第 23 号——金融资产转移〉应用指南 2018》，中国财政经济出版社 2018 年 7 月版。

4. 财政部会计司编写组编著：《〈企业会计准则第 24 号——套期会计〉应用指南 2018》，中国财政经济出版社 2018 年 7 月版。

5. 财政部会计司编写组编著：《〈企业会计准则第 37 号——金融工具列报〉应用指南 2018》，中国财政经济出版社 2018 年 7 月版。

6. 中华人民共和国财政部制定：《企业会计准则（合订本）2020》，经济科学出版社 2020 年 3 月版。